近現代日本の興隆と大東亜戦争

―戦争を無くすことができるのか―

吹田尚一

文眞堂

はしがき

われわれは二十一世紀にはいってすでに一〇年以上過ぎているにもかかわらず、また戦争が終ってからも六〇年以上、すでに半世紀以上を経過しているにもかかわらず、何か問題があると、なお「戦後日本」は、と問いかけ、話題を論ずる。

これはどうしてなのか、実に不思議なことではないか。しかし思うに現在の生活でも、国のあり様についても、直接的には、あの戦争、そして敗戦にいたった、昭和の、しかしわずか二〇年のことが重く心底にのこって去らないからであろう。

この感覚は正しいと思う。なぜならあの戦争をいまだに心の奥で整序することができていないからである。といってそれではどうすればよいか。やはり朝鮮、中国、東南アジアを侵略していたのではないか。またどうして日米開戦のような無謀な行為に走ったのか。いや無謀といっても、このような判断の仕方をすること自体、いわゆる狭い「合理性」にたつもので、それだけでこの人間世界におこったことを判断してよいのか。

こうしてなかなか回答はでないのだ。それでもなんとしても〝決着〟をつけておかねばならない。しかしそれはどういう決着でありうるのか。いやそもそも決着をつけることなどできはしまい。起った歴史を後世の人間があれこれ論じて、肯定したり、反対に否定したりできることではない。また、したり顔をして後智恵を振りまわしたくない。

そこで残された途は、ただ起ったことを記述し、その事態を歴史のなかでできるだけ正当に位置づけ、その意味を明らかにして、そのうえでほんの少しでもよいから将来に向けて何らかの〝教訓〟を引きだせたらそれ以上の成果はないであろう。この観点から、本著は日本近現代の発展のなかで大東亜戦争を位置づけてみる、という試みである。

本著で言う大東亜戦争は、一九三七（昭和一二）年に始まった支那事変、一六年一二月に始まった南進策の実施及び日米対決——正式には、米・英・蘭に宣戦布告（ただし「宣戦の詔書」には蘭は入っていない）——となった狭義の「太平洋戦争」をすべて包含したものである。なお日本政府は開戦直後の昭和一六年一二月一二日の閣議において、支那事変を含めて、今次の戦争を「大東亜戦争」とすることを決定したが、本著はこれと同じ理解である。

歴史的事件の記述は、外務省外交史料館日本外交史辞典編纂委員会『新版　日本外交史辞典』山川出版社、一九九二年に拠るところが大きい。

また、日本史広辞典編集委員会『日本史広辞典』山川出版社、一九九七年、神田文人・小林英夫編『決定版20世紀年表』小学館、二〇〇一年、『近代日本総合年表』岩波書店、一九六八年、も参照した。

そこで本著は以下のように一一章からなるが、これをまとめて三部から構成される。

第1部は本著全体の序説にあたり、また日本の対外関係を扱っている。第2部は主題である大東亜戦争を採りあげ、そして第3部は戦争回避の可能性を広く検討したものである。

つぎに各部を構成する章の主内容はつぎのごとくである。

まず第1部のⅠ章は、明治・大正・昭和の対外関係の発展を、主要なイッシュー（課題）をとりあげて概観したもので、まず日露戦争終結後の日本の対外関係の基本方向を明治四〇年策定の「帝国国防方針」に見いだし、それが策定当時は陸・海双方の面子をたてた趣もあったろうが、結果としてその後の日本の展開を予見していることに改めて注目した。

ついでこの文書から近現代日本を動かした動因について六つの命題——開国進取、世界多方面への展開、進出のために武力行使の可能性の認識、海陸双方の戦略の必要性、仮想敵国としてのロシア（当面）とアメリカ（将来）の存在、対外関係における慎重な態度の必要性——を設定した（Ⅰ—1）。しかしそれは円滑に進展していくものではなく、そこでの摩擦、紛議、そしてその克服が近現代日本を彩っているのだから、それを近代日本が発展の過程で直面するであろう課題として、五項目——日本をとりまく脅威の存在、海洋国家と大陸国家双方の要素の必要性、そのために架かる各種の負荷の重さ、資源などの自立性の欠如、国力発展にともなう外交の重要性——にまとめた（Ⅰ—2）。

こうして本章は以下の全体の叙述の基本テーマを最初に示したことになる。とくにここで基本的な視点を設定しているのは「日本の発展せんとする趨勢」であって、この動因を率直に認識の基本においたことである。これは明治以来の対外発展をいきなり軍事的帝国主義と規定して終わりといった見解にくみせず、その発展の趨勢がある時は順風に、ある時は逆風を受けて展開していくのが日本の近現代であった、という単純だが厳然たる事実を出発点にしたのである。

つぎに近現代日本の発展において不可決であるのは資源であるが、日本の賦存状態の劣位を明らかにして、それが国家行動を決めていく要因として重視したので、ここで最初に扱った（Ⅰ—3）。

ついで近現代では、日本は大筋において三回の対外発展を目指したが、同時にその度に後退も余儀なくされた経緯を概観し、それにつづいて、明治・大正・昭和の三代においてどのような対外政策を採ったかをその代表的事例をあげて検討した。そしてこれらを総括するために、四つの日本の対外構想——後藤新平のユーラシア大陸連合、石原莞爾の独創的な事態打開論と現実との葛藤、松岡外交の狙った独・伊との三国同盟、そして「小日本主義」——の意図と限界を論評した。それぞれは何れも成果を上げなかったとはいえ、日本が世界のなかでどのような位置取りをすればよいのかの矛盾と苦悩をよく現していると思うからである。日米基軸と称してアメリカの傘のもとで思考停止状態の続く今の日本では考えられない取りくみであったのではないか。そしてその何れもが無意識的に、また意識的に太平洋の向こう側にあるアメリカとの関係をいかに築くかに焦点があるが、その関係が次第に対立軸になっていく傾向が伏在していることを示した（Ⅰ—7）。このアメリカの外交はそれまでの通商をベースとする対英外交と異なり「法律家的・道徳的外交」であり、その打ちだす理念が正面にでてくる。これに対する日本側の対処策は当時から真剣に検討されたとは思われず、それが後の日本の対米外交を制約してくるのである。

Ⅱ章では、日本の対外関係において後に決定的要素となる日本と中国（当時の呼称では支那）の関係を取り上げ、幕末以来の日本の大陸進出構想から近現代の大陸との関係を歴史的に展望した。そして焦点は日中戦争にあるのだから、その発端ともなった満州事変および日中戦争の内実を明らかにし、一体、それは収拾可能であるのかを軸に検討した。しかしここでのスタンスは日本の大陸政策如何、ということであり、対支関係＝日中戦争論ではない。対支関係を日中戦争に限定する研究が多いのは残念なことである。そこで日中問題の政策転換を有識者の座談会でさぐり、また昭和一八年になると重光大使によって政策転換（「対支新政策」）が打ちだされ、ようやく抜本的変更の局面に入ったことに注目した（5―4）。

その際、あまり顧みられることのない、混乱のつづく中国内部の情勢についてとりあげ（附1）、またこの混迷をそのままにして中国に深くコミットする諸列強のポジションを明らかにし、日中関係をせめぎあうこの国際的関係のなかで捉える必要を示そうとした。それは日中紛争の解決の困難さを示すものでもある（附2、3）。

Ⅲ章は、のちに日米開戦にいたる日米関係をやはり日露戦争前後の時期より明らかにしようとしたもので、とくに十九世紀末にいたって明らかになったアメリカの「大海洋帝国」への変貌に注目した。このなかで最初に著名な『日本の禍機』（朝河貫一）をあらためて読みとき、ルーズベルトの和平仲介のなかに「パワー・ポリティックス」の立場が厳然と存在することを指摘した。日本の興隆が極東アジアにおけるこの「力の均衡」を崩していくものと受けとられる伏線がすでにここにあることに注目したのである。さらにその後のアメリカの行動を規定したとみられるアルフレッド・マハンの戦略構想をとりあげ、その論点を整理しつつ、とくに軍事力の行使をどのように捉えているかに着目した。さらに一九二〇～三〇年代の両国の関係の変化に着目し、次第に対日対決姿勢を固める動向を明らかにし、最後に具体的に開戦をめぐる緊張関係を明らかにするため、日米交渉を再吟味した。その過程でアメリカは日本を開戦に誘導していく事実は否定できないことに触れた。

Ⅳ章は、いよいよ第二次世界大戦と日本の対米英蘭への開戦を扱うもので、欧州におけるドイツの快進撃とその勝利が日本の南進を一気に後押しすることになる。しかしその過程を追うと、真っ直ぐに開戦に進んだのではない。南進は日米開戦にいたるから、日本の国力からしてそれは可能かどうかで軍部は動揺し、ついに悲観のなかで開戦に踏み切ってしまう。果せるかな戦争終末は空想的な姿しか描くこともできず、日本の悲劇を招きいれたのである。この時の意思決定の特質を戦後明らかになった「奉答資料」（開戦にあたり懸念する天皇が聞きただす事項について参謀本部が作成した答案書）を材料に検討し、これをさらに敷衍して日本の開戦決意を歴史的に、またその国家特性から明らかにした（附）。

なお、ここでイギリスのアジアにおける戦争態勢とアメリカとの一体的関係を指摘している（Ⅳ―3）。

つづいて第2部は、大東亜戦争の性格とその意味を問うたものであり、第1部で明らかにした諸事実をさらに、その背景、思想・理念、国家の行動特性の諸点から再考察したものである。

そこでⅤ章では、まずアジア解放の理念と現実を明らかにしたうえで、中国進出はどう考えても「侵略」であったが、それを最初から「悪」とするまえに、近現代の主権国家が国際的に採るところの共通の行動であり、その一環として把握することを指摘した。日中関係を近代の国家間関係一般のなかで捉えるということである。とはいえ、このような行動は最終的には成功裡に終ることはないのだが、これを実際に日中間の埋めがたい懸隔を歴史・文化の側面から、また政治情勢――強靭な中国の抗戦とこれらに対する日本側の認識の甘さが影響したことを指摘した（Ⅴ―2）。

しかし、長期歴史的にみれば、大東亜戦争はアジアにおける日本の興起の結果おこったところの、アジアに最も大きな影響と支配力をもった英帝国への挑戦であった、という視点を据えた（Ⅵ）。そこで、日英間の競争と紛議を歴史的に回顧した。そして最後に日本の東南アジア植民地の占領が、これら諸国の独立の起爆剤となったことを明らかにした。日英対立を大東亜戦争のなかでこのように重視することについては異論があるかもしれない。それは日英間では太平洋戦争開始までは軍事紛争はなかったからである。しかしイギリスの安全保障がなんといっても欧州第一であること、またアジアにおいて日本と対抗しこれを圧するだけの軍事力を配置できる余力がないのであり、ために実際に存在した深刻な日英間の対立はカーテンで覆われているように表面に出ていないのである。アジアにおいて興起した日本は本来的にイギリスと対峙することになったのであり、それが日本の南進によって危機的状況になったとき、イギリスを助けたのがアメリカであり、それが「太平洋戦争」に発展する。

かくて大東亜戦争は、日米の間の「太平洋戦争」を含み、日本は太平洋におけるアメリカとの決戦で完敗することになり、この大東亜戦争は終わるのである。その戦い方には、日本の国力の脆弱性が露呈されたが、そもそもが〝不思議な〟戦争であり、それは日米間に存在した本来的ともいえる非対称性にあることをいくつかの視点で説明した。また戦争としてはもっと柔軟な思考により別途の戦い方があったと思われること、また本来的に必要であった陸海空の統合戦略の欠如、などを指摘した。とはいえ、非難・批判はいくらでもできるが、それでも世界最大・最強国と三年九カ月にわたって戦ったことの重さを忘れるべきではない。それらの問題点をあつかったのがⅦ章である。

大東亜戦争の多元的・複層的性格はこれにとどまらない。そのためまず、この敗戦必至の〝不思議な〟戦争になぜ踏み切ったかを再説したうえで、ついで大東亜戦争を捉える五つの視点――自存自衛、日中戦争の位置と特質、東亜解放の「虚と実」、忘失できないその悲劇性、そして戦争の帰結――を改めて設定しなおし、全体レヴューをおこなっている（Ⅷ）。

本章は本著のなかで最も重要であるので、これを補完すべく附1～6を追加している。これは本文の叙述に欠かせない「日本論」であり、また大東亜戦争の舞台である第二次大戦それ自体の性格を明らかにしたものである。

第3部は、一挙に視点を変え、本当に大東亜戦争は避けられなかったのか、を問い直そうとしたものである。実は本論考全体が、その下地に非戦・避戦の可能性を探りつつ記述しているのだが、ここでは戦争にいたらないための条件や要素を強調する代表的な非戦論ないし避戦論をとりあげた。それは国際的にも存在したのである（Ⅸ、Ⅹ）。

たしかに日本のとるべき方策としては、その可能性は多々あった。

まず戦争指導に問題はなかったかを問い（Ⅹ―3）、ついで戦争指導を上回る国家指導を打ちたてねばならない。すなわち、戦争にいたらない途を国是とし、強力な政治力によってこれを推進し、国家指導をおこなう可能性を追い求めることでなければならない。それは新しい「国家理性」をうち立てることである。そこで日本近現代の大きな転換期であった日露戦終結後の、次世代の国家ビジョンを描いてみた。しかし実際は残念なことに明治の「独立」という一貫した国家理性に代わる、次の時代の「国家理性」の構築に成功しなかった。否戦・非戦を積極的に主張するためにはこの「国是」のあり方まで踏みこまねばならない。これら各種論点を整理しまとめとした（Ⅹ―４）。

とはいえ、人類はいかに戦争を避けうるかについて真剣に取りくんできたとは思えない。そこで最後のⅪ章では、戦争一般について、その回避の可能性を検討した。戦争という人類最大の愚行は、実は単純な領土支配の形をとった他民族による支配・被支配によっておこるものである。

それを克服するためには、人間のもう一つの別の要素、宗教的な愛とも言うべき信条にたつ以外にないことを指摘した（Ⅺ）。それは国家という存在に求めることはできることなのか。課題は残ったままであろう。

あまた大東亜戦争の研究書があるなかで、いまさら何事かを書く必要が本当にあるのか、という疑念をもっていた歴史学者、政治学者ではない私がこのようなものを書いたのは、大東亜戦争について、そのもつ意味について、自分が納得できる説明を持ちうるか、をなんとしても問うためであった。それが成功しているかは読者の判断を俟つ以外にない。

本著は筆者の〝独学〟の産物だが、それは先行研究に〝支配〟されるのを忌避したためである。また本著では、ファシズム、軍国主義、民主主義、帝国主義、ナショナリズムなどの既成の概念はできるだけ用いないようにした（帝国や覇権は必要最低限で使っているが）。それはそれら概念自体再吟味が必要であること、またこれらを使うと、一切がそこで分ったような気持ちになり、物事や事態の意味を問いなおすことがストップしてしまうからだ。まことにいささか宣伝向くが、本著の特色といえば、歴史の出来事の記述は一般の通史などに譲り、出来事や生起した事態の意味を問うという視点にたったことである。

なお上記したように、各章のほとんどに「附」がついている（全部で一一）。これは本文の叙述を補うものではあるが、本来は本文のなかの記述であった。しかしこれらを挿入すると、本文の叙述が膨張して述べたい趣意が散漫になるので、このような方式をとった。しかしそれ自体、独立の節のように読んでいただけると思う。

また、本著では、叙述の基礎となる事件や出来事とその経緯について、また現実を的確に示す統計指標について、あまり引用・参照していない。それは、敬愛大学国際学部の「日本現代史　講義録」、またこの講義で時間制限のため使えず別途整序した資料整理集――「日本現代史　講義資料及び研究覚書」（二〇〇四年三月）――においてすでに扱ったので再度の記述・引用は省き、講義以降の論点整理を中心に新しく書き下ろしたものである。したがって、歴史の通史的記述ではなくて、それぞれの意味合いを問いただす、という視点に重心があるといってよかろう、と思う。

本著で自問自答しながら筆をとったということは、日頃から抱いていた疑問とそれに対する回答をめぐってであって、その際には先学から得たさまざまな示唆を手がかりにしたことは当然であり、できるかぎり明記したつもりだが書き落しがあるかもしれない。ご寛恕をお願いし、感謝の言葉を述べさせていただきたい。

なお本著はある理由のために、一年間〝塩漬け〟になっていた。この間、いろいろ反芻するところあり、これをまとめて「おわりに」に記すことにした。それは筆者の問題意識や接近方法を整理したもので、序説であると同時に結語にもなったが、本文が多岐にわたったので、この部分を先に読んでもらえれば、本著の視点が一層理解していただけると思う。参照願えれば幸いである。

凡例

一、年号については西暦を標準とし、便宜のため適宜、元号を併記した。出版物の刊行年次についても西暦で統一した。
二、引用文は可能なかぎり、原文を生かしたが、適宜カタカナを平仮名にあらためている。
三、固有名詞のいくつかについては、使用当時のものを使い、統一していない。例：ローズベルト／ルーズベルト、九国条約／九カ国条約。
四、文中、太文字は文章を強めるためで、筆者のものである。

目次

Ⅵ　アジアにおける日英の競争と対立 …… 216

第1部　近現代の日本の発展と国際関係

Ⅰ　近現代日本の発展と対外戦略

1　近現代日本を規定したもの

1―1　一九〇七（明治四〇）年「日本帝国国防方針」から始まる

昭和前期について、いままでの通説的理解は、戦争にいたった経緯も、敗戦にいたった原因についても、軍部独走とその行動の仕方に帰するというものである。しかし軍部にこのように責任を追いかぶせることで問題は済むのであろうか。筆者はそうは思わない。

このことを明らかにするためには明治以来の日本の発展と、その時に示された国家としての対外認識を振りかえってみる必要がある。この近代日本の対外関係をどのように見るかについては、明治四〇年の「日本帝国の国防方針」に示されている。少し長いが重要なので引用したい。（原文のカタカナまじりの文体をひらかなに改め、句読点を付した。(1)）

「一、帝国の政策は、明治の初めに定められたる開国進取の国是に則り実行せられ、曽て其軌道を脱したる事無きは論を俟たざる所にして、今後は益々此国是に従ひ、国権を振張し、国利民福を増進せんと欲せば、世界の多方面に向て経営せざる可からずと雖、就中明治三七八年戦役に於いて、幾満の生霊及巨万の財貨を抛て、満州及韓国に扶植したる利権と、亜細亜の南方並太平洋の彼岸に皇張しつつある民力の発展とを擁護するは勿論、益々之を拡張するを以て、帝国施政の大方針と為さざるべからず。果たして然らば帝国軍の国防は、此国是に基く所の政策に伴ふて規制せられざるべからず。換言すれば、我国権を侵害する国に対し、少くも東亜に在りては、攻勢を取り得る如くするを要す。

二、我帝国は，四面環らすに海を以てすと雖、国是及政策上、其国防は固より海陸の一方に偏するを得ず、況んや海を隔てて満州及韓国に利権を扶植したる今日に於いてをや。故に一旦有事の日に当りては、島帝国内に於て作戦するが如き国防を許さず、必ずや海外に於て攻勢を取るにあらざれば、我国防を全うする能はず。

三、(略)

四、国防を策定せんとするには、須らく先ず我敵手たるべきものを想定するを要す。(中略) 露国は・・・戦役前に於けるよりも尚優勢の兵力を極東に配置し且沿黒鉄道の布設を計画し、また営々として海軍の再建を謀りつつあり。是れ他日機の乗すへきあれば報復戦を敢てし満鮮に於ける我利権を侵害し以て数百年来の国是を貫徹せんと欲するもの非ずして何ぞや。故に最も近く有りうべき敵国は蓋し露国なるべし。

米国は我友邦として之を保維すべきものなりと雖も、地理、経済、人種及宗教等の関係より観察すれば、他日激甚なる衝突を惹起することなきを保せず。

清国は満韓に於ける我利権に対し利害の関係を有すること大なると雖も、清一国を以て単独我と戦を交ゆべしとは殆んど想像し得さる所なり。(中略) 清国内にては近時利権回収、排外、革命等の暗流奔騰しあるを以て何時・・・変乱を生ずるやも測られず。之に応じて取るべき我帝国の軍の処置は、列国との関係上頗る複雑なる問題に属するを以て予め之を策定し置く能わざるべし」。

このあと日英同盟について、欧州情勢について、そのなかで独、露国、の動向に関心をもつべきことを説き、具体的に軍備をどうするか、どのような国防姿勢をもつか、についてつぎのように述べる。

「五、右の如く論じ来る時は帝国軍の兵備は左の標準に基くを要す。

陸軍の兵備は、想定帝国中我陸軍の作戦上最も重要視すべき露国の極東に使用し得る兵力に対し攻勢を取るを度とす。

海軍の兵備は、想定敵国中我海軍の作戦上最も重要視すべき米国の海軍に対し東洋に於いて攻勢を取るを度とす。

(中略)

六、以上述べる所を綜合すれば左の要旨に帰す。

甲　帝国の国防は攻勢を以て本領とす。

乙　将来の敵と想定すべきものは露国を第一とし、米、独、仏の諸国之に次ぐ。(中略)

丙　国防に要する帝国軍の兵備の標準は、用兵上最も重要視すべき露米の兵力に対し東亜に於いて攻勢を取り得るを度とす」。

以上が主文であって、ついで別冊として、「国防に要する兵力」、「帝国軍の用兵要領」が続くのである。

この文書は、狭義の国防方針であって国家政策でもなく外交方針を策定しようとしたものでもないが、それにしても近代日本の発展動向とそこで直面する課題を的確に記述している。結局のところ、ここで記述され、展望されていたように展開したではないか。したがって、日本が世界に乗りだしていくうえでの問題性をあまねく指し示しているものとして重要である。

もっとも、近現代日本の発展総体をこの文書に依拠することは危険であるとの批判は当然存在する。それは独自に力をつけつつあった山縣有朋などの軍部の姿勢を明瞭に反映するものであること、もし伊藤博文などのグループが書きおこせばそれはもう少し、あるいは相当に違ったものとなったであろう、ということは言える。とくに文中、「攻勢」で望むという姿勢は一貫しているから、武力活用が暗黙に前提されており、きわめて積極的な対外姿勢を示している。しかし、そのようにいわば覚悟のほどを示すことは、アジアにおいて新しく発展しようとする国家がどのような障壁に突き当たるか、あるいは脅威に曝されるか、それを覚悟しなければならないか、が示されていると思う。

したがって、主として国家防衛の立場から書かれているとはいえ、もっと広く近代日本がいかなる国際関係のなかに立つのか、そこでどのように振舞うことが望ましいのか、という課題について検討することを求めているもの、と受け取ることができると思う。すなわち、この文書から近代日本の置かれた位置が明瞭であり、その後の展開もここで認識されていた現実が具現化していく、そして国家としてもその方向で行動することになった、と言えるのである。その意味で、当時の国際認識は実に的確であったといわねばならない。

1―2　この文章の予言的性格

しかし同時に、この文章に盛られた国防方針の内容とその策定経過には、その後の日本の命運を定める要素のほとんどすべての問題が内包されていたのであった。

これを角田順氏の研究に依拠しながら、さらに筆者の見解を付加してつぎのように言いうると思う[2]。

(1)　基本認識について

わが国にとって脅威を有する国家は、ロシアとアメリカの二国が挙げられた。

これをどう理解すべきか。これはどのような経緯で陸海軍併記になったのか不明であるが、問題はこの両論併記の意味するものである。

山縣、および陸軍にはかなり具体的に脅威とそれへの対処策を述べているが、他方、山本、および海軍の策定はビジョン的であった。そのゆえに、角田氏は当時としては架空的・便宜的であったとして否定的な評価をしているが、果たしてそのように片付けてよいか。これが筆者の評価が異なるところで、むしろその後の推移を的確に予見しているところに、その現実的意味を読みとるのである。

それは山本権兵衛が「八・八・八艦隊」構築に対する民論に反駁するため、世論に対する宣伝をおこなう必要を痛感しまとめさせたのが『国防問題之研究』である（一九一三（大正二）年三月に公刊）が、そこには実に重要な認識が述べられている。その要旨は次の通り[3]。

① 本国の防衛のための軍備の主となすべきは海上武力である。

② 世界発展をめざすことは海洋に求めざるをえない。このため海上武力主、陸上武力従である。また平和的手段によって国力を拡張する場合でも、これを進めるには潜勢力としての海上武力が必要だ。

③ 海洋的発展の目標は蘭領インド――インドネシアである。

④ 対シナ問題は強国――アメリカの問題である。そのため対米七割の海軍力を保持すること。

陸と海の勢力争いはご愛嬌としても、マハン理論を咀嚼して海上発展すなわち海軍の支援によること、いち早くインドネシアを目標にしていること――南進論の先駆け――、対中国問題はイコールアメリカとの問題であることを見抜き、その軍事力比をすでに打ちだしていること、などは、その先見性に驚くほどである。この意味でわが国の国防計画としては問題を正しく設定したことは認めてよいのではないか。

ただ将来の日米関係の緊張を具体的に詰めずに、いち早く対決色を前面に押しだすことで、そのような認識を強める種を蒔いた、ということは問題であった。

(2) 国防計画策定の手続き

この文章採択の手続きにおいて、首相には閲覧回付することで済ませた。それをみた西園寺首相は予算上の懸念を述べるだけで、その根本内容を問題にしようとしていない。またその手続きも問題にしようとしていない。こうして最初の国防計画策定が軍部の主導のもとになされるという慣例をつくってしまった。

皮肉なことに、これにまつわる懸念は実は軍人自身がもっていた。「**立国の方針**（国是と陸海軍の総兵力とその編成のこと――引用者注）**にして独り参謀総長軍令部長の合議といえども我国においては今日に至るまで未だこの如き根本的問題に向て与えられたる答解なき**をもってこの機会に乗じ宜しく軍事上の見地より之を策定して奏上せらるるを最も軍国の為め緊要事と思考す[4]」。（原文カタカナ、太字は引用者）

これは陸軍部内資料のなかの一文にあるもので、結局のところ我田引水となっているが、問題点――立国の方針は軍部にのみ任せてよいのか、という疑念を述べているのだ。問題点は的確に指摘されているのではないか。

(3) 山縣の遠慮

このような両論併記の内容になったのは、山縣の薩摩への遠慮、そして海軍への遠慮があった。これが山本の大海軍構想を承認することにつながった。結果として薩長閥の権力保持が安泰となった。国家の大事がこのような生臭い人間あるいは閥組織への心情的考慮に動かされていたことはかえすがえすも残念なことであった。

よく日本近現代の曲がり角は日露戦争終結後の時期にあったといわれるが、まことにその通りで、このとき国策の策定がなされたのである。大陸への関与を認めること、南進もまた有力な選択肢であり、そのときこれを妨害する勢力とは武力で排除する可能性をもつこと、その結果、米国との衝突もありうべしとしたこと、である。

このように国家方策が軍事主導であったこと、真の国策とはなんであるのかが政治の問題として問われることはなかったこと、であり、それが日本が彷徨する要因となったのである。

2　近現代日本を動かしたもの、そしてその課題

2―1　国家発展の六つの命題

そこで狭義国防政策に捉われることなく、その背後にある近代日本を動かした命題といったものをまとめておきたい。

第一命題――開国進取。すなわち、徳川時代は例外であって、日本は積極的に海外に発展しようとする民族である。

第二命題――世界多方面に向かって進んでいく。南進論もすでに出ているのだ。

第三命題――このように対外発展するにあたり、国権を侵害する国があれば、攻勢をとる。つまり武力も用いることをすでに述べている。

第四命題――国家の基軸においても国防においても海陸双方の戦略が必要である。

第五命題――当面の敵国はロシアである。しかし将来はアメリカとの間で衝突する可能性がある。中国は弱体であって脅威ではない。

第六命題――他国との同盟関係はどのように変化するかも知れず、慎重な態度を失ってはならない。

ここで〝修正〟を要すること、また先に「国防方針」においても充分に掘り下げられていないことは中国への見解である。外交上複雑な関係に日本がおかれるとの予想はあるが、中国（清国）は単独で日本に戦いを挑むことは考えられない、として済ませている。これが問題として残ったのである。これは当時としてはやむをえない。当時はまだ清朝（た

だし末期）であって、このような認識となっているが、中国は一九一一（明治四四）年の辛亥革命を経て、ナショナリズムが少年期から青年期となり、さらに国家統合を果たしていくと、従来の認識は抜本的に修正されねばならない。しかし、この時点で形成された中国への軽視の念は以後もなかなか修正されず、根本的な中国への向き合い方が確立されず、それが最終的には日本自身の足元を掘りくずすものとなる。

これは一つの事例であるが、上記で認識された命題が実際に複雑にからみあって、その後の歴史の展開となる。それは容易ならざる道であった。

それゆえに、その後の展開を解釈するにあたって、その課題の性格とそれにまつわる困難性をまず指摘しておかねばならない。

2―2　近代日本の課題と難点

第一点――日本をとりまく脅威の存在

日本をとりまく環境は、北に大陸軍をもつロシア（のちにソ連になる）があり、東に大国として覇権国として台頭するアメリカがあり、そのアメリカは西へ西へと進み、その勢いをそのままにアジアへの関心を強めていく。自己自身は大陸国家であるが、歴史的にかつての母国である英国を引きついで海洋国家として発展する要素をもっているし、実際、両大洋に面して大きな海洋国家となっていく。南は十九世紀覇権国・英国の支配地域であり、オランダ、フランスとともに厳然とその支配地域を維持している。西には中国があり、当時は国家統合を果たさず弱小国ではあるが、潜在的には大国の条件をもつ典型的な大陸国家である。

一体、このように東西南北、四面をいずれも大国である国々に挟まれ、同時に潜在的・顕在的脅威の下にある国家は近代に存在するのか、世界地図で観察してみたいものだ。興隆しようとして大国の脅威を感ずる国としては大陸にドイツがあるが、北方は比較的に脅威は少なく、また本質的に海洋国家たる条件をもっていないし、海洋国家からの具体的な脅威はない。

こうして、近代日本の背負う負荷の大きさを想うのである。日本は一見、海洋に囲まれているので、イギリスとともに「安全の余剰」をもつことが強調されるが、そればかり見ていると、実は四方は強大な大国に囲まれている、という地政学的特徴を軽視してしまう。海外諸国が対外発展をしてこなかった時代、あるいは物理的に大海を超えて近接することが不可能であった時代、であれば日本の安全余剰は妥当したが、近代はそれらの条件をすべて取り払ったのだ。こうして開国はこの負荷の大きい条件を具現化した。このような条件下で国際場裡において行動せざるをえないことから、日本は〝清く、正しく生きる〟ことはできないのである。いきおい「強兵」への要請が強まるが、同時にその軍事力の位置づけに悩むことになる。

第二点――海洋国家と大陸国家の双方の要素

日本がこのように二つの要素をもつことは、つとに日本の識者によって指摘されており[5]、それはまるで国際政治学上の常識のようにまで言われる。しかし残念なことに、その視点をさらに進めて、それが近代日本国家の発展にとってもつ意味を問うことはあまりなされなかった、と思う。すなわち、わが国の展開の結果、海洋・大陸の双方の行動が必要になるから、その体制の準備をしなければならない。

真の大陸国家とは本拠地を大陸にもち、土俵＝自国である大陸にあって振舞うことであるが、日本がそのような大陸に出ることはいかなる方途が望ましいのか、が問われる必要がある。ついで海洋国家としては、大陸進出の支援にとどまるのか、それ以上の展開となるのか、が問われるのである。

第三点――負荷の重さ

かかる二重の負荷のかかる国家形成のためには、当然国内において大きな負担がともなう。そこでそれが日本国家にとって背負いうるものかどうかを問うこと。それに耐えることは一体この小国において可能であるのかがつねに問われるのである。

別言すれば、日本は新興発展国であるので、国内に蓄積された富は家計においても、国家においても少なく、それが足を引っぱる。

第四点――自立力の欠如

さらに加えて、一国としての自立力が弱い。とくに決定的であるのは近代戦争を支える金属資源と石油資源を自国領土内にもたないことである。このことが対外進出の基本要因であったことは論ずるまでもない。満州から中国本土へ、そして東南アジアへの展開となった。

第五点――外交の重要性

日本はこのような大きな国際的圧力のもとにあるにも拘わらず、そのなかでどのように自国を安定した位置に置くかが問われる。国力の増大は当然であるが、ここに外交の決定的な重要性がある。日本の命運は外交のあり方にかかっているといっても過言ではない。

それは不幸にも円滑に進んだとは言えない。なによりも第一は隣国との関係であり、対中国政策が動揺し続け、これがその後の悲劇の道を歩む要因となった。第二は国家間関係の構築、いわゆる「協商」、「同盟」などの形成であり、その相手をどこに求めるかである。あるいは理論的には中立といった途もある。明治日本はパックス・ブリタニカのもとで世界に登場し、そのまま日英同盟を結んで発展の基盤とした。これは大きな成功例であったが、第一次大戦終了後、日本が列強の仲間入りを果たしたことにより、新しく覇権をめざすアメリカの好むところとならず同盟は破棄され「独り立つ」国となった。そしてそれ以降、欧米協調派と欧米対抗派の対立が激しくなっていき国論の統一はなされなかった。

すなわち、明治四〇年の「国防方針」を読みつつ、その後の日本の発展にとって国家レベルにおいて突きつけられる課題にまで想いをいたさなければならない。

それは、この発展せんとする趨勢――第一命題――を認めたうえで、これをいかに実現していくかをめぐってのせめぎあいであった。その地政学的環境、そしてその時々の国際情勢と国家の発展方向との絡みあい――すなわち第二点〜第五点の要素が絡みあう。そこには順調にいく場合もあれば衝突することもあるのは当然だが、このせめぎ合いが近現代の日本の実相なのであった。マルクス主義に立てば、これを帝国主義的発展と規定し、そのすべてを批判しさらに否定しようとするもので、今日まで近代日本史観の主流であり、また〝意外〟（？）にも「東京軍事裁判史観」がそれであった。それはまことに簡明で理解しやすいものであるが、これは民族の存在とその生き様をまったく認めていないもので、その意味で空論である。

以上すべての課題を包括して一言で述べれば、それは近代日本における国益とは何であるのか、という問題である。すなわち近代日本は、

・歴史的にみて海外――大陸に発展する動因をもつ。

・それは直ちに近隣国と衝突する。しかもそれは一国ではない。

・衝突する可能性をもつ国はいずれも世界のなかで大国である。

・表面上は隠れているが、世界の底流には白色人種対黄色人種という差別も無視できないものがある。

これらの課題は国家の命題として常時追及され、その追及は犠牲の少ないこと、つまり国益を損なわないという対外政策を実施することが定まっておれば、歴代政府はそれを基軸にすればよく、国家運営で右往左往することはなかったのである。

しかし、それを言うは易しく実行は難しいのであった。とくに現代に入っては、現代固有の問題の複雑性も加わり、それは政治リーダーシップの弱体の因となり果ともなって国論は分裂し、その弱い部分を軍部が割りこんで代行してしまうということになる。

実はその芽がこの明治末年の文書に出ているのである。こうしてこの文書を手がかりに、その後の日本の発展にとって国家レベルにおいて突きつけられる課題にまで想いをいたさねばならない。

3　国家の存立と国際関係を規定する資源問題

そこで、上記の日本を規定する諸命題のなかで、最も代表的かつ重要な問題の一つとして、資源問題をここで概説しておきたい。

国際関係を規定する要素としては、政治、経済・金融、民族感情、思想、地政学的位置、人口、歴史的背景など多様な要素に触れるべきだが、ここでは資源問題に絞って、その世界における賦存と占有の状況をみておきたいのは、資源問題は直截的に国家間関係の緊張の要因であるからだ。それは国力を構成する最大要素であり、そこに国家発展の結果をみるからである。同時に、資源の貧寒な日本にとってはことのほか切実な問題であったからである。列強に伍する「大国」化をめざす海外発展の動因であり、その目的でもあった。同時にその劣位は一挙には解消せず、最後まで日本のアキレスの腱となったものである。(6)

3―1　世界の資源賦存とその占有

重要戦略的資源とは

石炭、石油、鉄鉱石、マンガン、ニッケル、クローム、タングステン、銅、亜鉛、鉛、アンチモニー、錫、水銀、アルミニューム（ボーキサイト）、硝酸塩、燐酸塩、カリ、硫黄・黄鉄鉱、雲母、ゴム、羊毛、綿花、の二三種。

このなかで最重要なものは、鉱物資源である。とくに、石油、石炭、鉄、である。そのほかの非鉄金属類は特殊鋼の生産に欠かせないものだ。

領土支配と資源支配

・イギリスは世界の四分の一以上を領有、または支配。
・イギリス、フランス、ソ連邦が世界の半分以上を領有。
・地球の約四分の三は六大強国によって支配されていて、ドイツ、イタリー、日本のような諸強国をふくむその他の六八カ国に残るところは世界の四分の一足らずである。
・イギリス、アメリカ合衆国、フランス、ソ連邦は世界の全資源の八五％を支配し、その他の七〇カ国には僅か一五％が残るに過ぎない。
・イギリス帝国、ソ連邦、フランス帝国、アメリカ合衆国は合計して地球面積の五八％を支配。だがそこには世界人口の四二％が住んでいるにすぎない。

このように、① イギリスの圧倒的な支配力がまず確認できるが、これこそ「パックス・ブリタニカ」である。

② つぎに先発六大強国の支配力の高さで、残された地域は世界の二五％、資源では一五％にしかない。

③ とくに資源支配の高さに注目したい。当たり前のことながら、それを目指して世界に出ているのだから、領土と人口の比をはるかに超える割合となる。

問題はこのような圧倒的優位といえる状況をまったく譲ることはなく、そのうえに「持たざる国」の富さえ奪おうとしているのだから、そこに軋轢が生ずるのは当然ではないか。

3―2　重要資源の生産高と日本の地位

西洋列強の圧倒的優位

・日本は、各種資源においてイタリーよりはよいが、日本、ドイツ、イタリー三国をつうじて英・米・ソ連三国に比較し、まことに少ない。ニッケル、ボーキサイト、羊毛、ゴム以外は小さいながらも一応資源は存在する。

・石油生産高――なんといっても日独伊三国とも少ない。

英国は大英帝国としてみるべきで、石油は、カナダ・トリニダット・エジプト・イラク・イラン・バーレーン・印度・ビルマ・英領ボルネオを合計すれば、一億六三九二万バーレルの生産高を有する（一九四〇年）。

・英国の圧倒的優位について

非鉄金属

マンガン鉱――一位ソ連、二位印度で、独の二倍以上。

ニッケル鉱――八八・七％が英領で産出、カナダ・ビルマに多い。

クローム鉱――英領土を合わせて英国は世界産額五二％を占める。

タングステン鉱――アフリカ植民地、アジア植民地において、世界生産の半分を占める。

銅鉱――カナダ、その他で一万八〇〇〇トンを産出。

ゴム、羊毛、綿花――世界第一位。豪州は羊毛、印度は綿花、マレーはゴム。

ただし英国の弱点は、これら主要物資が世界に散在していることだ。

・米国の特徴

ゴム、錫、キニーネはそれぞれ九〇％、八〇％、一〇〇％に近いものを蘭印より輸入せざるをえない。マレーのゴムは七五％、錫は七八％を米国に輸出している。これら戦略物資の海外、とくにアジアへの依存度は高く、これが米国の弱点であった。日本は開戦まもなくの勝利によってこの重要資源のアメリカ大陸への輸出を遮断してしまったのである。反対に、日本は南方の豊富な資源を手にしたことになる。

大東亜共栄圏内の主要資源の賦存

それでは大東亜共栄圏に広げてみるとどうなるか。

・石油の自給率――一九三三（昭和八）年七％、一〇年九％、一一年九％。

そこで輸入に頼ることになるが、輸入先は米国六五％、蘭印二一％、英領ボルネオを含め、その他が若干ある。

この米国依存度が対日資産凍結後まったく途絶し、南方資源が唯一の頼りとなった。蘭印の石油産出は年産八〇〇万トンあり、そのうちスマトラ六割、ボルネオ三割、ジャバ、セラムその他一割である。

なお蘭印の埋蔵量は約三〇億バーレルといわれる。近年、石油精製業が発達し、日産一五万バーレルで、全石油産額を精製しうるまでになり、その製品の大部分はシンガポール、その他太平洋の英軍基地用に輸出されてきた。

英領ボルネオに約三六〇万トンの埋蔵量があるとされ、ビルマも見逃しえないので、以上を合計しこれに満州・支那を加えると、一〇〇〇万トンを超えることになる。

・鉄および鋼

日本の鉄鉱石の埋蔵量――朝鮮、台湾をふくめて、現存鉱量約四五〇〇万トン、推定鉱量一三〇〇万トン、予想鉱量一四六〇万トン、合計三二一〇万トン、貧鉱・砂鉄九三〇〇万トンを加えて約一億二五〇〇万トン。

その他の推計を勘案すると、鉄鉱埋蔵量は約八〇〇〇万トン～一億トン、このほかに砂鉱・低品位磁鉄鉱約四～五億トンがある。

満州国――約七億五〇〇〇万トン

中華民国――約三億二三〇〇万トン、その半ば以上が河北・山西・山東・チチハル・綏遠の北支五省に集中。

蘭領印度――セレベス島などに約八億一三〇〇万トン。

英領マレー・北ボルネオ――二五〇〇万トン。

以上合計して、東亜共栄圏における埋蔵量は二九億

表Ⅰ-1　銑鉄と屑鉄の地域別輸入　(%)

	銑鉄輸入 98万4,000トン	屑鉄輸入 8,423万1,000トン
満州国	25	1
英領印度	36	10
アメリカ	22	69
蘭印		4
豪州		4
支那		2

資料：土屋成美監修『大東亜経済資源大観』日蘇通信社，1942年，21～22頁の記述より作成。

表Ⅰ-2　石炭の内地輸入高の構成　(%)

	1937（昭和12）年	1938（昭和13）年	1939（昭和14）年
満州国	5.1	39.1	19.5
中華民国	29.6	44.0	64.1
仏領インドシナ	18.8	16.5	15.9

資料：表Ⅰ-1に同じ。26頁の記述より作成。

三八〇〇万トン。

・鉄鉱生産高——六一七万三〇〇〇トン（東亜地域全体）、日本の生産は一二四万九〇〇〇トン（昭和一一年、以下同じ）自給率二四・六％。

鉄鉱国別輸入高——中華民国三三％、英領マレー海峡植民地四五％、フィリピン一五％、豪州六％、英領印度一％、である。

・鉄鋼の生産自給率

	日本	満州国
銑鉄	六九％	一九一％
鋼	九六％	一六五％

・石炭の自給率

日本——九三％
満州国——一三一％
中華民国——一〇一％

問題は製鉄用コークス炭、二〇〇〇万トン近くの輸入が必要で、それはもっぱら北支炭である。

3—3　総括——日本にとって明らかになった問題

大東亜共栄圏内における主要戦略資源の自給率

・日満支一体化が完全有効に実現された場合、大部分は心配なし。

・しかし、石油、銅、ニッケル、アルミニューム、綿花、羊毛などが問題。

そこで、石油、綿花、羊毛は、大東亜共栄圏全体ではほとんど問題にならない。

・鉄鉱石——わが国内地自給率は二六％だが、仏印を含めた大東亜共栄圏ではほとんど一〇〇％。英領マレー、海峡植民地が大きな意義をもつ。

石炭——大東亜共栄圏において問題とならないほど豊富だ。ことに支那の開発がうまくゆけば前途洋々だ。

マンガン鉱、クローム鉱、タングステン、カドミュウム、錫、硫黄などは共栄圏において自給可能。

・自給率の低いもの——ニッケル、バナジュウム、モリブデン、アルミニューム、銅、亜鉛、鉛、があるが、今後の調査開発によって自給率向上が期待される。

・他の自給率の低い物資

ゴム——〇％。マレーが世界第一の産地であり、これを占領したので問題ない。

綿花、羊毛——豪州、印度が大東亜共栄圏に入れば問題はない。

石油——内地の自給率九％、蘭印、ビルマ、英領ボルネオを合わせて充分に自給可能。

明らかになった問題

以上の状況によって、世界の資源賦存とその占有が明らかになったが、「持たざる国」日本にとって、それはいかなる意味をもつのか。

・日満支一体化で、大部分問題なし、としているが、満州はまだしも、支那の確保が問題だ。すなわち、支那支配の継続・安定が保証されないと、それは実現できないことを念頭に入れておく必要がある。

　また、満州も支那も海外であり、海上輸送が確保されていなければならぬ。とくに支那よりの鉄鉱石・石炭の輸入は大東亜戦争後半期に揚子江の海上封鎖によって（米航空機による）激減した。

・（現在の）東南アジア地域の支配がいかに決定的意味をもったかがこれでよく分かる。とくに直接的には英国支配地域が圧倒的に多い。そこに切りこんだのだから、それだけでも英国の世界支配体制そのものに挑戦したかが分かる。

　戦略物資のほとんどがその占領によって調達可能になったし、なお不十分な物資もあるが、それらはかなり埋め合わされた。

　それでも、なお充分でないものは、さらなる占領の拡大で解決するとしている。いかに拡大に狂奔していたかが分かる。

・しかし、その占領がいつまで、どのようにして安定的にかつ長期に維持されるかは保証の限りではない。このある種の「現地調達主義」によって戦争自体が維持されることの危なさが、出発点において露呈されている。

　さらに長距離の海上輸送の確保が絶対条件であるから、船舶の確保、その増産に追いまわされることになるが、実際は損耗（沈没、損壊）されるテンポが高く、戦争後半期は物資確保が難題になる。

・日本の必要とする物資は同時に英米が必要とするものであったから、この地域に進出することは彼らの生命線を押さえることである。ここに英米、とくに米国が仏印南部進駐によって強硬姿勢にでたかが諒解できる。ここにまた、英米一体が明瞭である。

4　「出撃と退出」――近現代の日本の海外発展

最後に本書の分析軸として、わが国の発展趨勢をまず置いているわけだが、ほぼ同じ視点に立って近現代日本を検討したものに、和田耕作『歴史のなかの帝国日本』という力作がある。[7] とくにそのなかで、近現代日本の発展を「出撃と退出」という表現をもちいて、つぎのような興味深い説明をしている。これは上記の所論を展開する緒論として使わせてもらう（ただし以下の説明では筆者が若干書き加えをしている。また出撃はいささか刺激的で伸張・伸展としたいが、そのままにした）。

［第一の出撃と退出］

まず最も近い地域である朝鮮半島をめぐって清国と対立し、日清戦争の勝利によって朝鮮半島の経営をおこなうにいたった。ついでロシアと対立したが、英国と結んで日露戦争にも大勝した。

すなわち朝鮮半島における優越的地位の確保から始まり、ついで満州におけるロシアの権益を継承した。一九一〇（明治四三）年には朝鮮半島を領有、北は樺太、南は台湾を併せて帝国日本を確立した。

その時の退出は日清戦後の三国干渉であり、これによって国民は臥薪嘗胆してこの退出に耐えたが、一〇年後に日露戦争に勝利して上記の結果を得た。こうしてその成果は国民が絶対に守るべきものとされた。

［第二の出撃と退出］

一九一四年の第一次大戦はまさに神風というべき大幸運で、帝国日本は大きく躍進したから、日露戦後の民力培養などは吹き飛んでしまった。すなわち、中国大陸の北半分とシベリア、そして南洋諸島を支配するにいたる。

他方、中国に辛亥革命が起こっており、中国ナショナリズムは青年期に入って日本に対する反撥が強まる。しかしこの時期は、欧州大戦のために英・仏・独・ロシアなどの欧州列強がアジアを顧みる余裕がなかったこと、ロシアに共産革命が起こりソ連が出現したが、革命の混乱によってそこに日本が進出する余地が生まれた。同時に、米国が英国に代り世界最強国になったことの変化は大きく、それが日本に対する怖れとこれを制約しようとする動きを生んでいく。「退出」の局面がきたのである。

具体的には、日英同盟の破棄、山東半島の権益の中国への返還、シベリアからの撤退、を約束させられた。まさに第二の「三国干渉」である。

この構築された「ワシントン体制」（一九二一年）が三〇〜四〇年代の日米対立の種になっていく。

しかし、当時の日本は世界的な平和の気分や大正デモクラシーのもとでの政党政治の発展があり、また財政の制約も大きく、この体制に基本的には賛同した。

［第三の出撃と退出］

こうして大正期から昭和の始めにかけてはまだワシントン体制は機能していた。わが国も「宇垣軍縮」をおこない（一九二五（大正一四）年）、あるいは海軍軍縮条約に加わるなど、政党政治のもとで米英協調の路線を維持した。

しかし中国の情勢は厳しさを増した。日本の二一カ条の要求を契機に五四運動が起こり（一九一九（大正八）年）、反・抗日の姿勢が新しい局面に入る。またアメリカの中国接近が一層強まる。

しかも大戦後のバブルの収拾に失敗し、関東大震災（一九二三（大正一二）年）などの不幸も重なり、国内は長い不況におそわれ、脱却の方途はなかなか見つけられなかった。こうして経済社会の不安は政治不安に火をつけた。

それでも対外的には日本は大正デモクラシーを引きつぐ幣原外交によって、米英協調と中国不干渉政策をとるが、中国の姿勢はより高圧的になり、排日・侮日に如何に対処するかが問われる。こうしてわが国は大戦中の幸運はどこへやら満蒙に対する直接・間接の攻勢・圧迫にいかに対処するかに迫られた。

この局面を転換させたのが満州事変である。それは予想以上の成功をおさめた。これは欧米各国が深刻な不況に苦しみ、対外的に行動をおこす余裕などなかったこと、おりからの経済停滞に不満をもつ国民の捌け口ともなった。これに自信を得た軍部はさらに自信過剰になり、アメリカとソ連を相手に対峙するような高度国防国家の建設へ進むことになる。そしてついに中国大陸への侵攻を開始するのである。

日中戦争は戦闘には勝つが戦争には勝てないというジレンマに陥り、その収拾のメドが立たないが、ソ連もアメリカも戦争の継続によって日本が消耗することを望む。それが中国を支援した理由だ。この時、せめて大正時代の原といった指導者が居たら、様相は変っていたろう。

それでも、中国大陸への軍事拡大を放置してよいものではない。軍部も「退出」を考慮せざるをえなくなる。まず参謀本部は「トラウトマン工作」に乗る形で（一九三七（昭和一二）年）、今後二カ年のうちに自主的に中国大陸から撤兵（ただし満蒙は除く）するという苦渋の決断をするに至るが、その決定は政府の支持を得られず、内閣を倒すことになるという説得に応じ、これを諦めることになる。まさに大英断を下すチャンスであったが、それを逸したのである。同様の決定は一九四〇年に陸軍省の提案でなされるが、それは膨張する国家予算の負担に耐えられないためであった。

なお軍事力の自主的退出は簡単なことではない。似たような決定はドゴール大統領のアルジェリアからの撤退があるし、またアメリカのベトナムからの引上げも容易に進まなかった。このように日本においても大英断がおこなわれるかどうかの問題はやはり問う価値のあることだ。

ところが情勢は一変した。この陸軍中央の決定の直後にドイツ軍の攻勢で欧州が席巻されるという事態となった。六月にパリが陥落するにいたる圧倒的勝利が実現したのである。これによって、南方の仏領インドシナ、蘭領インドネシアという広大な重要資源地帯が無宗の地となった。

こうして一気に南進策が現実味を帯びるに至り、それは米国を刺激して日本包囲網を強め、石油・その他重要物資の禁輸となって、先行き「ジリ貧」をおそれる軍部、とくに海軍も対米英開戦の決断に傾く。政府は近衛首相を筆頭に日米直接交渉によって和平妥協を求めるが成功せず、米国も対日開戦を決断していたので、ついに真珠湾攻撃の日を迎えることとなる。

このとき日中戦争は終結していなかったから、中国大陸支配に加えて西南太平洋とアジア諸国を支配下におき、日本歴史のなかで最大の膨張をとげたが、三年九カ月の戦闘のすえ降伏し、国土は明治維新以前の状態に戻ることを余儀なくされた。近現代の拡張はすべて否定され、総退却の日を迎えたのである。第三期の後退は決定的敗戦であり、第一の出撃の以前の状態に戻ることを強制されたのである。

5　対外発展と政策対応――代表的事例から

以上は総体としての発展とその条件を述べたのだが、この概論だけでも近現代の日本は国家発展の方途についていかに苦しんできたかが想像されよう。

すなわち、日本の発展趨勢の過程において、ある時は成功し、ある時は耐え忍び、ある時は突出する。それを掣肘する勢力は必ずあり、抵抗を受け、進出が止められる。また、国際環境が順風のときはこれを活用し、逆風のときはその対処に苦しむがそれは総じて旨くいかない。ということは、これを裏からみれば日本が国際関係を構築するにあたり、自前で、自力で切り開く方途はかなり限定されているということになる。

開国にあたって対外折衝において苦難の道をたどるであろうと福沢諭吉は『文明論の概略』で説いているが、それは外国と渡り合う経験に乏しい国がいきなり開国したことで、果たして国益を守りながら発展していくことができようかの不安であり、その予見は当ったというべきであろう。しかし西洋近代を選択した以上、発展の仕方は基本的には西洋近代「国民国家」の歩んだ道を歩むことになり、また短期・急速に外交方策を学んで発展を後押しした。ところが、それは発展すればするほど大きな壁――海外列強諸国にとってはそれぞれの国益――にぶつかるのであった。

近現代の日本はこの第一命題――発展基軸については、基本的な意見の相違はなく、政策意見の相違はその時々の内外、とくに海外情勢の推移のもとで、どのような選択があるかをめぐって意見の相違が生まれたのである。ただ、始めは意見の相違も大きな問題とはならなかったが、わが国が発展したこと、時代の推移によって海外情勢が変わったこと、により制約条件が大きくなりどのように国策を制定するかで対立を生んでいく。日露戦後に芽生えた日米対立の予感が、四〇年後に現実のものとなったが、その意味で日米交渉はわが国近現代における一つの極というべきものであり、結局対立は解消されなかったのである。

そこで以下はこの国家的難題をそれぞれの時代にどのように解決しようとしたか、を述べていく。このためには日本近現代の外交・政治史を述べることになるので、それは省略し、ここでは本書の問題関心に沿ってその主要イッシューのみを採りあげ、「出撃と退出」の実相を明らかにしたい。

5—1　明治期における選択と行動

日露戦争の収拾

日露戦争は江戸後期から生起していた北方の脅威を打ち払ったのであり、日本の安全と独立達成の大いなる成果であった。そして中国大陸に進出の足場を確保したのである。

しかしそれは近代日本の発展において最大の転機ともなった。それは日露戦争をともかく〝勝利〟したことで、自己の実力だと酔ってしまったことにある。あるいは日本の指導者は戦闘の〝勝利〟のみを礼賛することに終始したのである。

実は、日露戦争は「第ゼロ次世界大戦」であったのだ。ロシアの南下を英国が阻止しようとし、これをアメリカも支持し、日本をしてロシア（その背後にはフランスがあった）と戦わせしめること（もちろん日本にとっても北の脅威を破ることは国家的命題であった）、これは極東という限られた地域の戦闘ではあったが、当時の世界制覇をめぐる戦争の一つであった。この国難を克服できたのは英国の援助と支持、米国の仲介努力、そしてなによりもロシア・ツアー体制の動揺によるところ大であったことを直視しなかった。すなわち、大国との同盟と連携・支持の関係なくしては勝利に持ちこめなかったのだ。この国家間関係の重要さを後の指導者も国民も深く学習しなかった。

そういう点で疑問をもっていた人びとはいた。日露戦争の講義にあたってはノートをとることを禁じたという。[8] またのちに石原は本当に勝ったのか、について疑問をもったという。これは長期持続戦が得意なロシアが早くさじを投げたことについてであり、それは戦闘力の問題ではなく、その背景にはロシア国内情勢があったのである。さすがに鋭い認識である。

ただ、その開戦から収拾において政戦略の一致があったことは重要な教訓であった。その政戦略の一致した行動があったことは、日本近代史で稀な事跡とされる。伊藤はじめ政治家と陸海の指導者たちの一致した行動は若い日本の危機を救った。また、伊藤のもと末松謙澄や金子堅太郎が英国・米国においてそれぞれの指導者たちに日本側の立場をよく説明し、日本に有利に事態収拾に動いた、陰の努力はもっと評価されてよいことだ。そして伊藤の死後も、この活動の意義を後世の指導者に伝えるべきであったのだ。こうして、様々な意味で伊藤の死のもつ意味は大きい。

しかしこの事例は大東亜戦争については当てはまらない。理由は、日露のときは応援者とともに仲介者である第三国として当時の英米大国があった。応援し仲介するとは良きまた強い理解者でもあったということだ。しかしこれはいわゆる同情ではない。英国も米国も国益追求の観点から他国を支援したということであり、利害の一致があったから日本の成功も保障されたのである。そのような条件は大東亜戦争においてはまったくない。したがって日本は自己自身で問題を解決するか、力がなければ軍門に下る以外の方策はない。しかも戦争をせずして軍門に下るということはきわめて厳しい条件を守ることを強制され、それを国内で承認し実施に移すことは国内の争乱なくして実現するか疑問である。

したがって、この事態を逆転させるためには明治の政府と軍部を構成していた首脳陣を上回ること数倍の強力なリーダーシップが要るのである。よく昭和の国家指導者のリーダーシップの貧寒さが批判されるが、国際環境の困難の度合いがまったく違うことをよく知っておかねばならない。このことを昭和期を評価するまえに言っておきたいのである。

満州の鉄道問題

まず日露戦争終結後に、米国が満州鉄道に参加を申し入れ、一度は日本政府は承諾したが、これを小村外相の強力な反対でご破算にした事件がある。これは、わが国が独自の道を歩み始めるということであり、その後の日本の路線を象徴するものであった。

後藤新平の雄大な構想（後述6節）

5—2　転機となった大正期

対華二一カ条の要求、一九一五（大正四）年

かねてより①満州の特殊権益の確保・安定を求めていたこと（関東租借地は二三年に返還しなければならない。満鉄などの鉄道も二三年に経営権が満了になる）、②中国本土の市場や資源の獲得に強い関心をもつ、③列強は各種の権益の獲得に躍起となっていた、などの背景から、一四年の大戦勃発に際して日本は参戦し、権益の獲得に意欲をみせた。

時の加藤外相は、①のみを考えていたが、世論、元老、軍部、財界の注文に押されて膨大な要求になった。それは大戦勝利の勢いにのって、対中国への驕った態度がそのまま出たものといえよう。

これを適宜外交姿勢として調整し、その要求方式などの考慮を欠いた大隈外交は失敗であった。日本は遅れて参入した中国進出に大なる野望あり、と世界が認識したこと、また中国ナショナリズムの正面きった台頭に火をつけることとなった。

第一次大戦への参戦とベルサイユ条約

日本の戦争への参加はかなり強引のものであったが、ともかく戦争は連合国側の大勝で終わった。日本は膠州湾および青島を占領し、支那におけるドイツの権益を継承し、太平洋におけるドイツの勢力を一掃した。これにより、パリ講和会議では太平洋上における殊勲者として栄誉を得られるものと期待した。とくに日本は先進西洋諸国と肩を並べて戦い、カイザーの専制政治を打倒することに貢献したのだから、民族自決を標榜する英米は日本の要望する人種差別撤廃を当然承認すると確信していた。ところが、彼らはこれを無雑作に一蹴した。さらに太平洋上の功績に対してはマーシャル・カロリン群島の委任統治を認めるのみであった。

ワシントン条約体制へ

しかし、その後の日本にとって最大の転機となったのが、いわゆるワシントン条約の締結である。

第一次大戦が終結したあと、欧州問題はベルサイユ条約と国際連盟の設立によってともかく解決をみたが、新しく変動を見せ始めたアジアの問題をどうするのかが次のテーマになってきた。その焦点は中国大陸であったが、それはこの広大な市場に大きな経済的可能性を示すアメリカが、先に大陸進出に橋頭堡をもちさらに拡大を狙う日本との角逐という姿をとった。

そこで結ばれたのがワシントン条約である。それはつぎの四つの柱からなる包括的なものである。

・太平洋に関する四カ国条約（一九二一（大正一〇）年一二月）
　米英仏日は太平洋諸島の平和と現状維持を確認する。
　日英同盟は破棄する。
・海軍軍備制限条約（一九二二年二月）
　主力艦保有比率を米、英：日、仏、伊の間で、五：三：一・六七、とする。
・中国に関する九カ国条約（一九二二年二月）
　中国の主権尊重、領土保全、門戸開放。
　日本の山東半島利権の返還
・石井＝ランシング協定の破棄。

このような条約は興隆してきたアメリカの提唱により、アメリカ中心の東アジア秩序を構築しようとしたものである。ベルサイユ体制が西欧における英仏中心の体制であるのに張り合おうとする気配すら感ずる。とくに日本を意識した上記の一連の条約は、先の石井＝ランシング協定はアメリカの日本に対する、いわば〝弱い〟掣肘というべきであったが、ワシントン条約以降はより強い制約に変わったのである。

このなかで日本にとって最も重要な事項は、日英同盟の破棄である。これは米国が、日英同盟が日本の拡張を支援する機能をもつが、これ以上の日本の発展を認めないとして、同盟更新に反対したためである。英国はこれに従うことになるが、ここにもアングロサクソン一体の行動が明白に出ているのであり、これによって日本は直接かつ単独でアメリカと対峙することになったこと、である。

ワシントン条約体制は「国家干渉」の一形態

こうしてワシントン体制は、いわば「隠れた国家干渉」であった。

具体的には、中国進出をめぐって日米は次第に決定的対立の様相を呈しだす。日露戦争後、仮想敵国となったアメリカが仮想でなくなってきたのである。

このように、せめぎ合いが高潮し、明白な形をとり、そして決定的対立となっていく転機はやはり大正時代から昭和の始めにある。このワシントン条約によってその後の日本の命運は大きく左右されるのである。

これは日本の発展のあり方に大きな転機がきたことを意味した。その意味は、第一の出撃期においては、「軍国日本」の形成は、同時に日本の国力の増進であり、国際的地位の上昇と合致していたのであるが、この第二期にいたると、この日本の地位の上昇は国際的反撥を招くものとなり、それが直接に軍事力の掣肘に変化していくのである。こうして、日本近代の発展パターンが従来のままでは立ちゆかなくなるという危険信号が点灯しだしたのである。この課題をどのように打開していくかが、つぎの昭和の主テーマになる。

海軍軍縮がもたらした国論の分裂

このような実質国家干渉がおこなわれる事態は具体的には上記の主力艦比率にも明瞭に出ている。しかしこの海軍力の制限について、日本は当時の国力から止むを得ないものとして同意した。その時に決断した加藤友三郎の弁が残っている。

「国防は軍人の専有物にあらず。戦争もまた軍人のみにてなしうべきものにあらず。国家総動員にてこれに当らざれば、目的を達しがたし。ゆえに、一方にては軍備を整うると同時に、民間工業力を発達せしめ、貿易を奨励し、真に国力を充実するにあらずんば、いかに軍備の充実あるも、活用するあたわず、平たくいえば、金がなければ戦争はできぬということなり[9]」。

これは国力の現実にもとづく的確な判断であった。しかしこの時期、世界に広がった戦争忌避の大きなうねりがあり、わが国においてもその例外でなかった、という時代風潮が幸いしたことも否めない。それは大正デモクラシーを受け継ぐものでもあった。

この時代の流れによって、つぎのような政治主導による決定がおこなわれている。

・一九一三（大正二）年、山本権兵衛内閣、陸海軍大臣現役武官制の廃止

・一九二一～二二（大正一一～一二）年、ワシントン会議。高橋是清内閣（原敬を引継ぐ）、外相は内田康哉。

・一九二五（大正一四）年、加藤高明内閣のもとでの宇垣軍縮。
・一九三〇（昭和五）年、ロンドン海軍軍縮会議。浜口雄幸内閣、幣原外相→第一次幣原外交。

しかし、この海軍軍縮は日本の自尊心をいたく傷つけるものであった。当時、独立国は、自ら自衛のため必要と認める国防力を決めることができるものであり、極東においては日本は一等国であった。しかも日本は海洋国家であるから、太平洋の平和を維持しようとすれば、少なくとも英米とほぼ同一の海軍力をもつことは当然と信じていた。ところがそれは実現できなかったのだ。海軍統帥の立場からすれば、この比率の意味することは、相手国（アメリカ）は日本まで出撃しうるが、日本はその領海の近辺においては相手国と戦闘しうるのみで、相手国まで出撃することは不可能となるという一方的な条件を課されたということである。

つづいて、ロンドン海軍軍縮条約についても同様の制限を呑むことになるが、それでも浜口内閣はこれを押しきる。それはまだ政府側が優勢であったことを示した。

しかし、この軍縮は日本軍部に容易に払拭できない不満と苦痛を与えるものであって、海軍首脳のなかには「統帥権干犯」とまで叫ぶ者が出るほどであり、これを呑んだ条約派にたいするいわゆる艦隊派の攻撃は激しく、結局喧嘩両成敗の形で双方の主脳を交代させた。その後の人事は艦隊派の優勢のもとで進められ、海軍は「艦隊派」が実権を握っていく。これ以降、英米に反対し国際的取り決めによる軍縮に抵抗する勢力が支配的になっていく[10]。

振りかえってみれば、幕末の不平等条約は日本が国際慣行に無知であったときに締結されたものであったが、ワシントン条約のもとでは、列強の監視下、英米の圧力に押され、この比率を受諾させられたのである。自らは五大国まで登ったにもかかわらず、その自尊心を著しく傷つけるものであった。

こうして英米がわが日本を抑圧する国であり、このような屈辱的条約を締結せざるをえないのだ、と捉え、とくに軍部はこれを力説し、国民に訴えるのであった。そして、原敬や浜口雄幸の暗殺を惹起するのである。原敬はワシントン条約会議進行中の出来事であり、浜口の狙撃はロンドン条約締結後のことであった。原や浜口の路線がそのまま強力に定着されていけばよかったのだが、このテロの背後にはあきらかに欧米との協調・妥協に反対する、これを絶対に是としない思潮があったのである。政治主導を貫いた、原、浜口の死は大きく、その後の日本の道筋を危ないものにしていく。

5―3　昭和期における選択と行動
――経済・社会の混迷と「暴力」の盛行

経済社会の閉塞状況

先に述べたように、昭和におこった「第三出撃期」は「第一期」、「第二期」と著しく異なる。決定的に違うのは、内外ともに直面する困難な課題が山積したことである。つぎに国際的枠組みから脱却していったことである。それにはやはり昭和始めよりの歴史を説明しなければならぬが、それは昭和史ですでに明らかにされているから要約的に述べよう。

満州事変から支那事変にいたる背景に、日本は独自の困難な問題を抱えていたことに注目する必要がある。それは過剰人口をいかに吸収していくか。その対策の一つと期待された移民はブラジルを除いて、アメリカ、オーストラリアからむしろ排斥された。さらに綿製品に代表される日本製品の輸出は合理化の成功の産物であって急速に世界に広まったが、世界はこれをソーシャル・ダンピングと攻撃し、イギリス支配下の国では高率関税と数量規制を設けて日本品締めだしの策にでるのであった。また大不況は対米輸出の中心商品である絹製品の輸出大幅減少、価格低下を引きおこし、それは日本農村を直撃し、加えて国内のコメ価格の低下があり、農村、東北農村の疲弊は目を覆うものがあった。さらに各国は不況克服に必死であり、為替切下げやブロック経済化を押し進めたので、単一新興国家であった日本の打撃は大きく、高橋蔵相による刺激策の採用にいたるまで、その苦境からなかなか脱却できなかった。不況の打撃は底の浅い日本社会にとって大きな痛手であった。人々が耐えられる限度を超えて襲っていたのである。農村は兵士の供給源であったからその惨状は徴兵された兵士の口から青年将校の耳に入り、青年将校激発の引き金になるのであった。

このようにして、自国の閉塞感が強まり、大正以来一部で言われた「ハヴ・エンド・ハヴナット」が次第に現実味を帯びて語られる。さらに権力を獲得したヒトラーによる、英米中心の現行国際秩序にたいし「新国際秩序」がこの苦境を突破するスローガンとしてもてはやされ、改めて「持たざる国」の意識を強め、日本版ブロック経済として「東亜共栄圏」の構想が現実味を帯びることになる。

しかし国内社会の現実は、このような経済危機を克服できないため体制が著しく不安定になった。にもかかわらず政治の世界においては、政党が権力闘争に明け暮れ、官吏の汚職もあとを絶たず売勲事件まで出現する。この醜状は右翼を勢いづかせ、その間に政治不信は国民一般のあいだに広がった。

「昭和維新」の激動

このような混迷のなかで非正統的方法で変革を煽ったのは、右翼、ジャーナリズム、そして軍部である。「昭和維新」を名乗って、その憂国の情に陶酔し、大小の結社をつくって過激行動に競争するかのように走り、これを常習化させていく。それはきわめて小児病的で事を急ぎ、政府・財界首脳を暗殺する。一方、これらと相互に共鳴しながら軍部における中堅・青年将校の国家改造計画の形成があり、しかもそれは下克上を生んで、恣意暴走することになる。

このなかで、五・一五事件の意味は重い。白昼、時の首相が、その官邸において、陸海軍の少壮軍人らによって暗殺されたのである。これによって文字通り政党政治は終わりを迎えたが、その後は政党色は消え、といって陸軍でもない「中間内閣」で逃げ切ろうとする。それも二・二六事件で破綻した。

この五・一五事件の背景に注目する必要がある。犬養氏は永年の間につちかったその独自のルートで、日中間の紛議を解決する動きにでる可能性があった。しかも衆議院四六六名中、三〇〇有余名の絶対多数を制し、その政策を完遂する条件をもっていた。これはおそらく軍部にとって脅威であったろう。犬養首相の対満政策が軍部の期待するところにならず、という脅威を感じていたのであろう。犬養内閣が衆議院選挙でこのように圧倒的支持を受けたのは、国民の間で、政治力によって最大の問題である対中国政策の解決を望んでいたことを示すもので、国民は軍部の強硬姿勢に必ずしも賛同していなかったことを示す。

さらにこの五・一五事件の軍事裁判が公開されたことにより国民の同情が広がり、その後において同様の事件の発生を許すことになった。二・二六事件がそれである。まさに国家統治機能の喪失であるが、このように軍部が自己の要求を暴力をもってまでして通す風潮が蔓延した。「軍国日本」が国家統治機能を壟断するにいたったのである。

軍部革新勢力の形成

このように軍部が力を付けてくる原因も第一次大戦にある。それはこの戦争を欧州においてつぶさにみた中堅将校たちが、内外の環境変化にたいして軍部のあり方に危機感を強めその改革を痛感していたのである。「バーデン・バーデン盟約」がそれで、欧州で戦争の実態をみた中堅将校は、日本の軍備があまりにも非力であることを痛感し、これを充実させるため組織・人事の近代化の必要性を痛感する。さらに兵器の革新もあって戦争の性格が一変し、国家総力戦体制の確立が強調されるに至る。それは必然的に高度国防国家の建設を目指して国防を軸に日本国家をリードしていくことになる。もっともそれにいたる道にはさまざまな紆余曲折があったが、最終的に以上の方向を推進する「統制派」が主導権を握り、その道が完成されていく。

この動きはわが国において政治指導の確立という視点からみて重要である。国際情勢をつぶさにみて中堅将校たちが危機感をもったのであるが、それは軍事を中心としたものであった。このような国家観を構想していく時期において、シビルにおいて新時代の国家構想の構築に入っていくことが望まれたのである。それは第一次大戦終了後、一気に五大国の一つに数えあげられるにいたったが、その内実はどこまで近代化しているか、またそのあとの国際環境の変貌のもとでわが国はどのように生きていくことが望ましいか、を問うものである。それは個々の評論ではあったかもしれないが、国家の基軸として論議されることはなかったのではないか。そして現われたのが北一輝の「国家改造法案大綱」であり、石原莞爾の「世界最終戦論」であった。それらを乗り超える思想は生まれなかったのが問題ではなかったか。

満州事変から支那事変へ

さて、現代日本にとって分水嶺となった満州事変の意味は、国内政治体制の改革と一体で構想されたこと、満州における地歩の確保がその後の大陸本土、さらにアジア地域への進出の基礎条件であり、その一環として構想された事件であること、そのため軍部において政府・内閣の与り知らぬ間に着々と計画し実行されたことは軍部独走の実際的先鞭を付けたものであること、とくにそれが成功したので実行部隊であった関東軍の行動はまるで独立政府のごときものであった。

これは予想以上に上首尾で成功したから、その後の中国支配拡大のモデルとさえなっていく。

この予想以上の成功の理由は、主要国がおりからの大不況でその対策に追われ、このような外国の事件に関与する余裕がなくなっていたからである。さすがに（?）、早速、スチムソンは抗議の声明を発表し、各国の同調を呼びかけたが、肝心のイギリスはにべもなくこれを無視した。また中国はひそかにソ連に日本攻撃を求めたが、ソ連はなんらの動きもしなかった。

しかし、満州支配の完成が進むにつれ、なによりも懸念された通り国際的反撥が高まり、国連の場において取りあげられ、ようやくブラッセル会議が開かれ、さらに国連においてこの事変を調査するためにリットン卿を団長とする調査団が結成されるにいたる。この報告書は日本の行動を承認しないという決定になり、日本の国連脱退という国際的孤立に立ち至るのである。

一方、盧溝橋事件に端を発した日中間の紛争はあっというまに上海へ、さらに中国本土の中央部に波及する。日中戦争のその後の展開は後述する。

5―4　まとめ――ワシントン体制崩壊の理由

こうして、大東亜戦争の遠因は実は第一次大戦終了後のワシントン体制にあることが分かる。欧州では、ベルサイユ条約がその苛酷な条件によって、ドイツ・ナショナリズムを強く刺激し、ナチス・ヒトラーの台頭を許すことにつながったが、ほぼ同様の現象がアジアにおいて起こったといってよい。

もともとアメリカはアジアに関与するにあたって、スチムソンが常に大声で執拗にアッピールするほどには積極的ではなかった。これは①歴史的にあくまでその関心は欧州第一であること、②またアジアにかんする経済的権益は、その可能性が大なることは喧伝される割合に実際は小さいこと、による。[11]

九国条約は「大憲章」にとどまる

しかし、第一次大戦後に締結されたワシントン条約は、太平洋にかんするアメリカの姿勢を具体的に一歩前に進めたものといえよう。

ただその内容をみると、あくまで理念を謳う「大憲章」といったもので、そこに盛られた文言は関係国が反対するようなものではなかった。その成立過程をみても、個々の案件(例：治外法権、しかも個々の国ごとに違う)が外交商議で詰められてまとまったといったというものではなく、微妙な問題に入ることは避け(例：支那の領土とはどこまでを指すのか)、会議での宣言文の朗読で終わったような次第であった。[12]これでは関係各国がそれぞれ直面する具体的課題の解決に資するものでなかったといえる。

また、ワシントン条約は、①基本的に現状維持であり、②変革が必要であるとしても漸進的変革を志向し、③さらに焦点の中国については関係国がその統一を支援することをうたっている。しかもその中国が同時にこの条約の加盟国なのである。これをこのまま解釈すれば加盟国の決定に中国も従うことが求められる。このように、ワシントン体制は、すでに国民国家として完整した国家の間の条約であること、その国家間関係は自由な通商と金本位制による自動調節作用によって運行される、という基本前提にたっているが、この二つの条件とも、当時の中国には期待できないものであったのだ。

さらにまた④条約に違反したらいかなる措置をとるか、についてなんら制裁規定がない。それは上記したようなそもそも成り立ちからある意味当然のことである。したがって、後に日本を告発するにあたって、国連憲章やパリ平和条約を持ちだすことになる。

それでも九国条約締結後の、肝心の中国の統一国家体制の構築は、各国の支援をうけ(例：鉄道建設はアメリカ、財政金融改革はイギリス)、次第に体制整備が進む。そのことが、日本にとっては逆に足かせになっていく。日本は従来成功した地方の分割統治や企業の合作を通じての実質支配を遂行しようとしたからである。そこに摩擦が生ずるのは当然で

ある。(13)

こうして、中国ともっとも関係の深い、敏感な問題をかかえる日本の動向が焦点になっていく。その日本の国内事情は危機的であった。そこでは「昭和維新」が叫ばれ、その危機における統治能力の欠如が満州事変の要因となり、またその拡張発展を可能にした。こうして満州事変はたしかにワシントン体制への明確な挑戦となった。すなわち「出撃の第三期」の開始であるが、この時期をそれ以前と比べると、第一期は英国の支援があり、第二期はまだ米国の枠組みのもとにあった。しかし次第に米国との対立が明白になって、アメリカはいわゆるスチムソン路線の強化へと進んでいく。このスチムソン・ラインおよびその意向を反映して動く国際連盟はわが国にとっては「第二の三国干渉」と映った。その結果、わが国は国際連盟からの脱退に踏みきる。この決定に象徴されるように今回は干渉を拒否し「独り立つ」の姿勢で進んでいくが、それは出撃一本槍であると同時に、国際的枠組みから脱却し、孤立の道を選択することでもあった。

このような内外情勢の急変がワシントン体制のわずか一〇年弱で動揺し崩壊に向った理由である。

もっともこれによって、そのまま日米対決にいたったのではない。

三〇年代後半期の世界の激動が決定的要素

このように日本の積極策が展開するなかで、アメリカはどうしていたか。あれほど大騒ぎして日本を非難したが、それでなんらかの対抗措置をとったわけではない。具体的に中国支援に踏みきったわけではない。ワシントン体制の崩壊から開戦にいたるまでには、三〇年代後半期の世界情勢の激動という新しい要素が加わってくる。

すなわち、欧州状勢の急迫——ドイツの開戦、そして欧州大陸における快進撃、イギリスへの上陸計画、その頓挫からソ連への攻撃開始・・・。この欧州状勢への対応を迫られたアメリカは次第に第二次大戦へ関与することになっていく。しかし、この段階ではそれがアジアへなんらかの直接的関与をする姿勢になっていない。

ただ、日本が防共協定の名のもとにドイツと手を結び、さらにこれが進んで三国同盟になるにおよんで、アメリカの対日姿勢は硬化していく。この変化は対日姿勢には欧州情勢が媒介しているといえる。それはアメリカのヒトラー嫌いからくるが、アメリカは日本が自国を敵視するにいたった、とみる。こうして三国同盟は対アメリカとの関係では日本が内蔵するにいたった爆弾であった。日米交渉の初期においてアメリカ側がこの同盟を最大テーマとしてとりあげたのはそのためである。

つづいて日本はこの欧州状勢の急進展を見逃さなかった。それは東南アジアが無主の国になったことである。それに勢いをえて「バスに乗り遅れるな」の合言葉のもと、中国問題の真の解決は棚上げにして仏印進駐を敢行する。さらに南部仏印にまで進駐する。これがアメリカを強く刺激し、日米交渉においてはもはや三国同盟問題よりも、中国からの撤兵問題とあわせてこの南進策が焦点になる。いよいよ西南太平洋におけるアメリカの安全保障の機微に触れるのであった。

アメリカからすれば、アメリカが一貫して求めてきた、ワシントン体制下の秩序ある行動をとらなかった、つぎつぎにこれに〝違反〟してきたということにある。しかし、秩序的行動はすでにその国の欲している状態にもとづいて可能なのであり、生存のため新しい秩序を求める国に対してはそれは無理な要求であった。ここに両国の超えがたい溝が存在したのである。

したがって、日本はワシントン体制から日本が離脱してついに戦争にいたった、という解釈はその遠因を明らかにするという意味では妥当ではある。たしかに大東亜戦争の遠因は第一次大戦後にあったことは間違いない。ただし、それが三〇年代におこった内外の激動を軽視することとなれば、偏った解釈になると思う。いうならば、三〇年代の内外の激動が、今世紀初頭における日米対立の不思議な糸を手繰り寄せた、というべきであろう。この三〇年が長い時間であったか、短い時間であったか、人はどうみるかであるが、やはり短い時間であったのではないか。

6　日本の追い求めたもの、そしてぶつかる限界——四つの事例で考える

本章の最後に、上記の展開を推進した代表的な対外構想をとりあげ、そのもった意味を考えて結びにしたい。

日本が幕末から明治維新を完遂させたのも、一貫して国家として独立を全うするためであった。国内体制の整備充実もそのためであった。しかし、上記したごとく、日露戦争終結後のわが国の内外発展条件は大きく変わろうとしていた。さらに第一次大戦後になると日本の国際的発展条件の変化はより具体的に現われてき、それは厳しさを増した。それらに共通するのは、日本として自らこの独立の路線を追及できるのか、それを求めるにはどうすればよいのか、が新しく問われるにいたったことである。

このうち、とくに対外政策に焦点をあて、わが国がぶつかった課題にたいし、指導者はどのようにこれを捉え、対処しようとしたか。その政策展開を四つの事例で検討することにする。

6—1　後藤新平の雄大な構想

近代日本がようやく独立国として列強の圧力のもとで生き

抜いていかねばならなかったと自覚しようとした時、明治の指導者は苦悩した。とくに日露戦後、米国の東洋への関心がきわめて強いことが判明した時、これにいかに向き合うことができるかが切実な問題になってきた。大東亜戦争の火種がこの時期に生まれていたのである。

そこで北の脅威をまず除いておく必要がある。日本も列強と同じく対立しながら協商をおこなおうとしたのである。その一つが後藤新平の推進した日ソ交渉である。その経緯や背景は『後藤新平伝』で「厳島夜話」として詳細に語られている[14]。

後藤は、満鉄総裁（その在任は一年有半）時代に、シナ大乱の兆候をみて、災いを未然に防ぐこと、この時、後藤は、戦争終結後、米国が明確に日本に圧力をかけてきているという変化を敏感に感じとっていた。その対処策として、元老を動かして欧州列強との連衡を策し、これによって米国に当たるほかなし、と確信し、一九〇七（明治四〇）年九月、伊藤と厳島で会談した。

会談当初は、伊藤はこの提案に反対であったが、説き伏せられ賛同するにいたる。そして自ら先頭に立つべく、一九〇九（明治四二）年一〇月、ロシア首相ココフツォフとハルピンにて会合することになり、同市到着後に駅頭において狙撃され死にいたった。

この方策をめぐる一連の議論は、智将児玉源太郎をも巻きこんで、日本の対外関係のあり方——世界のなかで、直接的には極東における——を考える、きわめて興味深い材料である。とくにこの「厳島夜話」で述べられている、①「米国将来の脅威を予見せらる点においては」、という認識、これが出発点であるが、太平洋を挟んで新興国間の競争意識が出ており、新しい時代の安定構造の模索が始まっているのだ。②後藤のいうのは、満鉄を経済機関として引きついだのではなく、「東西文化の融合、即ち欧亜の両文明を連絡結合し、以って世界の文化的大動脈たる機能を全うすべく使命づけられたるなり」という壮大な把え方。③これを総括して、「新旧両大陸対峙論」が登場する。新大陸米国の脅威に対抗するために、欧亜旧大陸の提携・協力を固くすることが必要と説く。独仏は戦争をしているから、米国の台頭を許しているのであり、それは協和しなければならぬと同時に、日本はいつまでもロシアと戦う姿勢では駄目だ、と説く。

この挿話にみられる構想はいろいろなことを考えさせる。世界のなかで日本が存立を安泰にするためには、まずその視線の先にアメリカがあること、しかし太平洋をわたってくるその圧力を認識すると単独で存立を図ることは難しいこと、そのために力を着けるにはなんらかの意味で大陸に拠点を求めること、という地政学的ビジョンがつくられたことを物語る。しかし、海洋国家である日本には、もともと大陸国家の体質はない（日本は海洋国家であり大陸国家とは行動原理が一致しない）。その相手としてのロシアと日本との間では真の協力はできないこと、ある種の中進国連合であるが、その力量に不安があること、による。そこにこの連携には無理が内包している。大陸国家として生きるのか、海洋国家として生きるのか。後藤の選んだ道は海洋国家としては異質の戦略だが、独立国家としては、大国アメリカに対抗することが強く念頭にあった。

そこで関心を惹くのは当時からアメリカとの協調は考えられてはいないことであり、ハリマンの南満州鉄道への参加を小村寿太郎も断ったごとく、当時の意欲的な政治家や指導者はアメリカとの関係には一歩も二歩も距離を置いていたのではないか。後藤にもそれが強く現れている。要約すれば、日本はアメリカについて、①その独立という国の成り立ちに充分に心底から共感するところなく、②また対外的拡大において利益を共有せず、というところから、日露戦争以後次第にその関係は距離を置くものに変わっていったということである。そのため、もし「アメリカと戦わず」（清沢）であるならば、このような歴史の流れを逆流させるような「転回」が社会において、思考において、政治において生ずることが必要だと思う。そのことまで指摘しないと、日本の転回は不可能である。

それはともあれ、明治の指導者は、まさに世界大の構想で事態の変化をみている。しかし、そこに日本の苦境もでているとはいえ、独自の構想にたち、かつ自力で自己の存在場所を求めようとしたのである。結局は成功しなかったが、このような独自の構想をもって動いた政治家はいないのではないか。また、それだけ、戦前日本には「大国路線」の追及が一本貫いていることを知る。

6―2　石原構想の理性と限界
――「独りで立つ」が、現実を前にして揺れる

そこでこの昭和期における代表的な対外国家構想が国際的にみてどのように位置づけられるかをみよう。

まず、この時期、軍部に起こり、また大きな影響力を行使しはじめた軍部の動きを代表するのが石原莞爾である。石原についてはすでに多数の文献があるが、ここでの問題意識――日本が国際環境のなかでどにように振舞ったか、振舞わざるをえなかったかという視点――からその特質を明らかにしたい。

まず満州事変とそれ以後の展開であるが、それは一方的な展開が問題であった。石原構想とは軍の力によって国を変える、満州事変はその先導役の役割を果たそうとしたのである。たしかに三〇年代問題は深刻であったが、それはあくまで国内問題であり、本来国内政治の問題として対処せねばならないことではないか。それを遂行できないからといって、外地で〝革新〟を起こすのは政治行為としては筋違いなこと

である。そこにはもはや政党頼るべからず、の思念があったのであるが、ここに実力で国家政治を変える、同時に中央政府とは別格の行動を認めさせるという越権があった。その当否は別にして、現実問題として政治の非力と貧寒さをさらけだすものとなった。しかし石原自身は、二・二六事件以降、その主張を通すのはあくまで合法の枠内でという線に立つことになるが、これは石原が事件から引きだした路線であった。

他方、満州事変は国際的に大きな波紋を生み、その対処が問題になる。日本はこれを国際連盟脱退という姿勢で対処したが、それは国際的介入を認めないという対外強硬路線であり、その成功は後の軍部の見習うものとなっていく。冷静に考えて、国際連盟にあくまで踏みとどまり、事態の沈静化を待つ、という機会はあったと思うが、自らその道を塞いでしまった。ここにも軍人的発想が強いが、外交的発想は弱いのである。

ところが、軍部はその後、長城以南への進出、日中戦争勃発と拡大、しかし勝利できない。そしてその打開のために南進へ、と進んでいく。

これに対して石原は長城以南への進出には反対であった。すなわちまだ国力不充分であるという認識にたって、国力充実の間は対外戦争をしてはならないとして自制を求めたのである。そこには日本単独では自立度が低く、到底世界最終戦など戦えるものではないという認識があり、それは合理的判断となっている。石原独特の武力中心主義であるが、その国力限界説は妥当である。これは当時としては一つの有力な見識であって、政治家はこれを軸にして国民を納得させ、はやる陸軍を押さえ込むことができた筈である。つまりこれを大きく国家全体に引き伸ばして、日本全体の国力限界説まで広げて、国民をリードすることはできなかったのか。

このように石原構想をここでの問題意識――対外関係――から説明すると、その基本軸はあくまで〝日本独り立つ〟というものである。そのため日満による経済開発の推進によってブロック経済に対抗し、その先に中国との協同が予定されて「日満支経済ブロック」によってその強化を図るというものであった。そしてその目標を目指すためにはなお時間を要し、その充実に専念することが日本としては必要であり、そのためこれ以上の拡張することはせず、ということであった。

しかし石原構想にも問題はあった。あくまで自国本位につくられている。それを「東亜連盟」をつくり、諸民族の協同によってこの事業を推進しようと変えていくが、それはまことに長い道程を要することであった。そのため、陸軍中枢の理解をえられなかった。

一方、石原の当初の構想は、皮肉にもその部下たちによって引きつがれる。それは、長城以南への進出となって顕現するが、石原自身はそれはあまりにも危険であり、と反対するが、その勢いを止めることができなかった。石原は当時、このような主張をもって現地軍を説得したが、「これは石原さんがやったことでしょう」と反駁されたという有名な話が残っている。

　また、石原の描くビジョンが超長期であったがゆえに一種の宗教的教示という性格があり、それがまた限界となる。すなわちその実現のためには長期の隠忍自重が求められる。しかし実際の指導的立場にたってみると、その構想と現実とのギャップに石原自身が翻弄されたといえる。

6―3　松岡外交が狙ったもの
日独伊三国同盟について

　この石原にあった「独りで立つ」の立場を継承して外交の場でこれを実践したものが松岡外交であるといえよう。

　松岡外相の登場以前の幣原外交は大陸への非干渉政策を採り、それは正しいものであったと思うが、現実に在外邦人に危害が及ぶ事態となると、その立場は苦しいものとなる。その危険を放置すれば弱腰外交、軟弱外交と非難されるのである。海外進出にともなうアキレスの腱というべきもので、対外政策はつねにこの危険に曝されるのである。

　ところで、大陸問題は他方で対米問題であったから、対米調整を図っていかねばならない。しかし、対外強硬派と欧米協調派の対立はつねに続き、それはいつも両者の妥協に終わりながら、しかしその内実は協調派は強硬派の押しに屈するものとなっていった。その推進の中心にいたのが松岡外相である。なお外相の在任は、一九四〇（昭和一五）年七月から一九四一年七月までのほぼ一年間であった。

　そこで、松岡外交が狙ったもの、そのスタンスは何であったか。それは以下に述べるように毀誉褒貶はあるが、今までの日本にないユニークさであったことは事実である。松岡外相に次官として仕えた大橋忠一氏は「三国同盟」について、つぎのように要約している。

「条約の根本的基礎は古い日本の理想である八紘一宇であるが、現実の基礎は、㈠アメリカの如き強大国が欧州戦に参加することを防ぐこと、㈡日独ともに日米戦に導くが如きことはなさないこと、㈢ドイツに於いてソ連との間を斡旋し日本がソ連と不可侵条約を結び両国の関係が改善さるるよう日本を助けること。

　これらの点は、当時の発表や言明によって明白である筈である。約言すればそれは戦争の舞台が拡大して真の世界的大火事となるのを防がんとする努力である。**私が条約が平和の為であって戦争同盟ではないと言った所以である**[15]」。

　これはまず素直に読みとるべきだろう。松岡が考えた構想は、欧州においても極東においても戦火が広がるのを止めんとして、①アメリカの欧州参戦の防止、②日独の対米戦の回避、③日ソの国交調整とそれによる独ソ戦の回避、を目指したものであった。

ここにある基本認識は、日本が英米、独、ソ連といった大国と同等に振舞える立場に居ること、そして三国同盟によって世界平和を実現しよう、あるいはそれが出来るという構想に立っていることが読みとれる。まさに日本外交を気宇壮大な構想をもって推進しようとしたのである。

しかし、そこですぐ出てくる疑問は、一体、これを日本のような立場の国が実現できることなのか。つぎにこれを「三国同盟」という手段で実現することは意義があり、かつ有効であるか。これが出発点において問われるのだ。

そこで、主として後者の問題から入ろう。それは日独伊三国同盟が果たして必要であったか、ということである。それについては推進派、反対派で盛んに議論されたが、これを理論的に考察するかぎり、反対派の主張のほうがよほど筋が通っている。

有力な反対論

まず専門外交官の意見を聞こう。当時外交問題の権威ともいわれた佐藤尚武氏である。

「今日の日本の外交は、私の考えるところによると、支那事変をどう処理するかという問題から出発すべきである。・・・防共協定の強化の如きも、これが事変の解決に好結果を来すというならよく、その反対だというなら当然考えなおさねばならぬ」。

として、最も正当な視点——支那事変解決を最優先課題であると指摘——を確立したうえで、ドイツとイタリアの対ソ連関係はそれぞれ違うのだということを述べ、ドイツにとってソ連問題は独立した一つの欧州問題ではなく常に対英関係と関連しているのだと指摘する。だから三国協定強化といっても形態内容が多種多様になること、したがって強化も容易に賛否を決すべきでない、とした。

そのうえで、将来、日ソのあいだで戦争になった場合、いかにも独伊の欧州からの援助を期待できるかのようにみえるが、「日ソ単独で事を起すことは容易に考えられ」ないから、日本は「独伊の何れかが英仏と戦端を開いた場合を想定しておく必要があり、「この場合日本は独伊による対ソ共同作戦に期待を持ち得ないのみならず、・・・日本としては何ら直接の利害関係無き欧州の紛争に介入せざるを得ない結果」となり、最悪の事態を想像すると、文字通り日本として重大事件と言わなければならぬ。・・・結局において斯る場合極東において戦うものは、決して日独伊三国の連合軍隊に非ずして、日本一国のみなることを、私共は深く覚悟しておくべきであり、事態斯の如くならばル大統領治下の米国亦英仏に加担すべき事疑いの余地がない。果して然らば、日本は一ヶ国を以って、極東に英米仏ソの聯合軍を相手に戦うことになり、**問題は到底簡単なるをえないであろう**」[16]（太字は筆者）。

要約すれば、①現在の日本外交の最重要課題は支那事変の処理である。②対ソ関係（三国同盟創設の目的）といっても、独、伊それぞれ違う関係にあること、中心の独の対ソ関係とは対英国をつねに念頭に置いたものだから、三国関係強化といってもそれにすぐに賛成するのは問題だ。③もし日ソ開戦といった場合、欧州からの支援は期待できないにもかかわらず、欧州紛争に介入せざるをえなくなるのは重大問題だし、④結局世界大戦になった場合、日本は極東で単独で英米仏ソ連合軍と戦うことになる。こうして三国同盟がいかに重大なる問題をはらむかを知るべきである。

この佐藤氏の指摘で重要なことは、わが国の国益とはなにか、それが中国問題の解決にある、と明言していることだ。自国の命運を決める問題を等閑にして、その二の次の問題に呆けているということである。さらに三国同盟反対の理由に、それは中国問題解決に寄与するところありや、とたたみ掛けている。これが正論というものだ。国家の基軸が外交においてすでに失われていた、というべきだ。

さらに、まさに世界主要国の位置関係をこれ以上になく明確に捉えたうえでの的確な指摘となっている。松岡の気宇壮大な構想がまったく足元の現実をみず、独りよがりで自己中心であったことがこれで暴露されているのである。そして、事態はこの警告にあるとおりの進展となって、日本は敗北した。これを引用・参照していくと、どのような人もただ頭を垂れるばかりの気持ちになるのだ。

松岡外交の危さ

このように、松岡外交には問題が多い。

①　自国日本を恃むとするその態度と意気はよしとするも、それではこの立場を三国同盟によって強化することでアメリカを動かす、納得させる、さらに譲歩を引きだしうるとするのはまったく甘い。冷厳な力関係を基礎に動く国際外交において、相手国の力の過小評価、自国側の過大評価に偏っているのである。

②　成果が期待できるのは、対ソ関係であったが、これも得るところのものはソ連のほうが大きい。正面にドイツの攻撃の脅威に曝されたソ連は後方からの脅威がなくなったのである。ということは同時に連合国側が得るところが大きいということだ。

もともとソ連のアジアへの関心は高いが、といって戦争を仕掛ける気はない。それを中立条約で止めたといっても、その収穫は圧倒的にソ連が手にした。

③　アジアの問題解決に腐心する日本にとって、具体的に欧州の国から期待できるものはほとんどないことは小児にも分かることだが、急速に台頭するドイツに簡単に魅せられて

しまった。これは軽率のそしりを免れない。

④　さらに、この同盟締結の経緯がしめすところの問題は、正規の外交ルートをそっちのけにして陸軍とリッペンドロップとの間で強力に進められたこと、つまりこれはもはや国家の正常な機能と責任分担を破壊しておこなわれたことであって、有田外務大臣が天皇の大権干犯であるとした主張は正しい。日本政府は統治の正当性も確保できていなかったのだ。この時代の混乱を示す最たる事項の一つであろう。

⑤　人間的にも、このきわどく力関係が動揺していく局面において、日本外交をになったのは適任であったとは思えない。性格的に躁鬱症ではないかと疑われるような右に左に揺れるところがある。一方、自己の能力を過信し、最高権力への野心もあり、大受けを狙う。外交のように表面に出なくともジックリと執拗に、そして手堅く成果を積みかさねていくというタイプではなかった。それが「日米妥協案」にすんなりと乗れなかったところであり、かと思うと南部仏印進駐には強く反対する、など一貫した姿勢がみられないのである。

一貫していたのは日本の地位を押しあげること、その方策で対手、とくにアメリカが譲歩することが期待できるという認識であったが、これは独りよがりであり、また外交においてそのような態度は必要ではなく、そこでは国益をめぐる冷厳な認識と駆引きがあるのみであった。

そもそも日本は自力で自らの途を切り開く力を持っているかどうかの認識も甘いものがあったように思う。南進への道が開けたのも欧州戦の結果であって、自己の力に拠るものではない。

このように外交には冷静に世界情勢の判断をすること、さらに何よりも自己の国力を知ること、が求められた。それは深く歴史について、その国の生成についての見方に基づくものであり、その意味では理性的判断が必要であった。その意味での甘さが松岡外交の危さにつながっていたと思う。

6―4　『東洋経済新報』グループの小国主義

なおここで日本のあり方論としていわゆる「小日本主義」に触れておこう。その研究・紹介は数多くあるので、その代表的論稿名のみ掲げることにする。

・三浦銕太郎「大日本主義か小日本主義か」、『東洋経済新報』一九一三（大正二）年四月一五～六月一五日号。

・石橋湛山「大日本主義の幻想」、同上、一九二一（大正一〇）年七月三〇日・八月六日・一三日号。

この議論を成りたたせているのは経済主義的合理主義であり、それが通用する自由主義経済を前提にしているのだが、それは知識や情報に接する有識者には通ずるであろう。しかし燃え盛るナショナリズムはこれで説得しうるものなのか。その結果が意味するものは結局のところ対米英従属ではないか、という批判にどう答えるのか。あるいはたしかに現在は経済的に成りたっていないが、将来の発展に賭けているのだ、海外進出というのは古今東西そういうリスクを賭けておこなわれきたのではないか、という反論にどう答えるか。

イギリスでも一体植民地経営はペイしているのか、はつねに議論の対象になっていた。アメリカにおいても対日本の太平洋戦争は、果たしてペイするのか。それに懸ける膨大なコストにくらべ得るものは本当にあるのか、という疑問が投ぜられていたという。しかしそれは少数意見にとどまった。

満蒙放棄論は、政治と経済の関係について再考すべき問題を提起していると思う。結論を先にいえば、この社会・国家の成りたちにおいては政治は経済に優位にあり、国家が本来の機能として打ちだす政治方針のほうが経済論理を上回るのである。唯物論の思考に慣れた人は下部構造決定説に影響され経済を重視するが、それは一方的な見方である。国際関係では、対外発展をめざす国家的意思——政治世界における要因——が強く働いて経済の論理を押さえこむことが多い。経済論理を考慮するか、それを上回っている政治要因を重視するかは、その時の状況によるところが大である。すなわち、経済論理は本質的に平和の世界において成りたつことであって、上記の加藤友三郎大臣の述べたところが説得力をもったのもすでに戦争の危機は遠のいていたときであった。他方、戦争か、戦争ギリギリの状況のときには、政治要因が前面にでてきて、経済要因は押しやられるのである。

また、日本の支配が経済的にペイするかどうかの判断は重要だが、それは長期的にみればペイしないということを確実にいうことはできない。

したがって、満蒙放棄論は、以上の事項について完全反論を整え、かつ日本の発展方向について、その目指す主張のほうが正当であることを積極的に訴え、国民を納得させなければならない。そこまで踏みこんでいたかどうか、が問われるのだ。ただし、ここまで議論を広げれば、それは「軍国日本」という発展パターンを問題にすることとなる。そうすれば言論統制の圧力を受ける覚悟が要ることは指摘しておかねばならない。

7　国際関係のなかの日本の位置取り

7—1　「反射鏡」から「対抗軸」としてのアメリカ——日米関係の重要性

以上、四つの対外政策構想事例で共通しているのは、何といってもアメリカとどう向き合うかが軸の問題として意識されていることである。

後藤はアジアへのアメリカの進出にどう立ち向かうかを構想し、石原は最終戦の相手国はアメリカと認識して戦略を練り、松岡はアメリカの欧州戦への参加を押し止め、かつ四国協商によってアメリカの勢力を押さえ込もうとした。「小日本主義」は、日本経済は中国よりもアメリカとの関係が濃い事実に立脚している。

このように日本が対外発展を進める時、つねにアメリカの動向が重要な位置を占めていた。アメリカはつねに日本の行動の「反射鏡」であり、日本は行動を起こすとき、つねにアメリカの視線を意識せざるをえなかったのである。

そして次第に、単にその視線を気にするにとどまらず、対抗軸として意識するようになる。これはむしろアメリカが仕掛けた視点であるが・・・。

そして興味深いのは、その前提に何よりもアメリカと先ず協調して、という発想が希薄であることだ。いやほとんどないといってよい。アメリカとの協調を説く清沢洌などが決定的に少数派だったことはこの意味で不思議ではないのだ。

その帰結が戦争にいたったのは、ある意味で必然だったかもしれないのだ。

日本が英米との協調路線を本当にとれるのか、という問題は、何か基本的前提であるようでいて、実は深く、そして具体的に検討されてこなかった、と思う。

天皇は歴代内閣の発足にあたって、英米との協調を必ず説いたが、その真意をそれでは外交上どれだけ実現するか、歴代内閣は徹底的に詰めていたとは思えない。伝統的な親英国感情があまりその意味を深く考えないで一つの国是のように受けとられていたように思う。そのような甘さが独自の道を進む軍部につけこまれ、ドイツへの接近を簡単に許すのである。

また、親英米といっても、その相手の英国と米国は果たして同一視してよいのか、という問題も提起されるはずである。この点も親英米派が軽視してしまった過誤であった（この点はⅣ章で扱う）。そして欧米と協調できなかったのが敗因である、と簡単に決めつけられてしまっている。そんな単純な話ではない。

太平洋をはさんだ日米関係の歴史は別に詳述される必要があるが、ポイントのみ述べれば以下のようになろう。

(1)　アメリカに開国を力で迫られたということは潜在意識として、それはトラウマのようになっており決して軽視できない。このことから、大国アメリカに対して理解と親近感をもつよりも心理的反撥が消しがたく存在しその後の日本を規定していく。

(2)　日露戦争以後、日本はいち早く新興国アメリカと対峙することを構想する。一方、アメリカ側も着々と対日戦を想定した軍事戦略を構築していた。この対抗意識も一つの潜在意識として日米のその後の行動を規定していく。また、日本移民を締めだすなど、人種差別的行動によって日本人を憤慨させたが、なによりも日本の中国大陸への警戒感が強くなり、日本への国家的〝干渉〟姿勢が前面にでてきて、それが日本側の親米態度を硬化させていく。

(3)　思想的には、明治二〇（一八八七）年代になって発展のモデルをフランス・イギリスからドイツに乗り換えたので、国民の心性として追い上げ型のナショナリズムが強化された。それは他方における劣等意識とないまぜになっている。さらに、一国の文化・精神・思想の理解において、ドイツ（ゲルマン）を高く観て、新興国アメリカを低く観る、という視点が定着し、従来のヨーロッパと異なる新大陸での発展態様――産業における大量生産方式とその管理方式の発展、社会における大衆消費社会の形成、社会の各般に浸透する資本主義経済への信仰、それらのうえで開花する「民主政」――を深く理解する努力をしなかった。戦前における指導的学者はほとんどドイツに学んでいることにそれが現われている。

これらが、日本には根強い英米との親近性がありながら、いま一つ国際関係において基軸として協調路線が定着しなかった理由である。経済界はかなり強い英米協調派であり、天皇はじめ宮中はその通りであったが、結局は無力に終わった。政治と社会における欧州（ドイツ）偏向が国家社会を規定していくという現象について、日本近代政治史の興味深いテーマになろう。

7―2　まるで変わってしまった対外関係
――イギリス外交とアメリカ外交の違い

ここで両国外交の違いにふれておこう。それはイギリスが通商を前面に出し、外国との関係でも間接支配で望むのに対し、アメリカは理念を全面に出し、直接支配を望む傾向がある。イギリスは通商の領域で成功すれば、国家間関係が円滑にゆくと考えるのである。一方、アメリカはその唱える理念が国際関係で通用しないと相手国を許さないという態度に出る。

たとえば広田外相時代、イギリスの親日派は日本との不可侵協定を結ぼうとし、満州にも産業連盟使節団を派遣して、日本と手を結んで満州開発に一枚加わろうとしたことがある。これはなんと国際連盟においてリットン調査報告を満場一致で採択した七カ月後のことである。なにしろ、満州事変勃発直後、スチムソン長官による日本抗議活動になんら関心を示さず、肘鉄を食らわせた経歴があるから、アメリカの理屈のみ声高に主張する外交姿勢に内心反撥しているのである。このような英国の外交姿勢に日本は伝統的に親近感をもち、日本国内の保守派とともに宮中には親英国派の流れがあり、天皇もその一人であった。

しかし上記の英国の動きを知ったルーズベルト大頭領は強い反対の声をあげ、英国に働きかけて親米派による盛り返しがあり、最後はマクドナルド首相も日本との接近策を採用しなかったのである。[17]

つまり最終的には英米一体は敗れなかったのであるが、このような外交の違いを当時の政策担当者がよく理解していたかどうか疑問がある。

このイギリスとアメリカ外交の違いをよく示すのは、先の産業連盟使節団は日本側首脳と会談するが、そこで満州での鉄道の輪転材料の提供、葫蘆島築港建設への参加、そのためのクレジット供与という具体的提案を提示している。これは英国の重工業・金融業の関心を示すが、よくみるとこれこそ英国が関心地域・国に進入してゆく際の常套手段であり、これによって外国に食い入ってきたのであった。まず、国内に進出するための鉄道関連、アクセス確保のための港湾建設、それらのための資金供与――これは当該国と長期の関係を保つこと、もしクレジット返済などの問題が生じたときは政治的支配に転換する、といった方策である。

こういった具体的提案から入っていくことはアメリカはしない。これがアメリカ外交の「ユートピア的＝法律万能主義的」見解であって、世界秩序は国際法と条約上の諸権利の高度に発達した機構であるべきだとする。すなわち、国家間の営みは法律の基礎のうえに規制され、他国がこれに服従し尊重するならば世界平和と安全は保障されると信じたのである。

この発想は、アメリカが領土紛争のごとき国際紛争などに巻きこまれずに居るという独特の存在形態から、また世界の植民地問題の複雑で緊急の問題に無頓着であったことからきている。そこからこの接近方法の限界が生ずる。そもそも法の原理による対策などには関心を示さず、一体法そのものが存在するかどうかも分からず、すべてが権力者の政治的行為によって処理されているような社会において、法の原則を説いていて何が解決できるのかということである。

さらに国際関係はもっと複雑である。一国の政権といっても、傀儡政権もあれば、外国が秘かに影響力を行使するための様々な浸透戦略もある。イデオロギーのうえで連帯することもある。これらは、一組の法律的規範によって規制されるとしたアメリカ人の構想に入ってこなかった。したがって、この接近方法は世界の多くの問題について適用不可能であったし、真の争点についてアメリカ人を盲目にした。

これはアメリカ外交の偏りに対するジョージ・ケナンの批判を紹介しているのだが、この立場から対日政策についても、「日本の膨張政策を妨げるためにどちらかといえば法律主義的スティムソンの努力にみられるようなあまりに非現実的な無謀な行為」と批判するのである。[18] まことに日本はこのアメリカ外交に振り回されるようになったのだ。

なおついでに、注目しておかねばならぬことはアメリカ外交の方策であって、すべて多国間の国際条約の形をとっていることであり、日本との二国間協定ではないことだ。実質はアメリカの要求を日本に呑みこませるため、日本の行動を国際的な枠組みのもとに置き、そうすることによってもし日本がこの協定を破るような行動にでた場合、それは国際ルール違反として告発することができる。当初から日本包囲網をつくっているのであり、日本がつねにパートナーの居ない状況よりも優勢な地位を取っているのである。

考えてみれば、幕末の開国においても西洋列強はすべて共同行動をとって日本に迫ったし、戦争を仕掛けた。「三国干渉」は文字どおり三国の連合体であった。このことを改めて考えてよく念頭に置いておく必要がある。

こうして、日本の対外関係における位置取りがまるで変わってしまったのである。日英同盟の清算によって日本の対外関係は一変したといって過言ではない。すなわち、従来の通商拡大をベースにした外交、そして間接支配を軸にしたものから、「明白なる運命」の意識のもと、道徳的理念に立つが、同時に強大な軍事力の直接的行使を辞さない外交へ変ったのである。そして何よりも同盟関係から対立関係へ、の変化となった。しかも英国は究極には米国と同調するから、好意的第三者の存在がなくなったのである。この変化は大きく、それが国家としての動揺の元になっていくのである。

日本としては、たとえば外交官の最高の出先がロンドンからワシントンに変更されるべきだったのではないか。さらに進んで欧米協調とは具体的にどういうことを指すのか、詰めるべきであった。理念のみを唱えるのではなく、日英同盟のごとき、明確で確定的な構造が必要であったのに、これを作りだすことはできなかったのだ。この脆さを対外強硬派が突いたのである。

注：

(1)　島貫武治「日露戦争以後における国防方針、所要兵力、用兵綱領の変遷（上）」、『軍事史学』八巻四号（一九七三年三月）。なお（下）は「第一次大戦以後の国防方針、所要兵力、用兵綱領の変遷」同、九巻一号（一九七三年六月）。

(2)　角田順『政治と軍事：明治・大正・昭和初期の日本』、光風社出版、一九八七年、第七章。

(3)　同、七二五〜七二七頁。

(4)　同、七〇八頁。

(5)　『陸海軍人気質ノ相違――主トシテ政治力ノ観察』（一九四四年五月一〇日、海軍大学校研究部）、『軍事史学』通巻九二、九三号、一九八八（昭和六三）年。高山岩男氏の執筆とされる。

(6)　ここでの記述は、土屋成美監修『大東亜経済資源大観』、日蘇通信社、一九四二年、「第一編　大東亜共栄圏の資源問題」に拠る。基礎データは一九三五（昭和一〇）年前後のものであるが、文章のなかに大東亜戦争開始後の共栄圏内の情報が入っていて、南アジア地域の占領がいかに戦略物資の確保に貢献したかを知ることができる。

(7)　和田耕作『歴史の中の帝国日本』、力富書房、一九九一年。日本の対外進出を歴史的に跡付け、その真の動力に注目して近現代史を記述したもので、いわゆる通説と異なるが、日本という国家の発展の動因に着目して歴史の展開を説明しようとした注目すべき書である。なお、林房雄『大東亜戦争肯定論』（その「続」もある。番町書房、一九六四年）がいわば思想的・文学論的な史述であるのに対し、社会科学的記述であるといえよう。

（8）「政戦略と幹部学校──敗戦原因を語る──」、『軍事史学』通巻二六号（一九七一年）。そのなかに竹下正彦（元幹部学校長）が、「ソ連は持久戦のオーソリティーで、・・・奉天で負けたからと言って、それで手をあげるはずがない。手をあげたのはほかの要素に影響されたのであり、そこに最大の日露戦争の教訓があるのです。日露戦争直後に非常にそういう議論があったんだそうですが、軍首脳は押えたらしい。戦争批判はいけないと言って、一九〇五（明治三八）年陸達第五十五号で、そういう批判をするときは、直属上官の許可を得るべしという達を出した。それによって兵学における自由な批判、自由な意見の発表を押えた」という重要かつ貴重な発言をしている。

なおこの座談会は個々の敗戦原因ではなく、国の政戦略を取り上げたものでもっと注目されるべきである。

（9）猪木正道『七つの決断』、実業之日本社、一九七五年、三六頁。

（10）相沢淳『海軍の選択』、中公叢書、二〇〇二年、二一～二二頁。

（11）ボーク・カーター／トーマス・H・ヒーリー（三上正毅訳）『なぜ極東に干渉するか？』、今日の問題社、一九三八年。とくに第16章でアメリカの極東における経済的関係がいかに小さいか、を明らかにしている。

（12）「九国条約」の審議・採択については、鹿島守之助『日本外交の史的考察』、巌松堂、一九三八年、第17章が原文に即して詳しく論述しているので、ここで参考にした。

（13）ワシントン体制に意味するところと、その後の事態の進展および影響については、入江昭（篠原初枝訳）『太平洋戦争の起源』、東京大学出版会、一九九一年、第1章第2節参照。

（14）鶴見祐輔『正伝後藤新平』、藤原書店、二〇〇五年、四八七～五二六頁。

（15）大橋忠一『太平洋戦争由来記』、要書房、一九五二年、三六頁。

（16）矢次一夫『昭和動乱私史　中』、経済往来社、一九七三年、八～九頁。

なお同書は「中、下」あり全三巻である。また同じく『政変昭和秘史（上・下）』、サンケイ出版、一九七九年、がある。

重光葵『昭和の動乱　上・下』、中央公論社、一九五二年、がいわば公式の昭和史、表の昭和史として欠くべからざるものであるが、右の二著は表題のごとく私史であるが当時の活動をつうじて、軍人・政治家・政府当局者など重要人物と交流し、しばしばその方策決定に参画するなどとしている経験が率直に記述されており、昭和の裏面史として重要な文献である。とくに指導者たちがどのように意思決定をしていたかを知るよき材料でもある。

（17）この部分は、細谷千博『両大戦間の日本の外交』、岩波書店、一九八八年、第四章に拠る。

（18）ジョージ・ケナン（松本重治編訳）『アメリカ外交の基本問題』、岩波書店、一九六五年、一一一～一一六頁。

II　日支関係の進展と外交政策

はじめに――命取りになった日中関係

いわゆる支那事変、今日では日中戦争というが、それは一体何であったか。それが近代日本の命取りになったことは自明のことであるのに、その本質はいまだに明らかにされているとは思えない。それを知るためには、明治以来の大陸への発展を回顧する必要がある。

まず大東亜戦争とは何か。それは日中戦争を含めていることを改めて確認しておかねばならない。すなわち、開戦直後の政府声明は日中戦争を含めてこの戦争を大東亜戦争と呼ぶことを決定したのである（一二月一二日）。

これは第二次近衛声明にある理念に基づくものであり、これを引き継いで東条首相も東亜解放を宣言することになる（一九四二（昭和一七）年二月一六日）。そして東亜施策を推進するため一九四二年一一月には大東亜省が発足した。

また翻って宣戦詔書をみるに「中華民国政府さきに帝国の真意を解せず濫りに事を構へて東亜の平和を攪乱しついに帝国をして干戈を執るに至らしめ茲に四年有余を経たり。」とあり、それに続いて、国民政府が生れ日本はこの政府と善隣を結んでいるが、重慶政権はこれと戦い、米英はこれを援護して東亜の禍乱を助長している、と非難している。このように、対米英開戦は中華民国との平和が達成されなかったこと、その解決のための延長線上にあることが明言されている。そのことの意味は従来通りに中国本土において戦闘を継続する覚悟を蔵しているのである。

しかし改めてこの詔書を読みかえすと、中国問題をいかに解決しうるかの展望や方途は示されていない。ここにはしなくもこの日中戦争の破綻が暗示されているとみるのは早計だろうか。

まことに大東亜戦争をめぐる評価をおこなう際に決定的に

重要なことは、それがアメリカ（西洋）のアジアに対する支配拡張を阻止しようとしたものであるとか、アジアの積年の課題である植民地支配を打破したものであるとか、のプラス評価をするだけでとどまるならば、「本当にそれで済むのですか。あの戦争はそれだけですか。」という素朴な、しかし重大な歴史認識への疑問に応えることにならないのだ。それはなんといっても、隣国中国との戦いをつづけたこと、すなわち中国との戦争に終止符を打つことができなかったこと（それが明確な和平であるかどうかは別問題として）、すなわち、最低限に見積もっても日中間で戦争といわれる事態を収拾できなかったこと、であり、この事実を深く掘り下げること、そこにみられる日本という国家の行動を見極めることによって、大東亜戦争をめぐる評価を最終的に得ることができると思う。それは日本側の侵略行為のみを指弾する偏った歴史観を乗り越えることができる、といった狭い意味づけにとどまることはなく、もっと大きく深く近現代日本の世界史のなかでの位置を示すものであるからである。

そこで明治から戦前昭和における日本の対中国との関係をレビューする必要があるが、ここではその摩擦・軋轢をいかに平和裡に収拾しようとしたか、という視点にたってその可能性を点検したい。それは対中国との関係構築において過誤をつづけたことは間違いないと思うからだ。

1　大陸進出の歴史的背景と近代における展開・概説

1―1　幕末における対外発展の意欲

日本の大陸進出は歴史的根源があり、十九世紀後半から二十世紀において本格化したもので、その根は深いといえよう。

直接的には、幕末における北辺の脅威――ロシアの南下による脅威に発し、ついで英・仏・米の極東進出と日本への接近を受けて、この国際的脅威に対していかに立国を果たすかについて識者も幕府も真剣に取り組んだ。そのなかから、国力を増進するためわが国も大陸に覇を唱えこれを支配下において、列強の圧迫に抗して独立を果たそうとする考えが勢いを増していたのである。それは佐藤信淵の、朝鮮・満州・韃靼・支那経略論は有名だが、軍略を述べているとはいえ（各藩の進攻地域役割分担など）、中身は小説一歩手前の大陸雄飛物語であるから一応別にして、このほかの有力な所説としては、山田方谷は満州の経略を、平野国臣は三韓・渤海を勢力下におくことをとなえ、真木保臣のごときは朝鮮・満州・支那を経略することを主張している。さらに橋本左内は、日本はとても独立することは難しい。独立のためには山丹《サンタン》満州、朝鮮国を合わせてかつアメリカ州あるいは印度地方を支配しなければ、独立はとても望みがない。これは当面難しいが・・・と書いているという。

そして、これらを集約するように、ここで吉田松陰が『幽囚録』(一八五四年)で書いている部分を引用しよう。松陰はわが国をとりまく諸外国の情勢を述べたあとにつぎのように書く。

「よく国を保持するというのは、ただたんにそのもてるところのものを失わないというのみでなく、その欠けるところを増やすことなのである。いま急いで軍備を固め、軍艦や大砲をほぼ備えたならば、蝦夷の地を開墾して諸大名を封じ、琉球をも諭して内地の諸侯同様に参勤させ、会同させなければならない。また、朝鮮をうながして昔同様に貢納させ、北は満州の地を割き取り、南は台湾・ルソンの諸島をわが手に収め、漸次進取の勢いを示すべきである。しかる後に、民を愛し士を養い、辺境の守りを十分固めれば、よく国を保持するといいうるのである。そうでなくて、諸外国競合の中に座し、なんらなすことなければ、やがていくばくもなく国は衰亡していくだろう[1]」。

まるで、明治時代の海外発展そのものをほぼ完全に展望している。それよりも近代における国家発展の構図を完全に描いていること、その認識の的確さに改めて驚くのである。後にみる日清・日露の両戦役も、わが国の安全保障を確保せんとしたものであったが、その基底にはこのような「強国路線」というものが働いていたといえよう。

そして、明治においてこのような大陸進出がいち早く進んだことは、中国大陸にあった国家体制が脆弱であったこと、そこでの混乱に乗じえたことである。

この混乱はその後もつづく。中国はようやく中華民国の成立(一九一二年)以来、ようやく近代国家の道を歩み始めたが、その近代化の過程は独特のものである。すなわち、国の規模が大きいので、統合に向けては他国に例をみない時間・エネルギーを要するのだ。日本の明治維新のように、一回の舵切りでは大船の向きを変えることはできぬ。ここに中国の苦闘があるのであって、安易に日本の経験をあてはめることはできない。実際、辛亥革命――明治維新後四四年も後のこと――後もさらに混乱がつづく。それは旧勢力の侮りがたい影響力の存在や、地方に跋扈する軍閥間の争いであって、これは外国あるいは日本の関与しうるところではない。分かりやすくいえば、それは幕末の日本の状態をもっと大きく拡大した形であり、さらに遡れば戦国時代に似ている。

ただ時代は二十世紀である。外国勢力のさまざまな影響も加わり、中国の混迷は国内問題にとどまらず、極東アジアの問題、さらに世界の問題という性格を帯びる。そのことは一層、人々のナショナリズムを喚起し、外部勢力支配への反発を強め、その収拾を困難なものにするのである。

1―2　中国ナショナリズムによる転機

しかし、孫文死去（一九二五（大正一四）年）後、国民党内部の権力争いなど紆余曲折を経て、一九二七（昭和二）年に蒋介石が共産党分子を実力で排除し、武漢に南京国民政府を樹立するに及んで、ようやく真の統一国家の形が整いだす。これは、中国ナショナリズムがいわば少年から青年へ、さらに大人になろうとしていくのだが、その発展にたいして日本は充分な理解がなく、在来の対し方をしようとしたため、それがこの時期以降、対中国政策が動揺し混乱を深めるのである。

この点について深く明治維新と東洋の開放を追求してきた葦津珍彦は文字通り同じタイトルであるその著において、つぎのように述べている。

「「東洋解放」を理想として、韓国、フィリピン、インドの解放運動に、とりわけ中国革命の援助に懸命の努力をしてきた民間有志は、「日本が「欧州的帝国」となってしまうことに安んじていることはできなかったはずである。かれらは、世界の政治地図の変貌に応じて、日本国の地位を再検討し、新しいコースの立て直しをする必要に迫られていた。「日本の国権を伸張すればそれがそのままに、東洋の解放に通ずる」という明治時代の方式は、すでに通用しがたい時代となった。

・・・印度や中国のナショナリズムが、自ら権力を獲得するか、または国政を大きく指導し得る段階に到達すると、友好的結合の条件を失ってしまう。**日本のナショナリズムは、中国印度の人民大衆を大きく指導し得る段階まで成長したナショナリズムとの友好結合を確保しうる新しい条件を発見して、自ら成長しなくてはならない。**この明治期ナショナリズムは、更に高度のナショナリズムへ高められ発展されなくてはならない」。そのような動きがあったが、「けれども、この高度ナショナリズムは不幸にして、その成長が急速ではなかった」(2)（太字は引用者。現代用語に変えた。以下同じ）。

他方、中国革命にまったく理解を示さなかった山縣有朋は、一九二三（大正一二）年まで生きていたから第一次大戦も対華二一カ条要求問題も経験している、唯一といってよい明治元老であるが、つぎのように語ったという。

「支那が南北調和せず、比年紛々擾々の間にあることは、日本にとっても非常に困ったことであるが、しかし、この支那が統一するのは何人か知らないが、若し支那に日本を完全に排斥し得るものがでてきたら、恐らく、その時は支那の統一がなるであろう。袁世凱がその人であるか否かは知らないが、われわれ維新の経験から見て、東洋に於る国際的事情から見て、支那で日本を排斥し得るものが出て来た時は、日本は余程考えなければならぬ」(3)。

ここで引用している二人は生きた時代も立場も意見も異な

るが、内容的には同じことを言っている。中国が統一国家となったとき、日中間関係はまったく様相を異にすることを指摘し、その備えが充分であるかを問うているのである。とくに山縣はさすがに権力を知り尽くしており、国家という力の形成が国家間関係を変えてしまうことを鋭く認識している。

したがって、以下ではこのような変容と転換を念頭において、明治以降の主要な日支関係を概観しよう。

2　明治時代における対支関係の模索

2―1　日清・日露戦争まで　唱えられた同盟論、しかし主権外交へ

わが国が中国、当時シナとどのように付きあうべきか。その前提にシナという国をどのようにみておいたらよいのか。それは、明治以来、日本の指導者にとっても重要な課題であった。

通史によると、明治になって日清戦争にまっしぐらに突き進んでいったかにみえるが、それは間違いである。対支同盟論や日清同盟論はあったのである。

・清国保全論――一八九八年一一月、清国の保全と改善を綱領とする東亜同文会を組織して、その会長に近衛篤麿が就任。一九〇〇年五月、南京同文書院（日清の学生を受け入れる）を設立するなど、両国の交流・理解に尽くした。

・日清同盟論――幕末よりあったもので、西力東漸に対して日本と中国の提携を説くもの。つぎにみる海舟の日・清・朝の三国同盟論や、明治政府では岩倉具視が日清提携論をもっていた。また岩倉はロシアの脅威に抗して清国の保全を説いた。しかし、岩倉の死や朝鮮問題で清国と戦うこととなり、この主張は消えていく。

このように日支提携によって西来を防ごうとする意見はあったが、実現できなかった。日清戦争として日中は衝突した。すなわち軍事力によって対立を収拾せんとして成功したのである。その理由は、①朝鮮における改革の遅れに苛立ったこと、②これをチャンスとみる日本の外交姿勢、それは新しく台頭した少壮官僚の勢いによって動かされていたといえよう。

こうして、日本と中国が手を結んで、西洋進出を防ごうとするのは理想論として片付けられたのである。また、日清戦争の講和談判において日本のとった態度は、日本は譲ることをしなかったことであり、譲っておれば日支間において円滑化の余地を残したかもしれないのである。その結果、支那から得たものは、①日本は支那分割の野望をもつ、②欧米を熱烈に想うばかりだとみて侮蔑の対象の念が生まれた。

しかし問題は日支間にとどまらなかった。日本に敗れた老大国清という認識が広まり、列強の支那分割は勢いを増し

た。

日本側にも変化がみられた。それは日支「同盟」よりも、支那を「扶植」する、という捉え方に変わったのである。このようにして、この列強との競争のなかに身を投じていく。

こうして理想はいつも実現できるものではない。しかも後々までそれは同じことであった。「脱亜入欧」が急がれ、それは列強と同じ競争の場に身を置くことになるのであった。

勝海舟の朝鮮・支那観

そのなかで日清戦争の勝利の後で、行け行けドンドンではなく、冷静に国情の違い、その特異性を指摘していたのが勝海舟である。

「朝鮮といえば、半亡国だとか、貧弱国だと軽蔑するけども、おれは朝鮮もすでに蘇生の時期にきていると思うのだ」。死んで蘇生するという「一国の運命にかんする生理法が世の中にある。・・・朝鮮もこれまでは・・・死に瀕していたのだから、これからはきっと蘇生する・・・。

昔は、日本文明の種子は、みな朝鮮から輸入したのだ。（中略）数百年も前には、朝鮮人も日本人のお師匠様だったのさ。

（中略）平生からおれが支那は馬鹿にならぬと言っておる。

戦争でも同じことだ。世間では百戦百勝などと喜んでおれど、支那では何とも感じはしないのだ。そこになると、あの国はなかなかに大きなところがある。支那人は、天子が代ろうが、戦争に負けようが、ほとんど馬耳東風で、はあ天子が代ったのか、はあ日本が勝ったのか、などといって平気でいる。・・・一つの帝室が亡んで、他の帝室が代ろうが、国が亡んで、他国の領分になろうが、一体の社会は、衣然として旧態を存しているだろう。社会というものは、国家の興亡には少しも関係しないよ。

ともあれ、日本人もあまり戦争に勝ったなどと威張っていると、後で大変な目にあうよ。・・・経済上の戦争にかけては、日本人は、とても支那人には及ばないだろうと思うと、おれはひそかに心配するよ」。

このあたりの指摘は今も通用する。

さて政治の話にもどり、「支那人は、また一国の天子を、差配同様に見て居るよ。地主さえ損害がなければ、差配人は幾ら代っても、少しも構わないのだ。

早い話が堯舜の政治というのがツマリこの差配人政治だよ」。それで支那人は誰が天子になろうが、外国人に支配されようが問うところではない。

近代になって西洋人がきて支配地域が拡大したが、「御覧よ、香港も膠州湾も新嘉波も皆支那人から実権を握られているではないか。ソコになると大義名分などと馬鹿にも付かぬ空論に日を送って居る日本などとは雲泥の相違だよ。それだから開国以来、二十何度も天子の系統が代ったのサ」。

だから戦争には負け、日本は大勝利を得た。「しかし戦争に負けたのは、ただ差配人ばかりで、地主は依然として変らない、といふことを忘れてはいけない[4]」。

ここでの指摘で重要なことは、自ら（日本）は「国民国家」となっているが、支那を同様な範疇で定義してそれと向き合うと大変な間違いをするということだ。一般民衆は支配する国家体制とまったく関係がない。そのような国を相手にして勝った負けたといっていても、まるで暖簾に腕押しである。この勘違いに気づかないのは国政の失敗となる、と警告している。

これは卓見であり、西洋流の「国民国家」の捉え方に対するアンチテーゼというべきで、対外認識において一頭抜けているものである。これらの指摘の元になっているのは、支那の歴史についてしっかり勉学をやっていることで、それが充分に窺える。堯舜の政治をこのように機能的に本質規定する鋭さは余人をもって代えがたいし、古代支那政治をただ崇め奉る人にはできない芸当だ。

おそらく、支那が不充分ながら、「国民国家」的なまとまりでもって外国に当たることになったのは、「五・四運動」からであろう。

なお、**海舟は日清戦争そのものに反対であった。**

「俺は大反対だったよ。何故かって兄弟喧嘩だもの、犬も食わないじゃないか。・・・欧米人が分からぬ中に日本は支那と組んで商業なり工業なり鉄道なりをやるに限るよ。一体支那五億の民衆は日本にとっては最大の顧客さ。また支那は昔時から日本の師ではないか。それで東洋のことは東洋だけでやるに限るよ。俺などは維新前から日清韓三国合縦の策を主唱して支那朝鮮の海軍は日本で引受くることを計画したものさ。今日になって兄弟喧嘩をして支那の内輪をさらけ出して欧米の乗ずる処となる位なものさ。（中略）俺の意見は日本は朝鮮の独立保護のために戦ったのだから、土地は寸尺も取るべからず。その代わり沢山の償金をとる事が肝要だ。尤もその償金の使途は支那の鉄道を布設するに限る。つまり支那から取った償金で支那の便を謀ってやる」。今これをやらなければ、「他日一哩の鉄道を布く事も必ず欧米の干渉を受くることに為るよ。又何億という償金が日本に来た時は、軽薄な日本人の事必ずや有頂天になって徒に奢侈に耽り国が弱くなる許りだよ[5]」（句読点は引用者が附した）。

なんという卓見であろう。しかも世界のことも中国のこともすべてお見通しとはこのことである。そのうえ提案されている策がよい。大局的見地に立つ国益がしっかり追求されていて、しかもそれは足が地に着いたものであり、評論でなく、これぞ国策というべきものだ。それは目先の利益に溺れる国民大衆、あるいは戦闘の勝利に酔いしれる軍人たちへの大なる警告となっている。まことに日本が近現代において、とくに大陸政策において陥った過誤を深く反省する文言である。このような政治家を近現代日本は生んだろうか。

2―2　日露戦争後の方向模索

日露戦争後の満州問題への対処策をめぐる論争(6)

日露戦争によって、ロシアの権益を譲り受ける形で日本は満州の一角にいわば橋頭堡を得た。そして、その後にこの地でどのような施策をとるべきかが課題になってきた。そのとき、日本の陸海軍の措置がロシアより厳しいとする英米国などからの警告もあり、伊藤の提案により開催されたのが「満州問題に関する協議会」（一九〇六（明治三九）年五月二二日、首相官邸）である。伊藤博文統監、西園寺首相、寺内陸相、斎藤海相、林外相、児玉参謀総長、など当時の指導者全員といってよい一三名が出席した。

(1)　伊藤の主張――児玉総長に反論して。

・軍政署は直ちに廃止すること。それは民政庁になっている。これでは新占領地である。地方の行政は清国官憲に一任のこと。

・満州経営などは、満州を属地扱いにするものであるが、日本はロシアから譲り受けた遼東半島租借地と鉄道のほかには何もない。属地でもないのにわが主権がおこなわれる道理はない。

拓務省などを設ける必要もない。満州行政の責任は清国に負担させること。

(2)　西園寺の結論――①大体の論は全会一致、②この趣旨で結末の経綸を進むこと、③関東都督の機関を平時組織にすること、④軍政署を順次廃止すること、領事のあるところは直ちに廃すること。

以上について、列席元老・大臣は署名花押した。

この会議は、このように伊藤の路線によって決したものであるが、その後の日本の運命を指し示す重要会議であった。伊藤は後に死し、児玉も二カ月後に亡くなった。そして、この決定路線は破られていく。

とはいえ、その路線をどのように守ることができたのか、が本当に問われることである。

五つの提案とその後

その後、大陸との関係をどのように維持すべきかについて指導者たちの構想をみていこう。

(1)　桂太郎の構想

桂太郎は対英国、ロシア、ドイツ、との提携を構想していたが、その死（一九二四（大正一三）年一〇月一〇日）によって中絶した。

(2)　山縣有朋

その年来の立場から北方の安全保障確保に注力・重視していた。しかし、旧守日和見主義で事態の打開となるものではなかった。

(3)　アメリカ

満州鉄道の共同運営をわが国に提案してきた。これに一時、日本政府は乗ったが、小村寿太郎の強力な反対でご破算になった。しかしこれでアメリカの北東アジア、ことに満州にたいする関心が強いことが鮮明になった。また日本がこれを拒否したことは、日本が独自の道を歩むことを鮮明にしたもので、その後の満州事変、対中国政府との外交関係においてそれは引きつがれていったといえる。

(4)　後藤新平の対ロ協商政策

日露戦後のアメリカの進出に対抗するため、ロシアと提携し、さらにヨーロッパと連携するという壮大な構想をもっていたが、国際関係における日本の位置（その限界）、ロシアが期待通りに動く国であるか、などの疑問が尽きず実らなかった。

しかしユーラシア大陸の両端を結ぶという壮大なビジョンであり、独創的なものであった。その実現の有無は別にして今日このような壮大な対外ビジョンを語ることはなくなったのは残念である。

(5)　小日本主義の提唱

三浦銕太郎は一九一三（大正二）年四月『東洋経済新報』に「大日本主義か小日本主義」を発表して、対外膨張政策を批判した。

これはのちの石橋湛山に引きつがれるものであるが、一部の指導者に注目されることはあっても決して大きな流れになるものではなかった。

3　辛亥革命から第一次大戦へ——中国ナショナリズムの新展開

3—1　辛亥革命とそれ以後の日支関係
大きかった日本の支援、しかし急速に排日へ

日本の明治後半から末期にかけて、中国においてようやく旧体制である清朝を倒し、新政権によって中国の危機に対処しようとする運動が盛んになったが、それは日本の明治維新に学び、西洋文明を取りいれて独立を図ろうとするものであった。

・その際、日本に学ぶため多数の留学生が来日したが、他方、革命と独立をめざす有志たちを支援したのは実は日本人であった。しかもそれは全面的になされたといってよい。

とくに革命運動の中心人物である孫文への有形・無形

の大きな支援があったが、それは民間人によってなされたことも特徴的である。孫文が中国革命同志会を結成（一九〇五（明治三八）年八月）するのを仲立ちしたのも日本人であった。

・そしてついに一九一一年一〇月、武昌での革命軍蜂起で辛亥革命が始まった。翌年一月一日は南京臨時政府成立し、孫文は臨時大統領に就任。中華民国建国宣言を発する。ところが、二月になると孫文は辞任し、三月に袁世凱が臨時大統領に就任した。いわゆる南北妥協である。

・一九一三（大正二）年一〇月には袁は大総統に就任、翌一九一四年一月には独裁的権限を持つにいたる。袁は孫文を上回る政治力によって、英国の支援をとりつけ、排外感情を英国から日本へ向けるのに成功し、現地で日貨排斥運動がおこる。

・一方、第一次大戦（一九一四年七月二八日に始まる）に日本は参戦し、ドイツに宣戦布告をした（同、八月二三日）。翌月、山東半島に上陸し、青島を占領した（一九一五（大正四）年一一月七日）。

　また独領の南洋群島諸島を占領し（一〇月一四日）、その永久保持を希望する旨を表明した（英国への秘密文書で。一二月一日）。

　このように戦勝に意気あがる日本はその勢いに乗じて、翌一九一六年一月に「対華二一カ条要求」を示した。それは旅順・大連の租借期限および満鉄経営の九九年延長、山東半島のドイツ権益継承を要求するものであった。

　結局、中国は日本側要求をすべて受諾するに決し、日華条約ならびに交換公文調印となった（五月二五日）。

　しかし、その反動は大きかった。中国で一気に対日批判が盛りあがり、上海・漢口・広東で日貨排斥運動がおこり、排日感情は致命的レベルに達した。五月九日を「中国国恥記念日」とした（中国が日本の最後通牒を承認することを回答した日）。

　このように、**一九一一年の辛亥革命から僅か四年しか経っていないのに、それまでの革命運動へ厚い支援をおこなった国から一気に排日の対象になる国へ変転した**のである。それはこの背後には、中国ナショナリズムが幼年期から一気に青年期に成長し、独自の国家形成過程に入ったことがある。もちろん、そこでは従来通りの権謀術数が繰りかえされ国内政情は安定していないが、それも含めてもはや日本側の有力者支援行動、しかも個人レベルの運動の枠を超えていったということでもある。

松方正義の意見書

　こうして、欧州大戦により日本の地位が上昇したこと、戦争に参加するなかで中国本土に地歩を確保するにいたったこと、中国に排日の空気が高まったこと、などを受けて、日本の対中国政策が統一されておらず、このままでは相手に失望と怨嗟の念が高まり、さらに敵対意識が生ずることを懸念して、一九一六（大正五）年一〇月、元老松方正義は時の総理大臣寺内正毅に意見書を提出した。それは長文になるが、その要旨のみを引用する。(7)

○日本の大義

欧州大戦によって余慶に浴する感があるが、その真実の相は前途に寒心を禁ぜざるものがある。とくに対支政策の失態はその髄一というべきだ。

維新以来の対外政策の大主義は、天地の公道に基づき国家的信義を重んじ、国家を富岳の安きに置き、皇威を八紘に輝すにある。・・・この根本的大主義は五〇年来把持してきたので、帝国が人種、風俗習慣、生活及び思想の系統を殊にするに拘らず、列強と協和し、国際政局に清伯健全な位置を占めてきた。蓋し勢力なき信義は空言、信義なき勢力は禍媒である。信義の実行力を持っていなければならない。

しかるに日本の支那にたいするとき、この根本的大主義を放擲し、いたずらに一時の権謀詭策を労して国家百年ノ禍機を生み出すことが多い。これによって支那を敵にすることとなり、世界における日本の信用は失墜した。そこで日本は領土保全・機会均等の国際原則に立って、極東における日本対列強の勢力関係をみて評量しなければならぬ。この観点からすると近年の対支政策は絶対的過誤に陥っている。

人種問題は経世的問題だが、日本の使命は黄白人種問題の先覚者としてこの問題に当ることはその天職である。その当面の問題が主として日支親善に帰着しなければならない。日支親善は東亜の危局を救い、支那を救済し、日本が世界のなかで屹立する自衛の道である。

○対支政策の拙さ

しかるに自己の強盛のみを恃みにして、彼の弱小に乗じ、彼を威嚇し、恫喝し、ときに騙したり、強請したりの小計を弄するから、これでは支那は怨望し、離反し、わが国を不倶戴天の仇敵たらしめ子々孫々まで呪詛の対象たらしめることになる。

しかも官民間で、あるいは政府のなかでも政策が違って、まちまちである。

満蒙に特殊関係を有するのは列国も認識している。しかし支那本部に対する政策はどうか。これを併呑するのか、友人として善誘し、東洋自治の一要素として待遇するのか、この根本問題がはっきりしないから、支那は敵となり、世界列強の怨府となる。

○支那への批判について

支那人をいろいろ批判しても始まらない。何処の国も同じだ。もし支那人の心を得ようと欲するなら、協利併益の道を講ずるより善きはなし。我独り利して、彼独り損ずるは彼の堪えざるところなり。日本が支那の心を失う所以はここにある。

　支那人の誠意の有無を詮議せんとするよりも、わが国の誠意を吟味する必要があろう。

〇対支政策のもつ意味

　帝国の対支那政策はただ支那一国に対すると思ってはならない。帝国の支那に対するはすなわち世界に対する所以である。支那の周囲には列強がある。この列強を甘心させなければ日本の立場は安泰ではない。

〇何をなすべきか

　信義一貫、恩威併行、寛猛兼済の政策をとること。倭寇の愚を繰りかえしてはならぬ。

　この根本的大主義を扶植し、遠大に永久に世界における帝国の位置を築きあげねばならぬ。

　この松方の主張は、共に利益を得ることを原則としているように、国家間関係における決め手は国益の追及であって、あれこれの態度のおかしさでないことをしっかり押えている。そして、外交の統一を欠くこと、小計を弄することがいたずらに怨嗟のみを生んでいること、支那問題は世界に対する問題であること、を指摘してその視点の的確性に驚くのである。まるで今日の現実主義外交のテクストを読んで書いているかのごとき感があって、ポイントを突いている。

問題があるとすれば、それではこの議論を踏まえて最後にどのような具体的政策を採ることを勧めているのか、今一つ鮮明ではないことである。「日本の根本的大主義を扶植する」というには、具体的にどうして進めるのか、について言及がないことである。それこそわが国が苦悩したことであった。それが昭和にいたるまで試されるのである。

3―2　第一次大戦と日本の位置
分岐点となった第一次大戦

　こうして日中関係においても第一次大戦が分岐点になった、といってよいであろう。それは世界史においても「現代」という時代の開始でもあったことに符合するものである。

　すなわち、第一次大戦に際しての国家行動は、日英同盟を名分として参戦し、山東半島の権益をドイツより受けついで、世界のなかで「五大国」としての位置を占めることになる。これは日本にとっては〝名誉〟ではあったが、最も近い国と厳しく対峙する国となった。しかし他方大戦終了後、いわゆる「ワシントン条約」が結ばれ、日本の対中国政策は、アメリカの監視のもと国際的制約のもとに置かれることになった（ワシントン条約については第I章で述べたので、ここでは省略）。

　このように、日本の国際的地位の向上は、列強の脅威感や反撥を生み、日本への掣肘の必要性を認識させる糸口となっていく。それは、国際政治のうえでは列強の築いた先進国（?）なみの行動ルールに従うこと、それを守ること、を求められるということであった。さらにこのような国際的地位の上昇があればあるほど、自国に不利や劣位が意識されるが、その改善が簡単には進まないことによって、「持てる国・持たざる国」という意識が強くかつ共通に広まっていくのであった。

孫文の行動およびソ連・コミンテルンの登場

第一次大戦後の中国内部での動きで注目されるのが、安定しない国内事情により外国の干渉が強くなったが、そのなかにソ連が加わってきたことである。それは今まではなかったことである。ここにも現代という時代の特色がでているといえるのだが、国民党がソ連共産党へ急速接近していたのである（もちろんソ連側――コミンテルンの強力な働きかけがあってのことだが）。この動きは後に日本との関係において、また東アジアにおいて重要な意味をもつ変化要素となっていく。

国民党のソ連への接近は、大戦終了（一九一八年一一月）およびベルサイユ講和条約調印（一九一九＝大正八年）後における孫文の行動による。独立間もない中国において、孫文の革命運動はいくどかの挫折のあと、

・一九二三（大正一二）年一月、ヨッフェとの共同宣言を発表し、ソ連が中国革命を支援することを表明した。
・翌二月、孫文は広東に帰還。三月一日大元帥に就任し、第三次広東政府が発足する。
　一一月には、孫文はソ連と提携を中心にした「連ソ・容共・扶助工農」の三大政策を決定。国民党の改組にもふみきる。
・これを具体化したのが、一九二四年一月の中国国民党第一回全国大会で、第一次国共合作が成立した。
・五月、中ソ協定調印。ソ連は旧ロシアの対中特殊権益・治外法権などを放棄し、ここに中ソは正式に国交を樹立した。
・六月になると、国民党の軍将校養成機関である、黄埔軍官学校開校（ソ連の資金援助による。校長は蒋介石）。

この背後には、奇しくも国際連盟の成立が決定した一九一九年一月二五日のすぐあとに、同年三月二日、モスクワでコミンテルン創立総会が開かれていることである。上記のソ連の行動はこのような国際的共産主義運動の一環であることは当然のことである。

しかし、その当座はこの新しい動きは国民党内部における党派闘争を激化させ、中国の政情を一層複雑にしたのである。

3—3　緊迫度を増す日支関係

幣原外交の登場と破綻（不干渉政策の成否）

その孫文は一九二五（大正一四）年北京で病没（享年五八歳）し、その後は同年七月一日、広東国民政府が成立し、汪兆銘・蔣介石ら政治委員一六名の合議制に拠ることになった。

蔣介石は翌二六年七月に国民革命軍総司令に就任するが、統一政府の確立は未だしであった。

このように中国の政情は相変わらず安定しなかった。まさに政変相次ぐ、といった情勢で、統一中央政府の出現は未だし、であり、それが外国の軍事干渉を引きおこすという悪循環を繰りかえしていたのである。

しかしそのなかでも日本の外交もその姿勢はかなり統一されたものになっていく。それは大正末年より昭和の始めにかけての幣原外相によるいわゆる第一期「幣原外交」であり（第二期は一九二九（昭和四）年七月から三一（六）年二月まで）、中国国内問題への不干渉主義をかかげて事態に対処したのである。これらの動きをクロニクルで追ってみよう。

大正末から昭和初頭のクロニクル

・一九二四（大正一三）年六月〜一九二七（昭和二）年四月、幣原外交第一期、加藤高明内閣の外相として。

経済的利益を優先的な「帝国の権益」とする。内政不干渉、実利主義、協調主義、平和主義、を軸とするもの。

・一九二四（大正一三）年一月、広東で国民党大会、ソ連の仲介により中国共産党との間で国共合作が成立、「連ソ容共体制」確立。

九月、第二次奉直戦争はじまる。呉佩布（直隷派）の部下馮玉祥クーデターおこし北京占領。

・一九二五年一一月、郭松齢事件。郭軍が張作霖を破り奉天へ進撃。閣議、満州への派兵決定。一二月郭軍敗北。このあと各地で排日運動起こる。

・一九二六年七月、国民革命軍の北伐開始、九月武漢にむかう左派は武漢三鎮を制圧（ボロディン参加）。土地没収、外国公館を圧迫。英国は四川、漢口で武力で対抗し日本に同調を求めたが、幣原外相同意せず。

・一九二七（昭和二）年一月、国民政府は武漢に移動。

そのころから、上海、南京方面で労働者の蜂起あり、英国からの出兵要請あるも、幣原外相は拒否。しかし騒ぎは大きくなり、上海、南京を占領、英米は南京砲撃。

・同、三月、革命軍は南京占領、共産党系は外国領事館に圧力を加える。英米は軍艦による砲撃、日本は参加せず。ようやく幣原外交ピンチに。

蔣介石、反共クーデターをおこす（四・一二クーデター）。

三月、日本で金融恐慌勃発、四月若槻内閣、台湾銀行救済の勅令案が枢密院で否決。若槻内閣総辞職。この背景に幣原外交への不信あり、代わって田中内閣の登場となり、対支政策は強硬政策へ一変する。

このように、二〇年代の当初は不干渉政策を採っていく方針であったが、中国内部の動乱（権力闘争）がつづき、それは排外的であったから、どうしてもそれへの対処策を採らざるをえなくなる。英国は武力鎮圧策を決意するほどであったから、早晩、日本もなんらかの実力手段の採用に迫られる情勢であった。幣原外相は英国の出兵要請を受けいれず、その不干渉政策を貫いたが、それを保持し続けるのは無理な情勢になっていく。この外交に不満を抱く勢力が金融恐慌策に名を借りて、若槻内閣を信任せずの態度をとって、ここに民政党による幣原外交は終ることになる。

田中外交へ（「対支政策綱領」の策定）

こうして一九二〇年代後半から三〇年代に入っていくが、この時期こそ日本は真正面から新生中国と向きあうことになっていく。

それはわが国がシナ大陸に一層積極的に関与していく時期である。しかし欧米協調派の勢力はまだ強く、対外強硬派が主導権を握っていたわけではないから、この時期は両派のせめぎあいが激しく、それが国内の経済的・社会的混乱と共鳴しあって、ついに満州事変（一九三一年）となって爆発したのであった。それがこの一〇年間の丁度分水嶺となったのである。

同時に中国内部においては政治的統一にむけて国民党と共産党が激しく争い、その途次において国民党すら分裂することがあり、これに地方軍閥の勢力争いが加わって、国情は安定しなかった。それがようやく三〇年代後半を迎えて、抗日を基軸に合作が進みともかくも統一が確立していく過程に入っていく。

このように中国情勢が激しく変動するなかにあっても、日本の外交は基本的には欧米協調が主流であった。しかし、民政党内閣が倒れたあとに登場した田中内閣は不干渉主義、協調主義に代わる対中国強硬主義の採用に舵をきる。それが東方会議の開催（一九二七（昭和二）年六〜七月）である。

そこで決定された「対支政策綱領」は、武力による居留民保護と満蒙分離策を骨子とするものであった。

この決定は、一九〇七（明治四〇）年の「帝国国防方針」とならぶ重要決定であり、新事態を前にして干渉政策を具体的に一歩進めたものといえる。それ以降、対決姿勢は強まるだけであった。

そのとき、日本側の国際情勢の見通し認識は間違っていなかった。東方会議の席上、武藤中将はもし日本が強硬態度にでればアメリカとの衝突は早晩避けがたいがそれでもやるつもりか、と問われた田中首相は「やる決意だ」と述べた。(8)

ここにはある種の意思決定の弱さが露呈されていないだろうか。対中政策が対米政策に直結することは政府高官の共通認識となっていたのだ。しかしこの問答自体はなんといっても心もとない。指導者はこのような重大問題に際しては、もっと慎重な回答を準備しなければならない。それが曖昧で明確でなくても、である。それが対外関係というものだ。おそらく、両者は軍人であり、やるかやらないか、を問われるなら、やるというしかない〝文化〟のなかにあったのだろう。こうして、陸軍は戦う覚悟で支那に入っていったのであり、まことに単純素朴の極みではないか。要するに田中首相の発言は軍人のそれであって政治家の立場に立つ発言ではない。

しかも怪文書（いわゆる「田中上奏文」）がつくられ配布されるにおよび、中国側は日本の侵略意図あり、として国際世論に強く訴える工作を強化する。

国民党の分裂つづく、しかし西安事件で一変

三〇年代に入っても、中国の政情は安定しなかった。それは、①国民党のなかに入りこんだ共産党を、内包したままで進むのか、排除するのか、で決着がつかなかったからである。それは最後に蔣介石が共産党を排除したことで、一九二八（昭和三）年一〇月に国民政府主席に就任して決着した。これを受け、列強は同国を承認した。二〇年代もギリギリになってやっと独立国としての形を整えたことになる。

②ただその後も政情は安定しなかった。汪兆銘らによる反蔣の動きがあったように、政権争奪をめぐって争いは絶えなかった。また地域には従来と同様の〝群雄割拠〟の軍閥が勢力を張っていたので、日本軍はその間隙に食いこみ、支配地域を広げていった。北支分離工作がその典型である。もし一国として強固な統一を果たしておれば、そのようなことはありえないのだ。

③共産党は、一九三四年になって大西遷を開始したが、これも国民党軍の攻撃を逃れるためであり、劣勢は覆うべくもなかった。

その転機は一九三六年の西安事件であって、蔣介石は生命の危機に曝されたが、これを国共合作による抗日戦線の形成という合意によって切り抜けたのである。

またこれによって共産党の発言権が強まり、紅軍を政府軍に組み入れることで、紅軍の〝正当性〟も保証されたのである。中国は大東亜戦争後に最終的には共産党が政権を握るが、三〇年代までは国民党にくらべ劣勢であった。それは蔣介石率いる国民党が共産党を排除してきたためであり、また優勢な軍事力をもって共産党を弾圧したからである。

この政情不安定と統一の未完成を契機として日本は軍を派遣することになるが、それは衝突の要因ともなる。済南事件がその最たるもので、相互に不信を増幅するもとになった。

　続けて張作霖爆死事件が起こる。これは明確に満州支配を確固たるものにすべくなされた謀略であり、後の満州事変の前座というべきものであった。

　しかしこの事件によって田中内閣は総辞職し、それを継いだ浜口内閣は外相に幣原氏を起用したので、ここに第二次幣原外交が始まった。しかし、それも満州事変収拾に失敗した第二次若槻内閣の崩壊とともに終焉を迎えることになる（一九三一年一二月）。

　日本の進出はこのような中国の内部の国家としての不統一の間隙に食い入ったものであった。そしてその方策はさらに大陸本土に狙いをつけるまで進み、ついに一九三三年の山海関事件となる。その時は一度は撤退したが、同年四月長城線を突破し、華北への侵攻を開始した。一九三五年には華北分離工作を完成させたが、それが一九三七年の盧溝橋事件へ引火するのであった。

4　画期となった満州事変

4―1　日本の隣接国との接し方

日米の比較

まず、日本の大陸との関係を一般的議論のなかで考えてみよう。これは隣接（当時、接壌するという表現をした）国家に対していかなる関係に立ったらよいのか、という問題なのであった。

・アメリカ――モンロー主義を唱えて、これを明確に定義した。すなわち、①中南米、とくにそのなかの近隣諸国に対しては圧倒的な影響力を保持する。②これらの地域には第三国の干渉をさせない。

　こうして、隣接地域を安定した構造のなかに取り囲んでしまった。

・日本――①アメリカはその安全を脅かす国ではなかったが、日本にとっては北方のロシアは江戸時代から脅威の国として登場していた。②隣国に長い歴史を有し高度な文明を発展させてきた中国があった。③その中国には欧州諸国、ことに英国が先に進出しており、揚子江以南に強力な勢力圏を設定していた。ついでフランスがあり、アメリカは遅れていたが、その広大な市場の将来性に賭けていた。地政学的にはフィリピンをスペインから取ってアジア進出の足場とし中国大陸へ入ろうとしていた。これは日本からみればアメリカの太平洋進出が間近に接近してきた、という認識を生んだ。

　そこで、日本としてはアジア・モンロー主義を唱えることで、これに対抗しようとしたこともあったが、隣接地域に安定した構造をもつことは決定的に難しく、それを構築するために武力の行使は欠くべからざるものとなった。

中国大陸支配の足がかり（満州の「特殊権益」）

ただ、日本が大陸において地歩を占めていたのはいうまでもなく歴史的な事情がある。それが満州の特殊権益である。そしてその正当性をめぐって国際的に争われることになる。

① それはきわめて曖昧さを残していた。

第三国との戦争で獲得したものであり、これは香港、マカオとは違うし、また上海、天津などとも違うのである。リットン報告のいうように「こんな例は世界にない」。

② このような事態になった理由

・中国――支那、当時清朝――はロシアが南下して自国（?）領土を侵略しているのに自分自身で排撃しない。しかも日本を排撃するためロシアを利用さえした。東北三省の確保、あるいは独立国としての領土保持の戦いをしていないのだ。

・進出した日本は、鉱工業の発展、社会インフラの整備、統治のための各種制度の確立において、その形成能力があり、この地の開発・発展を着々と進めた。

③ この時、支那人は少なく、おそらく五〇〇万人と推計されるから、この地が中国のものという意識は一体として盛りあがることはなかった。

しかし、情勢は変わっていく。

① 清朝が没落し、中国の統一が進む。そしてこの地域においても張作霖将軍が力をもつにいたる。しかも張将軍は表では日本に協力姿勢を示しながら裏では反日に動くなど、日本を悩ませる。

② 日本の移民は少なかった。これは期待通りではなく、そのため満州に居る日本人は満州国、満鉄関係者、が中心であった。

③ 大量の中国農民が流入した。推計で三〇〇〇万人になった。これでは従来どおりに日本が優位にたって支配をつづけることは最早無理となっていく。日本排撃、満州回収の声が高まり、日本の存立が脅かされていく。事態は複雑であり、個々の対処策では解決できるものではない情勢になってきた。

それが満州事変を起こした理由である。

4―2　石原莞爾の満蒙領有論

そこで、近現代日本の分水嶺となった満州事変について少し詳しくみていこう。

満州事変を企図した中心人物は石原莞爾であるが、その論理は、世界最終戦を念頭におき、それは殲滅戦争としての日米戦争になる、その準備段階としての日米持久戦争があり、この持久戦争の一環としての満蒙の領有と開発、という三段階の論理連鎖をもっており、当時だれもが狙っていた満蒙問題解決を、独特の軍事史学と軍事戦略論によって理論付けたのである。

「満蒙問題私見」

これを「満蒙問題私見」（一九三一（昭和六）年五月）によってみていく。

「第一　満蒙の価値

1　政治的価値

1　我国は北露国の侵入に対すると共に南米英の海軍力に対せざるべからず。然るに呼倫貝爾《ホロンバイル》興安嶺の地帯は戦略上特に重要なる価値を有し我国にして完全に北満地方を其勢力化に置くに於ては露国の東進は極めて困難となり、満蒙の力のみを以て之を阻止することは困難ならず。即ち**我国は此処に初めて北方に対する負担より免れ其国策の命ずる所に依り或は支那本部に或は南洋に向ひ勇敢其発展を企図するを得べし**。

満蒙は正しく我国運発展の為最も重要なる戦略拠点なり。

2（略）

3　我国にして実力を以て満蒙問題を解決し断乎たる決意を示すに於ては**支那本部に対し指導の位置に立ち其統一と安定を促進し東洋の平和を確保するを得べし**。

2　経済的価値

1　満蒙の農産は我国民の糧食問題を解決するに足る。

2　鞍山の鉄、撫順の石炭等は現下に於ける我重工業上の基礎を確立するに足る。

要するに満蒙の資源は我をして東洋の選手たらしめるに足らざるも刻下の急を救ひ大飛躍の素地を造るに充分なり。

第二　満蒙問題の解決

(1)　満蒙を我領土となすことは正義なること。

(2)　我国は之を決行する実力を有すること。」

それでは、なぜ中国を支配しようとするのか。中国は資本主義発展に進まんとしているから、我国は政治的要求を撤回し、漢民族の革命とともに我国は経済発展をすればよいのではないか、という議論は傾聴に値するが、自分が直観するところは、

「支那人が果して近代国家を造り得るや頗る疑問にして寧ろ我国の治安維持の下に漢民族の自然的発展を期するを彼等の為幸福なるを確信するものなり[9]」。

これについて、板垣征四郎大佐（当時）が、一九三一年五月二九日、第二師団連・大隊長以上の会同で語った「満蒙問題ニ就テ」という講演のなかで石原と同様に、日本が指導的地位に立つ必要性を述べる。

まず、支那民族の幸福を図るためには支那古来の民族精神を把握して真に民衆を指導しうる英雄が現われねばならない。あるいは治安維持を外国に託する以外に民衆の幸福を求める道はない。そこで支那自ら反省すればよいのだが、その力に己惚れているからそれも難しい。こう考えると支那の将来は悲観せざるをえない。そこで、

「我国としては好むと好まざるとに係らず東洋平和の全責任を単独で背負わなければならぬ運命に在るのでありますから速に満蒙問題を解決し支那に対して指導の位置に立つことが必要であります[10]」。

その重大な含意

石原の文章は、まさに一九〇七（明治四〇）年「帝国国防方針」を一九三〇年代の昭和危機のなかで具体的に再定義したものといってよいだろう。ここで注目すべきことは：

①北満州地方を勢力下におけば、ソ連の東進を押さえこむことができる。これによって初めて北方の脅威を減じて、わが国の発展力を中国本土、さらに南進に向かわしめることができるのだ、と国家発展の全体図を想定し、そのなかで満蒙問題を位置づけたことである。こうして北守と南進が初めて結合した道筋を示したのである。

もっともその後にいわゆる支那事変がおこり、その当時参謀部長だった石原は中国本土に戦争が拡大することに強く反対するが、その後継者たちはここで描いた展望を〝忠実に〟実施していくこととなった。

②満蒙は充分ではないが（この断りにも注目）、糧食問題と資源問題の解決に貢献することを明確に位置づけた。これこそ日本が最も脆弱であった点である。それが後の北支、南支への拡大要因となって展開し、さらに西南アジアにおける石油獲得へ発展するのである。

③なぜ、中国を支配するのか。その統治は中国国民に任せておけないのか。石原も板垣も、それは期待できないとする。そのため、日本が中国国民に代って統治の実をあげること、そしてそれが東洋の平和に寄与するのだという論理が主張される。これこそ西洋列強が進出先の支配を正当化するために展開してきた論理であり、日本もその典型的な姿を追っていたのである。

しかしこれはどう考えても、一方的な主張であり、無理な捉え方であり、自己本位の論理である。そもそも一国の自治はそこに住む人びとの意欲と合意と努力によって初めて成りたっていくものであり、いくら外国が優秀な思想や制度を持ちこんでも成功するものではない。

さらに日本のやったことは軍事力によって経済体制を作りあげるものであったから、それがどうして東洋の、ひいては世界の平和に寄与することになる、というのは論理矛盾以外のなにものでもない。

④石原たちのこの計画は、国内改革の一環、あるいはその尖兵となる、という政治運動の一つとして位置づけられていた。すなわち戦争にあたり挙国一致が必要で、国内の改造を第一とすべきだが、これを行うことは至難であるから、「我国情は寧ろ速に国家を駆りて対外発展に突進せしめ途中状況により国内の改造を断行するを適当とす[11]」。

つまり石原らは、外国（満）州で動乱をおこして国内の改革を引きおこす、という論理であったから、満州事変は外国における単なる事変ではなかったことも重要である。

⑤しかし、このように満蒙に地歩を進めることは、必ずアメリカと対決することになる、その覚悟がなければこの問題に着手できないとはっきり言っている。その後の歴史はこの予言どおりになった。ここに、日本の発展の道程には出発点から潜在的危機が付きまとっていたこと、それが悲劇の根因であった、ことをここで知るのである。

こうしてコトの出発点において無理な立脚点に立っているのだから、その後の展開も〝正道〟を踏み外していくのであって、その修正は容易ではないのだ。

4―3　しかし戦争拡大へは反対した

それでも支那事変は一気に拡大したのではない。その途次において、戦争拡大を止めようという動きはたしかにあった。それが参謀本部第一部長（作戦部長）であった石原少将の採った方策である。

石原の考えは、一九三七（昭和一二）年九月一五日付けのものから一九三八年六月三日付けのものまで三通残っている。それをまとめて「戦争指導要綱」と称されるが、具体的な指導の部分は除いて、そこで石原が言いたいことは次の通りである。

① 日支事変は、道義東洋建設途上における真に傷心の不幸時である。そこで容共と排日が間違っていることを説いて、この国の公正なる統一を援助して分離離裂を防ぎ、日支一体共栄の根本義を顕現しなければならない。相い共に東洋の新建設に邁進する大方針を披瀝し速やかに和平に持ち込むこと。

② そこで、講和条件を確定して、戦争目的を明確にすること。

③ 戦争規模を縮小すること。国力の消耗を防ぎ、戦争持久態勢を確立するとともに、

④ 英米両国と国交を調整し摩擦を防圧し、将来戦のためわが国に有利な情勢を作りだすこと。

⑤ 中国の現領土については、その完全な主権を尊重する。

治安回復と講和条件実現の見通しがついた後は、日本軍は全部撤収し、原則として駐兵権を求めない。既存の特殊協定は廃棄する。

中国における邦人の営業、居住・土地所有の自由を認めるとともに、治外法権は廃止する。

このような石原の方策は、将来の大戦争を睨んだものであるといえ、それは軍事的にも、国家戦略的にも、極めて現実主義的指向に裏打ちされている。それが戦線を縮小するのはなぜか、をあげる分析によく出ている。すなわち‥

まず国力の消耗を防ぐことが肝要だ。将来戦のため国力を増強していかねばならないのだ。

また蔣介石は屈服しない。全土抗日の機運は高まるばかりだ。

このままでは持久戦になる。もし徹底的に屈服せんとせば、数十カ師団を数十カ年にわたって異郷の地に派遣しなければならぬ。この難事を覚悟しなければ一時の戦勝を得ても、支那は一〇年足らずで国力を回復してくるだろう。

このような無名の師に国力を蕩尽するのは国家百年の計を誤るものである。また東洋の二大民族を駆って憎悪抗争に陥らせ、平和の招来は絶望的になる。

「ビスマルク的転回」が必要な所以である。(12)

しかし、この石原の主張は陸軍中枢の支持を得られず、石原は参謀本部から満州派遣軍参謀次長に転出する。わが国は決定的な転機を逸することになったのである。

5　日中間の紛争と日本の政策

5―1　日中戦争の展開――四段階にわたる全面戦争

日中間の問題を戦争の側面だけで捉えることは正しくない。日中間の問題というとすぐに日中戦争論になるのは間違っている。もっと広く日本の対外関係の枠組みのもとで全体像を把握することにつとめ、そのなかで日本の対中国戦争を描くべきだし、また中国からの視点も中国の国家形成への動きのなかでこれを捉えること、また世界あるいはアジアのなかで中国の独立においてそれがもった意味を充分に念頭におきつつ、これを捉える必要がある。日中間の問題は戦争の行く末の問題だけではないのだ。

それでも軍事衝突や戦争がもった意味は大きいことは事実であるから、その進展を描くことから入っていく。それは四つの段階を経ている。

第一段階――軍事作戦により蔣介石を圧迫し事態収拾の機会をつかむ。

・一九三七（昭和一二）年七月七日、盧溝橋で小規模軍事衝突、現地交渉頓挫し次第に衝突が拡大。

日本では、この際軍事的侵略を強行すべきか（拡大派、一撃すれば国民政府は屈服する）、宥和策をとるべきか（不拡大派、ソ連の介入を懸念）に分かれたが、蔣介石率いる中国中央軍が北上したとの情報をうけ、三個師団の派遣を承認した。

近衛内閣の登場で前者を採用したことになる。

中国は最後の関頭に立ったとの自覚のもと抗戦を表明し、八年におよぶ大戦争の開幕となる。
・七月末、北平・天津を制圧。
・同、八月七日夕、上海で大山海軍中尉ほか一名が中国保安隊に殺害される事件発生。近衛内閣は上海方面にも陸軍の派兵を決定。八月一七日、従来の不拡大方針を放棄。北支事変は「支那事変」と改称。米内海相、中国軍を徹底的に攻撃する積極主義に立ち、南京政府打倒は当然と主張。
・同、一一月二〇日、柳川兵団、上海上陸、中国軍背後をつかれ崩壊。
一二月一三日、南京占領。大規模な虐殺事件おこり、内外の厳しい批判にさらされる。
・八月末編成された北支那方面軍は、平漢鉄道、津浦鉄道に沿って南下し、三七年末までに華北の広大な地域の主要鉄道沿線を占領した。
・この間、中国は日本の侵略を国際連盟に提訴。一一月にはブリュッセル会議が開かれたが、成果なく、中国は失望した。しかし、八月にはソ連と不可侵条約を結び、航空機始め軍需品が中国に供与され、ソ連は積極的に対日戦を援助した。
・南京陥落後、トラウトマン工作があったが、三八年一月、打ち切り。「以後、国民政府を相手とせず」の近衛声明を発表。
・蒙彊、華北に傀儡政権樹立。
・一九三八年二月、中支那派遣軍編成。五月北進して南下する北支那方面軍と呼応して徐州周辺で捕捉しようとしたが失敗。しかし徐州を占領し、これにより華北・華中の日本軍は連結した。
・同、八月、漢口・広東作戦、一〇月占領。戦局一段落。
国民政府、重慶に移転。
第二段階――占領地を安定確保、作戦地域は拡大せず、和平工作や新中央政府を樹立。
・一九三八年一一月、近衛首相、「東亜新秩序」の建設を声明。これによって戦争目的が明確になる。同月末、「日支新関係調整方針」策定、これにより対支根本方針が確立した。
「北支那開発」、「中支那振興」の二つの国策会社設立、交通、鉱山、製鉄、をはじめ占領地の産業は完全に日本の支配下に入る。

これは英米仏の通商制限になるので、頻繁な抗議おこるが、有田八郎外相、戦争前の観念ないし原則を拒否。

・一九三九年七月、日米通商航海条約を廃棄通告。四〇年一月、無条約時代へ。
・一九四〇年三月、汪兆銘を首班とする政府が南京に成立。汪は三八年の近衛声明に呼応して重慶を脱出ハノイに居た。しかし、反蒋軍閥の呼応はなく、結局、日本の苛酷な条件を呑んで中央政府を樹立したもの。
・同、一一月、日華基本条約締結

第三段階――一九四〇年以降、軍事的・外交的に日中間で解決できず、もっぱら国際関係の変動やアメリカに期待。
・一九四〇（昭和一五）年八月、共産軍、「百団作戦」を華北で実施。日本軍支配下の交通路を各所で破壊、日本軍に衝撃を与える。共産軍の勢力は正規軍のみで二五万に達し、揚子江を渡河して北に伸びつつあった新四軍と連結した。
・一九三九年九月、第二次世界大戦勃発。
・一九四〇年六月、中国の執拗な抵抗の背後に英米の軍事援助ありと睨んだ日本は、英国にビルマ・ルート閉鎖要求、英国三カ月閉鎖。
・同、九月、北部仏印進駐。
　日独伊三国同盟締結。
・一九四一年春、日米交渉開始、中国からの撤退が焦点に。

第四段階――日中戦争は〝終章〟へ（？）。従属的地位へ。そして「太平洋戦争」の一環になり敗戦へ。
・一九四一（昭和一六）年一二月、南方作戦を選択。
・一九四三年一〇月、日華同盟条約締結。それまでの中国支配態勢に幕を下す。
・同、一一月、カイロ会談。戦後の領土処理決める。
・一九四四年四月、一号作戦実施。中国奥地の米空軍基地を覆滅。
　同、六月一五日、米軍、サイパン上陸。
・一九四五年六～九月、雲南で激戦、日本軍の玉砕あいつぐ。
・小磯内閣の和平条件――むしろ全面敗北を認めたもの。

5―2　軍部による戦争を通して日本の狙ったもの　北支那進出

以上の展開のなかで日本（軍部）は何を狙っていたのか。そしてその行動は如何になされたのか。それを知るためには軍部による北支那進出を見てゆくのがよいと思う。

まず、日中関係を戦争にまで拡大したことについては、満州問題よりも盧溝橋における衝突が大きな契機となったことは周知のところだが、その前の事態の進展が重要な意味をもつ。それが北支那における軍部の進出であるが、それは中央政府の外交として展開したのではなく、現地軍部の暴走として起こったのである。これは関東軍の〝満州方式〟成功を真似たものであり、河北の準満州国化という性格をもっていたのである。しかもその地域は中国の中央部というべき北京が視野に入る河北において生起したことにより特別の意味をもつこととなった（中国人の感情を傷つけることおびただしい）。こうして日本による支配拡大が中国本土において拡大した最初の事件であり、その故に北支那進出は日中の全面対決という事態に必然的に進展する性格を内蔵していたのである。

そのような意味合いを念頭におきながら事態の進展を追っていくことにする。

(1) 長城線を越え、塘沽停戦協定へ

関東軍は満州事変後、その満州全土支配を成功させたが、つづいて万里長城の東端にある山海関を確保しようとした。山海関は満州中枢部と中国本土を結ぶ交通の要衝であり、満州国の右側背を中国側からつねに脅威にさらされる地点であった。

種々の経緯の後、一九三三（昭和八）年五月三日、第六、第八師団などが関内作戦を発動、中国軍の抵抗を排除して一九日には密雲、二三日には懐柔を落としいれ北平（北京）を指呼の間に望むようになった。

このような快進撃を前に、中国側は対日妥協機関として行政院駐兵政務委員会を発足させ、停戦を申し入れ、五月三〇、三一日、**塘沽停戦協定**が成立。これにより、関東軍は山海関を確保したこと、灤東地区を準満州国化したこと、になり、それは華北工作の出発点になった。

(2) 梅津・何応欽協定

この協定は一九三五年六月に締結されたもので、上記停戦協定地域内の治安の乱れ、親日的新聞の首脳暗殺を問題視し、日本軍が強硬要求を突きつけ受諾させたものである。中央軍、排日機関、第五一軍を河北省から駆逐し、同省の重要ポストから反日満人物を一掃するなど厳しい内容であった。これにより河北省全体に塘沽停戦協定を拡大するという意味をもった。

その交渉は、三四年八月に赴任した参謀長酒井隆大佐の横紙破りな行動によるもので、協定も梅津司令官の留守中にほとんど独断で処理したという。この背景には関東軍の華々しい活動の陰でいつも脇役に甘んじなければならなかった心理的反動がある、とされる。

ここにも〝下克上〟の空気や、規律違反を犯しても成功すればよいという結果重視の行動の容認、があり、軍部独走が既成事実化する様相がみられる。

(3) 土肥原・秦徳純協定

同じ年一九三五年六月に締結されたもので、奉天特務機関長である土肥原賢二少将の名で結ばれたのでこの名がある。出先陸軍と宋哲元軍との衝突事件を理由に、内蒙チャハル省から宋哲元軍を駆逐することが目標であり、その背後に関東

軍があるが、関東軍は満州国の西南側面を保安しようという狙いをもっていた。

(4)　自治工作の行方

こうして、河北・チャハル両省に日本陸軍の勢力が扶植され、この地域を分離しようとすることによって蔣介石の中国統一を阻むことになる。

また梅津・何応欽協定以後、陸軍は河北省の自治運動をおこなわせたが、一一月になり蔣介石はイギリス支援（リース・ロスによる）のもと幣制改革を断行した。これは全国統一の政治的措置であるから、出先軍部はこれをイギリスの反撃ととらえ、さらに自治工作を推進しようとした。

その結果、親日派の段汝耕をかつぎだして、一一月「冀東（冀＝河北省）防共自治委員会」（のちの冀東防共自治政府）を設けた。他方、中国側は日本の先手をうって、宋哲元を冀察（チャハル省）政務委員会を北平につくらせ、ある程度の自治権をあたえたが、これは国民政府が日本軍部との直接接触を避け、その矛先を鈍らせるという意図があった。

(5)　日本軍の体制整備と抗日姿勢の高まり（西安事件など）

一九三六（昭和一一）年五月、天津軍の兵力を倍以上の五〇〇〇人に増やし、司令官田代皖一郎中将を親補職に改め、満州は関東軍、華北は天津軍とするように、両軍の配置と任務を明らかにし、両軍を対等に近づけた。これは関東軍を対ソの守りに専念させ、その暴走を防ぐという意味で成功したが、天津軍に第二の関東軍として暴走する端緒をあたえた。

このように増長していた天津軍の兵力を倍増したことは、中国を大きく刺激し、翌年の盧溝橋事件の伏線になっていったのではないか。

同年末、内蒙古で綏遠事件がおこり、関東軍育成の徳王をいただく蒙古軍が傅作義軍に完敗したが、これは日本軍恐るるにたらずの気持ちを中国人に植えつけた。

さらに同年一二月、西安事件おこり、蔣介石を国共合作においやり、対日強硬策に踏みきらせた。

こうして北支那における日本軍の体制整備が反対に中国の抗日運動を盛りあげていくのである。

華北経済開発の実施

このように北支那に支配権を拡げていった直接の理由は、この地域の豊かな自然資源に着目していたからである。たしかに一九三三（昭和八）年五月の塘沽停戦協定成立以後、日中関係は全体として改善の方向に向かっていたが、そのもとで関東軍と天津軍（北支那駐屯軍）および満鉄は満州の安全確保と、この地域の資源に注目し、進出の機会を狙っていた。その資源は、コークス用石炭、鉄鉱、綿糸、塩、羊毛、石炭液化、であった。

三四年になると、満鉄は資源・交通など経済全般、天津軍は資源調査をおこない、関東軍は冀東への密貿易を支援していた。

三五年になると、上記のように二つの協定が結ばれ、華北五省の分離工作が開始され、国民党政府もある程度の自治を認める方向となり、ここでひとまず矛をおさめたので、経済開発工策が本格化した。その主たる内容はつぎのとおり。

・満鉄――三五年三月、興中公司を設立。対中国の経済工策の統一機関として日本政府の許可をとり、実施上の重要な役割を担う。

・天津軍――三六年一月、陸・海・外務の三省協議のうえ「第一次北支処理要綱」が策定され、華北の「自治」を目標にし、経済開発のため民間の自由進出を図ることになる。

八月、第二次要綱が決定され、満鉄類似の国策会社案が示唆された。これを受け、田代司令官と宋哲元との交渉で、三六年上記の資源開発、定期航空路開設、天津―石家荘間の鉄道建設、塘沽築港などを含む覚書に調印した。しかし、その後の日中関係の悪化のため計画は進展しなかった。

三七年七月の盧溝橋事件のあと、華北の要点を日本が占領するに伴い、経済開発構想が再燃、関係者の思惑が交錯するなか、結局「北支那開発会社」を創設することとなり、満鉄や興中公司は否定された。新会社は持株会社で、傘下会社が交通・通信、国防資源開発にあたった。内地の財閥系大企業も参加し、綿紡・食品などは現地企業を接収して経営にあたった。

このように内地企業を取り込んだことは成功であったが、事業は現地が戦場になったこと、共産軍の襲撃もあったこと、大水害があったこと（三九年）、日本からの資材・資金の不足、などにより充分な投資がおこなえなかった。三八～三九年には、大規模な「北支那産業開発九カ年計画」がたてられ、日満産業計画の一環として機能することが期待されたが、実現は不可能であった。

それでも、竜咽鉄鉱の開発、石炭増産などの成果もあり、太平洋戦争下、日本の苦しい戦時経済を支えたのである。[13]

「日満支」経済一体化はどこまで進んだか

それでは、日本の目指した「日満支」経済の一体化によって日本経済にどれだけの寄与があり、また課題であった産業力はどれだけ高まったか。主要な成果としては、食糧では大豆・塩、工業原料では石炭・鉄鉱石が寄与した。

・総括的に述べれば、

台湾――砂糖と米、

朝鮮――米、電力、軽金属と鉄合金

満州――鉄鉱、石炭、大豆、

華北――原料炭、粘土、綿花、塩、
南洋――燐鉱、燐酸塩、
のように各生産地が重要な貢献をしている。
・朝鮮において、工業開発が実行されるようになったのは、三〇年代に入ってからで、まことに遅い。
満州においてもほぼ同様で、最初は鉄道に主力がおかれたが、三〇年代後半になってようやく産業開発が動きだした（満州重工業開発会社の開業は一九三八年三月一日）。一九三七年策定の第一次満州産業開発五カ年計画は、満州の原料の対日輸出を構想した壮大なものであったが、資金難から下方修正や計画延期がなされた。
・以上の発展計画による主要な成果はつぎのとおり。
まず、大陸からの食糧として大豆の供給があり、これは日本の食糧バランスを維持するうえで決定的な貢献をした。

ついで三〇年代の終わりには、日本の塩の需要は大半、満州と華北によって賄われた。

さらにますます多くの非鉄金属、フェロアロイが、満州および朝鮮から供給されていた。

何といっても重要な貢献は、製鉄業のための良質なコークス用石炭の供給であり、その主要部分は華北からきた。表Ⅱ－1の通りである。

表Ⅱ－1　満州・華北における石炭，鉄鋼，銑鉄，鋼鉄の生産と日本への供給

1938 → 41 年の華北・蒙彊の原料炭生産	1,000 万トンから	2,400 万トンへ。	
満州の石炭生産	1,600 万トンから	2,400 万トンへ。	
1934 → 41 年の満州銑鉄生産	47.6 万トンから	1,400 万トンへ。	
満州鋼塊生産	13.7 万トンから	57.3 万トンへ。	
1935 → 41 年　満州銑の対日輸出	38.3 万トンから	55.7 万トンへ。	
1937 → 41 年　日本の中国からの鉄鉱輸入シェア	14％から 50％へ。		
こうして，			
1935 → 41 年　日本の鋼塊生産高・・・	493.7 万トンから	756.7 万トンへ。	
42 年	800.4 万トン		
43 年	883.8 万トン	ピーク	
（　44 年	650.3 万トン	内地空襲により低下）	

資料：J. B. コーヘン（大内兵衛訳）『戦前戦後の日本経済』，岩波書店，1950 年，60 頁の記述および付表 C-19，21 より作成。

このように、短期間に、中国・満州からの鉄鉱、石炭の輸入増があって、それが日本鋼材生産の増加を支え、とくに武器・艦船の短期間の増産・増強に大きく貢献した[14]。

自給自足体制確立を急ぎ視野は早くも南方へ

こうして一九四〇（昭和一五）～四一年頃には、欠陥の多い自給自足体制が整備されるかにみえ、大東亜共栄圏の構想が実現するかのようにみえた。

そして、当時は手の届かぬところにあった原料獲得に目が向くようになっていく。石油、ボーキサイト、錫、ゴム、ニッケルなどは、日本の「インナーサークル」にはなく、膨張の外周線の外にあった。これが欧州情勢の急展開に刺激されて南進策を一挙に進める理由になる。

なにはともあれ、日満支の結合は一定の成果はあったが、現代戦に不可決な資源は入手できなかった、という意味で限界をもっていた。それが大東亜戦争にまで発展した動因である。

それにしても、振り返ってみれば、日本の自給自足体制構築は日本が「大国」を目指している、あるいは現代戦を戦う準備をしている割合には本当に遅い。それはやっと三〇年代後半になってからであり、四一年には開戦している。まさに綱渡りのような準備と駆け足であったのである。それは〝戦いつつ構築していく〟ということであり、「持たざる国」の悲哀と限界を改めて知る。

5―3　このままで良いのか
――中国問題有識者の時局認識

政策転換は共通認識

このように大陸において緊迫する情勢のなかで、日本は従来の積極的拡大路線のままでよいのか、再検討を迫られていたのである。それは「西安事件」や「盧溝橋事件」が起こる前から強く認識されていたのである。

そこで、この時期のわが国における識者が対中国政策をどのように捉え、その問題解決に臨もうとしていたか、をみることにする。さすがに総合雑誌においては重要な論稿や座談会が発表されている。そのなかでは、矢内原忠雄「支那問題の所在」（『中央公論』一九三七（昭和一二）年二月号）、と「座談会　支那の再認識を語る」（『日本評論』一九三七年四月号）は、様々な意味で、その認識において〝最高峰〟というべき内容が盛りこまれ、今日からみても充分に参照するに値する。しかもこの時期はシナ事変勃発の直前であることも注意しておく必要がある。

そこでとくに後者の座談会に注目したい。それは①なによりも出席者八名（うち司会一名）の多くは実際に中国に接し、その実情に通じていること（肩書き無きため確認できないが、学者と違い実践上の問題に直面して発言していることに注目)、②当時の中国現地事情や日本・中国両側の関係者の認識や外交姿勢をよく伝えていること、③それによってまさに岐路にたつ日本の状況を知ることができること、④それは矢内原教授の的確な指摘――中国ナショナリズムがようやくその統合を果たして登場してきたこと、それは近代化過程の必然の流れであり、蔣介石はその先頭に立っていること――をさらに踏みこんで、座談会出席者はそれへの対応政策を実行段階における課題として取りあげて検討していること、である。

しかし筆者の結論的評価を先に述べれば、残念なことに、ここで提起された正しい「再認識論」にたって外交を修正することはできなかった。そこに戦前日本の過誤を突きとめることができると思うので、このことを念頭において、以下、引用者(筆者)が重要と思われる事項についてコメントしていく。

注目すべき七項目の指摘

○相手が育ってきていて、日本の前面にあり、政策転換が必要。

中国が〝育って〟きていること、これに気づかない日本。その姿は矢内原が的確に指摘している。日本側はその認識が共有されず、ただ脅威が増した、あるいは共産主義の勢力が増した、そしてここで譲歩をみせれば満州を返せ、というところまでいく、と懸念するばかり。

そこで一歩の譲歩もしない。したがって打開の糸口は掴めない。

しかし、中国の現場を知っている人びとは、日本の政策転換の必要性については、一部反論もあるが、ほぼ合意している。そこで転換の前提となる認識が座談会の主内容になっている。また転換が抜本的か、漸進的か、で意見が分かれる。後者は抜本改革が困難であると考えるからであろう、実務者らしい発言である。以下、その内容を追っていく。

○中国側の日本にたいする姿勢

「我国の近来の強硬政策で、支那からは日本は侵略国であると思はれ、九月一八日事件以来支那は日本を恨んで居る。今の抗日はその結果なのだ」(佐藤氏の発言、一八六頁)。「今の支那の抗日は非常に深刻です。・・・日本と話をすることが国賊だといふやうに云われる」(雨宮氏の発言、一八七頁)。

「中国青年の日本に求めることは外でもない。只平等の独立国家として互いに尊重し同情すれば善いのである。・・・過去の失はれた領土主権は恢復せねばならぬ。・・・決して排他的ではない。・・・一昨年天津南開大学校長の張伯苓《チョウハクレイ》が或る大きな集会で演説して曰く『我が隣人は我国を圧迫する一点を除く外は凡て善い』と。・・・即ち、中日間の問題は非常に簡単だ。日本は圧迫をやめさへすればそれで善いのだ」（この文章は、『文芸春秋』一九三七年四月号に載った、上海大公報主筆張熾章《チヨウシキシヨウ》「日支関係と東洋の将来」という論稿の一部である）。

○対立の軸は正確に把握されている

それは、日本と中国の対立するのは、原理が違う、として把握されている。

「先達って支那に参った時に排日運動家と極力話をするやうに努めたのであります。・・・日支紛争の本質はやはり帝国主義に発展すべき性質の国と帝国主義国との闘争であるに過ぎない。つまり日本は勝てる帝国主義国であり、支那は負けたる帝国主義であると云ふ点に在るので、是では永久に問題の解決点に到達しないと思ふ。それで日支両国の真の融合方式は其処まで問題を掘下げないと解決点が出て来ないのではないか」（山崎氏の発言、二〇一頁。文中・・・の部分は日本が支那の資源を必要としている。そこで日本が支那から手を引いた場合、日支間で協調してその資源を利用できるようになるのか、支那側に問うたもの）。

これは正しい。この根本的に対立する原理に立てば、その解決は困難で、甘い見方をしてはならない。「所を得る」などの見方は自己本位であって、相手に通用しない。

○極東外交の新目標は立てられるか

そこで、この根本的対立ゆえに、後は日支の間で、まさに根本的な話し合いしかない。それがなければ対決しかない。勝つか負けるかしかない、ということになる。

日本が譲歩するか、相手が譲るか、その一つしかないのだ。しかし、相手が譲ることはありえない。なぜなら、日本が出ているのは相手の領土であり、相手国の国民が生きている場所であるからだ。このように根本的対立が領土支配において発生しているのだから、相手側の譲歩はありえないという論理となるのは自然である。そこで日本側が何時かは満州・朝鮮にも及ぶ、と危惧するのは当たっているのだ。

その意味でまさに日本は岐路に立っていたのだ、と思う。

そこで、日本が譲ることになる場合、従来の論理を超える原理が要る、と思う。

このことを実は支那側が言っているのだ。日本は世界三大海軍国であり世界無比の陸軍国であるから、「本当に東洋の安定勢力と成り得ぬことは無い。それが亜細亜の弱小民族の解放といふ事に何故眼を着けないのか。それをやれば亜細亜の民衆は皆ついて来るだろう」（高木氏の発言、一九九頁。これは支那側の発言を紹介したもの）。それなのに日本と支那の間で喧嘩しているから駄目なのだ。

この新原理確立のためには、いくつかの前提をつくっていかねばならない。

・相手を敵視することを止める。
・侮蔑視を捨てること。
・中国にたいする疑心暗鬼を解消できる努力をする。

前の二つは決定的要件であって、その意味も分かる。ただしそれを身に体するのは難しいが・・・。三点目は、あまり注目されていないようだが、実は日支間にある溝の最大のもの――実体条件として――ではないか。それは日本が撤退した場合、その後に日本と協調してくれることを期待してよいのか、という問題である。

「満州がさうであった。それで満州事変が起こった。それで今手を引いたら、再びさう云ふ事件が起るではないかと云ふ心配が最初からある。」つまり「日本が北支那を開発したら日本のみならず支那にも利用させるでせうが・・・日本が手を引けば、日本が之を利用しようとしても使はせない。茲に食ひ違いを生ずる」（佐藤氏の発言、二〇二頁）。

ここに日本の本音が出ていると思う。石橋湛山の満蒙放棄論は、この疑念に答えるものが準備されていなくてはならない。つまりこの疑念を払拭させるためには、日支の間で、協調して極東の発展を目指すという根本的な合意と意思疎通が成立しなければならない。

脱亜入欧を目指してきた日本にそれだけの大構想があったであろうか。

しかし、まだ可能性は残っている。具体的には日本側の譲歩条件はある。それは軍事的支配権の行使を奥に引っこめ、徹底的に商業ベースの開発案件に徹することだ。

そこで起こることは、要する時間の長さ、資本力の大きさ、という制約であろう。そうすると、日本側に忍耐心が要るが、それで国民は納得するか。

山崎氏も上記発言の前につぎのように言っている。「今迄日本が支那に加へて来た様々な行動といふものは、勿論一から十まで良いとは云へなかった。随って悪かった部分は是から大いに清算しなければならないと思ひますが、然し日本がそれを清算した場合に、支那は果たして改めて日本と正しい方式に依って手を握ることが出きるだらうか。」（二〇〇〜二〇一頁）と述べている。これが本音であろう。どうしても日本は支那大陸と関係をもちたい。そのときにどのような協調的関係をつくれるのか、がつねに問われつづけたのであり、その明確な回答がない限り、解決の方途はでてこなかったのである。

○共産主義脅威論は過大であったのではないか。

それは過剰反応であったのではないか。このことに過剰反応したばかりに、中国ナショナリズムの興隆の評価が軽くなったように思える。それは、蔣介石が中国近代化に向けての統一の象徴であることを充分に理解していたとは思えないからだ。これについては、西安事件はむしろ紹介石の立場の強靭さを示したものという矢内原教授の指摘は正鵠を射ている。

したがって、日支戦争＝防共のための戦争、というのは日本側のスローガンであっても、それでもって中国側（国民党政権）を日本側に引き寄せる戦略としては弱かったのだ、と言わざるをえない。

今日でも日本はソ連による中国共産化の戦略にうまく引きずり込まれたのだ、それが日中戦争の真実だという見解が一部に根強いが、ソ連の計画的指導の強さを認めるにしても、それは国民党を全面に出しておかねば成り立たぬことであることを率直に認識しておかねばならない。

○日本の政治には中心なく、むしろ中国の方にそれはある。

この指摘は実に重い。それは当たっているのだ。

「今日行って見ると非常に変化して居る。向ふが自分の統一を過信して居るといふ点もありませう。日本の色々の事を軽侮して居る点もありませう。向ふは冗談半分に云って居るけれども、政治の方面から云っても日本の何処に中心があるか。支那には中心がある」（高木氏の発言、一九八頁）。

ポイントを突かれているではないか。別言すれば、外交一元化ができていない。中央ばかりでなく、現地の状況がそれをよく伝えている。これが決定的な失敗であった。

○妥協の可能性はあるのか、引き返せないところにきてしまった。

「一時は満州問題は別にしても、調整が出来て行くものであるといふ風に考えられた時期もあった。然し今日はさうじゃないですね。これが去年（昭和一一年のこと、引用者注）初めとか一昨年位ならばさういう話も出来て、相当話も進み得たものと思ふけれども、今日に於いては、もう少し時期が過ぎたのではないかといふ風な感じがするのですね」（高木氏の発言、一九四頁）。

人間社会というものは、個々の出来事の積重ねで成りたち、そこに時間軸が入って作られていく現実は累積的なものである。そこで事態を切り開こうと思えば、ますます大英断が求められる。

この座談会を追っていくと、対中国政策について抜本的転換が差し迫った課題となってきたこと、そのため大決断が必要な局面であったことが分かる。それは七月の盧溝橋事件の直前ともいえる時期であっただけに象徴的である。また、そのような転換が共通認識となっているにもかかわらず、意思決定者たちまでそれが上がらないこと、すなわち日本における政策形成の脆弱性を痛感する。出席者の所論にはいずれも間違いがない。問題はそれらを集約し、これを外交の強い軸に仕立て上げ、それを実行に移す仕組みである。それがない。余計なことだが、このころの総合雑誌を紐解いてみて、そこに掲載されている論考は正しい政策転換方向を示していて脱線していない。ここに日本という国の弱さがある。社会の中堅層は認識も知識も実に豊富であるのだが、これに立って総合する指導者が出ないのだ。

政策転換の試みはあった

それでもこのような対支政策とは根本的に異なる施策が一九三七年春に林内閣のときの佐藤尚武外相によって打ちだされていた。同年四月一六日、外務・大蔵・陸軍・海軍四大臣決定の「対支実行策」はつぎのようになっている。

［対北支援策］

北支の分治を図り若くは支那の内政を紊す虞あるが如き政治工作は行はず

［南京政権に対する施策］

南京政権並に同政権の指導する支那統一運動に対しては公正なる態度を以て之に臨む

これと、一九三六年八月一一日決定の同タイトルのそれと比較すると、まるで一八〇度の転換である。

この佐藤外相による新方針は参謀本部の石原部長にも支持され、同様の考え方は上海駐在武官たちによっても支持されていたという。彼らは分治方式は完全な時代遅れであると認識していたから、目覚めた人びとは居たのである。

ところが、肝心の林銑十郎内閣はわずか三カ月（一九三七・二・二～五・三一）で総辞職し、第一次近衛内閣の登場になる。その初代外相には広田弘毅の再登場（林内閣の前の首相）になり、その対外方針は旧にもどってしまう。[15]

この政変は対支政策において重要な転換になった。すでに第二章でもこの時期の有識者の意見を紹介・解説したごとく、まさに政策転換が必至の情勢であり、またチャンスであった。それがいとも簡単に政変によって葬りさられるのである。ここにも、一体日本外交の基本軸はどこを向いているのか、だれがその全責任をもって遂行しているのか、分からないという〝本質的〟とも言いたくなる欠陥がある。その基軸が決まっておれば外務大臣は簡単に首をすげ替えてはならないのである。

5―4　中国支配正当化の論理と内実、そしてその動揺・修正

「日支新関係調整方針」にみる基本政策の具現

さらにこの中国大陸を支配しようとした理由を知るには、一九三八（昭和一三）年一一月制定の「日支新関係調整に関する件」（「日支新関係調整方針」）によるのがよいであろう。それはつぎのような内容になっている。[16]

日本がとくに重点をおいて支配しようとしていたのは、華北と蒙彊、揚子江下流地域、華南沿岸特定島嶼、の三地域である。

これは①まず華北について――河北省と山西省の各北半以北、および東部山東省は日本の自存と日満国力結成のための「基礎国防圏として絶対不可欠の範囲」であり、北支五省は平戦両時をつうじて国防経済上において日満と一環の結合内におかるべきものであった。これは華北の満州化を指向し

ているとと同時に、それ以上に実質的に日本国の一部であるとさえ位置づけているのではないか。

つぎに②蒙彊の重視は対ソ戦のためであり、③華南沿岸諸島は南洋資源獲得上の航路確保のために拠点となる。同時に対英米戦争の場合の前進基地になると位置づけられた。

このほか④華北と、上海・南京・杭州の三角地帯には保障駐兵の必要を強調して、それは支那の土地が次期戦争で敵国側にたつのを防ぐ狙いであると述べている。そしてこれら駐兵地域内の輸送手段について軍事上の要求権をもつことを想定していた。

このような支配・統治方式を効果的ならしめるために導入されたのが「分治合作形態」である。

これは諸政権の首脳者以下の官吏は中国人とするが、枢要の位置には所要に応じ少数の日本人顧問を配置、あるいは日本人官吏を招聘して内面指導するものである。

そして、この支配と管理を統括するものとして、近衛内閣は「興亜院」を発足させた（一九三八年一二月一六日）。

この考え方の根本的誤謬は、進みつつある中国近代的統一の流れを阻止し、無視しようとするもので、北清軍閥割拠時代の旧中国観であり、幣制改革後によって統一強化した国民政府を律しようとする時代錯誤の方針であった。地方政府であれば、日本側の要求に応じて特殊協定を結べることを狙ったのだが、中央政府が強くなってくるとその途は閉ざされるのである。まことに中国革命初期に中国への関与を始めた時からの、中国ナショナリズムの形成を認識できなかった歪みが時代を経ても修正できなかった、そしてその日本の政策は時代の流れに逆行し、中国の反撥を引きおこすものであった[17]。

こうしてそれぞれの狙いをもって中国の主要地域を押えようとしたのだから、大陸西部や奥地を除いて実質的に中国を支配しようとしたという事実は厳然と残るのである。また南進もすでに視野に入っており、中国支配がその一環を担っているという位置づけも明瞭である。日中戦争の位置づけがここでも証明されよう。

対支政策の具現（「日華基本条約」の締結）

そのなかで一応、日本の基本政策は、一九四〇（昭和一五）年一一月三〇日に、日本と汪兆銘・南京国民政府との間で結ばれた「日華基本条約」――正式には「日本国中華民国間基本条約」――によって設定された。日本側阿倍信行全権大使、中国側は汪兆銘行政院長が調印し、即日発効した。

それは九カ条からなり、善隣友好の堅持、主権・領土の相互尊重、文化面の協力、共産主義にたいする共同防衛のため蒙彊・華北駐兵、日本軍への治安維持協力・艦船駐留の承認、平等互恵による経済開発、蒙彊・華北資源の共同開発および日本への資源提供、将来の治外法権撤廃と租界還付、日本人の居住営業のための領域開放、などが規定された。

同時に、付属議定書、付属秘密協約、秘密交換公文、などがあり、戦争状態終了後二年以内に日本軍の撤退、などがうたわれた。

これは中国側の日中間の不平等条約撤廃の要望と、日本側の占領政策、すなわち広範な権益設定の要求が入り乱れて妥協陳列されたものであった。

汪兆銘政権は同日、満州国を正式承認した。

こうして、支那事変勃発以来の日本の対支占領政策が一覧表のように明示され、中国側（汪兆銘政権であるが）の承認を得た形になったのである。

重光大使による「対支新政策」の推進

それでも、そこにはさまざまな無理があった。なんといっても、八〇～一〇〇万の日本軍隊を送り込んでも支配できているのは中国領土内の「点と線」であり、その「線」も必ずしも安泰でなかった。また、日本側の統治体制が一方的で支那側の充分の諒解や支持をうることができなかった。共同事業においても同様であった。

そこで東条内閣は重光葵駐華大使（一九四二（昭和一七）年一月就任）を任命し、新任大使はいわゆる「対支新政策」の実施を強く主張した。その時勢は戦勝報道によって日本の権威が最高潮に達していた時で、経済状況も順調であったので、この間に日支関係を根本的に建て直そうとしたのである。

その精神は、支那を独立国として扱うこと、日支間の不平等条約関係を一切廃止すること、対等の関係で政治・経済上の援助を行うこと、戦争の必要がなくなるときは完全に撤兵すること、また一切の利権を返還すること、であった。

具体的には、天皇の厚い支持、東条総理の後押しがあって、一九四三年初頭から実行に移された[18]。

・蘇州、杭州、天津における日本の専管居留地を返還すること。

上海、厦門の共同租界は他国との関係があるが、イタリアとの関係は日本が斡旋した。

・関税問題（一九三〇年五月六日、正式調印。ただし三年間の拘束などあり、中国が名実とも自主関税になったのは三三年である）は解決済みであるから、法権問題についても解決を図った。団匪事変の議定書も廃棄した。

・こうして日支間の不平等関係は全体的に廃止することで合意した。

これをうけ一九四三（昭和一八）年一〇月、日本と南京政府とのあいだで「日華同盟条約」が締結された。

その第五条で、先の四〇年締結の日華基本条約および一切の付属文書の失効を決めた。また、東条首相は支那に平和が回復するときは全面的に撤兵するという宣言を行うまでになった。

これにいたる国内情勢は急速に変っていたことがある。国内では興亜院を拡大して大東亜省を設置し、汪政権の協力を取り付け太平洋戦争に参戦させようとした。また経済面では占領地域内の物資の重点確保を主眼とし、重慶との和平交渉はせずに、日華共同宣言、租界、治外法権廃棄協定の締結を予定していたのである。これが「大東亜戦争完遂の為の基本処理方針」(四二年一二月二一日御前会議決定)である。

汪兆銘は同日、首相官邸で東条首相と会見し、翌年一月九日、戦争遂行について完全協力を謳った共同宣言を発表し、翌日、重光大使と汪行政院長は「租界還付及治外法権廃棄等に関する日華間協定」に調印した(19)。

この四二年末から新年にかけての政策変更の背景には、この時期、ガダルカナル島をめぐる戦局の悪化により、東条首相は政府部内の楽観論を一掃し、対中国政策の全面的再検討をおこなう必要に迫られたことがある。中国軍の抗戦能力も無視できず、この際、若干の譲歩をも止むをえずの見解が強まったのである。汪政権を太平洋戦争に参加させる機会に中国政策を一新しようとしたのである。

重光葵によるこの発想は、満州事変以降の日本の進路をまったく逆の道筋によって修正していこうという野心的なものであった。海外において日本のあり方を修正し、これを国内に及ぼすというのは、満州事変とそれ以降の軍部による拡張を批判する内容を含んでいる。

そのような野心的発想が採択されるようになった理由は、上記した如くこのまま日支間に戦争を続けていくことへの根本的懐疑、日本は何のために戦っているのか、その使命はどこにあるのか、アジアの解放にあるのではないか、さらに支那における物資調達の困難性の増大、そこで支那の協力を得る必要性の増大、がある。

その意味で、開戦以来ようやくにして一九三〇年代後半以降の日支間の関係の根本的修正に踏みきるようになったのである。

なお、重光外相のこの発想は、大東亜全体に及ぼされて、国全体として日本の戦争目的の確認と高調に展開していくのである。

その意味と限界

しかし、問題はあった。その第一は、この新協約が汪兆銘政権との間で結ばれたもので、重慶政府は関与しておらず、将来、その関係がどうなるか不明であることである。

第二は、その理念はよいとしても、日本の軍隊はなお駐留しており、戦闘も絶えないことである。そのような事態をそのままにして平等関係といっても、どれだけ真実味があるかということである。

第三は、新条約が締結された後、皮肉にも国内経済はむしろ混乱し、昔の条約体制のほうがよかった、という声さえ聞かれるのであった。

支那事変は何処に行ってしまったのか

この政策転換はしかし、日本の大陸政策を考えるうえでもっと深い意味をもっているように思われる。それを堀場一雄の批判に依拠して指摘しておきたい。政策改変のポイントは、

・当初は権力覇道主義――一九四〇年の「日華基本条約」
・急速に修正――一九四三年、これを廃棄した、

ことであるが、それは対中国政策に根本的に一貫した方針はあったのか、という問いであり、堀場は言う。

「彼等は先に其の強硬論を以て支那事変の解決を陥らしめ、今其の主張を豹変して本来の政策に復帰し、却って之を新政策と称し先の責任を忘れたるが如し。節義何処にかある。彼等の新政策は彼等の先に反対せし思想なるやを知るや否や。知るとせば国歩を艱難ならしめるし先の責任如何。知らずとせば国策を執るの真剣味如何。若し又悲境に於ける術策とせば、国家の信義を如何。彼等再び豹変せずと誰か保障し得る。

勢盛んにして権益を謂い、時非にして道義を叫ぶ。往年大乗理念を阻害せし興亜院今何処にかある先に駐兵を固執せし頑迷今何の節義かある。大乗理念の復帰余りに遅く時機甚だ悪し。若し夫れ彼等が先に此の思想に同調ありしならんには、事変の解決は随時講じ得べかりしなり」[20]。

堀場は日中戦争前半期に参謀本部、支那派遣軍の中枢部に勤務し、軍の独占的な中国政策に反対してきた良識派の中心人物であったからこそ、この批判がおこなえたのである。なお冒頭の彼等とは、興亜院、その後身の大東亜省、軍内権力覇道主義者（東条総理、杉山総長、富永次官、佐藤軍務局長、種村中佐等）のことである。

この立場を本文のなかに注を入れて、つぎのように説明している。

「右同盟条約の内容は、低調無味、空疎にして、従来重視せる日満支の建設理念を閑却し、その対象とする所先の東亜再建の基礎としての日満支結合なるに対し、新に直接大東亜建設全体を取扱へる点に於て重大なる差異あり。然れ共其の基本精神は、事変以来数年前迄戦争指導当局及総軍当局が、国策の本流として之を堅持し且努力し来たれる大乗道義理念への復帰にして、その原則とする所亦同工異曲に過ぎず。・・・此の点に於て不完全ながら日支新関係調整方針――本来の戦争目的――への復帰なり。然るに**之を以て所謂新政策なりとして従来の国策を否定し、日本再出発の形を取り、国家の信義に於て約束せる基本条約の根本に至る迄、一切を易々として廃棄宣言せる所に重大問題あり。**是国家の生命を無視するものにして、従来の経緯及

当面の情勢に鑑み、此の際従来の国策一切を廃棄せること即事変の放棄を意味するものなり。此の点三思すべし」[21]。

堀場の言いたいことは、この新政策と銘打っても、自分たちが始めから唱えてきた大乗道義理念に回帰しただけで、何ら新味なし。それよりも、この政策変更によって今日までの事変六年間は一体何であったのか。この国策の過誤に誰も責任を取っていないではないか。国家の信義は一体何処にあるのか、と国家基軸のあり方を徹底して批判しているのである。

さらに後段の文章のなかに、これでは従来の国策を廃棄することになり、それは即、支那事変を放棄することとなる、と指摘していることだ。これは新政策で明らかになったことはこれからは大東亜建設に向かうということであり、東条内閣はもはや支那事変を第一義に考えなくなったことを意味するのである。

筆者はこれら文章を読んで、①対中国政策は一貫した政策のもとに進められたのではなかったこと、②そこには誇るべき大義がなかったこと、③政策変更の背景には戦争の対象が暗々裡に中国から南方に移っていったこと、そこで中国政策が根本的に検討され直すことはなかった、この三点が明確になったことを指摘しておきたい。

とくにこの③が重要だ。それは中国における戦闘は何ら具体的成果なく、竜頭蛇尾に終わったのではないか。この具体的成果とは、蔣介石国民政府と和解したか、あるいは日本軍の撤退となったのか、撤退しても必要な経済権益はどこまで確保できたのか、または英国と提携して中国再建に取り組む枠組みができたのか、など、根本的解決が戦争を閉じることで達成されたのか、という問いである。それはまったくなかったのであり、いつの間にか軍部指導者は南進に熱情を燃やしていったのである。そして最後は大量の軍隊の駐留をそのままにして、政戦略によって解決を待つ、といった曖昧な決定が残されたのである。この国家としての曖昧な対処が日本現代史のなかで最後まで払拭されなかったこと、これが大東亜戦争のなかで日中戦争が根本的にその意味が問われてこなかった理由になったと思う。

6　日中紛争収拾は可能であったか

最後に、果たして日中戦争は収拾可能であったか、を検討しよう。それは結局成功しなかったのであるが、それには幾つかの条件と事態の推移がある。

戦争の性格と中国の抵抗

まず、日中間の問題は一筋縄でいくほど簡単ではなかった。すなわち、日本としては、まず北方（ソ連）の脅威を満州を押さえることで防がねばならなかったし、南下を目指せば、イギリスの権益と正面衝突するのであった。北と南で異なる相手と戦わざるをえなかったのである。

しかも、その行動はワシントン体制を金科玉条とするアメリカが賛同するはずがない。また日に日に中国国民政府の抵抗は激しくなるばかりであった。かくて、シナ大陸をめぐっては日本、アメリカならびに英国、ソ連、という大国が鎬をけずって競争し、対抗し、あるいは合従していたのである。

いうまでもなく、国民党の背後には米英があった。その国民党と共産党の間の対立は激しかったが、共産党の背後にはソ連があった。さらにソ連からみれば日本が大陸において戦っていることで資源を消耗することが歓迎すべきことであった。そして西安事件を経て国共合作がなり抗日戦線が強化されても、誰が最終的に支配権を握るのか分からない情勢であった。そのなかで日本のみが唯一の「侵略者」とされ、日本はこれら列強の包囲網のなかで何とか事態打開の方途をみつけようとしていたのであった。

そのため日本が対面していたのは、実は中国ナショナリズムとともに、その大きな権益を保持しようとする英国、ワシントン体制によりアジアの秩序形成を主導することで中国進出では後発の不利を解消しようとする米国、そして国際共産主義の拡張を目標にその影響力を強めるソ連であった。それは横合いから漁夫の利を狙っていたのである。

かくて、大陸における日本のポジションは、文字通り、中心であるC（中国）のほか、A（アメリカ）、B（イギリス）、S（ソヴィエット・ロシア）の包囲網のなかにあるのであって、中国側の戦いもそれら諸国の支援のもとに成りたっているのであった。しかもその抵抗が可能であったのは中国の広大な領土の故であり、日本軍がいくら激しく攻撃して戦闘に勝利し、南京政府を重慶に押しこんでも、敗戦を認め、和平交渉に乗ることなどはありえなかったのである。もし、それを認めれば、英・米・ソ連も日本に屈したことになるのだ。また例え中国単独で戦うことになっても、その地の利を生かした独特の戦略思想によって日本に屈することはなかったであろう。

こうして日中戦争はすでに「プレ太平洋戦争」という性格をもっていたのである。

両国は本当に平和交渉を成立させようとしていたか

つぎに和平交渉の成否の問題がある。蔣介石が日本側と和平交渉にのってくるとは思われないのだ。そういうことをすれば、蔣介石はもはや中国人民の意思を代表するものではなくなっているのだ。そこで例え蔣介石と妥協が得られても、それが実施される保証はむしろ無くなっているのである。

これ以上の無益な戦いを止めようとして離脱した汪兆銘政権を、重慶に立てこもった国民党政府が最後まで許さなかったことによく現われている。

それでも日本は陸軍も、政府もこの無益な戦いを続けることの限界を知っていたから、日本側は日中間の和平交渉によってなんとか和平の道をみつけようとした。

一九三七（昭和一二）年から四五年まで計二九回の直接・間接の和平交渉があり、とくに三八年には一五回もあったという。

ところが、この和平会談は本当に両者で妥結にむかったものであったかどうかに疑問がある。それは、中国側が交渉の機会を時間稼ぎや情報収集に利用しようとしたこともあるが、何といっても基本的な点で合意が困難であったことによる。

日本側の意図は、蔣介石の打倒、満州の承認、内蒙の自治、経済的特権の付与、共同防共、を強く主張した。他方、中国側は、日本は勝者ではない、一九三〇年代の戦争前の状態にもどること、領土主権はつねに守るという原則を譲らなかった。さらに中国政権内部の事情として、対日では妥協に絶対に反対する勢力があり、これを無視できなかったこと、さらに共産勢力は絶対に降伏しないと決めていたからである。

とくに日中戦争後半期になると、伸びきった日本軍の抑止力は急速に落ち、外交圧力は弱まってきたが、これに反し中国側は抗戦意思は強靭で持久戦維持に自信をもつにいたる。

こうして日本側は、最後は汪兆銘政権の承認問題は重視しなかったが、満州承認問題と日本軍の中国駐兵、という二大問題で日本は譲らず、このため交渉は暗礁にのりあげる。さらに日本側の圧力が衰えたので、中国側は共栄圏宣言の放棄さえ要求するにいたった。[22]

日本側の問題としては、始めからつぎのような対中国認識が強固なものとしてあったことを反省しなければならない。

① 一撃すれば相手は言うことを聞く、

② 中国と中国人への蔑視、[23]

③ 中国に対する非国家論。

①は軍事力の過信であり、また戦略的洞察力を欠くものであった。②は抜きがたい驕りであり、貧寒な文明観に取り込まれていたのである。③はすでに時代遅れそのものであり、その認識を修正せずに終ってしまった。

中国側が、基本的には揺らぐことのない、不屈のナショナリズムに依拠しているかぎり、対日和解などありえない。こうして、日中関係は行きつくところまで行くしかない事態となってしまっているのである。そこで、解決の方途は、

①日本側の軍隊の自主的な完全撤退、

②なんらかの原因で蔣介石政権が崩壊する、

③第三国の仲介による和平の道の模索——停戦→一定期間をかけた軍隊の撤退→資源などの入手可能性の保証、経済権益の確保→最終的には満蒙問題の解決。

三つしかないが、そのいずれも実現できなかったのであるから、日支関係の調整・収拾を求めることは不可能だったのである。

世界大戦のなかの「日中戦争」

日中戦争をみるもう一つの重要視点は、それが世界大戦のなかでいかに位置づけられるか、位置づけられるべきか、という問題である。日本にとってはその戦争は日本の命運を決めたものであったし、中国にとっては一九三七（昭和一二）年来四五年の終戦まで実に九年にわたる長い戦いであった。しかし当初はアジアにおけるある意味で〝孤立した〟戦い、あるいは紛争――日本は事変と呼び戦争と呼称しなかった――としてみられ、世界のなかであまり強い関心を呼ばなかった。これは西洋列強にとっては、その関心はなんといっても欧州第一であるためである。しかし、日中戦争は当初は潜在的に、後半はまさに日米交渉の第一の重要課題となったように、それは世界大戦のなかで正面に躍り出たのである。

それはまずアメリカの態度から見ていくのがよい。アメリカの関心の第一は欧州にあってイギリスを支援することにあるから、アジアは当然に二の次である。これは連合軍の首脳会議に蔣介石が出席するようになったのは、ようやく一九四三年一月のカイロ会談（日本の戦後処理を決めた）であったことによく示されている。

このアメリカのアジア〝軽視〟（?）は日米交渉の最後の局面において、ハル国務長官によって出された妥協案の提示にたいし、イギリスと中国の強烈な反対に遭遇し、これを撤回した〝事件〟で決定的に露呈された。すなわち、一一月二二日、ハルはオーストラリア、オランダ、イギリス、中国の代表を招集して、日米交渉最終段階にある現状を説明し、野村大使が示した暫定協定案（甲案）を提示したうえでアメリカの対案を説明した。それは二、三カ月の期限を予定したもので、日本軍の南仏からの撤退とその代償としてアメリカ・イギリス・オランダの対日禁輸の一部解除を盛りこんでいた。英・オーストラリア、蘭の代表は、もし大きな代償を払わずに日本軍を撤退させうるのなら、基本的に賛成という態度をとった。問題は中国であるが、①この案では日本は対中国戦を自由に遂行できる、②中国は経済的圧迫を重視しているので、この段階で大幅解除は賛成できない、とした。

一一月二四日、再度の協議がおこなわれた。ハルは米国の軍部（海・空）が時間を最重要としている（二正面作戦を展開するには未だ準備が整わない）として各国を説得したが、オランダ以外誰も賛成しなかった。もちろん最強硬は中国であった。重慶でこれを聞いた蔣介石は激怒し、アメリカへの信頼は大きく揺らいだ。蔣は米国首脳（スチムソン陸軍長官、ノックス海軍長官）に親電をおくり、もしアメリカが日本と宥和するならば、中国は四年にわたる対日抵抗戦をむなしくするものと訴えた。チャーチルも蔣の立場を考慮するよう大統領に求めた。

この強い反対をうけて、ハル長官は大統領の同意のもとで暫定案の提出を断念した。二六日、ハル・ノートを提示し、事実上の国交調整交渉はここに終わりを告げた。

この協議によって明らかになった点が大東亜戦争を理解するうえでとくに重要である。その第一は、改めて対日戦略はアメリカ一国だけでは決められないこと、がはっきりしたことである。日本は交渉相手こそアメリカ一国であったが、実質的に列強関係国と交渉していたのである。第二は、「問題の焦点はむしろ中国の四年を超える日本に対する抵抗が蓄積したエネルギーを何人も無視することが許されなかったという点にある。一九三七年以来アジア大陸はまさに世界の戦場の一つであった(24)」。

これは中国の真の反対が国際交渉の公式の場で正式に表面に出た出来事であったし、これによって日中戦争――中国からみれば抗日戦争が世界大戦のなかでいわば〝正当に〟位置づけられたのであった。

軍隊の撤収という難題

最後の問題は一体、一国の転換政策として軍隊の撤収が可能か、という難題である。

戦争を早期に収拾すること、あるいは一気に国家政策を転換すること、それが実は日中戦争において日本側に求められていたのであった。陸軍の中でもそのような意見は早くから、またかなり強く存在した。これは事態をよく考えていけば自然な論理で引きだされる方策であるが、しかし、その中心にある軍の撤退という問題はそれほど簡単にいくものではない。それはいずれの大国も悩まされた問題でもあった。

かつてアルジェリア紛争に終止符をうつため仏軍の撤退が求められたが、それは国家の最高の名誉をもつドゴール将軍の登場によってようやく実現したことを思いだす。その場合でも、ドゴールの登場は一九五九（昭和三四）年一月就任であり、九月に民族自決によるアルジェリア新政策を発表し、最終的解決は一九六二年三月一八日に停戦協定を結んでアルジェリア戦争が終わったのである（正式独立は七月三日）。この実力者をもってしても二年余を費やしている。

また、それはベトナム問題にかんするアメリカ議会の聴聞会の記録を読んだことがあるが、議員はしつこく撤退の必要性を明確に発言することをケナンに迫る。しかし、ケナンは言を左右にしてそのような言質をとられることを避け、その検討を指摘することの必要性を繰りかえすのみである(25)。本心は早期撤退を求めながら、それが明言されると撤退がいかにも敗北と映り、自身もまた非国民扱いされ、国民の反発を食うだけで彼の本心が国政に反映されない恐れをもっていたためであろう。いかにそれは許し難い行為だとするのが多くの国民感情であったのだ。

おそらく、軍隊派遣とその撤退問題は、歴史上このような事例に満ちあふれているのであろう。国民感情を理性的判断に戻し、反対する軍部を説得するのは、多数の国民に厭戦気分が広まり、誰もがその指示に従うことのできる指導者の登場を必要とするのである。さらにこのような決定が実施された後の国内政情について見通しをもっていなければならない。つまり国内政治・社会の安定である。かつ、それは、相手国の優越感と自国の屈辱感を残すものではあってはならない。相手国はその優越感から、さらなる要求を出してくることがあってはならない。また自国はいたずらに屈辱感に苛まれると、その反発は必ず暴発する。そのような非対称にならない外交折衝が前提条件となる。

このように軍隊の撤収は国家にとっての最高度の政治マターであって、それは内閣の命運を決めるほどの事項であり、また、例え政府が撤退を決しても、その実行は内閣の崩壊、さらに国情の不安、すなわち二・二六事件のような軍部の蜂起が予想されるのである。トラウトマン工策の時は、参謀本部は最終的に内閣の崩壊をもたらすという説得に応じ引下がったのである。もっとも、後で考えればその後において内閣は頻繁に交代しているのだから、この説得に応じなくてもよかったのかもしれないが、その時点では引き下がらねばならないと判断したのである。まことに残念なことをしたものである。

このような政府の危機を伴うことは、日米和平交渉の最後の局面にさしかかってそれは表面化した。すなわち、中国駐留問題で米側に譲歩することを近衛首相は東条陸相に説得したが叶わず、ついに内閣を投げだしたのである（一九四一年一〇月一六日）。このときの東条陸相の反対は、この件は日本国の心臓であり、どれだけの犠牲と国幣をいままで投じてきたか、また本件で譲歩すれば満州・朝鮮の喪失までにおよぶであろう、そういうことをするのが外交か、と詰めより、あくまで反対を貫いたのである。このようにシナ大陸に固執するかぎり、開戦は必至となることは間違いなかったのである。

日本の場合は、日本側の方針と努力によって、日中間の二国間交渉によって日支紛争を解決する必要があり、それは最後まで守るべき枠組みであった。それが早期になされておれば、日米開戦はなかったであろう。現実は、わが日本は非常に狭められた、ギリギリの立場に立っていたことは事実であろう。それが、一二月八日の開戦の報に接して、独特の開放感に満たされた理由である。

ついに大東亜戦争へ

このように突き進んだ日本のあり方について石原や堀場の

批判は陸軍の内部者であったがゆえに日本側の政策の大きな過誤を突いて痛烈なものである。このような最終勝利の目途もつかない戦争を止めることは、あくまで常識に属することだ。この常識さえ働かなくなった日本の指導者たちに〝大欠陥〟があることは事実であろう。

しかし考えてみれば、国家の外国支配というものは一般にこういうものではないか。市場と資源を求めて外国支配をおこなうことは、まさに権力覇道主義であって、西洋列強の行動をみれば一目瞭然である。また英国を例にとってその膨張の足取りをみれば、あれほど広大なインドを手に入れながら、さらに中国本土を狙うのはどういう衝動に駆られているのか。違いは相手国の抵抗の実力の差にある。

このような常識を通すことがありえたことを指摘するのは正しいことである。現に日米交渉の終期には日本側より中国からの撤兵を承認する条件を提示しているのである。

問題は、このような常識とはまったく反対の行動に、わが身、わが祖国を委ねることになるに至ったという現実である。これが一九四一（昭和一六）年時点での日本という国家であり姿なのであった。

これを批判するのは容易なことだ。軍部の独断や自己満足がこのような非常識の世界を選択し、そのなかから足を抜けなかったのだ、と批判するのは易しい。

しかし、そこまで行ってしまったのが日本という国家ではなかったか。さらに言えば、そこまで日本を追いこんでいく、そのような道筋以外に選択の余地がないのも、それが近代という時代ではなかったか。石原のいうように、堀場の批判するように、国力の限界もわきまえず伸張し、破綻したのだが、その追及したアジアの解放は成し遂げたのである。

対中国というのは本当に「回り道」であった。まことに大きな「回り道」であった。しかし考えてみれば、ここに日本の運命を思わざるをえない。アジアにおいて発展せざるをえない。それは最も近い中国大陸となる。そこで必ず衝突する。しかもその中国は独特な発展を模索しており、その形態・国情は一筋縄ではいかない。外国を利用する。また中国を利用しようとする外国の勢力は大きい。それは日本の外交ではどうすることもできない。そこに力の差を感ぜざるをえないのである。またその故に無理を重ね、つぎの選択肢を制限してしまったのである。

注：

（1）黒田謙一『日本植民思想史』、弘文堂、一九四二年、一五九〜一六二頁。佐藤信淵の論は『混同秘策』、岩波日本思想体系四五、四三一〜四三六頁。吉田松陰の論は『幽囚録』、『日本の名著31』中央公論社、一九七三年、二二七頁。

（2）葦津珍彦『明治維新と東洋の解放』、新勢力社、一九六四年、一七〇〜一七二頁。

なお、葦津珍彦氏の仕事で引用したのは本著のみだが、その内在的かつ論理的な日本近代の分析には大きな刺激を受けた。外国の借り物の物指しで日本の歪みばかり摘出する外在的分析が主流の日本においてそれは異色であるが貴重な貢献をしており、もっと参照される必要がある。

(3)　岩淵辰雄『対支外交史論』、高山書院、一九四六年、四六頁。
(4)　『海舟全集　第十巻』、改造社、一九二七～二九年より、二八二頁。
(5)　同上、三六六頁。
(6)　角田順『満州問題と国防方針』、原書房、一九六七年、三〇八～三三二頁。
(7)　岩淵、前掲書、五四～六〇頁。なおこの部分は本著に拠るところが大きい。
(8)　同、一六八頁。
(9)　日本国際政治学会『太平洋戦争への道　別巻』、朝日新聞社、一九六三年、九九～一〇一頁。
(10)　同、一〇四頁。
(11)　同、一〇一頁。
(12)　同、二五九～二六二頁。
(13)　この部分は外務省外交資料館『日本外交史辞典』山川出版社、一九九二年、に拠る。
(14)　この部分は、J・B・コーヘン（大内兵衛訳）『戦時戦後の日本経済　上巻』、岩波書店、一九五〇年、および、アメリカ戦略爆撃調査団（正木千冬訳）『日本戦争経済の崩壊』、日本評論社、一九五〇年、に拠るところが大きい。なお同著の附表は、商品ごとの「需給表」でありいかに重要資源について日本がその調達に苦労したかを示す。

なお、日本がこの時期、大陸との物資需給関係をいかに重視していたかは、堀場一雄『支那事変戦争指導史』、原書房、一九七三年、の巻末「統計資料」をみてほしい。重要物資の支那依存度から東亜周辺地域の貿易まで全五表三六五頁にわたり、本著の約三分の一を占めている。本稿では簡単に扱ったが、日本の「植民地」に関して全体の「産業連関構造」を包括的に分析した研究が一つもないのが気になっている。研究の偏りが甚だしいのではないか。ここで参照したのもアメリカの研究――しかも爆撃効果の観点からおこなったもの、彼らはこういうスタンスを常にもっている――である。残念なことだ。

(15)　臼井勝美『新版　日中戦争』、中公新書、二〇〇〇年、五二～五六頁。なお、著者は佐藤尚武外交を高く評価している。
(16)　前掲『太平洋戦争への道　第4巻』、二六八～二六九頁。
(17)　同、一五四～一五五頁。
(18)　重光葵『昭和の動乱』、中央公論社、一九五二年、下巻、一五八～一七五頁。
(19)　臼井、前掲書、一六〇頁。この前後の記述は本書に拠る。
(20)　堀場一雄『支那戦争指導史』、原書房、一九七三年、六九一頁。
(21)　同、六八四～六八五頁。
(22)　汪熙「太平洋戦争と中国」、細谷千博・本間長世・入江昭・波多野澄雄編『太平洋戦争』、東京大学出版会、一九九三年、所収。日中外交折衝については、中国側の立場であるが最も詳しいので、ここではそれに依拠している。
(23)　重光葵外務大臣は記者会見（一九四五年八月二八日）において、記者の「明治維新当時の誤りとは」と聞かれ、明治時代の三大欠陥として、政治の二元化、「チャンコロ政策」、鉄道が狭軌であったこと、を挙げている。チャンコロ政策とは、日清戦争は止むを得ずやったのだが、その終結後も「チャンコロチャンコロと呼んで明治がいかに規模の小さいものであったかがわかる」としている。江藤淳編『占領史録1』、講談社学術文庫、一九八九年、二一八頁。

(24)　臼井勝美「日米関係と中国」、六一頁。注(22)と同じ文献に所収。

(25)　アメリカ研究所編訳『世紀の大論戦　アメリカ上院外交委員会ベトナム問題公聴会議事録』、三一書房、一九六六年。

附1　中国という国家のなかの社会・生活はどうなっていたのか

――ジョージ・ブロンソン・レー(田村幸策訳)『満州国出現の合理性』、日本国策協会、一九三六年、を読む

戦前日本の歩んだ道を論ずるには、やはりワシントン体制から満州事変までを考察しないと容易に回答がでないことにあらためて気づいた。そこで、本著にたどり着いた。

本著は、満州国問題を論じたアメリカ人の著述で、満州国顧問もした人物であるが、それゆえに満州国の弁護ばかりしているとして排撃すべきものではない。なにしろ、一八九八年ハバナ港におけるメーン号爆沈事件の捜査に当たった体験の持ち主で、中国に渡ってからは中華政府の外国融資案件の顧問もやったこともあり、情報通であるから(*The Far Eastern Review* の主筆兼社長、上海発行)、その内容は信頼できる。

したがってアメリカなどの外国植民地支配の策謀の紹介など満州との対比をしながら実に興味ある内容となっている。

とくに外交交渉や各国の通商活動や軍事行動や、といった表面にでてくる列強の国際的活動の情報よりも、その下で肝心の中国の、民衆の、生活や、社会のあり様が、どうなっていたのか、を報ずる文献がきわめて少ないのである。そこで、本論との関係で、その実情に注目して、つぎの諸点を摘記しておきたい。

(1)　条約などよりも実態がなによりも重要

その最大の注目点は、法律という形をとる条約などはさて

おき、満州あるいは極東において実態はどのように展開しているのか、を赤裸々に語っていること、それがむしろ九国条約（正式には「中国に関する九国条約」、一九二二（大正一一）年二月）のもたらしたものではないか、という矛盾の摘発は手厳しい。

(2)　アメリカ外交の内実の薄さ

これにより、条約を結んで終われりとするアメリカ外交の薄さを暴露していると思う。「門戸開放」をお経のごとく唱えるだけで実際を直視しないこと、それが法律家的・道徳的外交の欠陥であるが、それを浮き彫りにしていること、それが起ころうとも脅威は感じないが、日本は眼前に脅威が出現するという決定的違いがあるのに、これに関心を示さない勝手さ、を描き出している。

（さらに本著の主題ではないが、このアメリカ外交とイギリス外交の違いを描けばもっと興味深い外交論になっただろう。しかしそのイギリスも結局はアメリカに追従するが・・・。）

(3)　具体的には、つぎの五点が興味深い。

①日本は国際条約に違反したとされるが、果たしてそういうことが言えるか。そのことよりもシナの実情はどうであったのか。現実に進行している事態は、軍閥間の争いによる罪もない多数の民衆の殺傷や生活の破壊（第一次大戦の五倍の死者を放置していると述べている）、であり、これをまず止めさせることが西洋列強のシナに対して為すべきことではないか。ところが反対に、欧米はこれら軍閥に経済的援助をすることによってその存在を支えていること、ことに海関における徴税システムにより軍閥は資金を手に入れこれを軍備増強に使っていること、ここでの武器販売が欧米の旨みのある取引商品となっていること、この事実は欧米は間接的にシナの混乱を助長しているのだと指摘している。そしてもし九国条約国が本当にシナの領土保全と国内統一を望むのであれば、欧米は足並みをそろえて武器輸出などは中止して真に五億の民衆の安寧のために統一をシナに迫ることをなすべきだ、と説く。このような方策を放棄し、中国人民の社会・生活の現状の改善に少しも手をつけないのが九国条約だと、激しく批判している。

②その他、極東における真の問題は日本対共産主義にあるのだ、と喝破し、その実相をみない欧米、ことにアメリカの態度を批判するなど注目すべき発言がある。

③また、リットン報告についても、日本側の充分に反論も許されなかった日本、「審理を経ずして有罪判決」（第九章の表題）と同情的である。

しかしこの指摘は、日本側においても充分に反省すべきものと受けとりたい。一方的に抗議ばかりではなく、粘り強く日本の立場や主張をし続けることで、時間も稼ぎながら事態の新展開を待つ、という態度もありえたのではないか。その点で国際的にみて、不慣れな日本外交があったのだろう。したがって、この指摘も事務的なことのようで重要であると思う。

④また、九国条約が、ソ連を含んでいないことを指摘したことは見逃せない。米国が満州の紛争に干渉し得る唯一の根拠は日本が九国条約の調印国であるということである。然るにロシアはその調印国ではないのである。こうして、日本に反対するためには外交上の全圧力を利用したのである。ところが、米国はロシアの行動を制止するがためには何事も言わずまた何事も為さなかったのである。これ九国条約がロシアに対しては自由勝手な振舞いをなし得る免許状であるに反し、日本に対しては自己防衛の権利すらこれを禁止するものであるという証拠である、と指摘している[1]。

極東におけるアメリカの政策がどこを向いていたか、をこれほど明確に指摘した文章を知らない。この政策が後に日米戦争となって爆発するし、一九四五（昭和二〇）年以降は中国がついに共産主義の支配下に入ることを手を拱いてみるだけに終わるのである。

⑤さらに、ワシントン条約締結時に一三の決議がなされ、そのなかに中国軍の軍隊の規模が規定されているが、現実ははるかにこれを上回って増強されているのは条約違反ではないか。すなわち、一九二二（大正一〇）年には一〇〇万であったシナの軍隊は今日三〇〇万近い。これに加えロシアは二五万の軍隊を極東においており、シナの国民党軍に決定的影響力を行使している。これに対し世界の軍縮の動きに協力して日本は常備軍を二三万人に縮小した。『シナを犠牲にして一国が軍事的膨張をなすことに反対して世界各国を安心せしむる』目的をもって締結された九国条約はシナとロシアとの軍隊が日本の軍隊に対し12対1の比例まで成長することを許し励ましたのである[2]」。

この指摘ももっと重視されて然るべきものだ。それなのに日本のみがひとりワシントン体制に反旗を翻した国として批判の俎上に登るのは本当におかしい（別注：ワシントン会議のなかでシナに関する決議については、外務省『日本外交文書　ワシントン会議・極東問題』、一九七六年、三三一頁以下を参照。「支那陸軍兵力縮小に関する決議」はその七番目にある（三四七～三四八頁）。この決議文では軍隊数は明示されていないが、当時の調査では一九二〇年末に一三六万とある（『華府会議大観』、東京通信社、一九二二年、四〇四～四一〇頁）。

このように、中国をめぐる各国の思惑とその行動、中国内部で進行している混迷の状況を見極めずに、理念のみを唱え、日本を槍玉にあげる米国の政策を批判している。また中国内部の混乱に目を向けさせることは本書の重要な貢献であると思うが、これらを含めて、日本にいまでもある日本帝国主義の中国侵略といった公式的批判がいかに上滑りしたものであるか、を改めて反省させられる。このような事実に基づく主張の提示が欲しいのだ。

しかし、これらをすべて踏まえても、すなわち日本が満州の治安を回復し、その開発発展に大きな貢献をしていること、それは張作霖の支配よりもより合理的であったことは事実であろうが、そうはいっても、日本が外国を支配していることには変わりない。ここに、たとえ貧窮を放置し、それが永続されようと、外国支配を放逐しようとする運動はおこる。それを抑えきれるかという問題から逃れることはできない。

パリ条約は各国の自衛権を認めたが、そこで日本も満州において日本の自衛権を行使するといっても、それがシナの領土の上においてである、という矛盾から逃れられない。アメリカのモンロー主義はアメリカ大陸の自衛権を確保したが、列強の植民地の自衛権はやはり宗主国が持つのである。日本の場合は、歴史も文化もあるシナ大陸において、その「大国」を相手にしたことによって、事態打開の困難性が増したのである。そのため、西洋列強もやっているではないか、という主張をしても、その違いが大きい。

結局のところ、個々の事例ごとに独自の解決策を出さざるをえないのである。

注：
（1）表題の訳書、一七一頁。
（2）同、二六七頁。

附2　中国をめぐる列強の角逐と日本の位置

三〇年代後半期に入ると、日本は積極的に大陸本土への進出を図り、いよいよ中国との全面対決にいたる。こうして、日中紛争は解決の兆しをみせるどころかその反対にますます拡大して実質的に戦争という事態に突入する。そのため、解決はますます困難を極めることになる。しかもこの事態の打開にあたっては、中国にさまざまな権益をもつ主要列強の対中国政策と密接に絡んでいるので、日本単独でいくら努力しても限界がある。

そこで、以下は主としてこの三〇年代半ばの時期における各国の政策スタンスを見ていくことにする。この時期が中国大陸をめぐる角逐から発展し、大戦にいたるかどうかの分れ路になっていたからである。

1　中国に深くかかわる英帝国

中国問題というと、直接的には当然のこと日本が中国といかに向き合うかという問題であるが、その進展如何はかならず対アメリカ問題になるということについては、明治以来の日本の認識であり、それは正しかった。しかし、対中国に最大の影響力をもっていたのは英国であることはしばしば軽視されてきたのである。これは日英同盟の寄与もあったが、その同盟がワシントン条約によって破棄されてからは、英国は次第にアメリカの外交路線に歩み寄り、日本の対中国政策に強い警戒感をもつようになり、さらに強い競争相手として意識し、日本の台頭をなんとか押さえこもうという姿勢を打ちだしてきたのであった。これについて警告を発していたのが、外交官であった本多熊太郎である。本多氏はいわば強硬派であるが、それをいまは横に置いておいて、氏が紹介している英国の指導的新聞・雑誌の支那問題の論説をみておきたい。

○「東洋に於ては、日本と英国との間に一種の意味の戦争が現実に行われて居る。すなわち、支那の統一及現代式国家としての建設を助成しよう云ふ英国と、之を破壊しようと云ふ日本の武力政策との間の戦ひがこれである。日本の北支工作、日本の所謂北支特殊貿易等々は、支那及び英国を対象とする日本側の経済的制裁である。」（一九三六（昭和一一）年八月、「フォートナイトリー・レビュー」の掲げられたある評論家の論説[1]）。

○「日英間に何らかの協定が出来ぬものだろうかと云ふ説もあるけれども、支那に於ては、日本は勢力範囲主義、英国は現状維持主義で両者の政策、方針が対立的である。この間に協定とか、協商とかは到底問題にならぬ。」（一九三七年七月の英国上院でおこなれた極東政策討議における政府代表の演説[2]）。

○「極東の事態に対しては、朕の政府は最も痛切なる注意を払いつつあり、朕の政府は国際連盟の内外を問わず、他の諸国政府と協議して日支間の戦いに因る惨苦の軽減と該戦争の終息を招来する為努力するの方針を堅持し、敢えて変ることなかるべし。」（一九三七年一〇月英国議会開院式勅語の一節[3]）。

これらの論説や政府の公式態度表明にあるとおり、アジアにおいてはいかに中国問題を重視しているかが分かる。そして、中国内部で北（日本）と南（イギリス）で勢力争いが熾烈であり、その間では到底協力するなどということはありえず、国際的協調行動によって日本の拡張を掣肘するのだと宣明している。

英国は勢力範囲主義をとっていない、とするのはまさにご愛嬌でしかなく、アヘン戦争に勝利して以降、着々と揚子江以南に勢力範囲を設定し、その範囲は全中国の四〇％に達し、列強のなかで最大となっている。このように先行して中国に食いこみ、その地歩を固めてきた実績を背景に、この優位にあるイギリスの立場を揺るがすようなことは一切許さず、といった姿勢を感じさせるものがある。

もともと、英国は自国の通商拡大とその権益の保護・維持のため、その競争相手として登場してきた国に対しては一転してこれを押さえこもうとする政策をとるが、折しも三〇年代不況克服策として英帝国の「ブロック経済化」をすすめ、それは日本が最も深刻な影響を受ける事態となった。そのため、対中国進出の強化に拍車がかかったことで、上記のような英国側の危機感が強まったのである。それが一九三〇年代後半期は、北部を押さえようとする日本と南部の各種権益を保持せんとする英国の間の戦い、というべき認識の背景にある。

そして、英国はリースロス改革（幣制改革、一九三五年九月〜三六年六月）によって、経済的・金融的に南京政府の後ろ盾であることを鮮明にし、これによって南京政府を相手に、蔣介石の手によって「支那統一、現代式国家の支那の建設」をもって公然と支持し、援助していることをあらためて内外に見せつけたのである。(4)

それは社会経済を維持する基本制度の設計に加わることで、政権の首根っこを押さえていることを意味するが、それは局地的に武力を背景に親日政権を構築することに躍起になっている、日本のやり方となんと対蹠的であることか。

さらに英国はその立場を強めるため、ソ連の極東における軍備拡大を対日圧力を高めるものとして支持し、その政策を擁護するのである。(5)

こうして南京政府に食いこみ、また巧みに国際世論を喚起し、アメリカの政策に同調することでアメリカの支援を引きだす布石を打っているのである。こうして日支事変に干渉しているのである。

2　アメリカのポジション
——中国支持の理由

中国におけるアメリカの経済的権益はそれほど大きいものではなかったが、なにしろ「九国条約」締結の主人国であり、日本の進出を抑える監視国であったから、その影響力は一番大きかった。ただ、ベルサイユ条約が上院の批准が得られず、ために アメリカは連盟に入会していなかったので国際連盟を通ずる日本への干渉はもっぱらイギリスを先頭にたてていたが、実質的にこれを主導していたといえる。

ところで、なぜアメリカはこれほど中国を支援するのか。その理由はつぎのように説明することができよう。

①台頭する日本に対する警戒心は、日露戦争終結後から形成されてきたが、その姿勢は変わることがないばかりか、日増しに強まり、とくに第一次大戦終了後になると本格的に日本の押さえ込みにかかるようになった。

②そのとき、〝弱い〟シナへの同情心――「打たれる犬を見捨てておけない」――もあり、またシナの世界世論、とくにアメリカへのアッピールが強く作用した。アメリカのその下地にはかつてはイギリス支配に抵抗して独立を果たした自己の姿を投影していたかもしれない。

③そのシナに通商拡大を果したい、五億の民のもつ国は潜在市場として魅力的だ。しかし、いかんせん中国市場接近については後発国であるからなんとか突破口を開きたい。そこで「門戸開放」を唱えて早く対等の地位を築きたいと焦る。

④ベルサイユ会議後、台頭した国としての自負。ベルサイユで解決できなかった課題として、アジアの問題を自己が中心となって解決したいとした。

このなかでは、なんといっても①が最大の理由である。それはそれまで承認しなかった共産主義ソ連を、ルーズベルト大統領が承認したこと（一九三三（昭和八）年一一月一七日）、すなわちソ連と手を結ぶまでになったことによく現われている。その承認は国際連盟がリットン報告を承認（二月二四日）してから半年後のことであった。これは、国際共産主義の脅威、その拡大よりも、日本の発展に反対であった、というのがアメリカの態度であった。ここに国際政治はイデオロギーの善し悪しではなく、力のあり様によって決まるのだという実例をみる。

実はアメリカの態度・方策にも疑問が多い。中国で進展する実態を直視せず、それが仮想的にすでに完成した国家であるかのような一方的思い込み、国際交渉の場でただ理念的に門戸開放を叫ぶだけである。このような「道徳的」な姿勢こそ国際問題において真の解決の道からはずれるものではなかったか。そこから一歩も抜けださないアメリカ流の認識にこそ問題があることを知らねばならない。

3　ソ連の位置
――極東アジアにおける有力勢力

こうして中国との国交調整は次第に日本の命運を決める要素となっていくが、それまでの経緯、さらにその後の展開において、北方要素、すなわち日本の地政学的位置からして、対ソ戦略の構築という独自の課題をもつのが日本であることを前提として押さえておく必要がある。

日米開戦は西太平洋における覇権争いであったが、広く極東という舞台は単に日米対決にとどまらなかったことも忘れてはならないことである。すなわち、日本は北方の防備のため、またソ連の復讐戦に備え満州に強力な軍隊を配備しておかねばならない。これはイギリスともアメリカとも違うところである。

さらに、シナ本土における共産主義勢力の浸透にも対抗しなければならない。中国の抗日の背後にあったソ連の動きが重要だ。ソ連は国策として、中国の抵抗が長引くことが日本の国力を消耗させ、自国攻撃の余力を奪うものとして賛成し、中国を思想的にも（国際共産主義運動の普及・伝播）、物的にも、仕組みづくり（武官学校の設立など）においても応援するのであった。

こうして彼らは中国の最大の敵は日本であるとして、国共合作を押しすすめる。同時に、中国もソ連も英米と行動を共にする要素となってくるのである。こうして上記したごとく、極東におけるソ連海軍の増強は英米の賛同するところでもあった。

日本が受けているこのような北からの、しかも国際共産主義からの脅威は、地政的に隣接することのない英米においては存在しないことであった。

注：

（１）本多熊太郎『日支事変外交観』、千倉書房、一九三八年、一三一頁。

（２）同、一六五頁。

（３）同、一六九～一七〇頁。

（４）同、一三一頁。

（５）同、一六六頁。

附３　中国をめぐる専門外交官の見方、苦慮する良心

つぎに視点を変えて、外国にいる中国通やアメリカ外交官は、中国における最終的な情勢展開をどうみていたか、また

情勢を左右するアメリカの対中国政策はどうあるべきと考えていたか、を明らかにして、日中のあいだの紛争収拾の可能性を検討したい。

　日本の占領が華北にとどまる段階であれば、まだ日中の間で自主的解決の可能性がなくはなかったが、その段階を過ぎた以降、わが国は大陸に深入りし支配地域は広げていき、その支配の〝便法〟として汪兆銘政権をつくるが、中国国民の支持は弱い。こうして最終的な解決はむしろ遠ざかっていく。これを打破するため、両国の間でいくつも和平打開策が話し合われるが一つも成功しない。中国内部では、共産党の勢力が勢いを増し、蔣介石はその弾圧に軍を投入するが成功せず、むしろ国共合作で押しきられ、抗日運動においては共産党の指導力が強まっていった。英・米はこの中国を支援し、ソ連も援助しつづけ、この結果、中国においては、日本と汪兆銘政権、蔣介石国民政府、中国共産党、英・米、ソ連、の五つの勢力の間の角逐があり、到底、日本単独で中国との話し合いで事態を解決する途は閉ざされていく。

　この複雑な事態は今後どのように進展し、そのなかでどのような展望を持ちうるのか、あるいは打開策がありうるのか。ここで、三〇年代にアメリカにあって中国情勢を深く観察した、K・カール・カワカミ『シナ大陸の真相』と、アメリカの第一線外交官であった、ジョン・A・マクナリー『平和はいかに失われたか』に依拠して、外交的な展開の選択肢を探ってみよう。

カワカミによる事態の展望シナリオと日本の位置

まず、カワカミは興味深いシナリオを書いている。[1]

(1)　中国大陸において日本の存在がそのまま続く→共産党と国民党の合体、そして抗日運動の継続。

　この場合、英米は中国支持へ。そのため混乱は継続する。そこでは共産主義は復活し、内戦は激化し、外国融資の略奪、外国人の生命財産は不安に曝され、赤色ロシアの完勝となろう。そしてソ連は日本へ挑戦し、開戦になろう。

(2)　日本は英米と協力する→新生中国の誕生。ソ連の撤収の可能性あり。

(3)　日本が中国に居ない場合→中国の内部抗争の激化、共産党の主導性確立へ。

(4)　英米の態度→日本の進展に非協力、むしろ圧迫へ。これは戦争に発展する。

　実際はこのシナリオ(1)と(4)になったわけである。また戦争が終わって日本が撤退したあとは、(3)のシナリオ通りとなった。的確な展望であったのだ。

マクナリーによる対中国外交の難しさと米国の採るべき態度

またマクナリーの展望はつぎのようなものである。彼は、中国にあって国際交渉の第一線にあったが、やはり外交官たちを大きく悩ませたのは、先にあげた中国人の意識と態度である。マクナリーは次のように述べている。

(1)　中国における一貫した価値観——中華意識の存在。これに文句をつける主張・見解・行動はすべて拒否する。それは論理的思考を超えるものがあり、またその時々の国際常識を超えるものがある。国際ルールに従って行動すれば通ずると考えるのは愚である。

(2)　人種意識（ナショナリズムというべきだ）の甦った中国人について、①自国の法的義務を軽蔑する、②すぐに暴力に訴える、③敵対者の弱みにつけこみ威張りちらす（この場合の弱みとは譲歩のこと。外交交渉に不可欠の譲歩を相手側の弱みと捉える——筆者注）。

このように外交折衝上の苦悩を語っていると同時に、アメリカの態度は、この中国の態度をむしろ助長したのだ、と厳しい。

(3)　そして、アメリカとして対中国政策に関しつぎの三つのシナリオを描く。

①日本にあくまで反対する。

②日本と行動を伴にする

③受身の立場で振舞う。

マクナリーはアメリカとしては上記③の受身の立場を勧める。

日本に対してはどうか。彼は日本の立場についてどうしろ、と言ってはいない。しかし日本の立場を理解し寛大であることを主張していることは興味深い。決して一方的な日本排斥ではないのであった。その背景には次のような展望による認識があったものと思われる。

・日本の中国侵略が続けば、その時の情勢からして日米は対決することになる。

・日本については、その行動をアメリカに理解を求めることは無理である。

・そこでアジアの将来については、日米対決ということになればソ連を利するのみ。(2)

この展望は正鵠を射ている。結局のところ、戦争が終わってみればシナ大陸はこの最後の形となった。先にみたカワカミの展望に一致する。したがって、マクナリーはこのような展開になることを慎重に避けていこうとして、日本との対決という事態を望んでいなかったように思われる。

上記の分析から浮かびあがる事態

上記の二つの実態に即した分析から何を引きだしておくべきか。そして日本にとって事態収拾がいかに困難をきわめるか、ということである。

(1)　中国と向き合うとき、その強烈な中華意識をいかに取りあつかうのがよいか、という問題は素通りできない。とくに日本は明治の不平等条約から脱却するために国際常識を必死に守ろうとした。まず国内体制を整備し、国際条約を守る姿勢を堅持して、諸外国の承認を得ていった。これに比し新生中国はいきなり自覚し、高揚した民族主義によって国益回復行動に突き進んだといえよう。そこに彼我の姿勢の懸隔を生む要因があり、列強の外交を悩ませたが、日本ではこれが中国蔑視と焦りの一因ともなった。

確かにこの違いはあるにしても、しかし中国側のこの姿勢には弁護すべきものがある、と思う。それは弱さゆえの強い姿勢の堅持である。また「遠交近交」も「以夷制夷」も同じことであって、自らは単独で対抗できない場合にそれは採られる。中国の歴史をみても、実はこれは一貫していたのではないか。武力を伴わなかったためにあまり表面にでることなく伏せられていたに過ぎないのではないか。

したがって、対中国外交の成功のためには、中華意識が常に強く流れていることに配慮し、それについて訴えることも忘れずに、しかし「自国は得るものは得る」という〝妥協の〟極意を身につけるしかない。これはまず武力使用の停止から始めるべきであるが、それは出来なかった。

マクナリーのメモの最後の部分を読むと、中国ナショナリズムの盛りあがりに対してどのような策がありうるか、のあれこれの思案が揺れながら繰りかえされる。その立場は、もし良心的な外交官であった場合、あるいは彼がもし近衛首相の有力外交顧問であったとした場合、おそらく苦悩するであろう姿をありのまま映しだすものである。

(2)　それでも、マクナリーはアメリカを中心に、関係国、とくに米、英、日本、が協調によって新事態にも対処していくこと、その方途を信じていた。それがわずか一〇年で裏切られていく（ワシントン条約、一九二二（大正一一）年）。そこで、マクナリーはアメリカの静かな撤退を提案しているが、これは政府の採るところとならなかった。彼の信条の軸になった母国アメリカが簡単に中国の要求に支持を与えていく。その過程で条約を守ることなどは考慮されなくともよいのであった。しかも統一国家となった中国には、中国独特のナショナリズムが再生された。強烈な中華意識の存在とその行動パターンである。その発揮に日本も各国も振り回された。

(3)　カワカミもマクナリーも興味深いことは、中国において共産党の優位を認めていることである。これはその通りになった。現在からみれば、中国大陸における事態の進展の本質はこのことであった筈である。そのことを直視すべきであった。しかし米国にはその視点はなく、むしろわが国のほうがそれを直視していたと言うべきである。中国に同情的なアメリカはそれを軽視し、また共産党に共鳴するグループの〝宣伝〟効果もあって、アメリカはそれに目覚めることはなかった。

(4)こうして、彼は日本との対決に進んだアメリカ主流外交に賛同していなかったのであり、アメリカにも、しかも外交当局のなかに、このような選択を模索した人物がいたのである。

しかし、それは決定的に選択できない途であった。それはアメリカがアジアから抜ける、撤退することを意味するからである。中国を支援した以上、日本と対決する途に進むこと以外に選択の余地はないのであった。

注：

（1）K・カール・カワカミ（福井雄三訳）『シナ大陸の真相 1931～1938』、展転社、二〇〇一年。二四八～二四九頁。なお原題は〝Japan in China〟で一九三八年の出版。

（2）ジョアン・アントワープ・マクナリー原著、アーサー・ウォルドロン編著、北岡伸一監訳、衣川宏訳『平和はいかに失われたか』、原書房、一九九七年、一八五～一八六頁。なお原著に一九三五年メモランダム、とあるように同年に書かれ、一九九二年に出版された。

Ⅲ　日米関係——その歴史と展開

はじめに

本章は、前二章の対外関係レビューにつづき、日米関係を対象にする。

不幸にして太平洋において両国は激突することとなったが、わが国は歴史的にみて開戦に一直線に進んだのでなく、さまざまな課題の処理が円滑にいかなかったのである。そこで、ここでも開戦に至らない途はありえたかという問題意識を伏線にしながら、前段においてアメリカのアジアへの関心、太平洋における膨張の勢い、を歴史的に回顧し、後段で日米交渉の経緯とそこから見えてくるものを明らかにしたい。その焦点は一九三〇年代後期から四〇年代初頭の日米関係の緊張にあるからである。

1　日米は戦う運命にあったのか——朝河貫一博士の警告とその批判的評価

最初に、日米のあいだで戦争にいたる危険性を早くから指摘し、太平洋に平和を現出するにはどうすべきか、を日本国民に熱列に説き、最後は自ら動いて太平洋開戦直前にルーズベルト大統領から天皇に親書をおくり日米間の最後の話し合いの可能性まで探った人として朝河貫一博士がいたことはすでに関係者には有名なことである。その著『日本の禍機』（一九〇九（明治四二）年）は両国の外交関係と日米開戦の背景を考える意味できわめて重要な文献であるので[1]、ここではそれを読みとくなかで、両国が和平の諒解にいたることができなかった理由を探ることにしたい。博士の日本国民を思う真摯な姿勢は胸をうつものがあるが、筆者は日露戦争の意味については博士の解釈に異議を唱える点では通常の一般的理解とは異なることを述べ、そこから日米のあいだの論点のズレが生じたのではないか。その結果として和平の道について説得性を欠くことになっているのではないか、という疑問を提起したい。

1―1　いち早く上がった「日米戦争」論

最初に本題から離れるが、本著を読んで最初に浮かぶ印象的なことは、日露戦争終結後それほど経っていないのに、早くも「日米衝突ありうるかも」という観測が米国内で一部の評論やジャーナリズムにおいてではなく、指導者の口から述べられていることであり、なにか運命的なものを感ずる。ホーマー・リー『日米戦争』が出たのが一九〇九年（日本での出版は明治四四年）である。(2) こういった動きは特別の具体的な根拠（日本が米国への戦争準備に入っているなど）に基づいているのではないが、社会において生起する印象的認識は人間社会において無視できないことと思う。それは相手について漠然としてではあるが敵対的認識を最初に印刻するものので、こうした見方に人間や社会は意外に強く拘束されるものである。それを払拭するためには、相当の教育や生活体験などがないとできないのだ。

しかも、急いで付け加えたいことは、両国の衝突を避けるためには、最も優れた政治家が登場しなければならないことも分かっていたということである。米国からみれば、日本はハワイやまたフィリピンとは異なり、その思惑通りにコトは運ばないことを知っていたからだ。また太平洋における勢力のあり方はアメリカのほうがより攻勢的であり、日本は守勢的であった。さらに国際関係のルール・セッティングにおいてアメリカは相当の優勢を持ち、選択のカードも日本よりは多かった。それが後の日米交渉において現われてくるのである。

1―2　博士の分析と警告
日本は二大原則のために戦ったのか

さて本題に入ろう。筆者が問題にする最大事項は、朝河博士は日本がロシアとの戦争となり、それにともかく勝利したことは、国際関係における二大原則――領土保全（この場合、清国の領土）と、国際関係における機会均等の原則、を見事に現出したことにある、とする。このゆえに日本は世界から支持され、尊敬もされるようになった。これこそ世界に出現しつつある「新外交」というべきもので「旧外交」は後退したのである。

ところが、その後の日本は遼東半島を中心に南満州において、むしろ「旧外交」を継承した姿になっていて、その実績のうえに、さまざまな既得権益の確保と、一層の拡大をはかっており、これは戦争を通じて日本が世界に誇れる二大成果をみずから踏みにじるものである。そのことに日本はいち早く気付いて、これを修正しないと世界の支持は急速に日本から離れ、日本は国際的に孤立するばかりか、これを否とするアメリカとの間に干戈を交える危険性は大いにある、というものである。

ここで筆者の疑問とするのは、ロシアにたいする日本の危機感は上記の二大原則を守ろうするものではなく、その南下する脅威——放置すれば朝鮮半島も支配下に置こうとする——を払いのけて日本の安全保障を確保しようというもので、それが直接的な目的であった。それが結果として清国の領土保全となり、また満州におけるロシアの一方的・排他的な支配（侵略）を排除するものとなった、ということである。この解釈の仕方の相違は見過ごしてはならない、と思う。

朝河博士は、米国にあって日本を弁護しようとする熱意のあまり、彼らに諒解可能な原則を説明にもちだして、その説得力を高めたのではないか、と勘ぐりたくなる。しかし、これは博士の必死の努力にたいして失礼であろう。したがって、それはその通りに受けとっておくが、このような理解のゆえに、地政学的な、そして勢力均衡（バランス・オブ・パワー）の厳然たる存在を軽視することになっているのではないか。

ローズベルト大統領の求めていたもの

この地政学的認識にたつ戦略の存在と、それに基づく具体的な政策の展開が米国にもあったことは、本著においてはしなくも確認できる。

「六月初旬ローズヴェルト氏が日露両国に談判を勧めしにあたり、その露都における米国大使に命じて露国政府に通ぜしめたる言の中におもえらく、何人も眼に見るも、戦争もし継続せば露国はすでに失えるところに加えて、太平洋沿岸の東亜領地をことごとく失うに至るべきを疑わずと。これ氏が最も重視せし事情にして、露国に談判の開始を勧めしもこれにより、また八月二二日以後露国に調停を勧めしもまたこれによれり。即ち二二日、氏は日本がすでに提出したる樺太切半および戦費償却の妥協案をすみやかに容れんことを露国皇帝に勧めたる言にいわく、妥協案に従いて樺太の「北半を保有せば、露国のために浦塩斯徳（ウラジオストック）および東部西比利亜（シベリア）の安全を保障するを得べし」、今「和を結ばんことの日本のために利あるべきは疑いなきところなれども、余の考うるところにては、和睦が露国を利することさらに限りなく多かるべし。もし和議成らずして戦争継続せば、日本の財政の困難は大ならんも、露国は過去三百年間勇敢なる露人の獲取したる東部西比利亜を終に失わざるを得ざるべし」と。

同じく二六日にも同様の勧告を露帝に伝えたのである[3]。また、談判のまだ始まっていないころ、ロシアの駐米大使ローゼン男爵がローズベルト氏と会談したとき、

「戦争の初めにあたりては氏の同情は全く日本に向かうも、その連戦連勝を見るに及びて、ようやく露国にも向うに至りたり。何んとなれば、**露国が全く太平洋岸より排除せられんことは極東の均勢上最も米国のために望ましからざるところなればなり**」。このためロシアは苦痛があるが、すみやかに和を結ぶことを祈ると言ったという[4]。

ここにあるのは、これ以上日本が強くなって極東アジアにおいて勢力を拡大することを恐れたこと、そのためにはロシアが一定の影響力を保持している状況を現出しておいたほうが良いと考えたこと（太平洋に出ることができるという状況を消滅させてはならないとしたこと）、である。ローズベルト大統領がこの状況を切望したことは、ポーツマス会議の始まる前からロシアに説得していたのであり、さらに交渉終盤において露国皇帝にたいして直接にかつ熱心に説得していたことからも、それが一時の思いつきではないことが分かる。

これこそ力の均衡を求める地政学的政策そのものであって、領土保全、機会均等、の原則はどこにいってしまったのか、と言いたくなる。いや、正しくは、領土保全、機会均等とは、別言すれば現状の「地政学的安定」ということであって、これを変更してはならないということを意味するのではないか。この原則がまだ生きていると言うならば、そのような形でこそ——すなわちロシアにとって従来の支配地域の保全をすること、それは破ってはならないこと、これによってロシアにとってもアメリカにとっても機会均等が保障されるのだ、という解釈を下さねばならないのではないか。そのように解釈すれば、この二大原則も現実の様相を説明するものであって、その言葉によってなにかより上位の普遍的原則を謳ったというのはおかしいのである。

さらに進んでいえば、わが国はこうして北からはロシア、南からはアメリカにはさまれるという構図が残り、日本の発展に一定の制約を課す、ということを意味してはいないか。これ以上の発展は許さないという構図になっているのではないか。後にアメリカは日英同盟を破棄させるが、これは英国の〝庇護〟のもと、日本はその発展する条件が有利になっているが、それをバックにさらに発展することをアメリカは認めることができなかったのである。

博士の分析への疑問

以上の検証から、朝河博士自身が日露戦争も厳然たる地政学的な関係のなかにあったということを意味づけることを何故しなかったのか、という疑問を提示したいのである。

またこの事例によって、掲げられる「理念」、「理想」と、現実の政策選択との関係、その現実の表れ方を知ることがで

きるのであり、国際関係において理念のもつ意味の〝限界〟を充分に認識する必要を痛感するのである。この点に関しても博士の指摘が提示される必要はなかったのか。

これを補完しておけば、「新外交」が登場してきたことは事実であるにしても、それは「旧外交」の行き詰まりの結果であること、また「新外交」を唱える国はすでに自国において得たいものを獲得していること（米国は西へ膨張することで広大な領土と資源を手にしていた）、あるいは英国、フランス、オランダのように「旧外交」によって獲得するものは獲得しており、そのうえに「新外交」方策を採るにいたる、あるいは賛同する姿勢をとるのである。これに対し、いまだ「旧外交」においてすら、そのような優勢を占めていない国はどうすればよいのか。このような後発国はその路線にすぐには乗りきれないのである。ここにあるギャップは大きいものがあるが、これは先進国側のなかなか認識するところとなりにくいものである。さらに「新外交」を採用することに賛同することがあっても、彼らはすでに獲得した成果を「新外交」によって修正しようとしてはいない。

歴史においては、空間の支配と時間の支配は、それぞれの国によってずれている。そのズレがしばしば相克の因子になる。

また、当面の進出対象国の条件も違う。支那のようにその領土と人口規模が大きく、中央政府は弱体だが地方ごとに政府は存在して統治している、といった状態では、軍事力では容易に支配できるような国ではない。その代わりに、弱体な中央政府の間隙をぬって、勢力圏の設定や鉄道敷設や、租借地の獲得やで、実質的な成果を得ようとする。それは勢い通商中心の拡大になっていく。これが「新外交」の背景にあったと思われる。

こうして国際関係は力の配分をめぐって動いているのであって、それを説明するための理由をさまざまな衣装をつけてあたかも普遍的原則のように振りかざすのである。

朝河博士の問題は、せっかく地政学的な勢力均衡論が存在したことを認識しながら、そこから出発しないで、国際関係における二大原則を金貨玉条のように普遍的原則として認識し、これを破る日本、あるいは破ろうとする日本、という位置づけをおこなって日本を批判しているのである。

実に皮肉にも、この二大原則は博士の説くごとく戦争の勝利によって確立されたのである。また「新外交」はかつての方策の愚を悟ったので、その意味では進歩であったろうが、愚かなる行為によって獲得したもの多大であったあとで展開されたものであった。かくて二大原則はすべて「持てる国」の立場よりする発想であることが分かる。

そこで日本が満州でその権益の保全と拡大を図ることはけしからぬというのなら、英国の香港領有から始まった揚子江以南における勢力圏の敷設はどういうように理解すべきか。またその租借は百年の長きにわたる契約であるが、日本がロシアから譲渡されたものは一九二三（大正一二）年に切れるが、これを延長するのはどのような理由によって不可であるのか。

そもそもロシアの南下は、日本にとって脅威であったが、その性質からみるに、アメリカのフィリピン領有とどこが違うのか、本質的な違いはない。

さらにいえば、アングロサクソンの結合があるから、アメリカがこれから支那に参入しようとするとき、イギリスは目の仇にならず、すぐ目の前にいるのが日本なのであった。

このように、外交関係は一つの理念によってみるのではなく、現実の重層的な背景や原因によってみるべきものである。

博士がまず指摘すべきであったこと

以上をまとめて筆者が言いたいことは、朝河博士は日本国と日本人に、つぎの三点を指摘し、強調すべきであったのではないか。

①米国外交の〝二重性〟というべきか、その独特の表現様式を明らかに説明し、日本国民の蒙を開くべきであった。その二重性とは、米国のその時代における国益追及の欲求を、〝普遍的〟原則の言葉をもって表明することである。それは衣装に被われるので、この〝レトリック〟というべき表現形式にしばしば足をとられるが、その真意を知ることにとくに留意すべきことである。

表に現われた理念は言葉だけでは、その裏にある実相を知ることはできない。その行動と真の欲求を知らなければならない。朝河博士はそのことを知り、「世界強大国」として太平洋に進出してきたことの意味を強調するところまでには入っていっていない。

②もし、「新外交」の意義を強調するのであれば、欧米諸国のそれまでの行動はどうであったのか、の歴史的点検が必要ではないか。できうればそれを否定する言辞がほしい。その拡張における不法を説き、その是正をまず迫ることがなければならない。

③そしてそれにつづいて、「彼らのやってきたことだから、どうして日本がやっていることばかり非難するのか」として、後追い追随型の行動を正当化するのは間違いであり、真に正義と人道の立場にたって新しい日本の方策を創造することを強調すべきであった。

こうして②と③がセットになって始めて説得力をもつのだと思う。

1―3　それでも博士の警告は重い

さすがに、博士はこのような認識にいたる直前のところまで思考は進んでいたかにみえる。同時にこれを達成するにあたり大きな困難に遭遇することにも思考は進んでいたかにみえる。おそらくこれらのことを内に秘めながら感じとっていたかに思える。それは日米双方についてのつぎの引用によって伺い知ることができよう。

［日本について］

「国運の分れ目とは何ぞや。（中略）今日の大問題は・・・「すでに戦勝によりて進歩の自由を得たり、この上は無理に急速に一時の利権を増進して国を危うくせんか、はた公平なる競争によりて長久の進歩を得んか」これなり」。

そして「**今日の問題は**・・・すこぶる抽象的なり、はなはだ複雑なり、一見するところ平凡にして人を衝動するの力を欠く。これが解決に要するところは、**超然たる高明の先見と未曾有の堅硬なる自制力とにあって、**かの**単純直接の戦闘および犠牲のみの能く処理し得べきところにあらず**」。ゆえに「僅少の識者」が「まず明快に国家前途の問題を意識し、次にこれに処するに非常なる猛省をもってするにあらざれば、国運日に月に危かるべし(5)」。

［米国について］

また米国側についても、クリーブランド大統領はつぎのように述べていたという。

「我国（米国）は今や主としてシナおよび布哇《ハワイ》、比律賓《フィリピン》に関して明らかに他国と一種の関係を有せざるべからざるの運に向えり、**これらの関係より戦争を来たさざらしめんことは、最も確固にして最も賢明なる施政にあらざれば能わざるところなり。**しかれどももし米国の行為の方針仁義に合せば、その我が国を利すること極めて大なるべく、あるいはこれによりて、かの最も悲しむべき必然の結果（すなわち戦争）を見ずしてこの危機を過ぐることもあらんか(6)」。

上記の二つの引用文は日米の大衝突を犯してしまった今日からみても、まことに肺腑をつくものがある。それを結論的にいえば、国際関係においては国益の衝突は避けがたいが、それはどのようにしたら回避できるか、という根本的問題を提起しているのである。

日本側については、新興国の勢いのおよぶところこれを制御することはまことにむつかしいが、それでもいままでにない先見性のある高い認識を確立し、ゆるぎない自制力を持ちつづけることで、この危機というべき転機を乗りきることを訴えている。まさにこの通りである。

そこで「高明の先見」とはなにか。それは博士は提示していない。それは「僅少の識者」がなすべきことであるが、これこそ近現代日本において最も必要なものであった。具体的には、対外発展をいたずらに軍事力によって進めるのではなく、これに代替する方策はどのようなものであるべきか、また中国との関係をいかに調整するか、を日本自身が研究することであろう。近現代の日本の〝悲劇〟は、その知見をついに開発できなかったことによってもたらされたのである。

米国については、その政策が正義と人道主義にのっとっておこなわれれば、戦争を回避できようし、それは最も強くかつ賢明な政治的手腕によってのみ達成されるとしている。この政治的手腕による、という文言に注目したい。それは国益追求に従うのではなく、そのうえにある最も高度な判断であって、その形成と発揮に期待しているのである。

2　アメリカの「西力東漸」の勢い

2―1　画期の一八九八（明治三一）年

アメリカにとっては、一八九八年という年は、まさに画期という言葉がこれ以上ないほど当てはまる年であった。それは大航海時代以来、植民地帝国として君臨してきたスペインを相手にカリブ海と極東で戦い、勝利した。こうして大西洋と太平洋の両洋にまたがって海洋支配権と海軍基地を手に入れたのである。かくしてアメリカはもはやアメリカという陸島を支配する国ではなく両洋を見渡して行動する海洋国家となり、それを通して世界を睥睨する、二十世紀の王座を視野に入れる国になったのである。

これをまずクロニクルで整理しておこう。

・一八九八年二月、キューバのハバナ港で米戦艦メインが謎の爆沈を遂げ、二六人の乗組員が死んだ。この原因は不明なところがあるが、アメリカはスペインが仕掛けた機雷によるテロ攻撃であると断じた。

・同年四月二五日、マッキンレー大統領の要請を受けた議会がスペインに宣戦布告、米西戦争の開始であり、建国以来の初の外征戦争である。カリブ海でキューバ封鎖をする一方、香港から出撃した太平洋艦隊は五月一日マニラ湾に侵入しスペイン艦隊を奇襲攻撃で全滅させた。続いて八月には陸軍部隊がスペイン軍を降伏させ、ガム島も占領し、スペインの太平洋の根拠地は潰えたのである。

同年一二月、パリ講和会議で、アメリカはカリブ海でキューバとプエルトリコを、太平洋でフィリピンとグアムを領有することになった。

・次いで翌年にかけ、ハワイ併合、ウエーク島、ミッドウェー島、サモア諸島の占領と続き、この短期間の〝勝利〟によって、まったく突然に十九世紀末に帝国に成長したのである。

・一八九九年、国務長官ジョン・ヘイは、中国への「門戸開放宣言」を唱えた。

この宣言にはつぎに述べるマハンの助言が反映されているとされるが、その政治的意味はアメリカのつぎのターゲットとなった中国進出においてこれを脅かすのが日本である、という認識が登場してきたことである。

・一九〇一年、マッキンレー大統領が暗殺され、ルーズベルト副大統領が大統領に昇格すると、強力な戦艦群製造に踏みきる。

・一九〇二年、仏レセップスの着手したパナマ運河開削の権利を手に入れた。

・一九〇六年、ブルー（米）対オレンジ（日本）の対日戦争計画「オレンジ計画」が作成された。

2―2　マハン理論の登場とその影響の大きさ
マハン理論の構成

この膨張を海軍戦略の面から主導したのが、アルフレッド・セイヤー・マハンである。マハンの理論とそれが「マハニズム」にまで高まって二十世紀のアメリカ覇権の形成に寄与することがいかに大きかったかについて、雑誌『選択』の短期連載記事「マハニズムの研究」（一九九八年四～六月）に全面的に依拠することにする。それは匿名記事であるが、十九世紀末からアメリカが両洋をまたぐ大海洋国家となり、世界の覇権国となる経緯とその要素を的確に記述し、アメリカの対外関係の特質と日本との関係の形成や、日本海軍も学習しながら〝失敗〟した理由まで触れているからである（そのため以下では煩瑣を避けるため、引用ページの明記を省略させてもらった）。

・マハンという人物——海軍士官であり、歴史家であり、ジャーナリストであったが、『シーパワーの歴史に及ぼした影響』（一八九〇年）を発表した。これに大きく鼓舞されたのがセオドア・ルーズベルトであり、こうしてマハン理論はルーズベルトとともに「ホワイトハウス」入りし、米国の遠大な国家教義に組み入れられていくのである。

・マハン戦略のエッセンス——イギリスが世界の覇者になっていく過程を海戦史をひもときながら、大英帝国の形成は強大な海軍の傘の下における通商拡大にあった事実を論証した。それは、通商活動拡大→商船隊の必要→海軍による通商保護→大海軍の保有→世界貿易の拡大、という海軍力と国家発展の循環関係にある。

・このシーパワーの源泉として、①地理的位置、②地勢的形態、③領土の規模、④人口、⑤国民の性格、⑥政府の性格、の六つがあり、その支柱として、商船隊・海軍力・根拠地が不可欠であるとした。つまり、シーパワーとは、その「連鎖」に生産・海運・植民地の三つを、さらにその支柱として商船隊・海軍力・根拠地が不可欠だとした。海軍力の優勢によって得られる海洋支配の確立、そのもとでも海上貿易と外国市場獲得、その結合体が国家の富と偉大さに帰結する、と説かれる。

これは米国以前の大英帝国の海外発展の歴史的必然を説明したもので、彼は〝海のアダム・スミス〟とまで持ち上げられた。

マハン自身は一九一四（大正三）年にこの世を去るが、それまでの間、直接・間接にアメリカの海軍戦略にとどまらず、国家戦略に大きな影響を与える。この期間、構築されていくマハン戦略のエッセンスはつぎの通りであるという。

① 国益と不可分の原則――国策との整合性の重視。また戦争は政治行動の一つの形態である、というクラウゼヴィッツと同様の論理で政治優位を説く。

② 目的単一と集中の原則――攻撃は直進的、迅速かつ決定的であること。目的（海洋支配）―手段としての決戦（艦隊による戦闘・勝利）―結果（国土封鎖・孤立・降伏）の簡明さ。

③ 根拠地の原則

国家戦略との結合

このようにマハン理論を理解するときに重要なことは、それは単に海軍戦略の枠内にとどまらないことである。一八八七年執筆の記事「二十世紀への展望」において、マハンは次のように書いたという。

「キリスト教世界に課せられた偉大な任務――この使命は達成されねばならず、さもなくば滅亡の道しかないのだが――とは、古来文明、とりわけ中国、インド、日本の文明を懐柔し、それをキリスト教文明の理想にまで高めることなのである」。

ここで終われば西洋に根強くあった文明教化論の再説として受け止めることができるが、ついで、「この使命はさまざまな形態をとるが、その最も顕著なものとして、イギリスが常に剣を手にしながらインドで果たしてきた使命があげられる」と言っている。つまり武力による西進を主張しているのである。

さらにJ・ヘイの対中国門戸開放宣言を受けて書いた「アジア状況の国際政治に及ぼす影響」（一九〇〇年）において、アメリカの対アジア政策をつぎの二点に要約しているという。

① 一国による圧倒的な政治支配の防止、

② 門戸開放を通商のためのみに開放するのではなく、ヨーロッパの思想やさまざまな分野の教師たちにも開放する。

この①は先に挙げた日露戦争収拾時におけるセオドア・ローズベルト大統領の極東アジアにおける「力の均衡」維持（そのためロシアが日本に負けたとしても完全に極東アジアから消えることを阻止した）をまさに先取りするものであるといってよい。こうしてアメリカはアジアに影響力を確保しようというのである。②はいわゆる文明教化の思想の実現であるが、英国はじめ欧州諸国もそのような思想はもっていたが、アメリカはこれに比べるとまるで一つの宗教国家のごとく「偉大なる運命」の使徒たらんとしたのである。

ここに封じ込めと関与、そして西洋価値観の伝播という、今日においても生きつづける対外価値観が、二十世紀の初頭に明確に示され、その思想がその後も綿々と受けつがれていることを知る。

果たして、上記のごとく、ハワイ併合、フィリピン領有、となり、一八九八年ジョン・ヘイ国務長官の中国への「門戸開放宣言」になる。そしてこの頃から中国市場を脅かす存在としての日本の姿が認識され始め、対日警戒心が醸成される。

・そして先述のごとく、一九〇一年、ローズベルト副大統領が昇格し、新大統領はマハン理論に基づく強力な戦艦建造に踏み切る（なお、フランクリン・ルーズベルトもマハンに大きく影響された人物である）。

それは、今世紀の初頭において、太平洋海域の支配を目指した大海軍計画であるが、それは「マハン理論」に則るものであった。

また、中米地帯に運河をつくることは、戦時の艦隊の迅速な終結のために不可欠の要素であった。とくに太平洋に植民地を得る必要性があった。そこで上記のごとく、一九〇二年、フランスが着手した開削権利を入手し、運河地帯をコロンビアから分離するパナマ独立運動を工作した。

つづいて対日戦を視野のなかに入れ、日露戦争後の一九〇六（明治三九）年に「オレンジ計画」の策定に着手した。しかも後にニミッツ提督をして、それは全く修正する必要はなかった、と言わしめているほどに完成していたものであった。

こうして二〇世紀に入ると、新興帝国アメリカはマハン理論に領導されつつ、遠大な国策と海軍力の合体という「マハニズム」へと変貌していく。それを可能にしたのが、大量生産方式による工業力の飛躍的増大であり、二十世紀の冒頭に開発に成功した航空機であった。

まことに、アメリカの強固なアメリカ的価値観をこれと異なる文明にも同質化せずにおかないという教化の思想と、帝国としてアメリカ進出を支え、これを推進する海軍あるいは軍事力の増強、という姿勢が合体するのである(7)。

2—3　マハンを通じてアメリカの対外、とくにアジア政策を知る

四つの視点で整理してみる

さて日本の立場からみて、マハンの立論のなかでとくに重要と思われる諸点を追加して記しておきたい。それは日米対決にいたる背景や要素を明らかにしうる、と思われるからである（太字は引用者――筆者――のもの。［　］は訳文中に訳

者――麻田貞雄氏――が挿入したもの）。

(1)　人種の異なる所以によって文明を捉える

「大陸国対海洋国の相対立する利益と立場については、すでに相当詳しく検討してきた。一方、今日アジアにおいて接触するようになった［諸民族間の］の気質的相違については、まだ体系的に論じていないが、それは三人種――アジア人種、スラヴ人種、チュートン人種――間の問題として要約できよう。これら三人種のどれ一つとってみても、他の人種に対して「見解一致」という言葉の表わされるような完全な理解を示すことは、現状ではできないでいる。・・・これを克服すべき困難としてとらえることが第一に肝要である」。

この文章の前につぎの文言がある。

「しかしながら、ここで直視し率直に認めておくべき点は、先天的・後天的な人種的特性の相違にともなって、［東西間に］理念でも行動の面でも一時的な不一致が必然的に生じ、それが往々にして誤解、さらに衝突をすら引き起こす原因になる、ということである。このような認識をもつことは、願わくば正義と平和が勝利を遂げるべき将来［の世界］を築くよう、準備するための前提条件として必須であり、きわめて重要である(8)」。

これを読むと、九国条約にロシア（ソ連）を入れない理由が分かる気がする。チュートン人種は海洋国家群からなり、スラヴの大陸国家とは基本的に違うという認識があるのではなかろうか。

この人種論に加えて、西洋文明のなかのイギリスとアメリカは特殊な関係にあることを強調する。

「西洋文明諸国の結束という趨勢は、また近年イギリスの国民および政治家が合衆国との友好関係を求め、両国関係の密接化をはかろうという明白な態度を表明していることにもみられる。バルフォア氏は・・・この思潮を「人種的愛国心」という言葉を用いた。（中略）

そして、ゆくゆくは・・・他の西洋諸国民にも、この言葉を当てはめたいが、「「人種的愛国心」という辞句には、将来の大問題を解決するヒントが充満している・・・(9)」としている。

まさにアングロサクソンが世界の問題を解決すること、を展望しているが、その使命を自分たちが担っていることを言いたかったのであろう。その事態が三〇年後に出現するのだ。

(2)　アジア、中国問題について

このような文明観の下で、二十世紀最大の課題――中国の新生についてはどう捉えるか。それはチュートン民族の有力国アメリカがアジア民族と本格的に接触を始め、文明の伝播がおこなわれる。その形態は、西洋精神・思想の普及（中国からみれば受容）、通商国益の追求、そのための門戸開放である。

「代表的な中国人たちが、わが国の目的や意図を理解してくれなければ、われわれは中国における国家的影響力の行使を望んでも無駄であろう。・・・わが国は中国人に対して高潔な目標を追及するのみならず、他の外国が度を越えた理不尽な要求を中国につきつけたとき、それに反対して中国を支持するに十分な能力をもち、その決意をしているのである」。

そしてアメリカは世界全般の利益からそのような行動をとることを強調し、つづいてその決意を述べる。

「一般原則（門戸開放原則）を受け入れようとする人びと・・・に私は次ぎのようにいいたい。わが政府・・・は中国の到達した現段階において、中国問題が周囲の環境に翻弄されてあてもなく押し流されていくのを放任することはできない、と[10]」。

このように中国へ文明が伝播していくが、そのとき外国が理不尽な行動をとる、あるいは中国が環境に翻弄される場合、その事態は放置できないと第三国に釘を刺しているのである。それはなんらかの干渉になるが、その際、有する十分な能力とは外交力もあれば、軍事力もあろう。これは後日（二〇年後）のワシントン体制の構築を暗示しているようで不気味である。

(3)　軍事力の位置づけ

ここで触れてきているように、アメリカはその意図を貫こうとするとき、軍事力のもつ重要性を決しておろそかにしていない。

「海洋国家は［中国などの］相手国に対処するにあたり、征服するのではなく向上させることの特別の関心を抱くのであり、ここで目標になる世界の福利増進は、強制によるのではなく影響力の行使によるべきだとされる」。

としたうえで、つぎのように述べることを忘れない。

「**こうした過程の基礎に軍事力**——外部からの勢力の闖入を助ける力、そして外部勢力の相互間に対立をかもし出す力——**が横たわっているということは、遺憾ではあるが、しかし、それは歴史全体を通じてみられる反復現象にすぎない**。そもそも軍事力は、思想の力によってヨーロッパ世界を現段階にまで引きあげる際の手段であったし、またわれわれの社会組織はいうにおよばず、国内的・国際的な政治体制をも依然として支えているのである[11]」。

この考え方にのっとり、いざという時の軍事力の投入を念頭におくことを指摘する。

「われわれは中国の門戸開放を維持していくうえで、わが国なりの役割を果たす覚悟がなければ、いわゆる「門戸開放」の通商的利点を確保することができない。また、わが国の［中国における］権益が剥奪されて、われわれの通商が締め出しを食い、影響力が無に帰することになる恐れのある場合、それに抵抗してわが国の道徳的影響力、さらに必要とあらば物理的な実力を投入して戦うことを辞さない覚悟がなければ、われわれは［諸外国による］中国領土の尊重を期待しえないであろう[12]」。

当たり前のことであるが、アメリカの対外政策の根底にはつねに「物理的実力」の投入が前提にされている。それは「道義的影響力」とセットになっているのだ。それが西洋列強の世界制覇の実相なのであり、わが国は幕末に「四隻の黒船」で実体験したはずである。こんなことをここで改めて指摘しているのは、戦後の平和ボケで、西洋は「平和愛好国」、日本は「好戦国」などのイメージで塗りつぶされ、大東亜戦争観が著しく歪められていることを指摘するためである。また、後述するが、日本が占領下の東南アジアにおいてその地の人びとによる軍隊の組織化を行なって独立運動に画期をもたらすが、このように軍事力のもつ意味をよく考える必要があるのだ。

(4)　日本について

さて、日本についてどう視ているか。それは慎重にして、しかし警戒的である。

「望むらくは日本が［国際社会の］パートナーとして仲間入りするようになれば。それはある程度持続する政治的協力という一位相の現われであろう。そして、さしあたり大陸国と海洋国とが敵対関係にあり、日本は後者に属するという事実にもとづいて観察すれば、それは便宜主義的な協力関係の現われであろう。

しかし、たとえそうであろうとも、そして共通の目標をめざして忠実に共同しているときでも、微妙かつ本質的な人種の特性がどうしても現われるのであり、また、必ずしも敵対感情にまで発展せねばならないわけではないが、理念や影響力にも［人種の線に沿って］相違が出てくるに違いない。この点、日本は中国と同様にアジア民族に属する」。

にもかかわらず、日本が西洋を積極的に受容したことは「よい前兆である」としたうえでつぎのように述べる。

「しかしながら、ここで率直に認めておくべき点は、先天的・後天的な人種的特性の相違にともなって、［東西間に］理念でも行動の面でも一時的不一致が必然的に生じ、それが往々にして誤解、さらには衝突をすら引き起こす原因になる、ということである。このような認識をもつことは、願わくば正義と平和が勝利を遂げるべき将来［の世界］を築くよう、準備するための前提条件として必須であり、きわめて重要である[13]」。

わが国が明敏にも西洋文明をうけいれたことは、かつてチュートン民族がローマ文明を受け入れたと同様に注目すべき成果であるが、それでも人種的違いは現われてくるものであり、それによって生ずる不一致は避けがたいことを認識しておかねばならない、とする。その不一致が二〇年後から次第に大きくなっていき、ついに両国は、両人種は衝突したのであった。

まことに、以上の論述を追っていくと、日本側からみて両国は早晩衝突することを見透かしているかにみえる。それは日本の行うであろう行動を予見し、それを許すことができないかのようなトーンが文書の背後に見え隠れするのである。とにもかくにも、日本の前に大きな監視役が立っている感があり、日本が結局は、このアメリカに翻弄されることになるのだが、その筋道はすでに描かれていたのである。これを前提にすると早晩両国は衝突を免れなかった、という感想が湧いてくる。

以上はマハンの二つの論文「二十世紀への展望」（一八九七年九月）、「アジア問題」（一九〇〇年）、から四つのテーマを設定して抜書きしたものだが、スペインを破って一気に太平洋を支配する海洋帝国となったアメリカの、世界に対する、アジアに対する国家的認識を、まるで今日（一九二〇～四〇年代）に生きていてその時代に直面しているかのように記述している。執筆時は日露戦争さえ終わっていないのだが、決して「アウト・オブ・デート」ではない。それが示唆する内容は日本にとって必ずしもハッピーな道ではないが、それでも**文明について、歴史について、それを動かす動因について、深い認識があれば、将来の事態はかなりの正確度をもって描けることを教える。その意味でも貴重な文書である。**

日本におけるマハンの受けとり方

最後に、ここでなぜ詳しくマハン理論、そしてマハニズムについて触れたのか。ある会合で大東亜戦争論が議論になった際、筆者が「わが国はアメリカのマハン理論、マハニズムを知らなかったのではないか」という指摘をしたら、「そんなことはない。明治以来、日本海軍はマハンに学んだし、昭和になっても指導者たちは知っていた」という反論があった。それはその通りであろう。しかし筆者がここで言いたかったことは、アメリカという〝特殊〟な装いをもつ国家――それをマハンは思想としてまとめていた――を総体として理解していたかどうか、であって、それが外交交渉においてすれ違いを生んでいるという警告の意味であった。具体的に言うと、もし相手が英国であったならば、外交交渉は通商面での双方の利益獲得をめぐって譲歩・妥協が中心となったであろうが、太平洋に覇権を獲得しかつその外交原則を譲らない米国相手の外交については充分な理解をしていたとは思えないのである。

もう一つの指摘は、大東亜戦争を民主主義対軍国主義という理解の仕方が通俗的で間違っていることを言いたいのである。それはこのマハン理論を追うことでよく証明されるのである。「民主主義国」アメリカは完璧ともいえる海軍力の充実・整備を行なっており、それを軸にしながらそれに文明教化という衣をかぶせて太平洋を支配しようとしたのである。そこで興隆する日本とぶつかったのであり、それは太平洋をめぐる力の対抗となったのであって、それがコトの真実であるということである。

なおついでに、日本はマハン理論をよく学んだ（秋山真之、佐藤鉄太郎）にもかかわらず、なぜ敗れたのか。この連載記事はその点も触れているが、それは、

①　目標単一の原則を守らなかったこと、

②　技術の進展に柔軟に対応しなかったこと、である。また陸海の共同作戦を遂行する統合参謀本部のような組織をつくらなかった。

①は国防方針にあるとおり、陸軍はロシアを、海軍はアメリカを、仮想敵国に定めたが、これが戦争目的と方向に亀裂を生じさせた。②は大鑑巨砲主義とそれによる艦隊決戦に最後までこだわり、海上交通の支配のための最適兵器の採用にためらった。

この通りであろう。それゆえ言えることは日本という国家が大陸と海洋の双方に、しかもいずれも大国を相手に軍備をもたざるをえなかったことであり、そのことが近現代日本の歩みを困難なものにしたことを認識することである。

この難題を克服するためには、日本独自の戦略構想が必要であったのだ。それは日本の国力の限界を踏まえ、進歩する技術成果をいち早く取り入れ、さらに日本の強みを発揮できる戦略であったろう。それが部分最適にこだわることから国全体としての戦略発想が貧弱のまま終始したのである。

3　一九二〇年代以降の日米関係の進展

3－1　貿易は小さい、しかし・・・

それでは、どうして最終的に日米対決という事態にまで発展したのか。

(1)　アメリカの対外膨張は、①宗教的・伝道的、②経済的・通商的、③軍事的、そして④理念的・国際法的、といったいくつかの重要側面がある。②は「門戸開放」の主張が代表的なものであり、③にはマハン理論がそれを代表する。なおマハン理論には①を含み、②を支え、④をも推進するという内容が盛り込まれているが、そのゆえにビジョンというべきもので、そのビジョンが直ちに直接的にアメリカの膨張を説明するものでない。そこには具体的な諸事情の進展がある。しかしこれがアメリカの対外膨張の推進力になったことは否定できない。

④はスチムソンに代表されるもので、その唱える原則主義、理念主義、法律家的アプローチには大統領は必ずしも賛

意を表するものでなかったが、しかし、その声明においてはその立場を変えておらず、それを包含している。

ルーズベルト大統領は満州事変に際し強硬な対日非難を展開したこのスチムソンを陸軍長官に任命している（一九四〇（昭和一五）年、タフト大統領時代に陸軍長官となったことがあるので二七年ぶりの復帰であった。なお二九～三三年にはフーヴァー大統領のもとで国務長官となったが、その対日強硬姿勢は大統領と合わなかった）。

なお派遣宣教師は多数にのぼるが、その伝道師としての使命感と情熱は日本人の理解をはるかに超えるものがある。仏教徒やイスラムにはそれはないものであって、この対外進出の形態について日本人は改めて認識しておかねばならない。さらに、彼らは圧迫される中国人、というイメージを母国に、そして世界に発信した勢力の一部であった。

(2)　今世紀のアメリカ資本主義の海外発展は、中国が大きな市場として見通されるにいたった。フィリピンを領有して以降、つぎのマーケットは中国であった。ところが中国においてアメリカは後進の国である。

いまアメリカの対アジア貿易をみると表Ⅲ－1の通りである。[14]

これでみるように、アメリカの対中国貿易の規模は小さく、また一九三〇年代以降ほとんど伸びていないどころか減少気味である。そして対日輸出は対中国の三～五倍あり、し

表Ⅲ－1　アメリカの地域別輸出――1930年代

（単位：1,000ドル）

	対中華	対日本	対ソ連	対全南米
1928年	137,661	288,158	—	—
30	89,600	164,700	—	—
32	56,200	134,500	—	—
34	68,667	210,000	15,011	—
36	46,819	204,348	33,427	204,222
38	49,697	288,378	42,903	318,384

資料：大鷹正次郎『第二次大戦責任論』時事通信社，1959年，194～195頁より作成。

〔参考〕日本の輸出、大正9（1920）年

（単位：1,000円）

対朝鮮	対台湾	対関東州	計	対米国	インド	英国
312,493	292,857	310,549	915,899	1,438	587	330

（この3地域の単位は百万円）

かも意外なことに三〇年代後半は対中国の減少、対日本の増勢、というコントラストをみせていた。しかもその規模からみて日本は中南米につぐ重要市場なのである。アメリカは「お得意さん」としてはアジアでは日本が一番であり、中国の比重は日本に著しく劣るのである。

といってこのことは日本の立場も同じことである。日米間の貿易のほうが獲得した支配地域向けよりも大きいのである。

にもかかわらず、米国が中国を支援すること、外交関係でその味方をすることは、経済よりも政治が優位にあること、その理念主義的外交の表れである。と同時に将来の可能性に賭けていたとも言えるのであり、来るべき日の中国での位置取りにおいて優位を獲得しようとしていたとも言える。また、日本側からみても当面は米国は最重要貿易相手国であるが、それと政治的関係は別物であることを示している。こうして両国は足元の利害よりも将来の争覇をめぐって対立していた、ということができる。

そのため、この実態がありながらアメリカは日本への関心は失っていない。マハンは一九一四年に亡くなったから、第一次大戦もその直後のワシントン条約も知らない。しかし、その後のアメリカの対日本観はどのように展開されていたかを、代表的指導者の発言によって見ておこう。

3―2　米国首脳の対日、対アジア観
セオドア・ルーズベルトの含みある書簡

まずここに興味深い書簡がある。それは、史上最も好戦的であったといわれるセオドア・ルーズベルト大統領が、後継者ウイリアム・ハワード・タフへ出したもので、つぎのように書いていた（一九一〇（明治四三）年一二月二二日付け）。

「我が根本的の国是は、日本人を我国に近づけずして、同時に、その好意を維持せんとするにあると信ずる。他の一方に於て、日本の根本的利害は、満州と朝鮮とにある。故に我国としては理由の有無に拘らず、日本をして、我国が日本を敵視し、又聊かなりとも、日本の利益を脅威するが如く感ぜしむることなきよう、満州に対する態度に注意することが肝要である」。

として、中国は軍事的に無力であるから、これと同盟することは自国の責任を大きくするのみで危険である、としたうえで、

「国際事件に関しても恫喝政策を信ぜず、又「射る積りでなければ引くな」といふ辺境時代の格言を信ずるが故に、真に実行する積りでなければ、虚勢を張ることは無益だと思ふ。満州に関して、若し日本が我国の政策に反対する途を撰めば、戦争する積りでなければ、之を止めることは出来ない。而して日本と戦って勝たんと欲せば、英国の海軍に負けぬ程の海軍と、ドイツの陸軍に負けぬ程の陸軍

を要するであろう。」（中略）そして最後に、

「満州に於ける合衆国の利害は、軽微にして、云ふに足らない。之に反して、日本人をして我国に近づけしめざることは、国家に取りて根本的の重大問題である。アメリカが満州事件に関して、日本と衝突するが如きことは、極力之を避けねばならないと信ずる」[15]。

これは、日本側からみて、アメリカの外交を知るうえで実にさまざまな意味で重要な書簡である（その後の推移を念頭においても）。

①アメリカの国益は、対日本では日本が近づかないことにある。これは後の五・五・三比率に発展したのではないか。②しかし他方、日本の満州などにおける死活的国益を認め、それはアメリカがどうこうすることではない。これを押えるために中国を頼りにすることもできない。③もし対日本でなんらかの干渉をおこなうならば、それだけの軍備を整えなければならない。その気持ちがないなら、いくら虚勢を張っても無駄だ。だから衝突するようなことになってはならない。

これだけのことをつぎの大統領に明言している。それを表面的にとるならば、日米が戦うことにならず、したがってこの書簡は和平を展望するもの、といえる。

しかし、これは取りようによっては、その気がある——「矢を射る」覚悟がある——なら、やってもよいではないか、とも読める。さきにマハンで示したように海外発展における軍備の役割は十分に熟知していることだからだ。したがって準備は怠ってはならぬ、という意味を含んでいるとも解釈できる。現に大統領を魅了していたマハン理論がそうであった。実際、アメリカは大海軍の構築は着々と進めていく。

したがって、このルーズベルト大統領にも、対日では慎重にして警戒的な姿勢が引きつがれているとしてよい。

当事者であったスチムソン国務長官の原則主義

ここでスチムソン国務長官の発言を落すわけにはいかない。その対日認識は『極東の危機』において詳しく述べられている。そのなかから重要と思われるものを掲げておこう。

・基本的立場——「精錬される自我（あるいは自己利益）」。これは侵略主義に対するもの。それはジョン・ヘイの「門戸開放主義」の原則であり、一九二二（大正一一）年のワシントン会議で確認されたもの。それはフェアプレーと善意に基づくものである[16]。

・満州事変が起こった世界においてアメリカにとっての損害とはなにか——それは三つある。

①貿易が阻害される。②大戦後結ばれた条約を日本がなんの抗議も譴責を受けずに無視するならば、世界の平和にとって大打撃だ。③多年の間、支那の独立に努めてきたのに、支那をその運命のままに放棄したときに、アメリ

力の威信にたいする損害は、物質的利益の喪失とともにまことに大きい[17]。

・上院議員ボラーへの手紙――九国条約は「日本の行動により今回世界に提出された如き事件を防止せんが為特に工夫されたものである[18]」。

・満州事変によるショック――「西半球におけるスペイン植民勢力の失墜と共に消滅した植民地市場諸論の再燃とは我々にとって、再武装せるドイツの一隣国蚕食が大英帝国に与えるであろうものと同性質のショックであった[19]」。

いかにワシントン体制が日本の発展を意識し、これを事前に防止しようと設計されたものか、図らずも語っている。

またドイツと日本が新しく「植民地政策」を実施することになったが、それこそアメリカがスペインを破って得たものでなかったたか、語るに落ちるとはこのことである。

なお、つぎにみるハル長官の発言といい、これら米国対外政策における頑固といえる原則主義を実際に貫こうとしたならば――現実はその通りであった――、それは日本との衝突は避けられないと言わざるをえないのである。この点についての日本側の外交担当者の認識は甘かった、徹底的にそれを探っていなかった、といわざるをえない。清沢洌も、法律家的外交スタイルを嫌ったので、ついついスチムソンを軽視することになってしまったが、現実にアメリカ外交をリードしたのだから、その特性を率直に認識すべきであったと思う。清沢に問題があるとすれば、この一点である。

ハル国務長官にみる基本姿勢

さらに二〇年経過すると、世界情勢の変化のなかでアメリカは傍観姿勢を取りつづけることはできなくなるが、それでも自己の国益に関しては当初の二十世紀の転換期から掲げた立場を少しも下りようとはしなかった。いやそればかりかむしろ強硬になったというべきだろう。

これについてハル国務長官はつぎのように述べているのが参考になる（一九三九年一月八日付け書簡）。

「極東、欧州及び此の大陸における**合衆国の利害関係は**、或る一定時期に於て、夫れ等の地方に住居する**アメリカ市民の数や、投資額や、貿易の額によって、計算するべきでない**。更に広範にして根本的な利害関係がある。即ち、国際関係に於て秩序的行動の維持せられんことである。極東の情勢に就いて言へば、世界人口の約半分を有する一地域に於て、**合衆国は平和的方法を以て、秩序的行動を維持せんがために、深き利害関係を有する。此の利害関係は、支那に於けるアメリカの貿易又は投資よりも、遥かに重要なるものにして、支那に於けるアメリカ市民の利益を、直接に保護する問題よりも重要なものである**[20]」。

アメリカの理念主義的外交をこれ以上明瞭に述べた文言はないが、マハンのアジアへの関与の方策がここでも引きつがれている。

このように日米対立が具体的でなく、理念的であり、直接的でなく、間接的であったがゆえに、日米対決の構図は的確に把握されてこなかったと思う。しかし、その根底にあるもの、背後にあるものを的確に取りだし、光を当てるべきである。そうでなければこの戦争の意味も分からないのである。

3—3　対日姿勢とその変化

日本に対する基本姿勢

ただ、アメリカが直接に日本と戦争までして対決するに至るのは、アメリカの国情による外交方針に基づき、アメリカが世界のなかで期待されている役割にそって動いたもの、というべきであろう。それは具体的にはアングロサクソンの世界覇権の維持、これによるイギリスへの支援、そして痛めつけられている中国への支援、この三つの合成であった。

こうして日本に対する姿勢は、

① ケロッグ・ブリアン条約、九国条約をもちだして、日本をこれら国際条約違反国として告発する姿勢をとっていく。

② しかし、基本姿勢は二四時間態勢で「待つ」の姿勢をとる（後にも述べる）。その理由は、

・彼らの立場からしてヨーロッパ（西ヨーロッパ）が第一の利害関心地域である。

・二〇～三〇年代前半期においてはまだ軍備、とくに海軍力が整っていない。

三〇年代後半に入ってもアメリカの両正面作戦を展開するほど軍備はととのわず、優先順位はヨーロッパ戦線にあったから、対日は「あやす作戦」をとり、待機姿勢をとっていた。

・アメリカは伝統的に最初の仕掛け人にはならない、という原則を貫こうとしていた。

しかし、ドイツの開戦によってヨーロッパ情勢は急展開し、一気にヨーロッパを席巻する勢いとなり、その攻撃に曝される危険をもつイギリスへの支援、というかたちで、最後は対独参戦は避けられないものになった。ところが、ドイツは当初は慎重であり、アメリカが参戦するような事態になることを極力避けてきた。

他方、アメリカは一九三〇（昭和五）年後半期までは、日本に対して集団的行動をとるべきか、米国独自の強硬な政策を採るべきか、揺れていた。この動揺は、①日本と戦うことは経済的にみて決して大きな収益をもたらすものではない。②アメリカは三〇年代に深刻な不況に陥り、国内問題に専念せざるをえなかった。③戦争への介入に反対する国内の世論を無視できなかった。アメリカ国内は孤立主義がなお強く、大統領自身が「若者を戦場に送らず」というスローガンによって三選を勝ちとるほどであった。この国内世論にあとあとまで縛られ、大統領は最後は真珠湾攻撃を〝誘導〟

するほどであった。

これに加えて共和党と民主党との間の対立もあった。対日強硬派を代表するのはスチムソンであり、ルーズベルト大統領はスチムソンの主張に完全に同意すべきか迷っていた。そのなかで、一九三七年一〇月に「隔離演説」をおこなうが、それは一般に不評であった（引用者注：①隔離演説は一九三七年一〇月五日、日・独の侵略を非難、中立主義を放棄したもの。ただ当時の国内ではあまり歓迎されなかった。②パリ無血入城は四〇年六月一四日、その前五月二七日英軍ダンケルクから撤退開始。③なお、ドイツ空軍の英国攻撃が始まったが（一九四〇年九月七日以降六五日間、夜間爆撃を続行）、英国がその反撃に成功してくると（「ブリテンの戦い」）、ルーズベルト大統領は欧州戦争参戦の決意を固めたといわれる）。

この故もあって、アメリカは領土保全や機会均等といった一般原則を穏やかに述べることが多かった。そのゆえに対中国支援のため、さらに日本を掣肘するため、軍事行動を採ることに傾くことはなかった。

他方、このように一般原則を述べることは、戦術方策であった一面と、つねに一般原則に立つ、そこに戻るという側面、をもつことを意味していることに注意すべきだ。ここにいわゆる「道徳的・法律的外交」に立脚するという姿勢が一貫して生きつづけていることを知る。これが「ハル・ノート」となって最後に出現するのである。

戦争計画の策定

以上のような「待機政策」は実は戦争計画、とくに対日戦争計画の策定を進めることによって裏打ちされていた。

一九二四（大正一三）年ころ、移民問題が悪化した時期から第二次大戦までのあいだ、米国の対日作戦計画は少なくとも六回は改訂され、統一計画のもと、陸・海軍が別々にオレンジ計画をつくっていた。ワシントン会議後の米国の作戦計画の足取りはつぎの通り[21]。

・ワシントン会議後の「三年計画」

大戦後型一六隻、一九二四年までに完成しようとするもの。約五二・六万トンになる。

補助艦――一八隻、約一七・六万トンの建造計画。

・一九三三（昭和八）年、ルーズベルト大統領によって産業復興予算の名目で、空母，重巡、その他合計三〇隻、一一・六万トンの大建造計画が承認された。

・一九三四年、日本はワシントン条約廃棄を通告。第一次ヴィンソン計画を議会通過。予算総額八億ドル、空母、重巡、その他合計九七隻、二一・二万トンの大建造計画。

・一九三七年一一月、日独伊防共協定成立。米統合会議はオレンジ計画（一九二八年策定）を再検討開始。三八年二月完成し、海軍の二割増強を勧告。

（・三七年一二月、米海軍は英国海軍省と非公式に対日戦争

の場合における協同について打診）

何事もなければ、海軍は対日攻勢を開始し、西方に進出し経済圧迫（封鎖）と併行すれば、日本を敗北に導くことができる。

これは従来からあった「対日渡洋作戦」と同じである。

・一九三九年六月、旧計画を捨てて「レインボー計画」に切り替える。従来の純守勢的計画から敵の攻撃を受ける前でも作戦行動に移れるというダイナミックな防衛計画に転換した。

このなかで基本戦略となったのは、「第五」で、その要点は

米英仏の共同作戦によって西半球を防衛する。

欧州における対枢軸国作戦が成功し、対日攻勢用の有力部隊が太平洋に移動できるまで、同方面の戦略的守勢を維持する。

・一九四〇年四月二日、米太平洋艦隊、真珠湾に駐留することを決定、反対するリチャード長官を解任し、キンメル大将が任命される。

・一九四一年一～三月、「レインボー計画5」が確定。

（日本――対米英蘭支同時作戦を辞せず、としたのが、九月二日だから、それよりも八カ月以上早い。）

以上に見るとおり、極東戦線は欧州戦線の下位におかれたが、それでも日本にとってとくに重要なことは海軍の強化であり、それは、

・ヴィンソン計画Ⅱ、一九三八年五月、二〇％増。

・　〃　　Ⅲ、一九四〇年六～七月、一挙に七〇％増、両洋の海軍力整備計画。

こうして、**日本の対米比率は、一九四一年　七〇％、**

四二年　六五％、

四三年　五〇％、

四四年　三〇％、

と見こまれた。[22]日本はまさにギリギリの、最後の優位状態で開戦したことになり、その後は敗退があるのみであった。

「二四時間待機政策」とその終焉

以上の米国の政策は、よく「二四時間待機政策」と称される。この言葉は、グリス・ウォルドズがその『米国極東政策史』において、アメリカの太平洋政策を表現したもので、言いえて妙である。その結論部分を要約すれば、二四時間待機の意味は次のようである。[23]

①アメリカ側にどのようなカードを切ることもできる余地をもっていること。

②アメリカはアジアにおける国際関係のフレームを作っており（「ワシントン体制」といわれるもの）、日本はアジアにおける最大勢力ではあるが、そのフレームのうえでプレー

しているのである。このことの意味はアメリカ側からみれば、日本はリアクターであって、イニシエーターではないのだ。

したがって、日本は追いつめられ、暴発するに至る危険性を持つことである。

③英国の利害を全面的に引き受ける立場にあること。米英の利害は完全一致することはないが、その強い結びつきによって英国の利益を守ることになる。

ここで、日本側に英米分離論があり、それによって南進成功に期待していたが、これは完全な誤りであった。

歴史的にみても、このアメリカ側の体制は時間をかけて作られてきたものである。アメリカは最初から開戦の決断をしていたわけではないが、日頃から対日戦ありうべし、と準備はしていたのだ。英国覇権が危殆に瀕するという状況のなかで対日開戦を決意し、欧州の状況をみながら参戦免れず、とみたのである。この決断のあとは、日本側の攻撃を待つのみであった。

ところが、ドイツの快進撃により、東南アジアは無宗主国地帯となった。価値判断を別にすれば、歴史上これほど広範な地域がそれを守る力のない状態におかれたことはないのではないか。とくにその中心になるイギリスがヨーロッパにかかりきりになり、その国力の限界もあってアジアを守ることができない。そこでアメリカの参戦に賭ける以外になかったのだ。

チャーチルはその機会がくることを待っていた。それが真珠湾攻撃である。

ドイツは直ちにアメリカへ宣戦布告をおこない、こうしてアメリカは欧州参戦の正当性を得るのである。

ただ、ルーズベルト大統領は日本がこれほど強力に反撃してくるとは思っていなかった。また合理的に考えれば、非力な日本が戦争を始めるとは考えられなかった。これらの点はアメリカ側の誤算であったろう。しかしそのゆえに大統領は日本を「卑劣な国」と強烈に非難することによって、アメリカ国民に開戦を納得させたのである。

日米戦争において軽視してならない側面は、日米開戦の契機は直接的に対決した結果――例えば太平洋の島を取り合うとか、軍艦を撃沈させたとか――で開戦に至ったのではないことである。

それは一つは潜在的競争の顕現化、ということであり、二つはある種の〝代理戦争〟であることだ。その潜在的な競争と対抗があったこと自体が両国のこの地域をめぐる覇権獲得競争であったことを意味するのである。

さらに対中国戦争に処理ができず（その収拾ができず）、その延長として開戦にいたったことである。

ルーズベルト大統領は何時ごろ対日戦を覚悟したか

　このようにアメリカの対日開戦は慎重に進められた。三〇年代に入って戦争を覚悟していたとは思えないが、しかし他方で和平協調によって何んとしても対日関係の緊張を解こうとしていたとも思えない。それはさまざまな時勢の推移の然らしめるところであった。それは強硬派のスチムソン長官の意見が必ずしも採用されなかったが、といって排除したわけでない大統領の発言によって確かめうる。また他方、海軍力の充実をめざして着々と手を打っていたことからも知ることができる。

　ところで、大統領は何時ごろ対日戦を覚悟したのだろうか。

　この間の経緯について、わが国でいち早く米国の文献を読みぬいていた大鷹正二郎氏はつぎのように述べている。

　「ビアードによれば国務次官補バールは、ル大統領が中立・孤立主義から転換した時期を三八年中の一時期とみているようで、三七年の隔離演説をも引用している。（中略）ル大統領が四〇年以前に戦争の決意をしたということについて、四五（昭和二〇）年四月ハーバード大学で行われたフランクフルター判事の演説に従えば**「フランスの降伏の切迫した頃から、ル大統領は連合国の敗北を阻止するため、できる限りの行為をした」ということであり、セオボルド少将もこの時期とみている**」。

　また、対日本については、四〇年一二月四日グルーは日米関係について大統領に長文の書簡をだし、「もしアメリカが大東亜、南洋地域から荷物をまとめて去らねば、場合によっては正面衝突となるといった。一月二一日、大統領は「私は君の結論と全く一致する」と答え「アメリカの自衛戦略は自国の安全に寄与するいっさいの有利な機会を見て、いずれの戦争をも考慮に入れるものである」といった」。

　これを受けて、大鷹氏は「ル大統領はイギリスの勢力下のどの地域においてもイギリスを助けるために、日本との正面衝突を辞せざるものであった」と結論づけている。[24]

4　日米交渉はなぜ成功しなかったか

　日米が対決するようなことがあってはならない、という方針のもと日米で非公式・公式の協議がおこなわれたのであるから、それを成功させれば太平洋での激突は避けられた。まさに日米の間で直接的で本筋の外交折衝であったわけである。

　外交交渉であるから日米双方からこれを観察する必要があるが、ここでは日本の開戦原因を検討しているので、主として日本側の問題を明らかにすることに焦点をしぼることにする。

　結論的にいえば、日米の間で当初は一見、交渉は順調に進んでいったかにみえるが、内実はそうではなかったと思われる。それは両国の間には越え難いギャップがあり、利益は一致しない点が多く、かつそれは基本的マターであり、これを埋めるのはついにできなかった、とみるべきである。またその交渉の経緯をみていくと、アメリカは本当にその妥結を切望していたかは大いに疑問である。以下はその理由を述べていく。

４―１　交渉の経緯

日米交渉は日本近現代の歩みの総決算というべきものであるから、まず交渉の経緯を示し、それを通じてそれが意味したものを探っていきたい。そのため以下はこの問題について最も信頼のおける研究である、義井博『昭和外交史』に全面的に依拠しつつ、まずクロニクル的に書きあげていきたい(煩瑣を避けるため引用ページの明記を省略させていただいた)。

「日米諒解案」――出発点として

・一九四〇（昭和一五）年一一月頃から民間有志のあいだで国交調整の下交渉がおこなわれた。日本側は井川忠雄（長い対米経験ある大蔵省官僚）、アメリカ側はカトリックのメリノール外国伝道教会会長ウォルシュ司教ならびに事務局長ドラウト神父であり、両師はルーズベルト政権の有力者ウォーカー郵政長官と関係があり、四〇年末の約一カ月の滞日中に陸軍の武藤軍務局長とも会い、日米関係調整の労をとりたいと申し出た。

・一九四一年一月、野村吉三郎大使渡米。岩畔豪雄軍事課長が特別補佐官として同道。

渡米後、岩畔は井川やドラウトと談合し日米試案作成。これが「日米諒解案」の原案で大統領もハル国務長官も閲読した。

・同年四月一六日、最終案として正式に大使と国務長官の非公式会談の出発点になり、正式に外交ルートに乗せられた。当時のアメリカは三月一一日武器貸与法を成立させ、対英援助物資輸送のため、艦隊の一部を大西洋に回航させる要があり、この時は日本との宥和を示しておく必要があったものと思われる。

・四月二一日、陸軍省・参謀本部の首脳者連合会議で、原則的受諾を決定。もちろん近衛首相も賛成であった。

[日米了解案の内容]

① 日米両国の抱懐する国際観念ならびに国家観念
② 欧州戦争にたいする両国政府の態度
③ 日華事変にたいする両国の関係
④ 太平洋における海軍兵力および航空兵力ならびに海運関係
⑤ 両国間の通商および金融関係

⑥　南西太平洋方面における両国経済活動
⑦　太平洋の政治的安定に関する両国政府の方針

このなかで最重要事項は、②と③で、アメリカは日本を三国同盟から離脱させることを狙い、日本はアメリカが対独参戦させないことを狙っている。だが日本にとっては、③日華事変のほうが重要で、このなかには日本軍の中国から撤退、非賠償、非併合、などの事項があり、将来適当な時期に両国間で協議することになっている。また蔣政権と汪政権の合流、満州国の承認、などの条件があげられ、これを基礎に大統領が日中和平の斡旋にのりだすことを明記している。この了解案が成立すると、日本の南方資源獲得についてアメリカ政府は協力する、最終議定のため大統領と近衛首相はホノルルで会談する。

その隠された内容と交渉上の問題

一九四一（昭和一六）年四月一八日に政府と大本営にこれが通報されると、アメリカの柔軟な態度に喜び、二一日に陸軍も「原則的受諾」に決定した。

しかし、(イ)作成経緯に重大な問題が隠されていること、(ロ)松岡外相が全く関知していなかったこと、で、この決定は波乱含みであった。

(イ)について——やはりハル国務長官は四原則を提示した。それは①すべての国の領土と主権を尊重すること、②他国の内政に干渉しないという原則を守ること、③通商の平等を含めて平等の原則を守ること、④平和的手段によって変更される場合を除き、太平洋の原状を維持すること、であった。

そして野村大使に、この原則を受け入れたうえで、日米間の非公式提案を日本政府が承認して提案してくるならば、交渉開始の基礎ができると述べた。これは後々まで重要な意味をもつていたのである。最後に出てくる「ハル・ノート」の原型がすでに最初に提示されていることを知ればそのことの意味が分かろう。四原則が上位にくるのであって、「了解案」はそれを敷衍した個別事項なのであった。交渉の形式にしても、ハルはあくまで日本側の非公式の提案という形をとることを要請しており、アメリカは拘束されないように配慮しているのである。

さらに悪いことに野村大使はこの四原則について東京に通報していない。ここに双方の認識のズレがある。野村大使はどういう思惑があってのことか不明であるが、大使の交渉には一貫して本筋をつねに押えるというところが欠けている感じがする。つねに原則に入ることを避け、当面の妥結事項を追っている感じが去らない。来栖大使が来てからも、事態切迫を理由に交渉破裂回避の事項に関心を集中していることにもそれが現われている。一体、野村大使はこの重責を負うのに適切な任命であったかを疑わせるものである。

松岡外相の異議と退任へ

(ロ)について――四月二二日、松岡外相帰国、外相は三国同盟における信義を強調して「了解案」に不満を表明。回訓を急ぐ近衛ら大臣の意向を無視。自己の修正案を提案する五月三日まで停滞。やっと正式交渉の開始。

・松岡外相、その妥協案で連絡会議を押し切る。その条件は、①日華事変の処理に寄与すること、すなわちアメリカに中国から手を引かせること、②三国条約に抵触しないこと、③ドイツへの信義を破らないこと、すなわちアメリカの欧州参戦を阻止することであった。これは「日米了解案」に比しはるかに非妥協的であり、それはドイツの勝利を楽観していたためであろう。

・五月一二日、日本側提案をアメリカに手渡す。その内容は上記の松岡案を骨子とするもの。

・六月二一日、米側が対案を提示。

ハルのオーラル・ステートメントには暗に松岡外相への不信を表明する字句があった。なお米側はすでにヒトラーのソ連攻撃を知っていた。そしてアメリカのヨーロッパ戦争への参加を阻止するため、三国同盟を堅持すべきだという考えであった。

・六月二二日、独ソ戦開始。

これを契機に北進論か南進論か、の議論で紛糾。

松岡外相は南進論は大事にいたるとして、一八〇度転換して北進論を主張。

・七月二日、ドイツ側の対ソ連軍事行動の勧告をしりぞけ、南方進出を承認した。「情勢の推移に伴う帝国国策要綱」がそれで、始めて「対英米戦を辞せず」の表現が用いられた。

・七月一四日、松岡外相、独断でオーラル・ステートメント拒絶の訓電を発し、近衛内閣首相ついに外相罷免を決意し、七月一六日総辞職。七月一八日、豊田貞次郎海軍大将を外相に迎え組閣、日米交渉の妥結をめざす。

独ソ戦と変る米国の態度、日本は南進へ

しかし、独ソ開戦後の対日政策は根本的に変わっていた。ソ連は自動的に米英陣営に荷担し、英米が受けていた負担は三国が分担することになった。これは日本を独伊の陣営から離脱させようとしていた米国の熱意を冷却させ、交渉は成果をあげる可能性は低下し時間稼ぎになってくる。

・ところが近衛内閣は七月二八、二九日、南部仏印進駐を実施し、かくて太平洋戦争は不可避に。

・アメリカ対抗措置を発表。二六日米英、蘭印二七日、日本資産凍結。二六日、マッカーサーを総司令官とする極東アメリカ軍司令部をフィリピンに創設。

八月一日、石油の全面的禁輸を発表。日本にとって死活問題に。

・近衛は一時、米国との妥結のため「三国同盟」廃棄を考慮したが、七月二日の御前会議で南進策が採用され、南部仏印進駐が実施され、日米交渉が頓挫。

また石油禁輸により「ジリ貧」論が海軍で台頭し、七月三一日、永野総長はこの点を天皇へ言上した。

近衛首相、トップ会談を提唱、しかし米国は拒否

・一方、近衛はルーズベルト大統領との直接首脳会談を企図した。八月七日、野村大使あて訓電。一七日、大統領は大使に引見。大統領は首脳会談のまえに日本政府の態度と計画——侵略主義者の活動停止と米国の諸原則の遵守——について明快な発表を希望。

・九月三日、大統領はこれまでの四原則——領土主権の尊重、内政不干渉、機会均等、現状維持——をあげ、これらの合意を得てから会談を開きたいとのメッセージを近衛首相に送った。これでは近衛の期待をまったく生かされず、事実上の会談拒否であった。

・九月六日、御前会議。「帝国国策遂行要領」決定。一〇月下旬を目途に戦争を辞さない覚悟で準備する。心構えは決まった、というのがその趣旨である。天皇はあくまで外交交渉に重点を置く必要を説いたが、結局、一〇月下旬ころに和戦の決定をすることを定めた。

・一〇月二日、アメリカの覚書。婉曲に首脳会談を拒否。先に示した四原則のほか、中国・仏印からの全面撤兵と三国同盟の実質骨抜きを要求（のちの「ハル・ノート」の中身に酷似。すでに開戦必至と読んでいたことが分かる——筆者注）。

・陸軍は交渉の見込みがなくなったので、すみやかに開戦決定に傾く。

海軍は開戦にためらい、明言を避け、和戦の決定は首相に一任するとした。

・首相は「ひとまず支那事変にけりをつけ、無傷の陸海軍を残して相当の発言権を残すほうが国家のためである。時には屈して国力を培養する必要もある」と東条を説いたが、東条陸相の説得に失敗する。東条は撤兵・駐兵問題は心臓だ、心臓まで譲る必要はあるか、これまで譲るのは降伏だ、と言って、近衛の意見に反対したからである。

しかし、東条は冷静に考えると、九月六日の御前会議決定は軽率であった、という豊田外相の言葉の重大さに驚き、わずか四〇日で日本の要求を米国に認めさせるのは不可能であり、これを承知のうえで開戦ありうべしと決定したのは過失であることが分かり、内閣総辞職して新内閣のもとであらためて和戦の問題を考えなおすことが必要だ、と総辞職を勧告した。近衛も御前会議決定を白紙に戻すことを天皇にお願いしようとして、まず閣内不一致を理由に退陣を決意した。

・一〇月一六日総辞職。

東条内閣の登場と最後の模索

東条内閣発足（一〇月一八日）。

天皇より「白紙還元の御諚」。

一〇月二三日～一一月二日、連日、日本の譲りうる最後の線での対米交渉の条件と否決された場合の国策の決定を論議。「甲案」決定（一〇月三〇日）。

「甲案」

①　日本は通商無差別原則が全世界に適用されるという条件のもとに、中国でもその適用を承諾する。

②　三国同盟の関係は、自衛権の範囲を極端に拡大しないことを期待するとともに、日本政府は該条約の適用を自主的に決定する。

③　日本国軍隊は、華北・蒙彊の一定地域および海南島に一部の兵力を所要期間駐屯させ（二五年見当）、他は日華和平成立後二カ年以内に撤兵を完了する。

また日華事変が解決し、または公正な極東平和が確立されると、日本軍隊はただちに仏印より全部の兵力を撤去する。

・一一月一日、日本の譲歩案をアメリカが拒否した場合に対処する国策を決定するため、つぎの三つの案のなかから一つを決定することが求められた。

第一案　新提案による交渉不成立のばあいにも戦争を回避して臥薪嘗胆につくこと（臥薪嘗胆案）。

第二案　ただちに開戦を決意し、政戦略の諸施策をこの方針に集中すること（即刻開戦論）。

第三案　戦争決意のもとに作戦準備の完成に進む一方、外交施策を続行してこれが妥結に努むること（和戦両様の構え）。

東条の真意は第三案にあったが、統帥部は第二案の主戦論であった。とくに永野軍令部総長の言――「戦わずして切り抜けんとすれば、ジリ貧となる。海軍の見地からすれば、対米戦争の時期は今日のみ。明年後半期になれば彼我の戦力の関係、石油の関係から戦えなくなる。きたらざるを恃むなかれ」。

審議は主戦・和戦両様の選択に集中し、陸軍も一二月初頭の開戦を絶対条件にし、これを先決したあとで外交を研究するように迫った。

統帥部は主戦論、外相・蔵相は和戦両様案、東条もこれを支持。この激突のなかで、論議は外交交渉を打ちきり作戦一本に転換する最終期日に集中した。結局、一一月三〇日夜一二時、一二月一日零時と決定された。こうして作戦準備と外交の併進の第三案が採択された。これにより、一二月初頭の武力発動と、一二月一日までの外交交渉の続行が決まった。

・外相は「甲案」が成立しない場合、暫定協定案となる「乙案」を提示し承認を求めた。

「乙案」——南部仏印からの即時撤兵を約束し、その代償としてアメリカに対日石油供給や蘭印物資の獲得を協力させ、日米交渉をまとめようとした。ハルも一度はこれに近い譲歩案を英国、中国に提示したが、強い反対で取り下げてしまう。

・一九四一年一一月五日、御前会議「帝国国策遂行要領」決定。事実上の開戦決定。

・一一月二六日、ハル・ノート提示。日本軍の中国からの撤退を要求。日米交渉決裂。

・一二月一日、御前会議で、全員一致で開戦を正式決定。

4—2　日米交渉を振り返って㉕

以上の日米交渉を振り返ってさまざまなことを言いうる。その主要論点を整理してみよう。以下は筆者の見解である。

⑴　「総論」と「各論」

日米交渉の進展に最初は政府も軍部も期待していた。当初の諒解案が示されると日本陸軍もそれは採択可能であると飛びついたのであり、松岡外相にその承認を迫ったほどであった。それは戦争はしないことを具体的に固めていくものであったから、その意味では前途に希望を開くものであった（もっとも軍部は次第にこれはアメリカの謀略ではないかと疑いだしたのだが）。そのような可能性をはらむ文言であることは、かなり交渉の進んだ後において、一九四一（昭和一六）年五月三一日、ハル国務長官が提示した米側修正案をみても、その表面の文章だけでは別に異議を唱えるものではない。理念的には、そして方向性においては、これを文章にすると相互に反対するものはない。

しかし、それが具体的に両国にとって何を意味するかになると、途端に意見の違いがでてくる。

①　米側——日本が三国同盟に拘束されず、欧州参戦、すなわち英国支援、ドイツ打倒に向かうことを認めること。

日本側——ドイツとの信義あり、米国が求めるようにはその態度を明確にできない。そればかりかドイツが日本にシンガポール攻撃を勧奨すると日本の触手が動く。

②　中国大陸における防共駐留。その中身が問題である。またその前提に大陸から軍が撤退することがある。これは軍部が簡単に呑めるものではない。

③　商業上の無差別主義——中国、太平洋全面において。

これは日本も呑めよう。

つまり、基本的に日本が世界のなかでどちらに就くのかが問われている。そして当時は三国同盟を結んだこと、それは台頭するドイツと手を結んだことだから、その意味はアングロサクソン諸国に対抗する姿勢を示したことになる。そして「世界新秩序」を求めるドイツ・イタリアと英米の対立を軽々にみてはならない。歴史にはこのように覇権をめぐって既成勢力と挑戦勢力との対決で動いてきたのだ。しかも、そのドイツは「第三帝国」をめざすヒトラーに率いられている。

しかしもう一つ、日本が抱える重要な問題性は、この発想が対ソ関係における苦慮からでていることである。わが国は北方にソ連の脅威を受け、また中国本土において共産党の強い抵抗を受けている。そのため、ソ連の行動を何らかの形で制約しておかねばならない。松岡外相は同時にソ連と手を結ぶ一方で、三国同盟にソ連を含ませることで米英への対抗軸を強化しようと画策した。その背景にはこの同盟によってアメリカに圧力をかければ、アメリカの譲歩をかちとれるという判断もあった。この松岡構想は判断ミスであったが・・・。

(2)　欧米システムへの挑戦

この意味で日米の激突を前にした日米交渉は、ある意味で奇妙な外交交渉であった。それはハワイを封鎖するとか、フィリピンを奪い合うとか、軍艦衝突事件を起こしたとか、双方いずれかの将兵に死傷者がでたとか、あるいは日本の中国権益にアメリカが参画を狙ったとか、といった具体的対決をいかに回避するかということではなく――もしそうであれば妥協の余地はある――、米国の西南太平洋における覇権の確保、直接的には一体である英国の支配権益、そして中国への支援（中国のスポンサーとして）であることを譲らない姿勢と、この地域に拡張を狙って明治以来の「大国化」路線の完成をめざす日本との鬩ぎあいであった。

その意味で両国の国家戦略が争われていたのであり、そのため何をもって妥協しうるかが極めて困難であり、同時にそれは争点が具体的に個別的に限定出来ないが故に極めて〝曖昧さ〟がつねに付きまとう性格の交渉であった。実際に交渉でアメリカが門戸開放や領土保全といった原則的主張を繰りかえすので、その理念から具体的争点とその妥協点をどのように引き出したらよいのかが見つけられないのであった。最後の「ハル・ノート」が最初の原則に立ちもどったのは、その意味で象徴的なことであったが、それは見方を変えれば、日本が世界に張り巡らせた欧米システム、あるいはアングロサクソンのシステムに挑戦していたことを示す。

(3)　交渉の立ち位置の違い

こうして交渉の場に臨むアメリカの立ち位置が独特であって、日本と〝平等〟ではない。アメリカはその立場からつねに世界を見ており（イギリスを介してであるが）、そのなかでは欧州第一であり、しかも欧州のほうの戦争が先行したので、太平洋に同じだけの関与をする余裕がない。またもともと中国を支援するが、といって軍隊を派遣するほどのコミットメントをする気持ちはない。こうして、太平洋では「二四時間待機」の姿勢をとり、日本にたいし「あやし外交」をとり続ける。そして日本に対してはなんとしてでも戦争を避けるという決意をもっているのではない。

一方、日本が交渉に臨むとき、その相手はもちろんのことアメリカ一国であるが、英米不可分であり、これにフランスとオランダが付いている。またなんといっても背後に中国が目を光らせている。しかも争点は中国からの軍の撤退という生命線に触れる事項である。

さらにもし開戦となれば日本の不利は目に見えている。日本はアメリカ本土に本格上陸攻撃などできるわけがないし、まして占領などは論外であるが、アメリカは日本列島に攻撃部隊を送ることはできる。こうして、日本が完全に〝参った〟といってくれれば開戦は回避できたろうが、日本側にはその姿勢はない。さらにその〝強硬〟姿勢の背後に軍部が居ることは分かっているので、外交折衝に基本的に信頼を置いてない。

こうしてアメリカはいざとなれば開戦する意思を固めていたので、この点にかんしては日本側は交渉当事者を含めて相手国や国際情勢の認識は甘かったのではないか。それが証拠に、最後の局面にいたって、東条陸相さえ、この交渉をつうじて米国に日本の主張を認めさせることの困難さに気付き、内閣交代によって局面打開を試みたが、それはもはや遅かったことに現われている。

(4)　交渉成立が考えられるとすれば・・・

しかし、日米いずれが和平妥結に期待をもって臨んでいたかと問えば、それは日本であろう。

そこで本当に両国が歩み寄りの途を見つけることを望むのであれば、①もう三年早く着手しておかねばならなかった。②しかもそれに権威を持たせるため早く正規の外交ルートに乗せる必要があった。③もっとも重要なことはアメリカの「待機」姿勢を崩す論理と方策を構築すべきであった。

この三点が是非とも必要であった、と思う。なぜなら両国の間に懸隔がありすぎるのである。しかも一九四一（昭和一六）年という年に至れば、日本側においても、欧州情勢も緊迫し、引くに引けない立場に両国は立っていたのである。

このことはわれわれに深刻な反省を迫ると思う。それは、国際環境にかんして、また相手国である米国にかんして、つねに我田引水的な判断をしていたのではないか、ということである。その事例をあげれば、英米は可分であるとか不可分論であるとかの認識の甘さ、米国のドイツへの敵意を軽視したこと、中国は押さえつけられると過信していたが、中国がアメリカの支援を受け「以夷制夷」の政策を実行していたから、その術策にはまってしまったこと、などである。

(5)　世界政治のプレーヤーを続けるか、それとも降板するか

さらに上記の③は簡単ではない。

このことは日本の世界の中での立ち位置を本当に深く認識していたかどうかの問題でもある。すなわちわが国は、欧州の情勢に敏感に反応する国になっていたこと、具体的にはド

イツと「三国同盟」を結んでいたこと（そのドイツはベルサイユ体制からの離脱を求め、さらに積極的に新しい秩序を求める動きに出ていたが、これはアジアにおける日本の行動と共鳴するものがあった）、強力な覇権行動をとるに至ったアメリカと直接に対峙するようになったこと、隣国中国への武力進出とそれへの強力な反撥に遭遇していたこと、そして力をつけつつあったソ連と向きあう、というように、世界の情勢と不可分の、その一つのプレーヤーとして動いているのであった。

したがって、もしなんとしても日米開戦を避けようというのなら、この重要なプレーヤーという地位を降りる覚悟が必要であろう。アメリカが要求するドイツとの関係の〝破棄〟があれば、それはドイツの開くチャンスを悉く拒否することであり、またアメリカが参戦しようとしまいと、それは欧州のことであってアジアには関係なし、という態度に終始することになる。

すなわち「新秩序」を求める勢力に参画した日本ではあるが、日米交渉の場に出ていて、これを成功させようとすればどういうことが考えられるか。

①あくまで、その国力の限界を踏まえて、アングロサクソンに従っていく。②維新以来の独立の気概に立ち、自らの道を切り開いていく。③ある種の弱者連合、台頭国連合を結び、そのまとまった力で対抗軸をつくる。

結局のところ、②＋③となった。しかし、それが日米交渉を破局に導いた。

(6)　日本の最後の選択肢は臥薪嘗胆か

とはいえ、こうして日米交渉を破局させた当時の外交を批判して済むことか。上記の選択肢のそれぞれについて、その意味を追求する必要がある。

①の場合は、おそらく時には屈辱感を味わうこともあろうが、それを乗りこえて従属するのではなく、独立性を失わず、日本にとって国益とは何かを大きな視点で明確にしてこれを追求する。それは当面、臥薪嘗胆になるが、それでもこの国が将来また発展する可能性を提示して国民を納得させる手はないではなかった。しかし鈴木企画院総裁がそれほど悲観的になる必要はない旨の説明があって、会議は収まってしまったのである。

他方、「日米諒解案」は主として、アメリカの利益を代表した妥協案であった——これはアメリカが両太洋において軍事的展開をする力はなかったためである。そこに乗じて日本も全面戦争になるような愚策を選択することはやめるという考えができるのではないか。アメリカの謀略などといった解釈は国際関係においては、当たり前でそれぞれの国は国益をギリギリ追求しているのである。日本の大乗的判断にたつ国益追及がなかったのではないか。

松岡外相は米側提案に抵抗した。松岡の姿勢は①日本の国益をどこまで担保するか、②ドイツへの信義、の二つであった。そこで松岡は諒解案の修正案をつくるが、それは果たして本心から出ていたのか。その基本姿勢は①親独一辺倒、②日米和解反対、であって変わっていなかった。つまり上記③であった。これでは妥協の余地がなかったのだ。

この松岡を近衛は米国との和平交渉を成功させないとしてついに更迭に踏み切るが、もはや時期は遅すぎた。すでにアメリカの腹固めは相当に進んでいた。また日本不信は抜きがたいものとなっており、これを修正することは事実上困難であった。結果として松岡が辞任しても成功しなかったのである。またアメリカは日本の実力を知っている。アメリカの物資がなければ戦えないのである。

(7)　近衛首相の責任と指導体制の問題

このように、この時期、外務大臣に松岡氏を任命していたことは、日本にとって大きな損失であった。松岡を任命した近衛首相の責任はまことに重い。

また交渉過程における近衛首相のいくつかの意思決定を追っていくと、そこに国内勢力との妥協があまりにも目立つ。一つは、南進の決定であるが、「情勢の推移に伴う帝国国策要綱」の御前会議の決定も、その真意は松岡らの主張する対ソ開戦論をかわす代償であったといわれる。

これだけでは終わらない。つまり、問題は近衛個人の力量という問題ではなく、政府・内閣の問題として、この方針を貫くためには、外相更迭で済む問題ではなく、事前の姿勢と準備が要ることを忘れてならない。それが当時弱かった。つまり近衛の姿勢が問題であるばかりでなく、宮中を含めて日米関係をどうするか、中国問題をどう収拾するか、について、確たる方針とそれを推進する体制ができていなかったのである。

(8)　ルーズベルト大統領は妥結を望んでいたか

このような世界情勢からして、日米交渉においてルーズベルト大統領は果たして日米妥結を望んでいたかどうか疑われるのであり、その態度は基本的には「あやし」であったこと間違いない。

それはこの交渉の最後の局面で当事者であった来栖大使の回顧録を読むと、つぎのような状景がはっきりと出ている。その応答をみると、日本側の提案に大統領はまず賛同の意思を表明する。つぎにそのための条件をあげ、そのなかで日本側の態度をそれとなく批判しながらその条件実現のむつかしさを述べるのである。実はこれは日本側の提案をそれとなく拒否しているのだが、日本側は最初に大統領がイエスと言ったので提案が実現するかもしれないと期待をもつ、という構図で進んでいたのである。その好例は日米首脳会談にかんすることで、日本の提案に大統領が賛同したので、日本側は会談に臨む代表団の人選さえ終えていたが、それは不可能になった。大統領は果たしてその成立を望んでいたか甚だ疑問である。

また、交渉に際し、米側の態度は大統領と国務長官の役割を使い分けることによって、いわゆる「あやし」は見事に成功している。すなわち、ルーズベルト大統領は本心は開戦を決意しながら、そのことはおくびにも出さず、むしろ交渉による打開の方途を提示するかのように両大使に発言している。来栖大使はそこに希望をもつのだが、同席するハル国務長官は大統領の妥協を探るような話が具体的事項に及ばないようにすぐに会話を引きとってしまっている。来栖大使はそうさせないようにその場で大統領との話を続けなかったことを反省しているくらいである。

周知のように日本側の電信は解読されていた。このことを大使は気付かなかったのか。その点の記述はない。また大統領も国務長官も日本軍がアジア地区で着々と軍を動かしていることを現地からの情報で入手していることを大使に話して注意を喚起している。大統領も妥協をほのめかすような発言の後に必ずそれを話題にしている。大統領はこの時、日本側がすでに開戦に動いているという現実の動きをあげて日本側に注意を喚起しているのではないか。

そしてハル国務長官との会談に入ると、具体的事項で暗礁に乗り上げるばかりである。また英国・中国の要求にも一歩も引くところがない。その点でハル長官の調整能力を超えている。

(9)　石油禁輸のインパクト

表面に登場する主たる交渉要素ではないが、背後にある交渉案件として重要であったのが戦略物資、とくに石油の確保の問題である。その基幹物資を日本は敵国たるべきアメリカに依存するという、実に不思議な関係にあった。もしアメリカと一戦交えるのであれば、そのまえに自前で石油資源を安定的に確保してから望むのが本筋ではないだろうか。その点からみると日本は最初から本気で開戦を決意していたとは思えないが、米国からすれば開戦前に生死を決する手段を手にして、外交交渉を有利に進めえたのである。

そこで禁輸措置を蒙って慌てて「ジリ貧論」がでる。それを恐れて開戦するというのは戦術としては最適時期であったが、それは軍事にとどまる決断であり、まして戦争勝利の保証もないから、それは政治の決断ではない。この意味で石油禁輸は戦争に匹敵する対抗手段であったのだから、日本は追いつめられて開戦したのであった。

要するに、これら交渉の記録をみるに、交渉に臨むときの当初からの態度——それも双方の——こそが最大の問題であって、その当初の姿勢からして開戦ありうべし、の態度を保持しておれば、それを交渉において覆すことはほぼ不可能である。これを覆すには交渉において当初の前提をまったく否定するだけの条件が生まれなければならない。

それは双方に責任があることと思う。米側では太平洋における問題はすべて平和裡に解決するという大原則に立つことであり（この態度を保持することを関係国に納得させなければならないが）、日本側は中国からの軍の撤退を何らかの形で呑むという条件である。それが無いかぎり交渉による打開の途はなかった、というべきであろう。何度も強調しているとおり、日中戦争を収拾すること、しかもそれは他国の干渉によるのではなく成しとげること、それができなかったことが最も責められることであって、それを合意しなかった陸軍の責任はやはり最大のものと思われる。しかし最後の日米交渉をフォローしていくと、両国の以上の原則が最早顧みられていないことが明瞭である。両者のこの基本的態度は、文案の表現ではなく、文案の背後にある基本的態度である。

付加事項であるが、「ハル・ノート」にはこれは一案であり、交渉のための文章である、との用語がある。しかし、中身は一案どころではない。思うに米側は最後に対決の剣を投げたものとすべきである。

注：

（1）朝河貫一（由良君美／校訂・解説）『日本の禍機』、講談社学術文庫、一九八七年。

（2）一九一〇（明治四三）年に『日米之新関係』という本が出ている。著者は東京大学国際法教授の高橋作衛で、三年前の秋、欧米旅行に出かけたが、アメリカで移民問題が囂囂とおこっており、また逢う米人が大抵日米戦争の真否を質問するので、これらの現象を見過ごすことができず、旅程を変更して米国に八カ月とどまって、その成果をまとめたという。そのなかに「米国に於ける日米戦争の風評」として、一九〇五年六月～一九〇八年四月にわたる新聞記事から三〇を上回る材料を蒐集・整理しているが、その記事は「日本との戦争」、「日本の復員軍人、ハワイになだれこむ」などといったものものしさであるという。もってその当時の米国社会の空気を知ることができる。以上については、佐伯彰一『外から見た近代日本』、講談社学術文庫、一九八四年、一〇二～一〇六頁、に拠る。

このような雰囲気のなかで、一九〇九年、ホーマー・リー『無知の勇気』が出版された。それはただちに、『日米必戦論』（望月孝太郎訳）、『日米戦争』（池良吉訳、一九一一（明治四四）年）として日本で刊行された。その真意については佐伯氏の解説、九八～一〇一頁を参照のこと。

（3）朝河、一八八～一八九頁。

（4）同、一九一頁。

（5）同、一三五～一三六頁。

（6）同、一八五頁。

（7）このアメリカの拡張については、太平洋協会編『アメリカの世界制覇主義解剖』、同協会出版部、一九四四年、がよく検討している。とくに、そのなかの、細入藤太郎「アメリカ領土拡張の理念と帝国主義の動向」、松下正寿「マハンと米国帝国主義」を参照すべきである。またアメリカの国家としての独自性については、筆者の『西洋近代の「普遍性」を問う』、新評論社、二〇〇六年、第Ⅶ章参照。

（8）麻田貞雄編・訳『マハン海上権力史論』、講談社学術文庫、二〇一〇年、二三九頁。
(9) 同上、一七六～一七七頁。
(10) 同、二五五頁。
(11) 同、二四二頁。
(12) 同、二五四頁。
(13) 同、二三八～二三九頁。
(14) 大鷹正次郎『第二次大戦責任論』、時事通信社、一九五九年。一九四～一九五頁。
(15) ボーク・カーター／トーマス・H・ヒーリー（三上正毅訳）『なぜ極東に干渉するか?』、今日の問題社、一九三八年、二〇五～二〇七頁。
(16) スチムソン（清沢洌訳）『極東の危機』、中央公論・別冊附録、一九三六年一一月、一六頁。
(17) 同、七九～八〇頁。
(18) 同、一四三頁。
(19) 同、二〇九頁。
(20) 注(15)に同じ、二三九頁。
(21) 高木惣吉『私観太平洋戦争』、光人社NF文庫、一九九九年、六九～一一三頁。
(22) 相澤淳『海軍の選択』、中公叢書、二〇〇二年、三九頁。
(23) A・W・グリスウォルド（柴田賢一訳）『米国の極東政策史』、ダイヤモンド社、一九四一年。XI（四五五頁以下）参照。
(24) 大鷹前掲書、二六七頁。
(25) 日米交渉の経緯は、来栖三郎『泡沫の三十五年』、文化書院、一九四九年。第五章が詳しい。来栖大使の派遣は、一九四一年一一月五日であるが、一〇月一八日東条内閣が発足し、この一一月五日には御前会議で対米交渉の甲・乙案を決めるとともに、帝国国策遂行要領を決定した。ここで一二月初旬に武力発動を決意している。ハル・ノート（一一月二六日）の提示まで僅か二〇日しかない。

なお、野村吉三郎『米国に使して』、岩波書店、一九四六年、も参照。

また、F・モアー（寺田喜治郎・南井慶二共訳）『日米外交史』、法政大学出版局、一九五一年。著者モアーは日本側の顧問であるがアメリカ人の立場から冷静に観察した内部記録として貴重だ。日本側からみてこの大国と外交交渉する時の立ち位置の大きな格差、というものを知らしめる。

附　高木八尺教授の米国対外政策研究について

なお、戦前・戦後のアメリカ研究の第一人者である高木八尺教授は、アメリカの対外政策、とくに対アジア政策をどのように捉えていたか。最も包括的な外交政策の研究は「米国国民性とその外交政策の基調」（著作集、第三巻、東大出版会、一九七一年、所収）があるが、これは一九四六年の大学開放講座叢書Ⅱとして帝大新聞出版部の採録である。戦前における論稿は、『米国東洋政策の史的考察』（同上）がある。しかし、いずれも淡々とその事実を追っているもので、それはそれとして参考になるが、それが二十世紀の現実にもつ意味を深く問うていない。イギリス外交との違いや、その理念的・道徳的外交がアジアでむしろ〝摩擦〟の要素となり、結局日本を〝苦しめる〟ことになるのは何故なのか、を知りたいところであるが、そのような切迫した捉え方がない。外交とは、一国の他国に対する力の発揮ではないのか。それは平板な歴史記述スタイルを本来許さないものではないのか。そしてその力の性格を明らかにすべきだ。日本の向き合う相手がイギリスからアメリカに変ったとき、少なくともその違いを啓蒙する役割があったはずだ。また、「マハン理論」についてどう考えるのかも切実に知りたいところである。こうして最も重要な対米外交の実際に学界の研究がどれだけ貢献したのか疑問が残る。

ただ、「満州問題と米国膨張史の回顧」（『改造』、一九三二年九月号に発表したもの）は、日米の衝突に直面した日本の苦悩をコロンブスやマジェランがその航海の最後の局面にどのように意思決定をしたかに喩え、日本が「平和へ」の途を選択することを示唆しているのが印象に残るだけである。（同上著作集、二五八頁）。

このアメリカという国家の特性は今日的な課題でありつづける。長い歴史のなかでみれば、アメリカ膨張主義は大東亜戦争（彼の国にとっては太平洋戦争）に勝利してようやく日本列島を手に入れたのである。この膨張主義のまえに日本は対抗したが、粉砕されたのである。まずこの事実を直視しよう。

ついで、米国はこうして太平洋に最大のかつ最も安全な大基地をほとんど無制限に建設し使用することができるようになったということを直視しよう。それはグァムやフィリピン支配の延長線上にあるし、それら以上に利用価値の高いものである。それが七年に及ぶ戦後占領と日米安保条約の正体である。その基地使用はその後制限されるにいたったが、日本を基地にしてアジア、さらにインド洋に権益と支配の影響力を伸ばすことになっている。こうしてアメリカにとって太平洋支配は完成したのであり、その故にこれを簡単に手放すことはありえない。沖縄基地問題の深刻さがここにある。若泉敬氏が亡くなるまで沖縄問題の苦悩を引きずり続けたのはこの動かし難い現実の故であった。さらに冷戦下この日米安保が日本の安全保障を確保することになり、また朝鮮戦争もベトナム戦争も日本の基地が生かされた。さらに今日、中国の台頭に対し有力な橋頭堡になって浮かび上がるのである。何ということか。冷厳な力による生存競争の現実である。

　このまことに皮肉でかつ複雑な構図のなかに、日本と大東亜戦争と、そして戦後平和があるのであるから、歴史の解釈を簡単に善悪や正邪で考えてはならないのである。このことに覚醒したうえで戦前日本の歴史も、これからの日本についても考えることをここで言いたかったのである。

Ⅳ　欧米の戦争態勢と日米開戦への途

はじめに

さて日米交渉の破綻は、欧州における戦争の勃発、これに対応する英米における一体戦略の形成、ソ連への援助などによる急接近、などと密接不可分に結びついているから、最初に日米開戦をめぐる国際的枠組みを明らかにしておくのがよいだろう。それが同時に日本がそのなかに置かれた欧米の戦争態勢を知ることになるからである。

しかし、日米対決の直接要因となったものは、なんといっても日本の南進政策の実施である。日本の南進政策はかなり早く立案されていたが、それが一気に現実味を帯びてきたのは、欧州におけるドイツの快進撃によるものであった。このように西と東の戦争が完全に連動している。そこでまず日本の南進政策を概観しておくことにする。

1　第二次大戦の開始
——欧州情勢の急速展開

まず、はじめに欧州における戦争の開始とその展開を独ソ関係を中心にクロニクルで整理しておく。ヒットラーの初期の勝利と欧州支配の夢も、ソ連侵攻によって破綻していくからである。

独ソ関係を中心にした欧州情勢のクロニクル

・一九三九・八・二三　独ソ不可侵条約調印。
・　〃　・九・一　独軍、ポーランドに進攻〔第二次大戦開始〕
・　〃　・九・一七　ソ連軍、東部ポーランド占領。
・　〃　・九・二八　独ソ友好条約調印

・〃・一〇・一七　リボフでヒトラー・スターリン秘密会談
・〃・一一・三〇　ソ連・フィンランド戦争開始。翌年三・一二　講和条約調印、カレリア半島などを獲得。
・一九四〇・二・一一　独ソ通商協定調印。
・〃・四・九　独軍、ノルウェー・デンマークに侵攻、デンマーク無血占領。六・一〇ノルウェー降伏。
・〃・五・一〇　独軍、ベルギー・オランダ・ルクセンブルグに侵攻。オランダ（五・一五）、ベルギー（五・二八）降伏。
・〃・六・一四　**パリ無血入城。**
・〃・九・二七　**日独伊三国同盟締結。**
・一九四一・四・一三　日ソ中立条約調印（有効期間五年、ソ連の独ソ戦準備と日本の南進政策推進のため）。
・〃・六・二二　**独軍、ソ連を奇襲攻撃（バルバルロッサ作戦）、独ソ戦開始。**
・〃・一〇・二　独軍モスクワ総攻撃、
・〃・一二・八　**同挫折。**
この日に日本は真珠湾を攻撃したのであった。
・なお、一〇・一モスクワで米・英・ソ間に議定書調印、武器貸与を約束した。「大同盟」が現実化していくのである。

これで見るとおり、ドイツはソ連と不可侵条約を結んでから、二年間は北欧と西方方面への拡張に邁進し、ついにフランスを降伏させた。まさに「第三帝国」の完成である。その後、イギリス本土上陸を企図していたが、それは果せず、パリ陥落から一年後に返す刀でソ連攻撃に移っている。しかし、それは頑強なソ連の抵抗と「冬将軍」の到来により挫折。ヒトラーは何度かスターリンと和平の妥協策を提案するが、ことごとくスターリンの拒否にあい、敗戦を重ねていく。

この欧州における大戦の勃発とヒトラーの快進撃は、日本の対外伸張意欲をかきたてる起爆剤になる。

それはイギリスは自国防衛に必死であり、アジアにおいて日本の圧迫を押しかえす力は衰えたこと。また仏領インドシナ、蘭領インドは、その宗主国を失って無主の地域となり、これらの地域の資源に大きな関心をもつ日本にとって、予想以上の〝好〟環境が出現したのである。南進策が一気にもりあがった。

さらに一年後、独ソ戦の開始によって、日本はいよいよ北進か、南進か、の最終決着の局面を迎え、日本は自国の国益を最優先に南進策を採用したのである。それは同時に対英米戦を決断するものだった。

2　日本の南進政策[1]

日本の南進政策は、ナチ・ドイツ軍の快進撃に刺激されて突然に登場したものではない。わが国の一種の悲願というべきもので、戦前にすでに取りあげられていた。とくに重要なのは、第一次大戦によって日本の海外市場が一気に広がり、とくに東南アジアとの通商上の関係が画期的に深められたこと、また内南洋諸島をドイツから獲得したことである。三〇年代になると、一九三六年出版の室伏高信『南進論』は、「足るを知るものは富めり」ということわざを引用し、中国にたいする「日本の大陸政策にはその限度が来ているのではなかったか」と書いて南進論を鼓吹していた。

2―1　「帝国国防方針」と「国策の基準」

南進策の策定

現実の政策論としてこれが取りあげられるようになったのは、日本の大陸政策が華北進出の段階に入ってからである。すなわち、一九三六（昭和一一）年六月八日、「帝国国防方針」の第四回目の改訂があった。これは満州事変（一九三一年）のあと、満州国の成立、日満議定書の締結によって日本の既存権益は確認された、日本軍の満州駐兵が認められたが、ソ連軍の兵力は関東軍の三倍になり、陸軍軍備の増強が強く求められたのである。一方、海軍は昭和一一年末、無条約時代に入るので国防上自信をもち得る軍備増強を要求した。

「我と衝突の可能性大にして且強大なる国力殊に武備を有する米国、露国を目標とし併せて支那、英国に備う。之が為帝国の国防に要する兵力は東亜大陸並西太平洋を制し、帝国国防方針に基づく要求を充足し得るものなるを要す[2]」。

このように、仮想帝国に米国が露国と対等に位置づけられ、それまで良好な関係にあった英国もそのなかに入った。また、西太平洋を制するとは南進政策が明言されたものと言える。

つづいて、一九三六年八月の「国策の基準」において、「根本国策は外交国防相俟って東亜に於ける帝国の地歩を確保すると共に南方海洋に進出発展するに在り」と規定した[3]。陸海軍の主張を調整して北進論と南進論を並列したのである。

有田外交とその動揺

これら公式文書とともに、実際に進展していたわが国の外交のほうが重要である。

阿部内閣の辞職後、米内内閣（その成立は一九四〇（昭和一五）年一月一六日に発足）したが、外務大臣には有田八郎が復帰した。有田外相は第一次近衛内閣の外相であったし（一九三八年一〇月二九日に就任、宇垣一成の後任として）、つづく平沼騏一郎内閣（一九三九年一月五日～八月二八日）にも留任した。

有田外交の特徴をかいつまんでいえばつぎの通り。

・一九三八年一一月の「東亜新秩序」通告にあるように、日本の独自の外交方策を明言したこと。これは当然のこと、九国条約を原則的に否認したことになる。

すなわち、九国条約脱却方針は、アメリカの対日経済圧迫→日本の南進→日米戦争へ、の道を設定したものである。開戦の一年半前のことになる。

・はたして、アメリカは日本の対中国軍事進出が勢いを増すにともない、対日経済圧迫を強める措置にでる。その最初が一九三九年七月二六日、日米通商航海条約廃棄の通告となって現われた（一九四〇年一月二六日、失効）。これによって、アメリカは自由に輸出禁止措置にでることができるようになった。

・日本の南進の基本政策は変らないとはいえ、その違いはその方法であり、有田外相は軍事力を用いずあくまで外交方策で推進しようとし対米戦の覚悟はしない、という姿勢であった。

この考えがあったがゆえ、米内内閣の対米不戦の方針のもと、三国同盟反対をも貫こうとしたのである。

・しかし、欧州情勢の急進転より、日本の南方への関心は単なる関心から、その地域にいかなるコミットメントをするかという具体的課題に移っていく。とくに蘭印について、ドイツがどのようにコミットするのかがテーマになったが、ドイツは関与の意図のないことを通告してきた。仏印に関しては、無関心の意図は取りつけ得なかったが、日本は仏印政府との間で援蒋物資の輸送停止につき監視員を送ることの同意をえた。

・一方、有田外相は四月以降、米国との折衝をおこなっている。一つは日中戦争の仲介、二つは欧州の諸交戦国が太平洋全域の領土に関し日米両国は現状を擁護すべしという合意、についてであった。しかし、有田は米国がその原則にこだわり、日本を疑う一方であったので、この交渉を打ち切っている。

・他方、米国は対日圧迫をおこなう。一つは、特殊工作機械の輸出許可制（六月四日発令）、二つは太平洋艦隊のハワイ駐留の決定で対日牽制措置にでたのである。

この二種類の決定が、ドイツの西部戦線発起の前におこなわれていることは、すでにアメリカ内部（国務省）において、対日政策が積極的な方向で検討されていることを示す。

・有田外交がこのように難航しているなかで、予想より早くフランスが降伏したので（六月四日）、成立当初から欧州戦争への不介入をかかげ、南方進出もあくまで平和的手段による、とした米内内閣の打倒へ諸政党が動きだした。

　これを受け、有田は「国際情勢と帝国の立場」についてラジオ放送をおこなう。ここにおいて、①世界は数個の分野に区画されること、②日本は東亜および南洋諸地方の安定勢力である。③この分野で欧米勢力が介入しないこと、この分野に起こるであろう責任に対しては日本の使命と責任にかんがみ、重大な関心を有する。とした。

　この本心はあくまで平和裡に膨張していく、とするものだった。しかし、これでは軍部が我慢できない。その結果、米内内閣は倒れる。

こうしてみると、米内内閣は対米不戦の意図にかかわらず、その意思を貫くには力不足であったのであり、米内内閣誕生に動いた宮中も結果は裏切られたのである。政治勢力としては弱体であることをさらけ出したというべきだ。ただし、**一九四〇年の丁度半ばまでは、日本の政府は対米不戦の方針であったことは銘記すべきことである。**

　また興味深いのは、有田外相の対米折衝とその過程におけるアメリカの圧迫措置はまるで一年後の日米本格交渉の前座のようであり、これらの意味から有田外交の位置を、平和時と開戦時の中間橋渡しの役割を果していたということができる。

2－2　「バスに乗りおくれるな」

米内内閣の打倒と近衛内閣（第二次）の登場

　このように、欧州におけるドイツの快進撃は、日本に大きなインパクトを与え、「バスに乗りおくれるな」の合言葉に色めきたった。泥沼に落ちこんでいた日中戦争から思いもかけぬ情勢変動に新鮮な感動と想像力をかきたてるものがあった。最後は陸軍が動き、米内内閣の打倒に成功する。

・一九四〇年七月二二日、近衛内閣（第二次）成立。
・一九四〇年七月二六日、閣議で「基本国策要綱」決定。
　外相に松岡洋右、海相は吉田善吾が留任。
・　〃　　二七日、連絡会議で「世界情勢の推移に伴う時局処理要綱」を承認。
・　〃　八月一日、「基本国策要綱」公表（上記を一部改変あり）

　このように近衛内閣成立後、ただちに新政策を採用・承認したことは、陸軍を中心に短期期ではあるが、相当な準備が整えられていたことを示す。近衛はこれに乗っただけであったのだ。そもそも陸軍は操りやすい近衛の登場を待っていたのである。

　こうして、わが国はいよいよ最後の第四コーナーを回ろうとするのである。

「基本国策要綱」の意味するもの（「新世界秩序」にのっとる）

内容：世界の大勢は「今や歴史的一大転機に際会し数個の国家群の生成発展を基調とする新なる政治経済文化の創成を見ん」とし、日本は「右世界史的発展の必然的動向を把握し、・・・万難を排して国防国家体制の完成に邁進」すべきであると説く。

さらに「皇国を核心とし日満支の強固なる結合を根幹とする大東亜の新秩序を建設する」のが国是であるとした。

この文書で注目されるのは、「東亜新秩序」に代って「大東亜新秩序」という新語が出てきたのは、前者がその範囲を日・満・支に想定していたのが、アジア全域あるいは太平洋地域まで入ることを暗示するものであった。「日満支を一環とし、大東亜を包容する皇国の自給自足経済政策の確立」が謳われている。[4]

まことに、ナチス張りの内外の構想であり、いかに当時の欧州情勢が大きなインパクトを与えたかが分かる。

なお「綜合国策十年計画」（一九四〇（昭和一五）年六月）をみると、「大東亜を包含する協同経済圏」として、日・満・華、のほか、東部シベリア、内外蒙古、東南アジア諸国、インドおよび大洋州があがっている。亦九月の「四相会議」では、ドイツと勢力を分割する場合は、日本の生存圏として、内南洋、仏印その他仏領植民地、タイ、マレー、英領ボルネオ、蘭印、ビルマ、豪州、ニュージーランド、インド、を確保すると言っている。[5]

「時局処理要綱」を策定（昭和一五年以降の対外政策を決める）

これは一九四〇（昭和一五）年以降の日本の対外政策をほぼ決めたものである。

「方針

帝国は世界情勢の変局に対処し内外の情勢を改善し速かに支那事変の解決を促進すると共に好機を捕捉し対南方問題を解決す。

支那事変の処理未だ終らざる場合に於て対南方施策を重点とする態勢変換に関しては内外諸般の情勢を考慮して之を定む

右二項に対処する各般の準備は極力之を促進す」

主内容

・独伊との政治的結集を強化し対ソ国交の飛躍的調整を図る。

・米国に対しては帝国の施策上やむをえざる自然的悪化はこれを辞せざるも、我より求めて摩擦を多くしてはならない。

・仏印（広州湾を含む）に対しては、援蒋行為遮断を徹底し、わが軍の補給担任、軍隊通過、飛行場使用を認めさせ、資源も獲得に努む。状況により武力行使することがある。
・蘭印に対しては暫く外交的措置により資源確保に努む。
・対南方作戦の実施について。
　支那事変終了の場合、内外情勢許すかぎり好機を捕捉して武力行使をする。

　終了せざる場合、第三国との開戦にならない程度において施策をするが、内外情勢有利に進展すれば、南方問題解決のため武力を行使する。

　武力行使に当たっては戦争相手は英国に限定。ただし対米開戦は避け得ざることがあるので準備に遺憾なきように。


　これは、明らかに南進政策を具体的に決定したものである。その背景認識はつぎのようなものであった[6]。

①　独伊は欧州・アフリカ圏を形成する。
②　南方は英・米ブロックの支配下に入らぬうちに、先手を打って早く南方へ進出すること。そして経済自給圏をつくって英米依存態勢から転換すること。
③　そのためには、対ソ国交調整、日中戦争の解決、独伊との結束。
④　国内体制の強化。

明らかに世界再分割競争に割って入り、その遂行に遅れをとってはならないというものであった。

南方作戦計画の着手

　この「時局処理要綱」の検討にもとづき、陸軍はただちに南方作戦計画の策定に動き出した。

　まず参謀将校はつぎつぎに南方を視察する。

　これに基づき、「南方綜合作戦計画」が起案される。その骨子は、
・蘭印を占領するとともに、英領マレーを攻略し、長期戦を容易にする。
・対米戦は回避するが、避けえないときに備えて準備する。
というもので、英・米可分の思想が前提にされていた。

　これに疑問をもっていたのが海軍であるが、その海軍の南進政策をつぎに扱う。

2―3　海軍の南進政策とその動揺

当初は積極的姿勢

　南進を実際に受けもつことになる海軍であるから、その政策はどのように進められたか。それは当初はかなり旺盛なものがあった。
・一九三六年九月二日、台湾総督に海軍大将小林躋造（予

備役）を任命。旺盛な南進意欲を示したもの。

・一九三八年一一月、米内海相、海南島攻略を提起、これは諒解事項になる。

・一九三九年二月一〇日、海南島占領。加えて南部仏印の東方海上にある岩礁を占拠して「新南群島」とする。[7]

海軍内の動揺

しかし一気に進んだのではない。

この間、松岡外交の展開がある。それは三国同盟の締結推進であるが、これは「時局処理要綱」の重要施策方針であった。ところが海軍は三国同盟に反対であったが、その中心人物米内海相が退任し、山本次官は連合艦隊司令長官に転出した（一九三九（昭和一四）年八月三〇日）。その後任の吉田海相は第二次近衛内閣で留任していたが、三国同盟が閣議上程の直前に、この問題で苦闘し板ばさみに苦しみ、ついに病気辞任する（一九四〇年九月）。後任は及川古志郎、次官は豊田貞次郎であったが、この両首脳は賛成に急転した。これには三国同盟のもとにあっても、ドイツはアメリカの参戦防止に努めること、で諒解を得た。また、海軍の求める軍備充実のため諸物資を融通する措置がとられたこと、が影響したといわれる。

こうして松岡は最後の牙城であった海軍の態度を改めさせ、三国同盟が成立する（一九四〇年九月二七日）。

また、日ソ中立条約も調印され、松岡外交は得意満面であったが、他方、太平洋を挟んでは日米交渉が進行しており、アメリカは松岡外相を言外に拒否。近衛首相は交渉継続のため、外相の更迭を決意。第三次近衛内閣発足。

この間、海軍は陸軍を中心に進められた南方進出論に次第に消極的態度を表明するようになった。

南進の中心目標が蘭印に絞られてくると、それは必然的にアメリカと衝突を招く危険性をもつ。そこで軍令部は蘭印を占領した場合における「対米持久作戦」に関する図上演習を行ったが（一九四〇年五月一一～二一日）、対南方図上作戦では、蘭印を占領しても、英・米は日本に対し宣戦布告をし米太平洋艦隊との戦闘になること、また米国太平洋艦隊との戦闘では長期戦となる。

この報告を受けた吉田海相は海上交通の確保は難しく、資源を日本に持ってくることは不可能である。したがって蘭印を占拠するのも意味がない、と判断した。

しかし、六月中旬のドイツ軍のフランス席巻をみて部内の大勢は南進論で沸きかえり、「時局処理要綱」（上述）に足並みをそろえる方向にむかう。

海外情勢と国力についての判断

しかし、陸軍が香港、マレー、蘭印、フィリピンを攻略する企図を進めるなかで、自然に出てくるのが、はたして英国と米国は分離可能かという問題であった。陸軍の構想には分離可能が前提にされていたが、海軍は不可分を主張し、両者は未調整であった。

さらに初夏のころの興奮が冷めると、海軍は冷静に物的国力判断をおこない、対米戦に成算がもてないという結論に固まるのである。すなわち、

・ドイツは英本土上陸を実行できず、海軍は英独戦は長期化するかもしれないとみた。

・アメリカの態度は硬化へ。一九四〇（昭和一五）年七月二日、航空機用ガソリンの対日輸出を停止。

同時に膨大な両洋艦隊の建設に着手。

・戦略物資の米英経済圏依存は変わらず。自給率は、原油約一割、鉄鉱約四割、スズが約二割、ゴム、ボーキサイト、マニラ麻などはゼロ、輸入量は減少する一方であった。

これでは対米戦に自信なし、アメリカは石油供給を操作するだけでも日本の運命を制しうるのである。なおこの間、蘭印より、石油・ゴム・錫などの戦略物資の調達交渉が続けられていたが、蘭印の協力は得られず、六月一八日、交渉は打ち切りとなっている（いわゆる「日蘭会商」）。

このように検討結果は悲観的なもので、八月二日、海相官邸でおこなわれた省・部会議で、米国から輸入が途絶した場合、重要物資は平均して一年分の需要を賄うのがやっとであることが報告され、吉田海相は「日本海軍はアメリカにたいし一年しか戦いえない。アメリカは持久戦にでるだろう。またイギリスにたいすれば対日封鎖をとるだろう。国策の運用に関し、・・・ひきずられてはならない。・・・一年間の持久力で戦争に飛びこむのは猛虎である」と述べた(8)。

一方、山本連合艦隊司令長官も対蘭印作戦でも同様の結論に到達し対英米開戦に反対している。

しかし、陸軍急進派が進めている北部仏印進駐などは対米戦を誘発するので、海軍は「時局処理要綱」の解釈を統一する必要があるとし、八月二八日、統帥部、大臣、次長の懇談会を開いた。

海軍側は、南進策に異論はないが、武力行使は、帝国の存立を危なくする事態が起こったとき、具体的にはアメリカの全面禁輸、米英共同の軍事圧迫、イギリスの敗勢が明らかになること、アジアで米・英が可分である見通しが立つような場合、に限定する、という制限条件をつける。また戦争の相手は、蘭印に限定し、仏印、タイは漸進的に進めるべきであるとした。

これに対し、陸軍は海軍の提示を要綱の修正案として受けとったようで、日中戦争の処理がつかなくとも好機あれば南方問題を解決するというのが要綱の精神であり、その目的は極東から英勢力を駆逐するにあり、蘭印を攻略するにはマレーの占領が前提になることを説き、両者の見解は平行線を

たどったまま終った。

要するに陸軍側は好機を幅広く解釈し、若干の不安があっても、南方進出を強行すべきだとしたのである。

・一九四〇年九月二三日、参謀本部作戦部長富永恭次の強硬方針のもと、日本は北部仏印へ武力進駐開始。
・九月二六日、アメリカ、対日屑鉄の全面禁輸を断行。
・九月二七日、三国同盟締結。

2―4　欧州情勢の新展開と南進策の実施

アメリカの対日姿勢の変化

こうして具体的に仏印への進駐に歩みを進めるが、そのためにはフランスとの交渉が絡んでくる。しかしその詳細は省略して、日米間で事態が次第に急迫していくのは、英米蘭の対日経済封鎖が強く感じられるようになったことである。

日本がこのように南進政策を進めつつあるとき、アメリカはどのように対日政策を展開しようとしていたか。

独ソ戦開戦後のアメリカの態度は根本的に変っていた。それはソ連が自動的に米英に荷担することとなり、英米が受けていた圧力は今度は三国で分担することができ、日本を独伊のなかから離脱させる必要性は薄れ、アメリカの対日交渉の熱意は冷えていった。こうしてアメリカの「あやし作戦」が現実味を帯び、日本としてはさらなる譲歩を持ちださねば、アメリカは乗ってこなくなったのである。そして対日経済封鎖を強めるばかりであった。

この間、先述のごとく一九四一（昭和一六）年一月より蘭印交渉が進められてきたが、蘭印は石油・ゴム・錫などの戦略について日本の所要量を少量に査定し、結局交渉は打ち切りになっている（六月一八日）。このような姿勢を前にして日本は追いつめられていく。

最後の舞台は回る

こうして、武力の背景なくして事態の打開は不可能との考え方が台頭した。

・六月一二日、永野軍令部総長は南部仏印進駐を骨子とする『南方施策促進に関する件』を提案した。

同時に、この決定時に欧州の情勢が新展開した。すなわち、

・六月二二日、独ソ開戦。

日本は北進か、南進か、で議論沸騰。

・こうして永野提案（「南方施策促進に関する件」）は六月二五日、大本営政府連絡懇談会にて、決定。

これは南部仏印進駐の決定であった。

「仏印との軍事的結合関係設定により帝国の把握すべき要件左のごとし。

(イ)　特定地域における航空基地および港湾施設の設定または使用ならびに南部仏印における軍隊の駐屯。

(ロ)　帝国軍隊の駐屯にかんする便宜供与[9]」。

実際の南部仏印進駐は第二五軍が海南島を出発して、七月二八、二九日、平和進駐を完了した。

・七月二日「情勢の推移に伴う帝国国策要綱」御前会議で決定。

　独ソ戦には不介入。対英米戦と対ソ連戦準備を明記。

「対英米戦を辞せず」の言葉が初めて記される。

・七月一八日、日米諒解案に反対する松岡外相を更迭。

　このように日米交渉は続いているのだから、この時期における日本の政策決定は大きな矛盾を抱えていることが分かる。

　なお、上記文言にあるように、南部仏印進駐は対英米に抗した純粋の軍事的進出であり、北部仏印進駐が援蔣ルート遮断にあったのと異なる。そのゆえに対英米戦の開始を告げるものであったといえる。

　松岡外相はこれは日米戦を誘発するから、南進は中止して北に向かうべし、仏印進駐は六カ月延期すべし、と主張し、海軍大臣などは賛成したが、陸軍と軍令部総長は反対であり、近衛首相は統帥部がその決意ならば反対せず、との態度をとったので、最終決定となって、七月二日の御前会議で確認された。

　なお、仏印・泰がなぜ重要か。田中新一氏の言が残っている。

「日本に取ってはいわゆる第一補給圏であって、どんな場合でもこの地域の物資を欠いては日本の物動計画は成り立たない、という経済上の緊密不離の関係に在った。もう一つは戦略的関係であった。すなわち、南仏印を軍事的に米英の手に委してしまっては、日満支の統合戦態勢が南から崩れてくる。もし反対に日本が戦略的にこれを活用できるのならば、日本は東南アジア全域に対する重要なる跳躍台を獲得したことになるであろう。要するに南仏印は大東亜圏内における政戦略攻防上の要域である[10]」。

　南部仏印進駐によって、日米の対立は決定的となった。もともと米国は日米交渉を纏めあげようという気はなかったが、南部仏印は日本がマレー、蘭印を支配下に置く現実性を一気に高めたのであり、また米国にとって錫、ゴムなどの戦略物資の調達に決定的な影響を与えるものであったからである。果たして、**アメリカの対抗措置は、資産凍結令の発令、極東アメリカ陸軍司令部をフィリピンに創設（総司令長官にマッカーサーを任命、いずれも七月二六日）、石油の禁輸令発表（八月一日）、と厳しいものであった。**

　こうして、海軍のなかに石油の「ジリ貧」で動きがとれない、それよりも機先を制して開戦したほうがよいとの論が台頭した。天皇は捨てばちの戦いをすることになるのは危険であると、これを押しとどめた。

そこで近衛はルーズベルト大統領との直接会談を企図し、天皇はこれを激励し、近衛は撤兵問題について直接天皇の允裁を仰いで「一命をかけて」調印する覚悟を固めた。

しかし、九月三日、大統領の回答は基本的な四原則を指摘し、その合意を得てから会談したい、という事実上の拒否回答であった。

こうして最後の可能性は消えたのである。

・一〇月一六日、このためついに近衛内閣は辞職。一〇月一八日、東条内閣成立。
・一一月五日、「帝国国策遂行要領」を御前会議で決定。武力発動の時期を一二月初旬と決定。
・一一月二六日、ハル・ノート提示。日米交渉決裂へ。
・一二月一日、御前会議、全員一致で開戦を正式決定。

2―5　ドイツの勝利についての各国の捉えかた

このように西と東で呼応して情勢は展開したのだが、その起爆剤となったドイツの快進撃や戦争策について関係国はどのように捉えていたか、を最後にみておこう。そこに各国の特性がよく出ているからである。

イギリスの冷静な見方

一九三九（昭和一四）年三月、瞬時に達成された独軍の鬼オマンシュタインによる作戦計画は、独陸軍司令部自身でさえ充分予期されなかった目覚しいものであったという。そして六週間でパリ占領までいった。この作戦の成功については、日本側はこの変局を歴史的転換期と捉えたのだが、ドイツの最終的攻撃対象であったイギリス自身はどうみていたか。

フランドル会戦の勝利、フランスの予想される降伏でさえ、要するに欧州大陸における一個の局地戦における勝利にすぎない、ドイツが西欧大陸を制覇しても、海洋に拠る英国との本格的戦いはむしろこれからであり、英国には海軍あり、海上補給路を支える海洋が厳と存在している、と大局判断をしていたという(11)。

この冷静な判断は、島国による安全の余剰、充実した海軍力、に裏打ちされたもので、まことに強力な自己確認であるといってよい。そして暗黙に大西洋を挟んでアメリカの支援が大きな実体条件であることを忘れてはならない。

なおその次に展開されたドイツの空爆に対しては空軍力を新展開させ（ORの技法開発など）、その実力の程を見せつけた。

こうして歴史的転換の決め手になるのは、ドイツの英国上陸作戦の成功であるが、ドイツ空軍に対するイギリスの抵抗は激しく制空権は確保できず、このためドイツは渡海作戦にも自身がもてず、ついに上陸作戦は流れたのである。

ヒトラーのロシア観は負け惜しみか

つづいて、独ソ戦となるが、これについてヒトラー自身の言葉が残されている。すなわち、英国への侵入を諦める事態となった時、

「英国にたいして、情勢の変化を期待させるいっさいの要因を排除するように努めなければならない」。現にわれわれの戦争は勝利しているではないか。そこで、

「**英国の希望はロシアとアメリカである**。もしロシアにかけた希望が消えるならば、アメリカもまた消えてしまうであろう。なぜならば、**ロシアの消滅は極東での日本の価値をいちじるしく増大させることになる**からである。

ロシアは英米両国が極東で日本に向けてふりかざす剣だ。この方面で、英国にとって不吉な風が吹いている。

ロシアは英国がもっともあてにしている要因である」[12]。

こうして、英国を直接討つことは諦めてソ連への攻撃に打ってでたのである。しかし、この威勢のよい発言をよく読みこんでいくと、その各国への認識はまことに荒っぽいというしかない。英国の生存がいきなりロシアにかかる、というように焦点をずらしている。そしてロシアがいきなり世界戦争の命運を握っていると〝持ちあげて〟自己の戦争を正当化している。なんということはない、英国に攻めこむことができなかったので、その負け惜しみにロシアとの〝代理〟戦争をおこし、あたかも本格戦争であるように祭りあげて自己を納得させているのではないか。

自己の軍事力の限界意識はまるでないし、このような弁解がましい開戦の正当化ではそもそも勝てないであろう。この認識のなかで日本が世界戦争のなかで重要な位置を占めているとみられているが、それは「英国（英米）―ソ連―日本」という連鎖で、世界情勢を捉えているためで、もし日本が極東から援助してくれれば、という期待も覗けるのである。しかし、日本には中国問題を抱えそれほどの力はなく、南進に必死であり、それが精一杯できることであった。

日本の見方および南進と日中戦争との関係

さて最後に日本はどうか。おそらく日本ほどこのドイツの勝利に〝興奮〟し、インパクトを受けた国はないのではないか、といわれる。とくに陸軍の中堅層においてそれは顕著であったが、単に軍部のみではなく、社会各層のヒトラー〝信仰〟が燃えあがった。

これは南進策に一気に火をつける役割を果す。その第一局面はフランスの敗戦であり、第二局面は独ソ戦開始であるが、この過程をたどって永年の課題であった南進を実行する。これは本質的にアジアにおけるイギリス支配への挑戦であった。いわばドイツが欧州で為しえなかったことを代ってアジアで行おうとしたともいえる。

この日本のやり方をいずれも便乗主義と批判するのは易し

い。しかし、そこに日本の国力、あるいは実力が出ているのではないか。自己単独の力で南進を敢行する突破力はないのだ。しかし軍事戦略的にみれば、まさに力の空白が生じた機を見て行動をおこしたのであり、間違っていない。

もう一つ、上記の公式文書を通読していくと、これらの文書をつうじて関心をひかれるのは、中国との戦争をそれ自体として優先して終わらせ、ついで南に移るという考え方がまったくというほど出てこず、ただ援蔣ルートを叩くことによって重慶政権を屈服に追いこむこと（を望む）は書かれているが、それ以上ではなく、全体をつうじて蔣政権が屈服するであろうとの明確に記述した文言は見当たらない。結局のところ、日中戦争はそのままにして、なんとしても南進を遂行しようという姿勢がみえることである。陸軍としては「日中戦争の処理が終わらなくとも、これをある程度に打切り、南進に乗りだしたい、というのであった」。

すなわち、南進は日中戦争の行方がどうなろうと、また日中戦争は〝棚上げ〟しても、この機を逸しては時機を逸するという（「バスに乗り遅れるな」）情勢判断から急いで立案・実施に移ったものである。

以上、今次大戦がいかにイギリスをめぐって戦われたか、ということ、そのイギリスを守ったのがアメリカであるが、日本の膨張政策の中心にいた陸軍はいかに反英路線で固まっていたかを改めて知るのである。

3　主要国の戦争態勢

こうしていよいよ開戦にいたるのだが、つぎに具体的に日本をめぐる開戦の国際環境をみていこう。英国、米国、ソ連が検討されるべきであろう。

3―1　イギリスにみる外交戦略の展開
軍事的〝弱小国〟の巧みな戦略

まず、イギリスの戦争態勢から入る。というのもイギリスはアジアにおける最大の権益保持国ではあり、日本の南進に最も大きな脅威を感じていたからである。

そこでまず英国チャーチル首相のとった戦略に注目しよう。有名な話であるが、日本が真珠湾攻撃をしたとの報に接し、「これでわが祖国は勝利した」といい、その夜はぐっすりと眠ったという。このことの意味をあらためて探る必要がある。

それは、英国の危機下における外交・軍事戦略は、敵国であるがゆえにどのような戦略をもって日本に対峙したか、をみるうえで重要だからである。もう一つの要素はイギリス母国は日本と同じ「小国」であり、ドイツの攻勢にたいしてよく戦ったが、それでもドイツを屈服させるだけの実力はなかった。また一方、世界に散らばるその広大な植民地・自治領など、英連邦をいかに守るのかという国策があった。これは二正面作戦となるが、これはいかなる戦略を必要としたか、そしてそのような国がいかにして最終勝利に持ちこむかをみることによって、日本の反面教師となるものが大いにある、と思う。

まず、アジアにおいては単独では日本の圧力に抗し切れなかった。そこで、対日本の基本国是というべきものは、アメリカを参戦に巻きこむ以外に自国を勝利にもたらすことはできない、ということである。それに依拠してイギリス外交がフル回転するのである。そのスキームとステップはつぎのように進められた[13]。

⑴　まず、一九四一（昭和一六）年一月二九日から三月二七日にわたり、米英参謀協定を締結した。それは米国の参戦不可欠を前提にして、

①ドイツを打倒すること。日本には戦略的守勢をとる。

②米艦隊の四分の一を大西洋にまわす。

③防衛分担地域の策定。

⑵　他方、英国は独自の「戦略計画」をつくったが、それは英国の非力をあらためて認識するものだった。

⑶　日本にたいしてはしばらくあやす（babying）作戦をとる。

⑷　周辺国への戦略として、ソ連を引きとめておきつづける。ソ連がドイツに対する抵抗をつづけること、そのために援助する。

⑸　日米開戦にとくに注目する。日本が米国と開戦すればドイツは対米宣戦布告する。それは米国を対独戦へ引きこむことになる。

対日開戦の四つのシナリオ

そこで日本については、四つのシナリオを準備しており、そのなかで日本が対米開戦することが最も望ましく、米国の参戦なしには日本と開戦してはならない。あくまで今回の戦争のリーダーはアメリカである。

この四つのシナリオとは‥

①　米国がドイツと戦争状態にあり、日本は中立の場合

②　米国が英国の側に立って戦っており、日本は共通の敵の場合

③　米国・日本とも戦争せず局外者に立っている場合

④　米国は戦争せず、日本が英国の敵の場合

であるが、最後のケースは最悪で、英国はなんとしてもこれを避けなければならぬ。一等賞は米国が日本と戦争することなく、ドイツとの戦いに参戦してくる場合で（右記①）、二等賞は米国が英国側に立って参戦し、日本は敵国につく場合であるとし（右記②）、一等賞がとれないとすれば二等賞が

現下の情勢では唯一実現の可能性のあるものであった。そしてチャーチルは暗号解読によって二等賞の戦略をとれば日米開戦の結果、ドイツが対米戦に参戦してくることを承知していたという。

これでみるとおり、英国はドイツとの戦いで米国を引きこむことを最優先にしているが、その枠組みのなかで対日戦争を位置づけていることが分かる。

こうして日本は完全に英米、とくに英国の描くシナリオの網にかかったようなもので、チャーチルの熟睡の意味も分かるし、彼らの手のうちで踊ってしまったのが今次の戦争であったのだ。

(6)　もっとも日本は欧州で戦端が開かれたが（一九三九（昭和一四）年九月一日）、それに即応しては開戦に踏みきらなかった。「三国同盟」締結や米国と和平交渉をしようとしていたためであるが、その米国はそのあいだ戦争準備のために時間稼ぎをし、また禁輸によって日本に対峙するように次第に強硬姿勢を露わにする。

(7)　米国は対日交渉の最終局面（一一月二四日）で「日米暫定協定案」作成へ。このとき英国はアメリカに二枚舌で対処し、日米開戦の責めを正面から負うことは巧みに回避し、中国の責任に転稼した。

これで見るとおり、イギリス、そしてチャーチルは現実注視にもとづき、自国の非力を認識したうえでその戦略を慎重かつ充分に練りあげている。しかも対日では前面に出ることを避け、アメリカにその役割を果たさせたところなどは嫌らしいほど巧みである。こうして外交交渉の展開もすべてお見通しといったところである。これは、自国の不敗を信じて開戦に勢いづく日本とまことに対照的ではないか。弱小であるがゆえに、卑下しているのではなく、自己の行動にたいして抑制的であり、現実主義に徹し、決して行け行けドンドンではなく、他国の力の活用を第一においている。これは単独国として、また同時に軍事力単独に頼るのではなく、その前に他国との関係の構築によって自己の力を増大させるという、まさに国家外交政策によって自国を有利な位置におく戦略なのである。これは思うに、パックス・ブリタニカのもとで蓄積された智恵であろう。

3―2　アメリカの立場と戦略

英米一体であった

大東亜戦争の正面の相手はアメリカであった。そのアメリカの基本的立場をみておく。

(1)　なんといっても、歴史と文明的にみて英米一体であること、アングロサクソンとしての強い一体力があること。

具体的に、米英はすでに一九三七年から軍事作戦の打ち合わせを開始したが、一九四一（昭和一六）年一月二九日～三月二七日の米英幕僚による「ABC協定」において、米国が参戦を余儀なくされた場合、米英両国の戦略的防衛策を決めた。それは、

① 西半球における米国の最も重大な領土的利益。

② **英帝国の安全保障は、情況のいかんにかかわらず確保せらるべきで、なお、英帝国の結束と安全を確保するため、極東における地位を含めた英帝国の最終的安全保障に備える配備がなされねばならぬ。**

③ 連合国の海上交通の安全は根本的要素である。

とあって、②において今次の大戦が英帝国防衛戦であるかを示し、そのため英米一体がいかに重要であるかを明言している[14]。

(2) 興隆する、軍事力に優れたドイツを叩けるのは、ロシアかアメリカしかない。ヨーロッパ危機は過去においてもアメリカの参戦によって解決されてきた。第一次大戦においてアメリカは一〇〇万人の軍隊を送ったのである。そのため国際連盟に加入せずとも、英国に代ってアメリカの発言力は大きい。ヒトラーはなんといってもアメリカの参戦を恐れていた。

(3) 対日本については、新しく台頭する国家としてそのまま勢力を増大することに警戒観をゆるめず、アジアでは中国を支援した。当初は相互に勢力範囲を定めるなど比較的に緩やかな牽制を行ったが、次第にその姿勢を強めるにいたる。まずワシントン条約によって海軍軍備の相対比を規制し、ついで満州事変—満州国の承認問題ではこれを国際条約に違反するものとして、激しく日本を責める行動の音頭をとった。こうして日米の亀裂は時とともに大きくなっていった。

ただアメリカ内部にも、日本がソ連共産主義との防波堤として活用すべきだとの意見はあったが、それは少数意見にとどまったといわれる。

アメリカにとっての死活的利益

(4) 具体的に、一体、日米は何を戦ったのか。その要因はアメリカ側からみて通常三つあるとされる。

① 中国問題——中国大陸への進出を認めるわけにはいかない。

② 「日独伊三国同盟」を認めるわけにはいかない。

③ 日本の仏印進駐を認めるわけにはいかない。それはアメリカの死活的利益を損なうもの。これは同時に英国の権益を破壊し、これを自らのものにしてさらにオランダ支配領域を危なくするもの。

このなかで何が決定的であるかといえば、③が直接的な衝撃として一番重要であり、②は日米交渉で持ちだされたので大きな意味をもつとされたが、実際はイギリス側からみてアメリカを参戦させるためのシンボル的意味を持つもので、日米間では決定的であるとはいえない。①は従来から

の主張であるが、アメリカとして具体的にはどうすることもできないことであり、最後になって中国からの強力な主張に配慮することになったものである[15]。

ここで重要なことは、アメリカと日本の立ち位置の違いである。アメリカはすでにＡＢＣＤ包囲網をつくりあげ、日本を孤立に追いこんでいる。また戦争をせずとも重要戦略物資の供給を左右する優位性をもつ。日本が戦争のための自己資源をもたず、また中国問題で四苦八苦しているのとはまことに対照的だ。

(5)　他方、南西アジアはアメリカにとっても生命線という位置にあった。ゴム、ボーキサイト、錫、といった戦略物資の調達先でもあったからだ。

(6)　また東南アジアの危機は、直接的には英国、オランダにとって深刻なものがあるが、仏印が支配されることとともに、フィリピンの支配が危機に陥るという意味で、アメリカにとっても危機なのである。また仏印が支配されれば、蘭領印度も一気にその影響を受ける。

(7)　しかし、欧州戦争に介入すること、さらに太平洋において日本と開戦することなどは、ルーズベルト大統領が三選（一九四〇（昭和一五）年一一月五日）にあたって「若者を戦線に送らない」と叫んで支持を得たことがあり、大統領は参戦へ国民を誘導することに苦心した。それが中立法の改正・運用によってイギリスを支援しつつも、ドイツとの正面衝突には歯止めをかけつつ世論の誘導を図っていった。そして着々と軍備増強に努め、その期間は時間を稼ぎ、あとはチャンスを待つのみであった。ルーズベルト大統領が中立・孤立主義から転換した時期は一九三八年中のある時期のようで、そのころから対日戦の覚悟を次第に固めていったと思われる。ただそれまで欧州のほうがすでに戦争に入っていたこと、両大洋において開戦するほどには軍部増強が間にあっていなかったことから、最終的決断が後になったにすぎないとしてよい。

日米交渉における両国の違い

その最終局面を日米交渉でみると、

・一九四一年四月一六日、日米諒解案の提示。

・　〃　一一月二六日、ハル・ノート提示で終止符を打った。

この間七カ月の交渉であった。注目すべき点は、日本側は、第二次近衛、第三次近衛、東条と内閣が変わり、それに対応して三人の外相——松岡、豊田、東郷——が変わったのに対し、米側はまったく変っていない。また、日本側は五月一二日の第一次修正案より一一月二〇日の乙案まで譲歩を重ねたのにたいし、米国側は最初の諒解案より次第に強硬になり、最後には最も極端なものになった。

両国にみられるこのコントラスト——これだけの簡単な事

実をみても、日本側が国内意思の統一に苦慮しながらも、いかに交渉の成立を求めていたか、が分かる。これにたいし米側はまったく譲歩の意思はなく、ただ日本を追いつめていくという交渉であったことが分かる。このアメリカ側の姿勢に変化がないかぎり、あとは日本側の大幅譲歩しか妥結の可能性はない。そういう交渉であった。

それに対する反論は、そうは言っても日本側は着々と戦争準備をすすめていたではないか、ということであり、その事実も電報解読によってアメリカ側が掴んでいたろう。しかし、和戦両様の可能性があるとき、軍部がそのための準備をするのはその任務上当然のことであり、それが日本側の好戦姿勢を示すものだという批判はあたらない。現に米側は日露戦争開始前にすでに対日作戦計画の策定に入っているのである。

真珠湾攻撃前後の情勢

こうして真珠湾攻撃の日を迎えるが、この攻撃についてはいろいろな関心もあって多くの文献があるが、以下は筒井充氏の論稿による。(16)

・当時のアメリカは真面目に交渉を妥結させる意図などなかった、それは軍事当局が戦備のために時間が必要だとしたので、この戦備の時を得ることを目途としたものであった。

・ルーズベルトは真珠湾攻撃を予知していた。ハワイ方面陸海軍指揮官は犠牲の山羊同然であった。

・航空母艦四隻は、兵員輸送と称して真珠湾を離れていた。その代わりに戦艦が犠牲になった。航空母艦は温存された可能性が高い。

・こうして米国が平和の裡にあるのに、日本がいきなり武力を用いたという情景を、世界中の人びとに一点の疑いもなきまでに明示するためであった。

なお、アメリカは何とかして参戦の口実を探していた。それも日本側が先に攻撃するチャンスを待っていた。先に述べたごとく、一九四一（昭和一六）年一二月一日、ルーズベルト大統領は、ハル国務長官とスターク海軍作戦部長を呼び、三隻の小型船を西南太平洋で情報収集のため配備することを命じた。これは同時に日本海軍にたいする挑発を狙い、開戦の口実にしようとしたのである。(17)

真珠湾攻撃の真相は、ルーズベルト大統領が在任中に死去したため、普通ならば残される記録が書かれてない。そのため真相はまだ封印されている。

3－3　ソ連の位置

スターリン体制の確立

このなかにあって、ソ連の立場は独特なものがあった。

(1)　一九三〇年代のソ連は革命後わずか一〇数年を経過し

たにすぎず、まだまだ国家の基盤は安泰なものではなかった。そのなかでレーニンが没し（一九二四（大正一三）年一月二一日）、スターリンが後を継いだ。

スターリンは一九二五（大正一四）年一二月一八日開催の共産党第一四回大会において「一国社会主義理論」を提唱し採択された。翌二六年一〇月には、共産党中央委員会政治局からトロツキーを追放し、スターリンは主導権争いに勝利することとなる。

以後は国家建設に注力し、一九二八年一〇月に第一次五カ年計画を開始し、重工業を発展させる必要性を強調した。一九三三年からの第二次五カ年計画では消費財の生産に一層重要な地位を与えた。一九三八年に始まる第三次計画は、軍事生産の促進と戦争の危険から守られる地域における基幹産業の建設に重点を置いた。

他方、権力争いは止むことはなかった。すなわち、一九二八年一一月にはブハーリン、ルイコフを追放し、徐々にスターリン独裁体制構築にむかって進むのであった。同時に「血の粛清」も始まった。同年一二月、キーロフが暗殺され、三九年の党大会までに一〇〇〇人を超す代議員が処刑されたといわれる。

この間、一九三三年一一月、アメリカはソ連を承認した。

ソ連の計画経済化による工業の目覚しい躍進は一時深刻な長期不況に苦しむ欧米から羨望の眼差しでみられるほどであったが、ドイツの侵攻に対する軍事力の整備に貢献したことは事実である。

他方、スターリンの地位を脅かすと彼がみた政治家・軍人・その他指導者をつぎつぎに追放、処刑する大弾圧によって独裁体制を強固にしていくのであった。この期間、混乱に陥ったが軍隊は再建され、危機は乗り切っていた。

(2)　そこでヨーロッパ紛争に際してソ連がどのような立場をとるのかが問題となるが、一九三九（昭和一四）年八月二三日「独ソ不可侵条約」を結ぶ。これはドイツに中立の約束を与え、ポーランド分割の分け前を得た。しかしこれはヒトラーの瞞着であった。当時のソ連政府の関心は、日本からの沿海州における脅威のほうが大きかったといわれる。ソ連指導部は極東において日本軍と向きあっていた。そしてもしドイツと日本による挟撃にあったとすれば、その命運はいかなるものか、その危機感は強いものがあった。そこで日本の北進に対する動きを探るべくいくつかの秘密組織が活躍した。

またスターリンはそのスタッフによってヒトラーのソ連攻撃の危険性を指摘されていたにも拘わらず、これに耳を傾けなかったといわれる。はたして一九四一年六月二二日、ドイツ軍はソ連を奇襲攻撃し、一〇月二日にはモスクワの総攻撃をおこなう。このように独軍の進撃に圧倒されモスクワ近郊まで攻めこまれたのは、対独防衛戦線の構築に手抜かりがあったためである。その重大な要因にトハチェフスキー将軍以下の赤軍指導者の粛清があったとする見解が有力である。この事件は赤軍の兵士たちが農村出身の農民からなるが、その農村改革に無理があってその結果農村の不満が高まり、それが赤軍最高幹部へ改革を期待する動きになる可能性があると読んで、政敵としてトハチェフスキー将軍を排除せんとしたためであるとされる(18)。

これはソ連国内の事件であって国際情勢と関係ないと受けとられるがそうではない。戦後になって西洋諸国にとって大きな問題になるスターリンによる「大粛清」に対する、当時の受けとり方の問題である。このような〝非道〟が当時の西欧の人々あるいはその他の世界の人々にどのように捉えられたか、であるが、それは「仲間割れ」程度の把握を出るものではなかった。もし、その真実の相が人間にとって、人類にとってもつ意味を根底的に把握しておれば、西欧（含む米国）はソ連と、そしてスターリン首相個人と向きあう時にどのような姿勢・態度で臨んでいったであろうか。戦後到底同じテーブルにつけもしなかったソ連と当時は手を握り合ったのである。国際関係がいかに力の関係で律せられているかを知るのである。

(3)　こうしてソ連は「大同盟」を結んで西側陣営に属することになるのである。それは主としてアメリカによる膨大な武器・軍事物資の援助の途を開くものであった。

日ソ間はつねに緊張していた

日本との関係は一貫して緊張関係にあった。ロシアは仮想敵国の第一番にあがっていた。実際に、一九三八（昭和一三）年七月、張鼓峰（朝鮮・満州・ソ連沿海州の国境）で日ソ軍武力衝突。ソ連軍の武力介入偵察が目的であった。また一九三九年五～九月にノモンハン事件が起き両国は激戦を交えた。いずれも日本軍は大きな打撃を受けた。

第二次大戦中は、中立条約によって、いわば〝変型〟した和平の関係を保ったが、これはソ連側は欧州における対独戦を有利に戦うためであり、日本側は南進を選択する有効な条件としたからである。それでも、日本は対ソ戦の準備に力を入れていた。それが「関特演」（関東軍特殊演習）で、一九四〇年七月二日の「情勢の推移に伴う帝国国際要綱」において、しばらくは独ソ戦に介入しないが、戦争が有利に展開すれば武力行使をおこなって北方問題を解決する、として、関東軍（一二個師団）、二飛行集団、朝鮮軍二個師団、内地二個師団を整え対ソ準備を整えようとした。

しかし、独ソ戦は膠着状態に入り、日本も短期戦争には否定的にならざるをえず、結局「関特演」は戦備強化に終った。それでもこの準備の結果、関東軍は兵員八〇万、馬匹一四万、飛行機六〇〇であった。その後、これら資材は南方や本土に送られたが、終戦時なお約五割を残していた。

対日戦においてはソ連は極めて現実主義的であった。蔣介石の対日参戦（日米開戦に伴う）をスターリンは断っている。その代わりに対日参戦の時期と機会をジッと待っていた。それがヤルタ協定によって実現した。結局、ソ連はアジアにおいて、また対日本において大きな「漁夫の利」を得たのである。

なおまた日中戦争中の、対中国支援を無視してはならない。中国共産党への支援は追いつめられていたその勢力の復活に貢献したし、その政治的立場を強化した。

なによりも、つねに中国が抗日戦線の旗をかかげ戦い続けることは、日本の攻勢が自国（ソ連）に向かうことを防止する意味できわめて大きな寄与をしているわけである。それがソ連の対日基本姿勢であった。

4　日本側の態度と意思形成

問題は日本側である。そこで時間は元に戻るが、開戦にいたるまでの経緯――動揺する日本側の内情を明らかにしていきたい。

4―1　陸、海軍も揺れていた

陸軍は中国から撤退を考えていたが・・・

まず陸軍の動向だが、日本陸軍もただ中国で戦争をしつづけることに強い反省の念があった。その出費の大きさと終着点のない出撃の将来を悲観し、自主的撤退を決断したことがある。一九四〇（昭和一五）年三月三〇日、陸軍はひそかに中国から自主的撤退案を作成し、参謀本部の提案に基づき、中央部は事変処理について、一九四〇年中に政戦略のあらゆる手段を使って和平処理に努め、年末までにその見込みが立たない場合、陸軍は一九四一年初頭から自発的に撤兵をはじめ、一九四三年ごろまでに、上海周辺と華北・蒙彊の一角を残して撤兵を完了するという方針を決定した。出席者は参謀本部から閑院宮総長以下六名、陸軍省から畑俊六陸相以下三名。この方針は陸軍省の発案による。それは予算面から統帥を抑制し、中国から強引に撤兵するもので、解決に手を焼いていた参謀本部も黙認したのである。(19)

ところが五月に入ると、ドイツ軍の圧倒的勝利が伝えられ、「バスに乗り遅れるな」が合言葉になって、自主的撤退案は棚上げになった。

開戦に傾く海軍

一方、海軍はどうであったか。仏印進駐にまで踏み込んでいくように、わが国が積極策に出るようになった背景には海軍の動向が米英戦に傾くにいたったことがある。海軍が開戦に大きく傾くにいたる指導的グループとして海軍第一委員会があったことは現在広く知られるようになったが、その前に海軍中堅が対英国強硬論に傾いていったことを示す文書がある。それは「対英感情は何故に悪化したか」というその表題からしてそのものズバリの文書で、①英国は代々日本を利用してきたが、第一次大戦終了後はその態度は一変した。②英国はまた自国領土ばかりか植民地においての日本の発展と生存にたいして圧迫を加えてきた。なかんずく蔣介石政権への援助はシナを傀儡とする軍事的経済的な対日圧迫である。③英国は自国の悪業は棚上げにして、日本の行為を侵略とし反日国際世論を盛りあげ対日包囲陣を作ろうとしている。こういった主張をいろいろ具体的に事例をあげて論難したものである。[20]

国際派として英米に同調してきた海軍にこのような見解が生まれてきたことはその後の展開をみるうえで重要で、南進論を推進する根拠の一つになる。

錯綜し、揺れる日本側の心理

このように陸海軍の動向に現われているように、実際は日本の内情は動揺していたのである。まずどのように考えても、米国相手に戦争をすべきではなく、また国運を賭して開戦するとしてもその結果は分かっていたのである。それは昭和に入っても識者によって充分に認識されてきたことであり、その前に大正時代においても水野広徳氏によって指摘されてきたことである。また戦争は対米戦にとどまらず、英国、フランス、オランダ、ソ連を敵国とするものであり、長期戦となれば勝ち目はないことはほぼ常識であった。

それでも開戦した。その時の心理状態はどういうものであったか。それはさまざまな思惑や期待やが錯綜していたのである。

・ここまで追いつめられてさらに譲ることは日本を否定することだ。とくに大陸撤兵は心臓である。何から何までアメリカの言うとおりではないか。それは最早外交ではない。

・とくに海軍力の比較、さらに窮迫する石油在庫の実情から、この時期の開戦しかない。この時期を逸すればあとはジリ貧だ。

それでは一泡ふかせてやろう、と外圧に抗する形で戦う決意をした。

・緒戦勝利思想——緒戦は勝利するとの想定にたち、その後は態勢を整えれば戦えそうだと思った。

このなかには緒戦の後は何とかなる、という期待もあった。情勢を自己に有利に解釈するように我田引水的に捉えるものである。

・臥薪嘗胆論——日清戦争のあとのように、臥薪嘗胆の途を選ぶ。近衛が最後に説得した論拠であるが、軍部はしかしそれは我慢ならぬ。耐えたあとにおいて情勢は我ほうに有利に展開する保証はない、として斥けられる。

・軍部は、根底に武力解決の思想を持ちつづけている。これは一九〇七（明治四〇）年の国防方針以来変わっていないから、危急のときにその態度が高揚する。

　また負けることを広言し、それを主張することは弱虫とみられるので、自己抑制が働くし、またそれらグループは排斥されてしまう。

　このような意思決定者の心理をめぐる事情や意思形成の内情をもう少し検討しておこう。

4－2　続出した悲観論と、これを〝乗り越える〟開戦決意

事前検討は勝利の予想なし

まず、戦争の見通し、とくに勝利の予想について、事前の検討はどのように進んでいたか。

　いくつかの戦争にかんする事前検討では日本側の勝利の結果はでなかったのである。

・高木惣吉氏は「図上演習、大小の艦隊演習、および陸・海軍の共同図演などで、米国だけを相手とした場合でも**日本が確実に有利な決戦態勢となった実例は私の見聞したかぎりでは、ほとんどなかった**。（中略）

　いずれにせよ、**わが海軍近年の演習も図演も、ほとんど大部分は立ち上がりの研究訓練だけで**、・・・**日本はほとんど敵の主力と相まみえる以前に**大半が撃沈されるか、燃料を消耗して立ち往生となり、燃料・弾薬の補給、パイロットや幹部要員の補充、修理、造艦・造兵能力、原料資材の供給、そのいずれを推参しても、勝算の見込みの少ないものであった」。米海軍が東から逐次押し寄せる作戦にでたとしても「日本海軍の持久しうる限度は二ヵ年とみるのが軍令部（兵備局参加）図演の結論であった」[21]（太字は引用者）。

・この研究を一層徹底的におこなったのが、総力戦研究所の報告である。それは内閣を想定してそれぞれの分野の検討をおこなったもので、その結論は、戦いは世界列強挙げての長期総力戦になり、陸海軍大臣を除くすべての大臣は開戦に反対であり、首相の裁断で開戦反対の結論を得た。

　外務大臣——有力な第三国のない大戦では講和の時期をつかめないし、独伊の援助もきたいできない。大蔵大臣——財政的に破綻する。農林大臣——四年後の食料の確保は不可能。商工大臣——軍需生産のアメリカとの格差、鉄道大臣——敵潜水艦の攻撃による船舶の急激な不足と補充の不備、などを訴え、戦争になっても日本は生産の面から絶対に勝つことは出来ないと結論している。

　これを代表して、一九四一（昭和一六）年八月二七、二八日、近衛首相以下政府・統帥部多数出席のもと、この机上演習の講評が官邸大広間でおこなわれ、堀場大佐は二時間にわたって研究結果を発表し、南方作戦は長期戦必

至、あわせて北方問題の危険性を説き、結局、日本の国力はその負担に堪えられず敗北する、国力充実は未だしとして、戦争の不可能を結論した。

この想定で注目されるのは、後の大東亜戦争において、海戦劈頭の真珠湾攻撃と、アメリカの原子爆弾投下以外は、実際の戦局の推移と、この机上演習の四回にわたる想定が、ほとんど合致するという驚くべき結果になった、という。

また開戦後の船舶消耗度の計算も、アメリカの技術と生産力、航空機・潜水艦の数と能力を綜合分析して、後の大東亜戦争における海軍側の計算よりもはるかに現実に近い数字であった、という。

このとき東条陸相はその報告会に出席していたが、「このたびの机上演習については、研究に関する諸君の努力は多とするが、これはあくまで演習と研究であって、実際の作戦とは異なることを銘記しておいてもらいたい」と述べたという。つまりそれを聞いて引き下がるのではなく、これは軍人として引き下がれない気持ちであったはずである。(22)

事態の急迫と最終決断への経路

このように戦争が本当にできるのかにつき内部の検討は進んでいる一方で、対外関係は緊迫する一方であった。

まず一九四一（昭和一六）年年初、大本営陸軍部は「大東亜長期戦争指導要綱」および「対支長期作戦指導要綱」を策定。秋までに日中戦争を解決し、それ以降長期持久体制に移行して数年後に中国派遣陸軍を五〇万人に削減すると明記した。

一方、四月一三日には、日ソ中立条約が調印されたが（有効期間五年）、これはソ連が独ソ戦に備えるためであり、日本は南進を推進するためであった。

四月一六日には、ハル長官はいわゆる「日米諒解案」を交渉の基礎として提案し、五月一二日には、野村大使は、両国の欧州戦不参入、米による蔣政権への和平勧告、両国間通商の平常化を提案した。

この交渉がおこなわれている一方で、六月六日には、大本営は「対南方施策要綱」を決定し、仏印，タイに軍事基地を設営することを企図した。さらに六月二五日には、南進の決定を、七月二日には、御前会議で対英米戦と対ソ連戦の準備を明記した。この間の経緯とその内容については先述したとおりである。

一方、日米交渉であるが、ハル国務長官は松岡外相を忌避したので、外相は憤懣やるかたなく、日米交渉の打ち切りを主張した。このやりとりで日米間の空気は険悪となったので、近衛首相はついに松岡外相の罷免を決意し、内閣は総辞職した。しかし。大命は再度近衛に降下し（一九四一年七月一八日）、近衛は豊田貞次郎海軍大将を外相に任命し、日米交渉を再開した。

「帝国国策遂行要領」の決定（一九四一年九月六日、御前会議）

しかし、その前途は容易ならざるものがあった。そのため八月頃から交渉無用論、早期開戦論が高まった。そしてついに、これらを受けて九月六日の御前会議が開かれたが、「帝国国策遂行要領」は一日で決った。この会議と要領の決定は、日本の対米姿勢を戦争に傾かせる姿勢を明瞭に打ちだしたものである。

要点は、①日本の弾撥力が日に日に衰えていること（これはその後の一貫して開戦の理由となるもの）、②決して勝利を予想せずして、「死中に活を求める」という言葉が発せられているように、その前途は容易ならざるものがあるが、それでも開戦の選択しかないことを示した。これは主として永野軍令部総長及び杉山参謀総長の説明において強く表明されたものである。[23]

③また、この席上における鈴木企画院総裁の物資に関する説明が現実の厳しさをよく示している。

すなわち、国力の源泉である要員および国民の精神力にかんしては不安はないが、問題は物資の面である。そもそもわが国は英米および英勢力圏との貿易で発展してきた国であり、重要物資は多く海外の供給に依存している。今日のような最悪の事態を予期して、支那事変以来、自給体制の拡充整備に努力してきたが、いよいよ英米関係から離脱する決意をしなければならなくなった。そのため、昨年下期から戦略物資の特別輸入をおこなってきたが、それでも不充分である。

さらに、六月の独ソ戦開始以来、**国力の弾発性は日本、満州、支那、仏印、泰の生産力に存することになった**。そのため、**全面的経済断絶状態では、わが国の国力は日一日と弱化していくのである**。

最も重要な液体燃料は、民需を規制しても来年六、七月頃には貯蔵が皆無となる。左右を決しなくてはならぬ。

武力によってその確立を図ることになれば、海上輸送その他の関係から、**生産力は一時現在の半分程度に低下する**。したがって、この生産低下期間を短縮し、**武力戦の成果を直ちに生産に活用するようにせねばならぬ**。

南方諸地域の要地が三、四カ月の間に確実に領有できれば、六カ月内外から石油、アルミニューム原料、ニッケル、生ゴム、錫などの取得が可能となり、二年目くらいから完全にその活用を図りうると考えられる。[24]

あらためて、米国の石油などの禁輸がいかにわが国に決定的な圧迫となったかが分かる。それは実質的に戦争開始であった。さらに開戦すれば現在の資源は直ちに枯渇する。しかし、戦争によって資源地域である南方地方を支配して戦略資源を確保すること、それができれば緒戦勝利のあともその後の態勢を整えることができる、とするものである。

この状態の意味をよく考えてみよう。そこには、世界のなかでの日本の位置が出ているし、そのなかでもがく日本の行為もよく出ているのだ。

すなわち、世界のなかで戦略物資は英米が押さえており、さらにその主要供給源が日本にとっては眼前のアジアにある。しかし、それへのアクセスは容易ではない。そのため日本はまず近隣の地域に出て自給圏を作ろうとしたが、それでも不充分であることは自明である。この貧寒な国力のゆえに開戦すれば半年で生産は半減する。そこでこれを武力によって重要物資を入手することにより、やっと自給体制が整う。

すなわち、開戦が英米の圧力に抗することであると同時に、日本が帝国としての基礎条件を整えるという、いうならば明治以来追及してきた「立国」の最後の要件を完備する意味合いをもつのである。ところが、それは開戦直後の占領の成功によって達成されるのだから、言葉を換えれば、「奪取しつつ戦争を継続すること、それでないと戦争は続けられないこと」を明言しているのである。

こんな国があろうか。これに比べられるのはおそらくコーカサス油田を狙ったナチス・ドイツくらいではないか。そもそも大国は戦略物資を国内で、あるいは植民地などの支配地域で充分にかつ安定的に確保しており、その基盤のうえに戦争に入るのではないか。ところが日本は戦争それ自身が基盤物資の獲得行為なのである。いかにギリギリの薄氷を踏むような開戦であったかを改めて知る。

海軍は最後まで躊躇する

日本側がこのように切迫した状況のなかで次第に最終的意思決定をくだしている時、一〇月二日、アメリカ政府から覚書が届く。それは婉曲に日米首脳会談を拒否し、これまでの四原則と、中国・仏印からの全面撤兵、三国同盟の実質骨抜きを要求するものであった。

この覚書にみるごとく、アメリカはまったく譲歩していない。それどころか交渉途次よりも強硬になっている。これが日米交渉の実相であったのだ。

さて、このアメリカ案をみて陸軍は交渉の見込みなくすみやかに開戦を決定すべきとした。ところが海軍は及川海相は内心戦争回避を欲し、近衛にアメリカ案を受諾すべきと進言したかった。一〇月一二日、近衛は荻外荘で五相会議を開いた。その席で及川海相は「いまや和戦のいずれかを選ぶべきときである。その決定は総理に一任する」と発言した。しかし撤兵は譲れないとする陸相の反対があり、この対立のまま散会した。

近衛内閣総辞職と東条内閣の発足

日本側の譲ることのできない態度、それを強力に主張する陸軍の態度は、つぎの東条陸相の発言に集約されている。それは一九四一年一〇月一四日の閣議前に、近衛首相が日米交渉は「駐兵問題になんとか色をつければ外交の見込みありと思う」と述べて東条陸相を説得しようとしたが、東条は一般閣議で閣僚にも徹底する必要ありとして、つぎのように正式閣議で発言した。これは先にも示したが重要なのでほぼ全発言を紹介する。

「撤兵問題は心臓だ、・・・何と考えるか。米国の主張にそのまま服したら支那事変の成果を壊滅するものだ、満州国をも危なくする、更に朝鮮統治も危なくなる。帝国は聖戦の目的に鑑み非併合、無賠償としておる。支那事変は数十万の戦死者、これに数倍する遺家族、数十万の負傷者、数百万の軍隊と一億国民の戦場および内地で辛苦をつましており、尚数百億の国弊を費しておるものであり、普通世界の列強なれば領土割譲の要求をやるのはむしろ当然なのである。然るに帝国は寛容な態度をもって臨んでおるのである。駐兵により事変の成果をつけることは当然であって世界に対し何ら遠慮する必要はない。巧妙なる米の圧迫に服する必要はないのである。

北支蒙疆に不動の態勢をとることを遠慮せば如何なりますか。・・・満州事変前の小日本に還元するなら又何おか言わんやであります。・・・撤兵は退却です。撤兵を看板とせば軍は志気を失う、志気を失った軍は無いも等しいのです」。

そして重ねて「駐兵は心臓である。主張すべきは主張すべきで譲歩に譲歩々々を加えその上にこの基本をなす心臓まで譲る必要がありますか。これまで譲りそれが外交とは何か。降伏です。益々彼をして図にのらせるので何処までゆくかわからぬ[25]」（カタカナをひらがなに、また句読点を付した）。

この陸相の主張を説得できず、ついに近衛は辞職するが（一九四一年一〇月一六日）、海軍の意向を近衛首相に伝え、首相に一任する、としたとき、その首相は断固開戦すべからず、ということで腰が定まっていなかったのだ。これは意思決定者としての近衛の性格からくるものである。また、海軍に見られる態度は、面子にこだわっていること（自らは負けると言いたくない）であり、国運を決める決定的問題に関し、このようなあやふやな意思決定構造であったことは何度指摘しても問題があることは間違いないことである。

もっとも問題は残る。もし近衛が開戦を絶対に拒否しつづけ、陸軍を説得できず、しかし陸軍首脳は内閣の方針として、首相に賛成した場合、陸海軍の中堅がこれに素直に従ったかどうか。中堅によるクーデター、海軍の反対、によって内戦状態になったかもしれない。

対米英蘭作戦見通しは？

さて、開戦には天皇は内心反対であった。そこで、天皇のご下問に統帥部は答えなければならない。そこで準備されたのが、いわゆる「奉答書」である。これは、戦後公表されたものだが、まことに興味深いので附記で採りあげることにする。しかしそのポイントを示せば次の通りである。

緒戦の勝利のあとは、軍官民一体となって資源の開発運用に全力を投入すれば自給自足体制はでき上がり、経済的不敗の体制がつくれる。さらに英米本土とオーストラリアその他の地域、ならびにインド洋、西南太平洋方面の航空連絡を遮断して敵の力を漸減せしめていけば、ここに不敗の体制の確立が可能で、大持久戦も遂行できる。

ここにみる通り、希望的観測に終始し、緒戦勝利のあとは、いわば努力によって事態を切り拓くという以外に何も語っていない。

臥薪嘗胆で進めなかったか

これについては、一九四一（昭和一六）年一一月二日付けの「対米英蘭作戦ノ見透ニ関スル件」において、検討結果が報告されている。その結論はつぎのようなものであった。

・資源の状況は日清事変のときとは異なる。
・国民志気は停滞し、永年月の臥薪嘗胆は不可能。
・作戦上の問題——和戦の機を米に委ねることになり、戦わずして屈することになる。

また米国の来攻もありうる。

・外交——それが有利に展開するかどうか予断を許さない。蔣政権は存続し、日支和平はない。

こうして、臥薪嘗胆論は認められなかった[26]。

長期戦は不利であることは分かっていたが、戦うほうを選ぶ。そこには開戦の時期はこの時点しかないこと、戦えば事態は何とかなる、という期待感があったのである。

4―3　二つの戦争目的とそれが意味するところ

そこで開戦となるが、この時にかかげた戦争目的は何であったか。これは大義名分の問題として重要なので、井本氏の整理を紹介しよう[27]。

・自存自衛——自給体制の確立

米英との対日圧迫から抜けだし、南方の資源地域を占領して、自力によって自給自足の態勢を作り、それを自ら確保防衛することであった。この場合、あらゆる戦争回避の手段をとっても、強国が譲ることは考えられず、むしろ圧迫を加えるのであるから、やむをえず武器をとって起つ。これは現状の維持によって自存を図るものではなかったから、それは消極的自存自衛ではなく、自存自衛態勢を戦い取ろうとする積極的な意図、目的をもったものであった。したがって、これを防ごうとして敵が戦う場合は、とことん戦い抜く決戦戦争になる。

・東亜新秩序――欧米権益の駆逐

この理念は、欧米列強の東亜に築いた権益を排除して、アジアを白人支配から解放し、日本が盟主となって、東亜民族の独立と繁栄を図ろうとするものであった。しかし、欧米列強が多年にわたってつくりあげてきた権益と勢力権支配をやすやすと放棄することは絶対にないし、まして軍事力によって一時敗戦によって手離すことになったものだから、それを回復しようとする。こうして究極にはどちらかが倒れるまで徹底した対決となるのであった。

いずれもきわめて積極的な目的を掲げており、それは決戦戦争であることを意味する。すなわち条件戦争ではないのだ。

開戦詔書と大東亜共栄圏の確立（戦争目的の重心移動）

ところで「宣戦の大詔」を読むと、大東亜共栄圏の確立、あるいは東亜新秩序の建設、という言葉はでてこない。「東亜の安定」は前半と後半にそれぞれ一度、計二度でてくる。また「東亜永遠の平和を確立」は最後にでてくる。普通の常識では、東亜の安定、東亜永遠平和、とは具体的に何をさすのか、判明しない。どういう状態となればこの目的は達成された、と判断できるのかがはっきりしないのである。これが戦争の大義名分がなかった、という戦争批判の根拠になっているのではないか。

この間の経緯について、原四郎氏（大本営陸軍部幕僚）はつぎのように解釈している。[28]

・まず、天皇は「帝国の安全確保」を目標にする。すなわち自存自衛のみ掲げ、戦争の正当性を担保しようとしたのである。

・一方、一九四一（昭和一六）年一一月一日の最後の連絡会議で採択された「帝国国策遂行要領」では、「自存自衛を全うし、大東亜の新秩序を建設するため、・・・」と規定しており、それが一一月五日の御前会議で採択された。

当時のわが国の用語では、**「東洋の平和」とは東亜新秩序と同義語**であった。

・そもそも大東亜新秩序建設という言葉は、一九三八年漢口・広東攻略作戦終了後にだされた政府声明において使われたもの。それはその後、実体が詰められなかったが、一九四一年七月二六日、近衛内閣決定の「基本国策要領」には、「先ず皇国を核心とし、日満支の強固なる結合を根幹とする大東亜の新秩序を建設するにあり」と明記された。ただ、松岡外相は大東亜共栄圏という言葉を常用した。新秩序建設がヒトラーからのもので、これを嫌ったのであろう。

・その後の政府文書では「大東亜共栄圏建設」という言葉は禁句ではない。
・新秩序建設においては、米欧勢力の駆逐という狙いはさしあたりなかった。この意味で松岡外相の言葉のほうが妥当であった。
・しかし、いずれであっても「大東亜共栄圏建設」は、欧米からは日本の侵略的勢力圏建設ないし拡大ととられ、中国の同意も得られなかった。
・しかし、いよいよ戦争に直面し、その目的に大東亜新秩序建設が加えられると、それは大東亜民族解放という意味合いが強くせまってくる。攻略範囲である、フィリピン、蘭印、ビルマでは、必然的にその本国からの独立が重要課題となってくる。

しかし、民族解放を目的に開戦したのではない。しかし戦争が起こったからには、大東亜共栄圏の確立、大東亜新秩序建設、までゆかねばならない。そこでこれらの言葉は**結果従属的戦争目的**だとせねばならない。また戦争遂行の結果として民族解放という事態が付いてきたのだ、といえよう。これが上記したごとく、戦争終末をきわめて難しくした。自存自衛であれば、シナ事変の収拾に目途をつけ、石油などの物資を手に入れること、あるいはその保障が得られれば、日本軍は南方、中国から撤兵して戦争は終わる可能性があるからだ。

・**東条首相はもともと大東亜共栄圏建設に積極的で、自存自衛と同時に、それが真の戦争目的であるという思想をもっていた。**それをシンガポール陥落後の議会演説（一九四二年一月二一日）で、ビルマ、蘭印をあげて、解放をはっきりと表明した。戦争目的が大東亜民族解放戦争であることを内外に宣言した感がある。まず自存自衛を強調した上で、ついでつぎのように述べた。

「帝国は今や国家の総力を挙げて専ら雄大広汎なる大作戦を遂行しつつ大東亜共栄圏建設の大事業に邁進しておるのであります。（中略）

帝国がこの地域を加えて人類史上に一新紀元を画すべき新たなる構想の下に、大東亜永遠の平和を確立し、進んで盟邦と共に世界新秩序の建設を為さんとすることは、正に曠古の大事業であります」。

またさらに、東条首相はアジア訪問のあと、一九四三（昭和一八）年一一月五日、大東亜会議の開催（日本・満州・タイ・フイリピン・ビルマ・汪兆銘政権の代表が参加、自由インド仮政府のチャンドラ・ボース主席が陪席）にこぎつけ、共存共栄の秩序建設、自主独立の相互尊重、伝統と文化の相互尊重、互恵的経済発展、人種差別の撤廃、資源の解放をうたう「大東亜共同宣言」を採択した。この会議のもう一つの目的はアメリカの本格攻勢が激化するなかで大東亜諸国の政治的結集を狙いとしたものであったが、もう一つ開明派官僚によってこの路線が後押しされた面がある。

以上の経緯を追っていくと、開戦決断がいかに押取り刀であったかがまず分かる。そのため、「大詔」も必ずしも明白に目的を規定せず、かなり漠然たる用語を使ったものになっている（終戦の大詔に比較せよ）。そこでは、明白なアジアの解放は読みとれない。その余裕がなかった、ともとれる。

それが戦争の遂行につれ、必然的に民族解放、独立の波に逢着し、それが戦争目的になっていく。そうなると、従属目的が主目的に変質していく。これはもともとこれが重要と捉えていたという想念が軍部首脳を捉えたのである。こうして戦争はこれこそ日本が明治以来目標にしてきたものであり、いまこそ東南アジア諸民族の解放の大道を開く大転機となっていくのである。

戦争終末案は〝的確〟であった（？）

しかし戦争の最終結果はまさに惨敗であった。この点で、実に意味深く、かつ深甚の思いで読みこむべきは一九四一年一一月一三日の六八回連絡会議、一一月一五日の第六九回会議で審議研究された「対南方戦争終末促進に関する件」（東郷外務大臣より説明）で、本件は当初「腹案程度に止むべきものなり」とされているが、次回（七〇回）の会議で決定するものとされた（正式決定されたかどうか不明）。

なぜ「腹案程度」とされたかどうか確認できないが、それは将来の事態の展開はわからないから、あれこれ言ってもしょうがない、一つの研究成果でそういうことも念頭においておこう、ということなのではなかったかと思われる。それでも「対米英蘭蔣戦争終末促進に関する腹案」（正式名称）は、大東亜戦争の性格とそれが最大の悲劇におわる最終結末を予感させるものとして見逃せない。それはかなり長文にわたるので、重要ポイントのみ列挙する。

一　方針（基本方針というべきもの）

「速やかに極東における米英蘭の根拠を覆滅して自存自衛を確立すると共に更に積極的措置に依り蔣政権の屈服を促進し独伊と提携して先づ英の屈服を図り米の継戦意志を喪失せしむるに勉む」。

二　要領（上記方針遂行にあたって実施さるべき事項・要件）

(1)　上記のため迅速な武力戦をおこなって、戦略上の優位の態勢を確立して、「重要資源ならびに主要交通線を確保して長期自給自足の態勢を整う。

あらゆる手段を尽して米海軍主力を誘致しこれを撃滅するに勉む。」

(2)　日独伊三国協力して先ず英の屈服を図る。

・日本は、豪州・印度に対し政略および通商破壊などにより、英本国との連鎖を遮断し、その離反を策す。

・独伊をしてつぎの方策を執らしめる。
(イ)　近東、北阿、スエズ作戦を実施するとともに印度に対し施策をおこなう。
(ロ)　対英封鎖をおこない、情勢が許すならば英本土上陸作戦を実施す。
(3)　日独伊は対英措置と並行して米の戦意を喪失させることに勉む。
・日本は、対米通商破壊や、支那・南洋資源の対米輸出を禁絶するほか、対米宣伝強化によって日米戦の意義にないことを指摘し米国輿論を厭戦に導く。
・さらに、独伊に対し、大西洋・インド洋方面における対米海上攻撃を強化する。
　中南米に対しても、軍事・経済・政治的攻勢を強化する。
(4)　対支施策は、戦争の成果を活用して、援蔣の禁絶、抗戦力の減殺を図って、重慶政権の屈服を促進する。
(5)　対ソ連戦はしない。むしろ独ソを講和させ、更にソ連を枢軸側に入れ、日ソ関係を調整してソ連を印度・イラン方面に進出することを助長することを考量する。
(6)　仏印、泰に対して——省略
(7)　戦争終結のためには、常時戦局、国際情勢などの動向を考察して、以下の機会を補足すること。
(イ)　南方にたいする作戦の主要段落
(ロ)　支那に対する作戦の主要段落とくに蔣政権の屈服
(ハ)　欧州戦局の情勢変化の好機とくに英本土の没落、独ソ戦の終末、対インド施策の成功
　これがため、南米諸国、瑞典、葡国、法王庁にたいする外交ならびに宣伝の施策を強化する。

　さらに日独伊は単独で講和してはならず、「英の屈服に際しこれと直に講和することなく英をして米を誘導せしむる如く施策するに勉む。対米和平の促進の方策として南洋方面における錫、ゴムの供給および比島の取扱に関し考慮す」(29)。

　人はこれを読んでどのような感慨をもつだろうか。筆者のコメントはつぎの通り。
①　基本方針の前段はよく分かる。戦争目的は鮮明だ。しかし、後段の英国の屈服、米国の戦争意志の喪失というのはまったく不可能なことを謳っている。また以下の文言においても英国の屈服が情勢の最重大要件となっており、そのときの情勢に左右されたとはいえ、それは容易ならざる要件であり、それができると見たのだろうか。ここにこの戦争の意味を解く鍵もある。しかし情勢判断としては、あくまで希望的観測であったのであり、これだけでも前途ただならぬことを予感させる。
　また、一貫した姿勢として蔣介石国民政府の打倒を曲げていないことに注目したい。
②　二の(1)項目は、この通りにやればよかったのだ。日本

の内側で防御陣形を固くして資源輸入体制を確立すればよかったのだ。これが冒険的なミッドウェー作戦やはるか遠い南洋作戦で消耗し、敗戦の引き金を引いたのだ。

③　対米国に関しては、最大の強大国に関し、このような間接的方策で何ができるのか、疑問のままである。

④　英米に抗するため、独伊に期待する作戦事項はあまりにも多い。中近東から南米に及び、これら地域への主導的展開を両国に期待している。なんという拡大作戦か。文字通り世界大戦であるが、独伊にそれだけの国力があるかどうかはまったく問うていない。これもあくまで希望的観測にすぎない。

⑤　こうして戦争遂行とその成功を齎すとみられる要素・条件は世界各地域の戦闘を含めすべて網羅して挙げている。そのゆえに、実はそれらは〝的確〟（？）なのである。すなわち、これらカードをすべて切ることに成功すれば、わが国は〝勝利〟のうちに、あるいは勝利はなくとも、すくなくとも対米において対等の地歩を得て戦争を終息させることができるのである。

実際はこれらカードがすべて裏返ってしまったから、決定的敗戦になった。すなわち、決定的敗戦の条件や要素を知るうえで、この文書は実に時代を証明しているのである。大東亜戦争とはそういう戦争であったのだ。

そういえば、この文書の最後にどのように勝利にもっていくかの文言はまったくない。不気味な文章である。それだけに終末点における敗戦を予言しているのかもしれない。

注：

（1）この部分は日本国際政治学会『太平洋戦争への道　第七巻』、朝日新聞社、一九六三年、第一、第二章に拠るところが大きい。

（2）『日本外交史辞典』、山川出版社、一九九二年、六一五～六一六頁。

（3）同、三〇三頁。

（4）同、二二八～二二九頁。また注（1）に同じ『別巻』、三二〇～三二一頁。

（5）注（1）に同じ、『別巻』、三〇六および三三〇頁。

（6）同、三一五頁。

（7）義井博『昭和外交史』、南窓社、一九七五年、一一一頁。

（8）注（1）に同じ、『第六巻』、一八四頁。

（9）注（1）に同じ、『別巻』、四四六～四四七頁。

（10）注（7）に同じ、一五二頁。

（11）注（1）に同じ、二二一頁。

（12）義井前掲書、一一九～一二〇頁。

（13）この部分は、深瀬正富「一九四一年におけるチャーチル首相の軍事・外交戦略」、『軍事史学』、通巻一五七号、二〇〇四年、に拠っている。これはイギリスにおける戦争の最高意思決定の中身を明らかにした出色の論文である。同様にアメリカの開戦にいたる最高指導部の状況もかなり明らかになっているが、ソ連や中国の戦争に向かう意思決定の内情はどうであったのか、が明らかにされる必要があるが、それによって大東亜戦争の内容がかなり違った様相になるかも知れないのである。

(14) 高木惣吉『私観太平洋戦争』、光人社ＮＦ文庫、一九九九年（原本は一九六九（昭和四四）年）、九三〜九四頁。

(15) 義井博「日本とドイツ」、『ヒトラーの戦争指導の決断』、荒地出版社、一九九九年、所収、一八三頁。

(16) 筒井充「真珠湾攻撃――米国首脳部の期待と誤算」、『軍事史学』通巻二六号、一九七一年。

なお、軍事評論家山岡貞次郎氏が『大東亜戦争――その秘められた史実』において、決定的といえる研究を発表しているといわれる。筆者は未見のため、本書との関連で重要事実のみを引用させていただく。

(17) 義井前掲書、二二四〜二二五頁。

(18) この間の実相については、クリヴィーキー（根岸隆夫訳）『スターリン時代　第二版』、みすず書房、一九八七年、を参照。とくに関連するのは第七章であるが、全編まさにこの世のこととは思えぬ、それこそ「悪魔」の世界の出来事が綴られており、現代世界にかんする著述のすべてを圧しさる著である。

なお、最近、三宅正樹『スターリンの対日情報工作』、平凡社新書、二〇一〇年、が刊行された。ゾルゲ以外にも対日スパイ組織が活動しており、ゾルゲ情報はスターリンが赤軍第四本部にたいする不信から、想像されているほど信用されていなかったとされている。

(19) 義井前掲書、一〇五〜一〇六頁。

(20) 矢次一夫『昭和動乱私史下』経済往来社、一九七三年、四九〜五〇頁。

ここに書かれていることに間違いはない。しかしいかにも弱い。それは各国は国益をもとめてあくまで現実的にそして冷酷に行動しているのであり、これをいわば倫理的に批判することは筋違いである。また、このグループのリーダーであった石川信吾氏は正義感あふれ、勇気も男気もあった人物であったようだが、それらをもちあわせて同時にそれを越える智謀をもつまでにはいたっていないように思われる。こういったタイプの人物はある特定組織のリーダーになるが、国家としての指導者はまた異なる要件が必要とされるのである。しかし、そのためには政治のほうに蛮勇を振るう努力が要ると思う。

(21) 高木、前掲書、一七〜一九頁。

(22) 芦沢紀之『ある作戦参謀の悲劇』、芙蓉書房、一九七四年、二八四〜二八八頁。

(23) 義井前掲書、一五二頁。

(24) 『太平洋戦争への道　別巻』、五一六〜五一七頁。

(25) 同、五三四〜五三五頁。

(26) 同、五五四〜五五七頁。

(27) 井本熊男『作戦日誌で綴る大東亜戦争』、芙蓉書房、一九七九年、四三〜四四頁。

(28) 原四郎『大戦略なき開戦』、原書房、一九八七年、三一二〜三二一頁。

(29) 注（24）に同じ、五八五〜五八六頁。

附　日本は開戦を決意した時、どのような見通しをもっていたのか

一体、日本は開戦時に戦争にかんしてどのような見通しをもっていたのか、を知ることによって、開戦の実状を明らかにできる。なぜなら、誰しも浮かぶ疑問はあれほど国力の差が歴然としたにもかかわらず、開戦を決意したのはどういう背景があったのかを知ることができるからだ。

これを検討するためには、その第一次資料として、いわゆる「**奉答資料**」——一九四一（昭和一六）年の「**対米英蘭戦争における作戦的見透し**」がある。昭和一六年一〇月一七日に参謀本部作戦部が作成したもので、この資料を発見した松下芳男氏のいうように、「この資料こそ、軍部の開戦決意と、さきの作戦計画を明示したものであって、軍事史としては、非常に貴重な資料たるべきものである。・・・当時はもちろん、戦時中の最高の機密文書であった[1]」。

この資料が果して奉答＝上奏されたかどうか、は確実にはいえないが、「参謀総長が開戦に関する上奏の際は、当然作戦および戦争の見透しについて奏上する必要もあるし、細部に関してご下問も予期されるので、他の上奏文が見当たらぬ限り、この資料によって陛下に奏上し、ご決断の一資料となったものと思われる[2]」。

この資料を中心に、松下芳男氏、あるいは防衛研修所戦史室の批評を紹介・参照しながら、関係者の証言を加えて、戦争指導観批判として総括しておこう。

1　「奉答資料」にみる戦争指導観とその批判

(1)　初期の作戦見通しは的中しているが、数年にわたる見通しはまったく現実に反するものであった。

すなわち、開戦初頭の勝利のあとの、第二年以降の中期的展望は作戦的にも、戦略的にも、決定的に貧弱。それは別途の対策によって打開できるとし、そこに願望、期待、をこめて文章上は糊塗し、それ以上の具体的施策の検討はない。

(2)　大持久戦になることは理解していた。しかし、米軍の反抗展開については、通商破壊戦、航空戦については言及し

ているが、**具体的に、太平洋方面、インド、豪州方面からの陸海空一体の本格的反抗を想定しておらず**、南方攻略後は、概して、南方作戦は海軍の主宰、陸軍はソ連およびシナに主力を用いるものと考えていた。

すなわち、「数年に亘る作戦的見透しに就いて」をみていくと、そこで生ずる不可能と思われる要因を一々あげて、それを吟味していく、ということはない。それはつぎのような認識にたっている。

・初期の勝利のあとは「軍官民一致協力して、各種資源の開発運用に、全幅の努力を捧げることに依て、自給自足は可能な状態となり、茲に経済的不敗の態勢を概成することを得る」。東亜においては「あらゆる軍事根拠を占拠することに依り、・・・英米本土と、豪州その他の極東方面ならびにインド洋、西南太平洋方面の航空連絡を遮断し、敵の実勢力を漸減せしむることを得」て、「帝国は戦略的にも不敗の態勢を確立することが可能であり、茲に大持久戦遂行に対する基礎態形は、概ね整ったものと観察し得る」。

・物的生産の見透し――当初は、米英の通商破壊戦、航空戦により物的に相当の困難を覚悟せねばならないが、「逐次此の事態を快復致しまして、終局に於きましては、不安なく戦いつつ、自己の力を培養することも可能であると信じます」。

これを具体的に、航空機、戦車、地上弾薬、爆弾、液体燃料、船腹、について数字をあげて説明している。

[筆者のコメント]

・本当に大丈夫なのか。太平洋のほとんどを網羅するごとき広大な地域に拡大した占領地域を、どのようにして維持するのか。それぞれの地域・国家の支配をどのようにして成功させるのか。日本国土との連携にはどのような方策があるのか。船腹の確保、米英軍の攻撃に耐えられるのか、などの具体的検討はない。これが決定的にダメなところ。

一体、緒戦の勝利の多くは、その相手方は本格的な戦闘部隊ではない。**それは守備隊の域をでない。これに本格的攻撃部隊をあてれば勝つに決まっている。本格的反攻部隊は、その後にくるものとしなければならない。**

・日本にとって、**緒戦勝利以降の最大の困難は、太平洋における米国の反撃であるが、その主戦たる反抗にいかに防衛するか、の検討がないという（上記）。なんということか。**「オレンジ作戦」（米国が日露戦争後に策定。太平洋戦争はその通りに運用された）などは知っていなかったのか。

・参謀本部は困難を予想していたし、いくつかの図上演習では、長期的には敗戦という結果を得ていたが、それも努力次第では乗りこえられるとすることで落ちついた。ここに無理がある。それは陸軍の力で押す過程があり、それに異論を唱えることは弱虫扱いされる、という空気があったものと思われる。きわめて日本的である。

(3)　日本は、対シナ、対ソ連、を抱えているが、それをどのように措置するのか、それらは包含して突き進むとはどういうことか、練っているとはいえない。

それを、昭和一七年度までは物的消耗は大きいが、一八年度から軽減し、整備力は逐年向上して、初期二年を経過すれば、逐次弾撥力をつけて、シナの処理、北方の解決、対豪州作戦をできるだろう、という末広がりの見通しであった。

[コメント]

・弾撥力というのも曖昧な表現。自信がなかったのかと言いたくなる。信じられないような希望的観測のオンパレードである。

・もともと、**総力戦研究所の設立が一九四〇（昭和一五）年であり、決定的に遅い**。このような機関の必要性を認識することが少ないのは、国家戦略構想をもつことがいかに大切かを知らない見識の欠乏である。日本の敵対国である欧米諸国は表面にはでないが、それを奥で構想している。

そしてそれが提出された時は、進行している武力戦という現実に押しやられる。意気のみ盛んで聞く耳をもたない。最終報告には東条も出席していた。

総力とは、国力のすべてであり、単に武力戦だけではないはず。それを醸成するには、じっくりとした時間が要るし、優秀な人材投入が要る。そういう思考様式が日本では育っていない。

2　「奉答資料」についての国防理念的批判

日本の運命を決する国家存亡をかけての最高度の重大作戦方針。しかも〝発狂せず〟、真剣に考えていた。

そこでつぎの疑問がでてくる。

(1)　各行政大臣は何をしていたのか

その所管の国防力において戦争能力をもつと、自信と良心をもって判断していたのだろうか。手続き的に問題はない。二つの要綱があり、それは両統帥部と政府当局者の合意によって策定されている。大蔵大臣（小倉正恒）、逓信大臣（村田省三）は物や船のことをつねに心配していた。

また開戦時の閣僚のうち、外務、大蔵、司法、文部、農林、商工、は文官である。

しかし、東条の〝恫喝〟のまえに、各員は明確かつ強力な異議を提出していない。

[コメント]

組織に属していると分かるが、組織のなかで異議を唱え続けることはきわめて困難である。よほどの覚悟が要る。また組織には勢いがあり、空気があり、それによって押し捲られる。それを押し返すのは二倍以上の力が要るであろう。開戦決定の前後はこのような雰囲気であったろう。

後のことになるが、短期決戦は日本の戦略であり、それは成功した。しかし、それはあくまでそのような条件下で成功したのであって、その後の展開はまた別の要素が働きだす。それを初戦勝利の実績でもって次の事態も打開できると楽観的に考えてしまう。人間の惰性的思考による落とし穴である。

(2)　物的計画の杜撰さ

とくに石油は人造石油の開発で解決できる、とした。しかし、この見解もどれだけ根拠があったかどうか、怪しい。

(3)　作戦上で予想されていた危険性

・総力戦研究所における総力戦机上演習――対米必敗、戦争不可能。

ただし、多少参照した程度に終わる。

一九四一（昭和一六）年八月二七～二八日、近衛首相以下、政府・統帥部関係者出席。おそらく、軍部は戦争決意がすでにあり、このようなデータの意味を斟酌する心持はなかったであろう。一方的に傾斜している人間には、すでに反対論、慎重論の入りこむ余地なし。

・陸軍大学校における兵棋演習――資料なし、詳細不明。

・その他のいくつかの図上演習では、必勝の勝算なし。

(4)　国策はどうなっていたのか

先の「奉答資料」は作戦計画であって、国防計画ではないから、国策については触れていない。戦争絶対不可避を前提にしている。「五分五分の戦いには自信あり」。しかし、六分の勝算で勝負に打って出ることは承認されるか。相手は大武力国、大資源国である。「孫子」の言に耳を傾けるべきである。そのような冷静な判断はもはやなかった。

(5)　不利な場合を考えていない

敗戦の蓋然性を考慮外においている。高い勝算ありといえども、敗戦ゼロということはありえない。敗戦にそなえ、その克服策を準備しておかねばならない。

3　開戦にいたった原因についての再考

開戦当初の政府当局者、作戦当局者を責めるだけでなく、より上位の次元において、その原因を見つけなければならない。

(1)　日本民族の進取性

鎖国三〇〇年のあいだに、うつうつとして蓄積された進取性が、明治維新によって奔流となって迸り出た。明治以降の諸戦争の原因は、その根底に日本民族の進取性がある。大東亜戦争開戦の根底にも、この進取性がなお燃焼しきれなかったと考えられる。

国家指導者は、この宿命に従ったものではないか。

(2)　時代環境としての帝国主義的宿命

二〇世紀における国家の宿命としての帝国主義的行動に従わざるをえなかった。開戦当事者も、この国家宿命に従ったのではないか。

(3)　岐路における選択

五大国になったときに、日本は岐路にたった。それは平和主義か戦争主義かの対立である。このとき、政治家のなかでは平和主義路線の選択勢力は弱く、軍事法制によって、大きな政治的発言が与えられた軍部が政治力を発揮し、戦争主義に傾斜していった。これも日本の宿命であろう。

(4)　政治力を握った軍部・軍人の思想

軍部・軍人が、なぜこのような政治的発言力をもったかは、その教育に問題がある。国家の発展は、国家の対外的膨張によるものだという国家主義が、教育によって固い信念になった。そのため、開戦はその信条から当然の結論になる。

[コメント]

・以上は、松下芳男がその著、『日本国防の悲劇』において、大東亜戦争開戦決意を検討した結果として、そのまとめをおこなった最後に記しているものである。

・**開戦の根因として、これら上位の次元をあげたことは、戦史研究家はあまりやらないことで、これは正しいと思う。**奉答資料の検討をつうじて、そこであげられている諸要因は昭和史研究家なら大概指摘するところだが、**軍事戦略を詳しく問いただしてその問題を指摘したあとに、それだけでは開戦の原因を解明するのに不十分であると認識したから、このような指摘になったので、そこに意味があると思う。**

・とくに(1)と(2)が重要である。人間の歴史は、あれこれの要因によって説明されることではなく、このような根底にあるエネルギーによって動かされているのではないか。伊藤正徳『軍閥興亡史』（光人社NF文庫、一九九五年、原本は一九五七年、文芸春秋社）を読むと、明治に戦った兵士たちは、まさに檻を放たれた動物のごとく、活き活きとその力を発揮している様が充分に伺われる。フランス革命時の国民軍もこのようであったのか、と想像させるものがある。長い〝鎖国〟は、その反動として、外部に大きなエネルギーの発散場所を求めるのは、人間が動物であるためだろうか。

歴史的にみても、日本文明は非常にこまやかな感情が特別に発達している社会だと思うが（和歌、俳諧に典型的にみられるもので、しかも一般民衆に広い普及があることが特徴だ）、他方七〇〇年も武士が支配した社会であるという特質がある。武家社会なのである。十六世紀に日本と接触したスペインは一時は日本攻略を考えたようだが、日本の軍事力の強さを認識してこれを諦め、その代わりに日本軍を使ってシナの攻略を考えていた、といわれる。

日本がモンゴルや西洋に侵略されなかったことは、日本武士の力によるといってよい。幕末の薩摩での戦闘においても結構善戦しているのだ。また日本が中国から儒教道徳を受けいれた場合でも、それを武士の規律として受けいれたことは、吉川幸次郎「日本的歪曲」（『日本の心情』、新潮社、一九六〇年）に詳しい。

・このような根底にあるものに目配りしないので、大東亜戦争批判は空を切る。

・とはいえ、それで説明のつくものでもない。実際の展開はその時々の具体的な事実の総合として解明されるべきで、以上のような民族の特性といった一般的特性を挙げることで満足してはならない。

ただここで言いたいことは、歴史研究が実証的であればあるほど、狭義の理知的なものになり、国民を動かしたエネルギーはすべて非合理的なものとして退けられる。かくして人間の歴史ではなくなる。歴史を動かすのは人間であり、とくに指導者の人間的特性、その背後にある彼を育てた社会の特性にも踏み込んで解明しなければならない。

したがって、日本の辿った道を宿命と見るかどうかの判断は分かれよう。それは宿命的と言いたくなるほど運命的だが、それに引きずられないで、人間、とくに指導者のおこなった行為を俎上にのせ、それを解剖する仕事は残されているのであり、そこから戦争に至らない道筋を探る仕事は必要なのである。

注：

（1）松下芳男『日本国防の悲劇』、芙蓉書房、一九七六年、一三七頁。

（2）同上、一五三頁。これはこの資料作成者高山信武――当時、参謀本部作戦課部員、少佐の証言。

第２部　大東亜戦争の性格と意味

V　日本の大陸進出およびアジア主義

はじめに　視点の設定
――時代の認識と国際的な視点

大東亜戦争は極東およびアジアの局地戦争ではなかった。それは幕末開国に目覚めた日本が自国の独立とアジアの西洋植民地からの解放を目指した長い戦いの最後を飾るものであった。長期的、その故に歴史的視点に立って、そのように解釈したほうがより実際的である。もちろん、その途は苦難に満ち、矛盾に満ちたものであった。そこで、この戦争を起したことが、現代史において、そしてアジアにとって、さらに日本にとって、どういう意味合いをもつのか、を二節にわたって明らかにしたい。

われわれ日本国民に、そして世界の多くの人々に、とりわけアジアの人々に多大の惨苦を与えた大東亜戦争に関して、それを採りあげる視角はまことに難しい。すぐ思い浮かぶ例でも、緒戦における連戦連勝に日本人が沸きたっていても、その陰には現地における死傷者は多数あったのだし、さらに集団的殺害もあった。その前のシナ事変にまで想像を戻さねばならないが、大陸における戦闘や地域支配のために中国に与えた破壊や人命損傷の多さを思わねばならない。われわれはこのことをつい軽視しがちであるが、もしそれら被害を受ける立場になれば、それは本当に想像を絶する苦痛の連続であって、しかも自国の争乱であればまだしも外国人の侵略によって引き起こされているのであるから、その心的苦痛は耐えがたいものであろう。

しかし、歴史の展開というものはこのような側面のみでは理解できない、大きな流れというものがある。それは人類社会の動学といったものである。そのような理解の仕方は、一口でいって「文明史的理解」といって差し支えないものであろう。困難は、歴史といっても、結局は人間個人あるいは個々の家庭の日々の生活が織り成してつくっているのだから、それから離れて存在するものではない。しかし同時に人間社会においては、個人あるいは家庭を離れて社会、民族、国家、などの組織共同体が存在する。近代においてはとくに国家という存在が大きな意味をもち、それが相互に接触する。この間、優位性を誇る国家ないし民族が、彼らが優位とはみなさない国・民族にたいしてその影響力を行使するという事態にたちいたる。その場合、社会にある、社会を動かすパワーが総動員される。このパワーは宗教、政治、経済、技術、の四つである（マイケル・マン）が、宗教には思想や文化といった要素も入れてよいだろう(1)。

このような総合的なパワーが世界を駆けめぐるのだから、その行動は自国利益の追求ばかりでなく、そこには崇高な理念も、愛他の精神もたとえ掛け声だけでも唱えられよう。その真贋を見分けなければならないが、ともかくここではこれらが一体となって社会が動くことを確認しておきたい。

このような視点を設定できるのであるから、日本の対外膨張もそれが民族や国家の場合には、民族の発展力と国益の設定・追求とともに、新しい理念や理想をかかげるのは至極当然のことである。これらが一体となって、現実は動きだすのである。

そして、その場合、それぞれの国家によって、その内容が異なってくるのである。例えば、「海洋国家」として世界に飛躍し、自前の資源調達力をもつ国家と、そうでない国家との間では発展能力の差があまりにも大きい。この制約を打破しようとする勢いは止めることができない。ここに富の世界的再配分をいかに達成するか、という問題に直面する。いわゆる「帝国主義」間の戦いである。また、植民地支配ということでは、日本も西洋も同じことであるが、日本の場合には、それが近隣諸国であったこと、同じアジア人であったこと、決定的に〝遅れた青年〟であったことによって、独自の色彩をもつのである。

また、戦争は異なる文明をもつ国家の大きな接触、危機的接触であるから、この様相を知るためには、自国側からのみ見ることではその認識は偏るのである。日本側の資料のみをみて、日本が相対した国の側（この場合、欧米諸国、そしてアジア諸国）がどういうような見方をしているか、を充分に掘りおこす必要がある。わが国の戦後の場合は、自国を初めから間違いを犯した国として自虐的にみているので、そういった資料に関心がむかない。そのため、公平な観察を欠いた大きな偏りをもつ歴史認識が横行している。

少し原理的に考えてみよう。もともと国際関係においては、国の大小や発展の差があるにしても、主権をもつ各国の付き合いは対等の立場にたつことを前提に成りたち、そのうえで、協調し、あるいは衝突するのだから、その基本的立場を無視していては、公平な、正当な解釈はなされようがない。この立場を無視して、始めから文明的に優れた国と劣った国の対立、といった捉え方は根本的に間違っているのだ。また主権をもっている植民地支配国と、その支配のもとにある被植民地の民族の間でも、民族としては対等である、という捉え方をしておかねばならない。

とくに日本がアジアに属する国でありながら、その先頭ランナーとして「近代国家」になったこと、にもかかわらず、あるいはその故に、近隣の中国大陸に、さらに東南アジア諸国へ進出するが、この地域はすでに欧米列強の占有地域であったこと、そのため必然的に世界戦争となるのであるが、このことを考えれば、日本の戦争がいかに多元的性格をもたざるをえなかったことが分かろう。このように全体的に、包括的に、そして均衡ある、公平な、立場にたって、歴史を見ることの必要性を訴えたい。

つまり、何度もいうが、いままでの日本の歴史認識はあまりにも日本ばかり、日本の内部ばかりみて、その〝欠陥〟を言いたてるのである。そうではなくて、日本の行動は、あくまで現代世界史の変動のなかで、独立した国家として、力の支配する国際関係のなかで、どのような選択をしたのか、という視点で理解すべきである。

日本の行動のなかに間違った選択をした、その際、国際社会の認識が不十分のため、あるいは外交上の未熟のゆえに採ったこともあろう。さらに、日本の指導者のあり方や強力な統一意思決定機構の不在の故に事態を切り拓く強力なリーダーシップが発揮できない、などはけっして疎かにしてはならない問題点だ。とくに将来の教訓のために。

しかし、それらの〝欠陥〟が是正されていたとして、その故に事態は変わったのであろうか。もっと大きな、抗しがたい諸力があって、そのなかで限界のある人間が結局は採らざるを得なかった選択が歴史というものではないか。

日本の道が非難されるとすれば、独自のものを生みだしていない、という国柄のゆえに、独自の発想に欠ける、独自の構想力を生みだす基盤が弱い、ということであろう。以下でもこの問題は疎かにはしないつもりだが、しかしそれは「言うは易く行うは難し」である。

そしてその前に、事実をもう一度追ってみよう。すなわち、もし日本の為した行動や示した思想が、世界史のなかで、局部的、局地的、かつ部分的なものであったのなら、その意味を大きく問う必要がないことであろう。そういうことは言えないのである。

そこで、以下では、大東亜戦争の近現代史における意味を問うことにする。この場合に、その視点をどこに置くか、すなわちその視野をどこまで広げるか、具体的には時間軸をどのようにとるのか、が問題になろう。これは歴史記述の場合に難しい問題であるが、実際に戦争が――日本にとっては敗戦が――その後の日本、そしてアジアの事態を決めていったことは事実なのであるから、戦争終結後の事態まで視野を広げて、その評価をおこなうことは許されてよいことであるし、また必要なことである。

1　アジア〝解放〟の理念と現実

1—1　アジア主義とは

今次の戦争を、民主主義国家群対軍国主義あるいはファッシズム国家群の戦いであるとか、帝国主義国家群内部の対立であるとか、という類の機械的・公式的解釈ではなく、アジアに興った新興国家日本がその独立を確保し、さらにアジア全般の新しい「復興」のなかでその条件を強固にしようとしたのだ、という、いわゆる「アジア主義」の興隆であるという立場をとることが、最も実態に即した解釈ではなかろうか。

この立場は松浦正孝氏が強く打ちだしたもので、基本的に賛同できるものである。そこではアジア主義はつぎのように定義されている。

「幕末以降の日本における、アジアを一体のものとして西洋植民地（帝国）主義に対抗しようとするイデオロギー」

それは、つぎのような内容をもつ。

① 英国に代表される西洋帝国主義（露帝国を含む）の、・・・政治的・経済的侵略を排除し、これを駆逐すること、

② 中国・朝鮮との連携を、アジアの経済と諸民族との結集の中心にすること、

③ アジア諸国の平等性を建前としつつも、実際は天皇を頂く日本を盟主とし、西洋諸国に対する優位を確保すること、

の三点に要約できる。

②は二つに分かれ、中国の国民国家としての統一を認め、これを前提に提携を模索するものと、反対に中国を分割し、緩やかな連合体となることを期待するもの、とである。実際の日本は後者に傾いていく(2)。

こうして、後にみる「東亜新秩序」はアジア主義の具体的展開である、という位置づけが可能である。

つまり、アジア主義は、

・アジア各国の主権が西洋列強に奪取され、そして軍事的・政治的・経済的支配を受けていること、すなわち、いわゆる植民地化への反撥。

・西洋に対置しようとしたために、インドに始まる東洋の思想が興起され、東洋という包括的理念が力を得た。

また対象が英国であったがために、とくに英国の支配に苦しむインド、という捉え方が有力となり、ために始めか

ら亜細亜主義はインドを含めたものとなった。・日本がその中心的位置を占めることになった。このためには、日本国の〝優秀さ〟も動員された。

アジア主義の発展

ところで第一次世界大戦期までは、アジア主義は多様で、いくつかの考え方が並存していた（第Ⅱ章参照）。それはしかし、日清・日露戦争が日本の安全保障を確保せんとする、どちらかといえば消極的姿勢でアジアに向き合っていたといえる。それが満州事変を契機に一気に積極主義に転じたのである。そして三〇年代に入りさらに対象地域はアジア全体に広がった。これを整理すれば、つぎの三局面に分かれる。

第一局面

第一時世界大戦まで。日本の主たる脅威はロシア＝ソ連にあり、対ソ政策が中心であった。

次第に中国との関係が微妙になってきたが、その関与は小さかった。

このため。大陸政策を含め、それはきわめて多様な内容があり、また柔軟性もあった。

第二局面

中国との関係が摩擦を起すことが多くなってきた。満州事変で一気に「パンドラの箱」を開けた。そこには世界を覆う三〇年代不況が大きく陰をおとしている。

変ったことは、それまでの対露関係調整よりも、英国との関係が正面に出てきたことである。

それまで対支関係において両国の利害調整が問題になることはあったが、同時に日本産業の急速な発展により、英国を大きく追い上げたことも大きい。

第三局面

このように日本の通商拡大の勢いがあって、日本の関心が南に向くことになった。いわば「海の帝国」たらんとしたのである。

こうして日本のスタンスが、東アジアから「汎アジア主義」へ拡大するのであった。

そして、この時期、日本は国際関係のなかで独伊に近づき、その勢力によって英国を圧迫するという選択をおこなう。

日本が世界へ大きく踏み出し積極的になったのが満州事変である。これによって中国全土への拡大、さらにその先に南進を構想する、というように視野が広がった。それは必然的に反英・排英主義的となり、ここに日本の膨張が英国覇権への挑戦という性格が明瞭になる。

こうしてアジア主義が「東アジア主義」から、インド、南アジア、東南アジア、さらに中東までを視野に入れる、というように拡張し、まさに「汎アジア主義」となり、そのゆえに「大亜細亜主義」と呼称されるに至る(3)。

アジア主義の淵源

それでは、このアジア主義はどうして生まれたか。

それは幕末まで遡る。次第に日本海域に外国船が出没し、ついに開国を迫られるにいたるが、この国家的危機のなかで、日本のあり様が切実に意識されたのである。それは、開国を迫られる日本の危機とその打開がアジアの解放と一体である、という認識が共有されたのである。この点について、松岡洋右――「大東亜共栄圏」の呼称の提唱者でもあるが――はつぎのように述べる。

「浦和湾等一発の砲声に、二百五十年にわたる鎖国太平の夢が破られた、日本の発見したものは、実に完全に包囲されたる東洋であった。而して日本が開国と同時に先ず不可避的必要と感じた事は、自国を守ることが極東を西洋の侵略から護ることであり、逆に極東を西洋の侵略から護ることは、自国の安全を確保する唯一の途であると謂うことであったのである。之は明治維新の直前から直後にかけて、否応なしに、日本国民の自覚せしめられたことであったのである。否、既に徳川の中期以降に於て此の事を自覚した先覚の士が幾多現れていた。・・・西洋東漸の勢力は我が辺傍を脅かしたのであるから、当時先憂の士は、単に鎖国日本の消極的防禦のみならず、積極的に、大陸に或は海洋に乗出して、以て日本の実力に於て、東洋の安定を確保すべきことを説いたのである。

そして「征韓論以来日本の動向を支配したものは、東亜全体が其の処を得て居ない、否、不当に圧迫侵害され、其の生存を脅かされてさへも居る、之は何とかせねばならないが、東洋を見渡して見て、夫れを為し得る者は日本以外にない、・・・独り日本のみが東洋の保全、東亜の安定の責任者であるとの自覚と、責任感があったのである(4)」。

これはアジア主義がいかにして生まれ、そのなかで日本の自覚と責任がある意味で自然に形成されたかを明瞭に語っている。換言すれば、アジアに出て行くことは当初より運命付けられていたともいえる。

このアジア主義は外国であるアジアを対象にしながら、日本の存立そのものから発しているのでその根は深いし、それだけアジアのあり方との関連で日本を捉えるため、初源から対外政策を形成するものとなった。しかし、その前に立ちはだかる壁は大きかった。実に皮肉なことに最大の問題、あるいは壁となったのが中国であった。具体的に亜細亜主義をかかげて覇権的制覇を狙うためには、接壌国である中国に出て行かざるをえない。しかし中国の抵抗も強力であり、それが緩むことはなく、日支の協同は始めから終わりまで期待することはできなかった。ここにアジア主義の内包する悲劇的な自己矛盾が露呈されている。

1―2　アジア解放の理念および思想の展開

実際に三〇年代後半にアジア主義は様々のヴァリエーションをもって語られる。それをレヴューしておこう。

東亜協同体論

一九三八（昭和一三）年一一月三日の近衛内閣の新秩序声明、同一二月二二日の三原則声明、はすでに長期化の様相を示している日中戦争に対していかに対処すべきか、を知識人に投げかけた。そこで起ったのが東亜協同体論で、約一年間にわたって盛んに議論された。それは①政治的基調に立つもの——東洋が地域的運命協同体であること、②経済的基調に立つもの——国家発展の順序は地域的・民族的・文化的に接近しつつ次第に運命を共通する協同グループを形成する、③文化的基調に立つもの——その基礎は東洋文化の伝統に基づくものでなければならぬ、といった主張が唱えられた。

東亜新秩序

一九三八年一〇月二七日、武漢作戦（漢口占領）、つづく広東攻略によって、日本軍の軍事行動は一つの頂点に達した。そこで、近衛首相は一一月三日、声明を発表し（第二次近衛声明——上記）、国民政府が地方の一団体に転落した、という認識のもと、つぎのようにその政策を明確に示した。

・戦争の究極目的は、「東亜永遠の安定を確保すべき新秩序の建設に在り」とし、新秩序とは何かについては、「日満支三国相携へ、政治・経済・文化等各般に亙り互助連関の関係を樹立するを以て根幹」とし、日本が中国に望むのはこの東亜新秩序建設の任務を分担することであると強調した。このため、国民政府が従来の政策を放棄してその人的構成を改替するならば新秩序への参加を拒まない、と付け加えた。

・さらにラジオ放送で、日本が望んでいるのは支那の滅亡にあらずして支那の興隆にある。にもかかわらず、国民政府が政権維持のため支那の共産化・植民地化を許容したため、東洋の二大民族が戦う悲劇が生まれたのであり、日本が蔣政権を打倒しようとしているのであるから、蔣政権の覚醒を望むや切なるものがある、と述べた。

・そして日本は支那が従来の帝国主義的野心の犠牲となっている事態を根本的に修正しようとしているのだから、列国はこの正義に基づく新東洋平和の確立を理解するように求めた。

・つづいて、一一月三〇日の御前会議で「日支新関係調整方針」を決めている。これは東亜新秩序を具体化したものである。

　一二月二〇日、汪兆銘が重慶からハノイへ脱出。その直後の一二月二二日、「更正新支那との関係を調整すべき根本方針」では、三原則——善隣友好、共同防共、経済提携、を謳っている（第三次近衛声明）。

これによって「東亜新秩序」の性格がはっきりする。それは、欧米帝国主義と共産主義の排撃のもと、「日満支」ブロックによる中国の排他的支配をめざすもの、といってよいであろう。

そもそも、東亜新秩序の構想は、この時の第三次声明になって登場したものではない。その萌芽は広田弘毅外相の「和協外交」のなかにあり、一九三三年一〇月の「五相会議」で、帝国指導の下、日満支三国の提携共助によって世界平和を増進する、とした構想に端を発する。つづいて有名な天羽声明がある（三四年四月一七日）。

これらが三六年八月七日、「国策の基準」となってまとまり、日満支の提携の具現と、南方海洋殊に外南洋方面にたいする進出が決定されたのである。

大東亜共栄圏の構想

つぎに大東亜共栄圏について。

その政策は、一九四二（昭和一七）年一月二一日、第七八議会の冒頭の施政方針演説——「大東亜戦争指導の要諦」として明らかにされた。それは開戦勝利で多くの国民が歓喜していた時期であった。そこでつぎのように述べた。

「帝国は・・・大東亜共栄圏建設の大事業に邁進して居る。・・・その根本方針は、実に肇国の大精神に淵源するものであり、・・・大東亜の各国家及各民族をして各々其の所を得しめ、帝国を核心とする道義に基く共存共栄の秩序を確立せんとするに在る」。

しかるに、これら地域は資源豊富であるが、英米両国等の苛烈な搾取を受け、文化の発達も阻害されてきたのである。

わが帝国がこの地域においてなさんとすることは、

「人類史上に一新紀元を画すべき構想の下に大東亜永遠の平和を確立し、進んで盟邦と共に世界新秩序の建設を為さんとすることは、正に曠古の大事業である」。

そのためには、武力戦の成功が究極の勝利に導く必須の要件である。

この建設にあたり各地域・国はどうするか。

満州国、中華民国ならびにタイはこの大東亜共栄圏建設のために努力しており、「仏印」も協力しつつある。

ビルマに日本が進攻するのは、英国の軍事拠点を「覆滅」し、米英の蔣介石援助ルートを断つためであって、ビルマ民衆を敵にするものではない。彼らが協力すれば、ビルマ民衆の「宿望」である独立に積極的援助をする。インドもいまや英国の圧制から脱出し、大東亜共栄圏建設に参加する絶好の機会である。インドネシア民族も同じであって、オランダの圧制から解放し、インドネシア人の安住の地たらしめようとするものである。

しかし大東亜戦争の要諦は、大東亜における戦略拠点の確保と、重要資源地域を日本管制下に置くことによって戦力を拡充し、独伊と協力・呼応して、米英両国を屈服させるまで戦いぬくことである。このことははっきりと明示してあることに留意しておこう。(5)

1―3　上記に盛られた理念・思想の検討　独自性とその限界

上記の理念、それが拠って立つ思想は共通性があるので、以下はこれらを一まとめにして、検討することにする。

⑴　アジア主義について

これら思想と政策は、いうまでもなく英米の抑圧下にあるアジアを解放し、それに代る新協同体形成を訴え、これを実現しようとするものである。このことを深く考えてみよう。なぜ日本がアジアの解放を自分自身の問題として同時に考えなければならないのか。日本のみが独立を達成できればよいではないか。

それは出来ない相談なのだ。一国の安全保障は周辺国の安全保障が確保されて始めて成立する。そこで周辺国・近隣国とともに一体になって安全保障を確保する策を講じなければならない。

そういう眼で周辺国・近隣国、さらに日本が属する東洋の文明地域を概観すれば、なんとそれら諸国・諸民族のほとんど全ては西洋列国に支配され、独立を失っているではないか。同様に、日本もこのような西洋諸国に包囲され、いつ植民地化されるか分からない状況だったのだ。幸いに日本はその脅威を打ち払ったが、その力をアジア解放に役立てること、それによって日本自身の独立を担保することが必要ではないか。

この思想・理念の形成は自然のことであった、と思われる。歴史上、いずれの「強国」――潜在的・顕在的いずれでもよいが――も、そのような理念をもち、周辺地域に何らかの形で〝関与〟してきたのではなかったか。それが歴史において「帝国」の名を冠せられているのである。

⑵　「肇国」の大精神、「八紘一宇」の理念について

日本の建国の精神は「地の果てまでを一つの家のように統一して支配する」こと、これが「八紘為宇」、「八紘一宇」である。その具体的表現が「其の処を得し」める秩序原理の提唱となる。

ところで、「八紘一宇」という言葉は、『日本書記』の「橿原奠都の令」の一節にあるとのことであるが、その意味は、「国中を一つにして都を開き、天の下を掩いて一つの家とすることは、また良いことではないか」ということである。これが「皇国の国是」とされた。そしてこの精神によって「大東亜新秩序（大東亜共栄圏）を建設する、というのである。(6)

いまどきの若い人たちは、現代のアジアに向かってこのよ

うな古代に生まれた理念を適用しようとするのを、その内容を吟味する前に、なんというアナクロニズムだと嫌悪するだろう。しかし、これは西洋学問に〝毒された〟頭脳の産物で、いずれの民族も国家もこのような神話の類にその立国の根拠を求め、かつその独自性を強力に主張して外国を制覇していくのである。これはキリスト教やイスラム教において見るとおりであって、日本も例外ではない。

問題は、天の下を掩いて一つの家のごとく暮らそうではないか、という発想がもともと日本という一国内の統治の概念であることだ。それを他国間との平和の構築に役立たせようとした気持ちは分からないではないが、さらに進んでこれを異国との関係において統治にまで拡大しようとすると大きな壁にぶつかる。

東条首相の発言をみていると、八紘一宇のもと大東亜共栄圏建設の真意を理解しない国・民族は徹底的に膺懲するが、協力する国はわが家族国家における君臣父子の親子の情で遇する、とする。

また大東亜会議（一九四三（昭和一八）年一一月）の演説でも、大東亜諸国家は「外国」という考え方から脱却し「同じ血の通った兄弟として交際する」すなわち。「肉親的関係」においてお世話するのであって、身内の者として、これを「律」する。

すなわち、日本国内の身分的な上下の君臣・父子・兄弟の関係を、上からの指導・愛護と、下からの信従・畏敬の道徳からなる秩序原理を説いたのである。(7)

これは西洋の自由・平等・対等・独立、など――それは言葉だけで国際関係を現実に律してきたものでない――と異なった国家関係を提唱するという意味で新味はあるが、それが果たしてアジア諸国の賛同を得ることができるのか疑問がある。国内関係の統治の論理をそのまま諸外国に適用しようとしたところに練りあげの不足がある。

さすがに、「大東亜共同宣言」（一九四三年一一月六日）では、上記のような神話的、あるいは家族間的国家観は消え、ほぼ通常の外交文書の用語と作文によって書かれたものとなった。それは自らの一方的論理が生きようがないと覚ったせいであろうか。

(3)「所（処）を得さしめる」について

大東亜共栄圏建設の目標は、大東亜の各国・各民族に「各々其の処を得さしむる」にある、とする。それは欧米諸国の「搾取圧迫の政策」とは本質的に異なる。

これは京都学派の唱えるところを借りたものだが、その意味を現実世界に適応してみると、それぞれの民族・国家が、その存在と特性を確認して自立し、自主的に発展することである、と言い換えることができる。

経済学的に言えば、これは国際分業体制の確立であるが、そのために各国は自由な競争と協調が保障され、それぞれの得意分野に特化して、諸国は相融通して発展することであろう。その前提に諸国の政治的独立が確保されていることは説明の要がない。

したがって、これは実力によって構築されるべきものではなく、また特定国が主人公になって他国に命令して構築するものでもない。

しかし、その形成は理念にとどまった。実際におこったことは、武力によって支配地を広げ、それらの地を分割支配すること、すなわち日本を核にしたヒエラルキー的構造を想定していた。

つねに、支那に対する誘掖・指導して、一日も早く「相共に責任を分ち」あえる同志的な国民にする必要があるとされたが、それは思い上がりではなかったたか。

実際は占領地ごとに分割支配する政治体制をつくり、その上でそれぞれ国策開発会社をつくり、資源開発、交通・エネルギー開発、などを実施し、これによって直接的に日本の自給・自足体制の形成に資するものであった。

こうして、結果として西洋列強の行ってきたことと同じものになってしまった。もちろん、政治的独立は保障されていない。

(4)　欧米思想の否定・克服

欧米の物質本位の科学文明、利己主義、物欲主義、自我中心主義、自由主義、個人主義、が行き詰まり、人類史上未曾有の危機をもたらした。そして欧米帝国主義の「世界征服の不正・不義」を激しく糾弾した。

この発言は、三〇年代の時代を反映した危機感によるものだが、西洋についての捉え方は反西洋を唱えるとき必ず登場するもので、東洋が西洋を乗り越えようとするとき、その違いを説く必要性は分からないではないが、それが具体的に何を意味するものか、突きつめて考えられたか大いに疑問である。敢えて自らの文明の自立性・独自性を強調するためにいつも引き合いに出される論理であって、それを主張することは限界があって、決して新世界を構築することに至らない。卑近な例であるが、日本が興隆できたことについては西洋の科学・技術・学芸を導入した結果であったのであって、それは物質主義であってそれ以外にない。

日本が豊かな精神文明を発展させてきたことは否定しない。それは世界に誇れるものである。しかし、厳しい国際政治の場でアクターとして振舞う途を選択した時、一体、この精神主義文明はどのような試練にさらされるのか。それは無力ではないのか。西洋文明の上記の特性に基づいて形成された「力」の文明に対抗する国際政治の原理を構想できるのか。

これが日本の近現代で問い続けられたが、その回答はないまま日本は列強の争いの禍中に身を投じたのである。

理念としての運命協同体と逢着する民族の問題

まことにここで論じたごとく、その「理念は壮、現時の壁の大きさや大」、であった。また練りあげ不足も目立った。それは時間が限定されていたためでもある。

そこで現実との壁についていては、東亜協同体の提唱をめぐって真っ正直に議論された。それは引き続く東亜新秩序や大東亜共栄圏をめぐっても同じ問題を抱えていたので、ここで理念としての運命共同体をめざす新秩序と、それが逢着する民族の問題を検討しよう。

まず東亜協同体を真正面から論じたのが蝋山正道である。蝋山は『改造』一九三八年一一月号に「東亜協同体の理論」を発表したが、その論旨はつぎの通り[8]。

東亜協同体は、アジアの地域的運命共同体であるとし、それは西洋の帝国主義的半植民地であってはならず、

① 一個の新体制をもった政治的地域連合体であること、
② アジアは可変的・重層的で統一した文化をもたないから、統一にむけて創造的発展が必要なこと、
③ 自然地理的条件と物質的要素を結合して住民おのおの生活向上に資する合理的計画をもつこと、日満支経済ブロックではだめである。
④ 欧米の帝国主義経済ではない、共同経済をめざし、土着資本・民族資本と協力して共同建設を図る。
⑤ アウタルキーではない、世界経済構成原理にのっとるべきこと。

をその内実の条件・要素としたのである。この理念のもと、日本は「側面的発展」をおこない、接壌地域を漸次に開発していくこと、国防力の及びうる範囲で接壌地域と海洋方面とを結合してこれら地域への側面的発展すること、こうして文化的かつ生活的に運命共同体たりうるとした。

ここで「側面的発展」といっているのは、西洋帝国主義が征服と移住によって、「垂直的あるいは水平的発展」の形態をとっていることへのアンチテーゼとして使われている。

このように日本の東洋における発展の仕方は西洋とは異なるものでなければならず、地域の発展と統合にあたっては、それぞれの地域の自生的・自主的発展に期待し、それぞれの地域特性を活かしたものであること、しかもそれは世界経済のなかで閉鎖的ブロック経済であってはならない、と説いた。

まことに理想的な地域発展論であり、その統合論である。そしてここで蝋山を取り上げたのは、「アジアは一つ」式のビジョンにとどまらず、より実体的にその条件を明らかにしていることによる。

さて、これら東亜協同体論は先に述べたように、近衛内閣の対中国政策のなかで生まれてきたものである。したがって、それは単なる理念にとどまらず、実際の中国政策の実行のなかで取りあげられるものである。そのため理念がいかよ

うに展開されても、それは眼前の現実の前に試されるのである。

　この視点に立って、両国の間に横たわる民族の関係について深く考察し、内在的に東亜協同体論の問題を指摘したのが、尾崎秀実である。一九三九（昭和一四）年一月に『中央公論』に発表した論文がそれである。(9)

　尾崎は、近衛首相の方針をつぎのように要約し、「東亜協同体」の理念が描かれているとする。

・「支那を征服するにあらずして、協力することにある」
・「更生支那をひきいた東亜共通使命遂行」
・「支那民族は東亜の大業を分担する」
・「東亜の新平和体制の確立」
・「東亜諸国を道義的基礎にたって自主連帯の新組織を建設する」

　しかし、これは「現実の問題としては幾多の弱点と実践上の難点を有している」として、次のように指摘する。

　それは満州事変以降、支那大陸は経済開発（資源・市場）がもっぱら主たる狙いとされてきたが、今日それだけでは済まないことがはっきりした。「東亜協同体」論を生みだした深い原因は、「支那において民族の問題を再認識したところにある」。

　この「民族の動向」は、「日本が武力をもって、奥地から地域的に新政権の地域を切り離すという事実のみによって、豪も解決しうるものでなく、依然として存続するものなのである」。低い経済力、不完全な政治体制、劣弱な軍隊をもつ支那が、なぜ今日まで頑張っているか。その「謎は実にこの民族問題にあるのである。これは単に国家的規模についてのみではない。問題のゲリラの戦士はもちろん、いっさいの政治的勢力と不協同の態度をもって、ただ大地のみを相手にしているかのごとき農夫や、街頭のルンペン少年にいたるまで、それぞれの形をもって貫いている問題なのである」。

　したがって、日本は誤れる政策を固持する国民政府に打撃を与え、これに反省を加えようとしているが、「支那側は始めから国運を賭しての民族戦であると考え行動しつつあるのである」。かくて「支那の民族問題の動向は現在において完全に日本と背馳する方向にある」。

　この民族問題を無視しては、「東亜協同体」論は理念のみに終るだろう。「真実の東亜協同体は支那民族の・・・積極的参加なくして成り立ちえないのである。それは決定的な事実なのである」。

　さらに、「民族問題との対比において「東亜共同体」論がいかに惨めにも小さいかはこれをはっきりと自ら認識すべきである。そうでないならば「運命共同体」の緊密さもついに神秘主義的決定論に終るであろう」。

　この指摘はまことに鋭く、厳しい。よく発表が可能であったか不思議なくらいである。民族主義の興隆の前に両者は永遠に融けあうことはないのだ。このことの重さに気付くことは日本側になかった。「一撃論」がそれで「誤れる政府」を叩けば屈服してくる、とした。なんとか支那民族の〝積極的〟な参加を求めて、汪兆銘政権をつくったが、この政権には民衆の支持がなかった。

中国側も、この日本中心の、日本からの発想である東亜の結合の理念に、最初から疑問をぶっつけていた。

中国側の素早い反論

すでに一九三三（昭和八）年四月二五日の天津『大公報』はその社説においてつぎのように書いていた。

日本は国際連盟より脱会したあと「アジアへ還れ」のスローガンのもと、大亜細亜協会を発足させ（三月一日）また東洋民族連盟も成立させた。さらに東洋国際連盟を提唱する政治家も少なからずいる。[10] しかし、

「解すべからざるは日本が一方盛んに此の説を唱えつつ、一方完全に之と背馳する行動をなすことにして、是れ誠に人をして奇怪の念を懐かしむるものなり」。

「亜細亜主義と云ふ以上、其の内には中国を包まずと云ふことは可能なりや否や、若し不可能なりと言はば吾人は更に問はん、平和手段を以て中日の提携を謀らんとするか、抑も覇道強権を以て中国を圧迫し日本の支配を受けしめんとするかと。若し後者を採るとせば中国が之に反対すべき事勿論なり。若し前者を採るとせば明かに日本三年来の対華政策と符合せず」。しかも日本の武力政策は変っていない。「之を以て而して東洋民族の協和を求めんとするは木に縁りて魚を求むるものなり。烏んぞそれ可ならんや」。

そこで中国は何を求めるか。

「最小限度に於て対華武力圧迫政策を変更し陰謀を以て内乱を操縦するの意思を一擲し、我が東北の主権を還付し、日本、中国、「満州国」などと並べ立てる事を止め、而して中国の内政に対しては絶対不干渉主義を取り、好意を以て中国の統一と建設を援助すべきものなりと思惟す。然るに日本の為す所を観るに極端に之と相反す」。[11]

日本の唱えるところと、現実の行動の矛盾を突いた本質的な批判である。

アジア主義のはらむ二重性

このようにみてくると、東亜協同体論などにみられるアジア解放と統合の理念が一方にあり、他方に武力によって中国を押さえ込んでいくとする現実がある。さらに両者を融合させ、後者に歯止めをかける努力もなかったわけではないが（佐藤尚武外相）、それは主流になることはなかった。

かくて、東亜新秩序といった理念は底が浅く、表面的・心

情的な段階にとどまっていた、といえば言いすぎであろうか。また歴史的にも、そのように不満足なままで、その具体化はあくまで第一段階に終ったというべきであろう。その構想を唱えているうちに戦争は終ってしまったのである。

そこにあるのは、①日本の国力の限界——中国を支配などできるものではない。②最大の〝友〟となるべき国をもてなかった。日本側の一方的思いのみがあったし、外国への理解も甘かった。③軍事主力中心の拡大であったため、なかなか〝正統性〟を担保できなかった。④既成秩序への対抗・挑戦が活動の中心となり、それを超えて建設へは踏み越えなかった。その時間的余裕はなかった。

したがって、その渦中にあった指導者（松岡洋右）も、思わず語らなければならなかったのはつぎの言葉であった。

「勿論、日本国民と雖生物である以上、自衛本能を持って居る。日本は自国の利害や生存を全然忘れて、只管、東亜を西洋の侵略から救ふと謂うことのみを以て自己の責任とし、絶対の愛他の立場から、征韓論を唱へ、日清、日露の両役を戦ひ、満州事変に処し、連盟脱退を敢行し、満州建国の大業を企てたと謂ふのではない。私は左様な偽善的な詭弁を以て，強ひて日本の立場や行動を合理化し、又理想化しようとは思はない。だが、明治維新以来、日本が東洋民族に其の処を得せしむることと、東亜安定との為に戦ひ続けて来たと謂うことは事実である[12]」。

なかなかに「苦痛の弁」である、というべきだが、ここに近現代日本のアポリアがある。日本の興起は東亜を西洋列強の支配から解放し、それによって東亜安定を実現することを目指したのだが、その現実はアジアに支配を広めることによって達成されるという途なのであった。この日本の発展のあり方は確かに自利に拠るもので、決して愛他主義ではない。この二重性から日本は抜け出ることはできないのである。その二重性が最も典型的に現われたのが日支関係であった。日支事変の犠牲の大きさがそれを象徴する。天は日本にこの二重性の苦痛を大きく与えることによって、日本の命運を知らしめたのかもしれない。反対に、この大きな苦痛と犠牲を払うことによって、アジア解放の道筋をつけたことも事実なのである。

2　日本の中国〝進出〟＝侵略について

2―1　日中関係の捉えかた

国際関係のもとで捉えること

日中関係というと、それは直ちに日中戦争論になる。しかしこれはおかしい。日本の拡張が軍事手段を使ったこと、そのため戦争となったこと、その戦争規模の大きいこと、そしてその結末は結局のところ日本の敗戦によってピリオドが打たれたこと、などによって、日中関係論が日中戦争論になることは分からないではないが、これでは何故日本が多大の人的・物的資源を投入し犠牲を払いつつも、中国大陸に進出していったのか。そしてその支配のためその国家行動を支えていたものは何であったのか。その特有のビジョンをもっと正当に考察すべきではないか。そして、この拡大行動は日本特有のものであったのか。日本が進出する以前に西洋列強は勢力権を設定していたが、その行動と日本の相違はあるのか[13]。

また、この大規模な拡大行動の前に何が大きな壁となっていたのか。その壁はいうまでもなく中国ナショナリズムであるが、日本はこの当然の波動をどうしようとしていたのか。同じアジアにありながら両国はなぜ不幸にも対立しあって、和協の途は閉ざされてしまったのか。

これらの疑問や課題に関しては深甚な考察を必要としよう。ただ、日本側の立場にたって言えることは、明治以来のわが国は、いわゆる帝国主義の最後の局面に後発国として参入していき、列強間の激しい拡張と自己保存競争のなかに身を投じ、必死になって自己の発展の道を切り開いていったということ、その中心地が「接壌国」である中国であった、ということである。すなわち、中国を中心に国際政治のなかのプレーヤーとして振舞ったということである。

このように歴史のなかの日本について総体的な考察をしないのは、日本の行動を一方的に侵略の一言で片付けてその深い考察から逃げている、あるいはそこで犯した罪過のゆえにこれを正面から取り上げることは止めるという無意識な逃避の情が働いているのではないだろうか。

歴史の示すように、潜在的・顕在的「強国」は、自己の周辺に紛争をおこすような情勢、あるいは状態があるかぎり、これを押さえる行動にでるのは国家の自衛のために至極当然のことなのである。

日本の不幸は、①この近隣国であった中国が長い伝統と高い文化をもった「先進文明国」であったにもかかわらず、近代を迎えて国家統一に立ちおくれ、その自衛力が貧寒であったこと、②そのため西洋列強につぎつぎに侵食され、「半植民地」化されたこと。それは、その当時の中国は世界のなかで残された最後で最大の魅力ある市場と見なされていたためでもある。③日本もこの中国を組みしやすしとみて強圧姿勢をとり続けたこと。とくに日本の武力行使による支配拡大は第一次大戦の反省から生まれた外交問題の平和的解決という原則に違反すると世界から指弾され、その正当性に大きな疑問符が付けられたこと。④中国はこの脆弱性のため日本に対して「以夷制夷」（そのなかにはソ連も含まれる）で臨み、外国勢力の援助の下、日本を排撃する姿勢で一貫していたため、日本との和協の途は閉ざされていたこと、である。⑤こうして本来、西洋列強のアジア侵略の勢いを前にして、日本と中国は手を結んで東亜の平和と安定に努めるべきであったが、その可能性はまったくといってよいほどなく、中国に進出した日本はいつのまにか欧米と中国の共同戦線に包囲されているのであった。

このように、複雑かつ重層的関係のなかに日本はあった、ということである。そこで以下では、国際的視点から日本の行動にあらためて光を当て直すこと、また日本と中国の間は歩み寄ることができなかったのは何故か。日本側の要因もあるが中国側はどのように見ていたのか、を中心に日中関係を検討することにする。

日中戦争の規模

その前に日中戦争の規模を検討しておこう。等松春夫氏によれば、[14]

・持続期間――一九三七（昭和一二）年七月～一九四五年八月。八年一カ月、九七カ月。

もし、一九三三年九月の柳条湖事件にはじまり、一九三三年五月の塘沽停戦協定で終った満州事変を含めるとさらに、一年八カ月（二〇カ月）が加算され、日中戦争の持続期間は、九年九カ月、一一七カ月におよぶ。

・投入された兵力――延べ人数で算定は困難だが、漢口攻略戦の一九三三年で約五五万、一九四〇年一一月で約七三万、日米開戦時の一九四一年末で約六二万、大陸を南北に縦貫する一号作戦が敢行された一九四四年で約六五万、一九四五年終戦時一〇五万に膨れあがっていた。日本陸軍総兵力の三〇％以上が恒常的に中国戦線に拘束されていた。

・投入された軍事予算――日本の主敵がアメリカになった後でも、総額で対米戦を上回っていた。

・人的損害――死者約四五万、負傷者一〇〇万を越える。負傷者を含めた損害は約一五〇万に達し、アジア太平洋戦争中、最大である。

・中国の軍民に与えた人的・物的損害は日本のそれを数倍するであろう。

このように、日中戦争は明治以来の日本にとって最大規模の戦争であった。にもかかわらず、それが正面から採りあげられてこなかったのは不思議である。

また、八年間の抗戦で国民政府は弱体化し、中国の国共内戦が激化して、最終的に共産党が再生し、勝利することになった。これはアジア情勢についても、世界情勢についても、大きな変動をもたらした。この意味でもその歴史的意味合いは大きい。

2―2　日本の行動を国際的視野で捉え直す

2―2―1　中国〝侵略〟は国際的にみて異常なことか
――接壌国への関わり方

まず第一に、国際関係のなかで日本の行動を考察しなければならない。

これをアメリカの歴史的事例から解き明かしたのが、ジェームス・フランシス・アボット『日本の膨張とアメリカ』（一九一五年）である。[15]

アボット氏の見解は、日本の東アジアでとった行動は、まことにアメリカが欧州諸国のアメリカ大陸への強い関心と干渉の恐れにたいして自衛のためモンロー主義を唱えて成功した六五年前の行動に酷似している、とするものである。

まことにモンロー主義の根は深い。ナポレオンがウォータローの戦いに敗れて欧州が反動の時代となるに及んで、ロシア・プロシア・オーストリア・フランス・スペインが「神聖同盟」をつくったが、誕生した若いアメリカはこの同盟を恐れねばならない理由があった。それがこの「同盟」の一つの目的が、新世界において衰えた欧州各国の勢力を回復し、「謀反せる米国植民地の統治をスペインに復帰せしめ、仏国の手から離れた北米の膨大な土地を取戻し、特に合衆国今後の膨張を妨害することであったからである」[16]。なお英国はこの同盟に加わらなかったが、近時英国と戦争をしたこともあり（一八一二年）、アメリカがこれを恐れること大であった。

南米のスペイン植民地は、本国の勢力が衰えたので、その圧制から逃れることができた。こうして独立した北米人は外形上は合衆国に倣った制度の上に立つこれら新興国に同情の念をもった。

こうして新世界は理念からいえばまったく欧州に反するものがあった。これに基づいてモンロー主義の宣言は発せられたが、「それは実は自己保存の本能を表白したものに他ならなかった。吾等は自己保存の本能より高い理法はないと教えられている」[17]。

実際に、十九世紀前半に起った事件をみておこう。スペインは太平洋沿岸全部を要求し、自国は統治できないにもかかわらず、フロリダを合衆国に譲与することを拒んだ。英国は北西部を要求した。ロシアの同地方にたいして強力に発展した。欧州列強はラテンアメリカ諸国を蚕食し、なかんずくフランスはオーストリアの王を迎えてメキシコの王位に就けようとさえした。このような事件がつぎつぎにおこったので、合衆国は強固な主張を打ちだし、南北アメリカを欧州列強間に分割されるのを防いだのである。これはアフリカやアジアにおこった分割支配と異なるところである。

こうしてモンロー主義によって、南北両大陸を米国の「勢力範囲」と認め、列強は新世界のいずれもこれを属領としたり、武力干渉を試みることはできないことになった。

このモンロー主義は北米人にとって自衛の策である。また弱小なラテン諸国を保護することは、欧州の領土になるよりも米国にとって有利である。そう考えれば。この政策は無視無欲の政策では決してない。

「日本の支那に対する事情は全く之と同じである。支那の四分五裂し、その諸省を欧州列強が分割しようとする形勢は、一五年前（一九〇〇年当時の情勢のこと、日ロ関係の緊張など——引用者注）にあっては甚だ切迫せるが如くに思われたが、此の事実は六五年前の昔亜米利加の分割が合衆国を脅かしたと同一な危険を日本に感ぜしめずには居なかった。合衆国は之に対するにモンロー主義の恫喝を以てしたが、幸にして未だ嘗て武力を以て之が後援をすべき要を見なかった。之に反し、日本は再度武力に依ってその利害を防御せねばならなかった。前には一九〇四年の日露戦争において、又後には現欧州の青島役に於て然りである」[18]。

それは三国干渉によってまた日本の前に大きな壁があることを知らされた。

「領土慾の盛んな欧州人は東洋の一強国たる日本の存在を脅すに至った。支那は自衛の力が無かった為に、之を援助するは——断じて支那に対する利他的友情の為めならず、日本其物の自利の為に——日本の任務であった」[19]。

このように、近接した地域あるいは国に対して、その自衛上の行動をとることは国際的に普通にみられる自衛上の行動とされるのであり、アボット氏は米国の例をあげて説明しているが、欧州までその事例を探せば、いくらでも見つけられるのではないか。日本でもすでに、一八九〇年山縣有朋首相が提起した「生命線」「利益線」の捉え方（「外交政略論」）は、これに似ているが、これはドイツのフォン・シュタインの説を借りたものであるから、西欧においてそれは外交の一つの常識となっていたのではないか。

同様に、実際、日本の行動が国際的にみて果たしてどこまで異常な侵略行動であると非難できるのか、について、東京裁判において、インドのパル判事は独自の見解を述べる。それを満州事変とアジア・モンロー主義を例にあげる部分を引用してみよう。

2―2―2　日本の行動についてのパル判事の見解満州事変について

パル判事は、なぜ日本は満州事変を起こしたか、についてリットン報告を引用した後、当時の日本の政治家らが満州において直面した不安にたいしてこの地域の治安回復行動であったと述べたが、

「それは一国の他国領土内への膨張を正当化しようとするものであって、正当な政策ではないかもしれない」。しかし、国際関係はこうしたものであって、それをもって「膨大な共同謀議の仮説」を持ちださねばならないのか、理由が分からない。「何人もかような政策を賞賛しないであろう。かような政策を正当化する者はおそらくないであろう」。しかし、「これを「天命」「重大権益の保護」「国家

の栄誉」あるいは「白人の重荷」の考えを基礎にして新たに鋳造された語句を拒み、それにたいして、簡単に「侵略的膨張」の名を与えても差しつかえないであろう[20]」。

パル判事の独特の言い回しに慣れるにはなかなか忍耐が必要だが、この文章のなかでわれわれが汲みとるべきことは、満州事変などをおこすことは確かに不当なことである。しかし、それは西洋列強が「天命」とか「権益の保護」とか「白人の運命」などと称して対外進出をおこなってきたこととどれだけ違うのか、という指摘である。まことに後にも述べるが日本の行動のみを特別に異常な侵略行動とするのには無理がある。

アジア・モンロー主義について

また、「天羽声明」についてもつぎのように述べる。

「その声明は、当然日本と中国との関係における日本の特殊地位に関して」でのものであったが、「このような主張は、国際生活において前例にないことではない。一つの国家が、その国家に比較的近接した地域および諸国にたいする他の大陸の列強の行為に関しては、みずからの責任において単独に行動することは妥当かつ賢明と考えてよいという主張は、合衆国が、モンロー主義を遵奉して行った行為に明白な前例を見出すのである」。

このモンロー主義の主張はアメリカが自衛のため、という理由で唱えているものである。そこで「なぜ日本の類似したその主張にたいして、この防衛的性格が否定され、それが侵略的性格を有するものであると呼ばれるのかわからないのである」。

そして続いて，接壌地に関する関係は、アメリカも一時、石井・ランシング協定において認めたのではないか（一九一七（大正六）年一一月）。このように「領土的近接が国家間において特殊関係を発生せしめうるという原則は、依然として国際生活において、行動の基準とされている原則である[21]」。

国家はいかに行動するものなのか

これにみられるように、パル判事には「国家」——ここでは「近代国家」が対象になるが——について冷厳な認識がある。国家について次のように述べる。

「まず最初に，本官は一国が他国の領域内に利権を保有することを是とするものでない」。しかし、国家というものは「私見によれば、このことが一国が「自国が必要とし、かつその隣国からどうしても獲得しなければならないものは、自国に必要なものである。それがなくては生存しえないものである」というように感ずるさいのたんなる幻想を示すものである」。その要望には「誇張された重要性が」与えられる。それが獲得されなければ「あたかも死と破壊とに直面するであろうと想像をたくましゅうするものである」[22]。

まことに国家行動を形成する動因を見事に捉えている。それは到底、理性的判断に属するものではない。しかし、近代世界はこのような「幻想」に囚われた国家の行動によって発展してきたのである。

東京軍事裁判はこのような国家行動を裁いたのだが、それはどういう意味をもつのか。パル判事は次のように述べる。

「われわれの当面の問題は、ある国家がこのような死活の妄想を有し、それに従って振舞うことが許されるべきかどうかにあるのではない。真に問題とするところは、はたして国際生活において、このような振舞いが異常なものとして非難されうるものであるかどうかということである。国際社会ならびに国際法の性格を思い出してみると、われわれが現在、事としている問題は、・・・実に実際問題として、果たしてかような妄想が国際生活において存在するかどうか、しかしてそれが右の構成国家中の若干のものの振舞いにたいして、どのような影響を及ぼすものであるかどうかということである」。

かなり持って回った表現であるが、ここでパル判事が言いたいことは、現実に国際社会をみても、国際法をみても、このような国家の妄想を問題にしてきたのではなく、それは厳然と存在してきたのであるから、それがどのような影響を及ぼすのかが問題なのである。そして、

「日本は、その生存にとって死活問題と考えた若干の「権益」を中国において獲得したのである。ほとんどすべての列強が、同様の利害関係を西半球の領域内において獲得したのであって、かような列強のすべては右の利権がその死活問題であると考えていたもののようである。本官は・・・ここでこれら権益の獲得の方法の根源にさかのぼって考えてみても、正しい方法によったものはきわめて稀であるといっても過言ではないと思う」。

つまり日本も西洋列強と同じく、中国に〝進出〟したのは、それを死活問題と考えて利権を求めたのであり、それは列強の行動と同じである。しかもその列強の行動の歴史を点検すれば到底、正当な方法で獲得したとはいえないのだ。

この文章に続いて、

「その方法がどのようなものであろうと、これら利害関係は厳として存在したのであって、そして諸列強においても、パリ条約に署名しながらも、同時にその自衛権の保留をかような権益の保護にまで拡張することは、十分に正当化されるものであると感じたのである。中国における日本の権益に関する権利も、すくなくともわれわれの当面の目的から言えば、右に述べたような標準によって評価されなければならない」[23]。

つまり、利害関係の保持の行動に関しては日本も列強も同

じであると評価しなければならない。またパリ条約を持ちだして日本を裁くといっても、列強も自衛権を楯に権益の保護を求めているのであり、日本も同じく自衛権を主張するから、パリ条約で日本を裁くことはできないのである。

以上のような日本の行動は、何度も指摘したように西洋が行ってきたことなのだ。こうしてパル判事は日本の行動についてつぎのような原因論を述べる。

「これはある点では、西洋諸国のやり方を模倣したいという願望にその原因を求めうるということもあろうかと考えられる。この願望とは、明治時代の初期から日本人の心の中に一つの「固定観念」となっていたものである」。これから分かるとおり、日本が行ったことは、まさにこれ以上にない「学者的正確さをもって倣っていたのである[24]」。

パル判事をここで引用・参照することは、もともと「日本無罪論」の主張者であるから、日本弁護論を述べるのは当然で、その文章は分かりきったことだという反論があろう。ここではそういう意味で判事に期待しているのではなく、判事は客観的にみて、また歴史を正しくみて、国際社会のなかでの国家行動を明らかにし、その下で日本の行動を解き明かそうとしているのである。こういった接近方法は殆んどないとみられるので、ここで引用・参照したのである。

なお、判事のこれらの部分の文章は「　」つきであるということだ。それはパル判事は自己の言葉で説明する代わりに、英国王立国際問題研究所の『一九三二年概観』を全面的に引用しているのである。判事の独自個性的であるがゆえに偏狭な見解であると批判されることを避けたのであろうか、専門的な学術的調査機関が世界で起っていることを冷静に客観的に分析している記事に依拠しているのである。この点も留意すべきである。

2―3　中国が日本と手を結ぶことのない背景および理由

2―3―1　歴史的・文明的側面から
――矢野仁一教授の見解に拠る

それでは、なぜ日本は中国と手を結ぶことができなかったのか。それは日本が軍事力で圧倒して、その地を支配しようとしたからであるのか。いや、それだけではない、もっと深い理由があるのではないか。とくにそれは三〇年代になって急速に不和が生じたのではなく、もっと歴史的理由があるのではないか。

こういった疑問に日中関係史研究は応えていないように思われる。そこで、以下では京都大学の矢野仁一教授の論稿に依拠して、この疑問に応えていくことにする。それは管見するかぎり殆ど唯一の見解の表明であったと思うからである。それを、歴史的にみた日中の関係、東洋の文化・思想にかんする理解、これらを通ずる日本の位置、といった観点から整理していく。

なお、矢野教授は、学界から東大の村川堅固教授とともに、大亜細亜主義協会の副会頭の要職にあった人であるから、いざ実際の政策については協会の方針に準拠する発言をしているが、にもかかわらず、その学問的研究に基づいて、日中和解については悲観的であったことは特筆に値する。

歴史的にみても日本の位置づけは低い

矢野教授によれば、歴史的にみても中国側の日本に対する評価・位置づけはきわめて低い。

明治初頭、日本が近代国家をめざして歩みを始めたとき、当然、アジアの大国であった中国（当時は清朝）との国交樹立は大きな課題であった。

その最初の公式関係は、一八七七（明治一〇）年の條好修規及び通商条約の締結であった。ところがそこには、支那が西洋列強に与えた最恵国民利益の条項は挿入されていなかった。

当時の支那の上奏文、尺読、論文などの文献には、倭忠、倭禍、倭害、といった言葉が頻出し、日本に対しては利益均霑の心を啓かしめざるようにしたい、という態度でのぞんでいた。[25]

ところが日清戦争に敗れて、それまで平等の待遇を与えなかった日本に対して平等の待遇を与えることになったが、心は平等であると思っていない。したがってことごとに侮日・排日・反日の感情となって現われるのである。

それでも義和団事件（一八九八～一九〇〇）から日露戦争（一九〇四～〇五）前後までの期間、支那は日本にあらゆる面で倣わんとしたではないか、と問われる。

しかし、教授はこの対日態度も、もともと日本の勃興を阻止しようとしてロシアに頼ったが、それが頓挫したためで、日本と協力提携しようとした熱意があったわけではない、という。それが証拠に大学堂において西洋の教師は西洋語を用いて教授したが、西洋学問の受け売りにすぎない日本教師は採用しない、日本語も用いない、と規則で定めていた。

そのため、日清や日露の危機が起ったときも、それが日支協力して、朝鮮において、あるいは満州において、ロシアの勢力を防がねばならぬ地位に両国があったのだ、ということを理解しようとしなかった。反対にロシアに協力した（「露清秘密条約」一九〇〇年）。

また日清戦後「三国干渉」が成功したことは、欧州諸国の援助に頼って日本を抑止できるという考えを益々強くしたのである。

また日露戦争において日本が勝利すると、日本の実力に対する自国の無力を実際に経験したが、その結果は、日本に好感をもつ代わりに反感のほうが大きくなった。

このように外国に頼って日本を押さえる、という態度は一貫して変わらなかった。すなわち、今度は、日本に反対するかのようなジェスチャーを示す勢力としてアメリカが登場してくると、このアメリカに依頼して再び日本の勢力を抑制せんとする態度に出てきたのである。したがって、

「日本の態度がよかったならば、支那がアメリカの延べた手を握らずして、日本と真の親善関係に入り、協力提携の誠意を示すに至ったであろうとは考えられない[26]」。

こうして歴史的にみて、その対日態度をみると、日本の勃興を何んとしても抑止せんとするもので、それは一貫している。

東洋の文化・思想において日支は価値観を共有しないのか

以上は日支の政治・外交政策的側面であるが、文化や思想についてはどうであったのか。また、東洋の平和や安定について日支が協力することの必要性をどう考えていたのか。

矢野教授は、この問題についても「支那は昔から今日まで曾て日本と協力提携せんとする誠意を示したことはないといってよい。是といふのも支那は東洋の平和、東洋の文化といふことに対しては日本と根本的に考えを異にしてゐる」という。

それはどういうことを意味しているのか。教授によれば、支那は「東洋の文化は単に詞章文学上の価値、学問研究の対象としての価値に過ぎないやうに考へ、その個人生活の上において、家庭生活の上において、社会生活の上において、また国家生活、延いては国際生活の上において、実際に道徳的の効果を現はすことに存するといった理解をせず、随って東洋の文化を発揚するため、特に日本とのみ提携協力することを必要とせず」という。

彼らが日本にきて感心するのは、すでに自国において見ることのできない唐代の文化が遺存していることであって、「日本において感心すべき文化がないと考へているやうである。・・・東洋文化の特質たる道徳的精神が個人生活、家族生活、社会生活、国家生活において実際に効果を現はしつつある驚くべき事実こそは彼等の感心しなければならぬ筈であるが、そんなことに感心するだけの見識も理解もない[27]」。

また、日支は利害は相反する、日本憎むべし、とするのは、もともと「支那が日本と共に同じ亜細亜の一国であるといふ考、同じ東洋に国を成しているといふ考のないことである。日本に対して善隣同朋の誼があるといふ考のない事である」。支那人は自己の道徳観についてはほとんど驕慢に近い自信をもつから、「かういふ文化があるから中国であり、中華であり、・・・東洋とは考へない。日本と同じ東洋の一国だなどとは豪も考へなかった。支那人の考では、中国に対する西洋、東洋で、西洋は欧羅巴なれば、東洋は日本で、東洋の日本は西洋の欧羅巴より劣っても優ってもゐない。欧羅巴

にはともかく一種の文明がある。然るに日本には独立した文化はない、日本の文化と考へてゐるものは皆支那の文化の模倣か或は変型にすぎない」。支那人は日本において感心すべき文化はないと考えている。[28]

こうして国の優れた文化が奈辺にあるかを研究せず、これを採り入れようともしない。

また、同文同種という誼という考えもない。この言葉は「中国の文化を慕ひ、中国の文字を用いることは感心であるといふ程な意味に過ぎない様である」[29]。

協力親善は不可能

こうして、日支間に共有して立つべき思想、道徳観を確立するなどといったことは全く期待できないのだ。これでは東洋の平和の根本条件はつくられない。それどころか、西洋諸国をつれこんで、東洋文化を基礎に平和を説く日本を排斥しているのである。

「そういう訳で日支の協力親善ということは到底不可能かも知れない」[30]。

以上のように矢野教授は日中関係の和協は不可能との託宣である。その理由として、中国の伝統的な譲ることのない中華思想、それに基づく東洋といった共通基盤についての認識のなさ、日本の独自文化を認めないという無理解、を挙げる。これらは日中の間に横たわる実に深刻な状態ではないか。相互に架橋する契機は一切なし、とさえ言っていることではないか。また道徳とか倫理が人と社会の形成になんら意味を持っていないという中国についての指摘も、中国理解において鍵を握る重要な点ではないだろうか。日本が長い歴史のなかで一貫して儒教倫理を学んできた国であるだけに日本にとっては深甚に考えてみるべきテーマだ。

この矢野教授の論説は、日本人が全くといっていいほど気付いていない中国側の考えや立場を教えている。これらに接していると、いかに日本側が中国に対して、一方的な、自己中心的な思い込み、あるいは思い入れに終始していたかが分かる。「一衣帯水」の関係とか、「同文同種」とかがそれである。中国の全てを学ぶことが最高の知識人たる証明であったのだ。

政治的緊張の下にあっても、どこかにこの中国〝信仰〟が息づいていなかったか。その実は「片思い」であり、またある側面だけの理解であったのではないか。中国の心底にある日本不信について深刻に受けとめていただろうか。

ここに日中和協の成立しない根本理由があるのだ。

なおどうして支那はこのように西洋諸国には卑屈になったのか。それはアヘン戦争、つぎのアロー号事件において敗退したからである。それまでの支那には、「人心風俗の敗壊を防ぎ、綱紀をして政治を厳明にして秩序を維持するというように努める勇気、奮発」があったのに、である[31]。

外国勢力に負けることの意味は大きい。日本は辛くもこの侵略を防いだのである。独立の精神と民族の気概を持ちつづけること、このことの意味は大きいのだ。

2―3―2　中国の政治社会情勢と日本側の認識の甘さ

在支外交官須磨弥吉郎の報告

さらに日本の対中国関係において重要なことは、中国の抗日姿勢を決定的に甘くみていたということである。この排日・抗日の強い姿勢は、多くの資料が伝えているが、外交官だった須磨弥吉郎氏が在支五年を去るに際して書いた「支那革新運動と日支関係」（『大亜細亜主義』、一九三七年四月号）がその間の消息をよく伝えている。その要点は次のとおり。

・最近五年間の変化は大きい。大河が潰するが如くである。

・いま支那を風靡している思想は統一救国である。日本に対する意気は翕然たるものがある。

・注意すべきは青年将校に革新運動が起ったことで、一九三六（昭和一一）年一一月二八日、軍官学校の優秀学生八名が拒否する蔣介石に強硬面接したうえ、蔣を面責し、対日宣戦の即時実行を迫った（日本の五・一五事件のようなこと）。「蔣介石何ものぞ」の意気込みで、中堅将校こそが明日の支那を率いるの気概を示した。

・この機運は学界にもえあがり、文化運動、国民運動の方へ発展している。

さらにジャーナリズム、美術、文芸運動に広がっている。またこれら運動に女性の参加が目立つ。

・かつて支那の軍事顧問をしたゼークト将軍は兵士に「日本に対する敵愾心の養生」を説いたが、この言葉はいまや四億民衆の胸中に見事に徹底し成功した。かくて最早や国民政府は抗日の笛意を吹く必要がなくなった。それほど抗日の意識が深化し熾烈になっているのだ。

これで分かるように、一九三〇年代初頭には中国全土において抗日姿勢が本流となり、強硬になったのである。日本の前途に大きな暗雲が立ち込める情勢となった。

蔣介石の抗日姿勢揺るがず

さて、青年将校に面罵されるごとき、その指導力に疑問をもたれていた蔣介石の対日姿勢は一体どのようなものであったのか。蔣介石は何んといっても、抗日に一丸となった中国の最高指導者であったから、その対日姿勢にとくに関心がもたれる。

それについては、最近、蔣介石の日記がスタンフォード大学で公開され、これを読み説いた馮　青氏はこれを次のように要約している[32]。

蔣介石は、一九三〇年代に日支関係が緊張したときも、戦いつつも和平の可能性はあると考えていたとされる。しかし、とくに一九四〇年秋の国際情勢の転換——ドイツの快進撃、ロンドン空爆、ソ連によるエストニアなどバルト海三国併合、米国の対日輸出禁止（鉄鋼・屑鉄など）——を期に、以後日本との和平解決を断念し、徹底抗戦戦略に戻った、とされる。

その姿勢を支えていたものは次の諸点である

① 中国ナショナリズムの規制力。

「日本の侵略への抵抗は中国国民の自然な感情であり、世論は満州事件以来、政府に抗日を求め、抗戦開始後は政府を強く支持していた。蔣介石は、これを指導することにより、その威信と権力を拡充することができた」。

② 対日不信。

日本側と和平協定を締結しても、第三国が保障しないかぎり、それが守られるかどうか確信できない」。また、日本政府は中国駐屯の陸軍への統制力はなく、「協定を締結しても日本軍の撤退が実現できる保障はない」。

③ 国際的対日制裁への期待。

日本は軍事的には強いが、国際圧力に弱い資源小国だから、米・英・ソなどが一致して経済制裁をおこなう、あるいは実力介入すれば日本は譲歩せざるをえなくなる。かくて日中間の問題は広い世界戦争の勝敗のなかで解決し得ると考えた。

④ 中国の広大な国土保有の自信、歴史的誇り。

三〇年代後半、奥地西南・西北地区を訪れ、その広大な地域と資源に自信をもち、長期持久戦は可能だと確信した。

⑤ キリスト教信仰による民衆救済の確信。

宋美齢との結婚後、キリスト教信仰を深め、困難にあっても個人的に打ち勝つ精神力を得たし、中華民族には神の恩寵によりこの危機から救済されると確信するにいたった。

こうして、対日和平交渉の途を完全には閉ざしはしなかったが、「基本的には徹底抗戦を行う方針をとり、また国際情勢の転変の中、持久抗戦こそが唯一の政戦略だという考えを強めていくこととなった」。それは「国民が断固たる抗戦を求める状況下、政治・軍事指導者としての彼が取り得る唯一の賢明な政策でもあったのである」[33]。

まさにこの通りであった。

したがって、蔣介石の下野が和平の条件である、とした日本の側の交渉方針は全くずれている、一方的な認識のズレであり、思い上がりでもあったといえよう。

また抗日によってこそ、その地位を保ちうるというある種の絶対条件のもとに彼はあったのであるから、日本との和平の可能性はもち続けるという蔣の個人的思いが例えあったとしても、それが生きることはなかったのである。

強まる一方の抗日姿勢の基盤

このように決定的対立となった日支関係は将来どのように展開するだろうか。肝心の中国人はこの事態とその先行きをどのように見ていたのか。それを知る手掛かりが、中国「南方親日の某要人——天嘯生」が投稿してきたという「日支戦争の将来を推測す」という論稿（『改造』一九三八年九月号）である。それは本当の中国人の書いたものと信用しよう。それは中国側からみた中国の国民や指導体制について興味ある実相を伝えている。

・中国軍は、日本軍の軍備や作戦の優秀さによって全国的に遍く惨敗している。

・しかし、日本側の速戦即決を主張し、中国の武力をゼロとみたが、これはいまや誤りであり、戦期は長引いた。

・また、このように敗戦が続くが、それでは日中戦争はそれで終結するか。

「私は蔣政権を各方面から観察するに、蔣介石はかようにしてもなおまだ打倒することは出来ないものだと思ふ。若し蔣政権が打倒されないなら、日支戦争の将来は、終結を告げると謂うことは出来ない」。最近、武漢での国民参政会は、蔣政権の長期抗戦国策の支持を通過させた。「全国各党各派の領袖的人物が、一致団結、精誠救国を表示したのではないか」。

抗戦が開始されてから、蔣の威権は高められ、信望も大きくなり、その地位は非常に強固になった。

［蔣政権の基盤］

蔣が権力を一身に集めるのには長い間の準備があった。有力地方の実力者を次々に退け、中央集権を強化していった。そして党、軍、政、の大権を一身に独攬することはもう何の問題でもなくなった。

党——陳兄弟を利用して一手に国民党の勢力を握り、以て一切を統制し、一切の宣伝にあたった。このなかで異議を差し挟むなどということはもはやできなくなった。

軍——黄埔派の掌握するところ、直系の武力は四〇〜五〇万におよぶ。また軍部にはいくつかの系統があったが、蔣直系の部下に統轄利用された。

いわゆる「藍衣社」が全国の青年および各部隊に分布して、徒党的新興勢力になっている。それは人びとの間に恐怖政治を敷いている。

政——政学系が全国政界の裏面にあって恐るべき勢力になっている。

欧米派・連ソ派、その他の政治勢力、さらに浙江財閥の経済勢力は、蔣のために直接間接、統括に利用されないものはないこうして、党、軍、政、の一切の大権が蔣の下に集合している。

共産党は唯一、蔣にいくらかの不平を言うが、その勢力は微々たるもので、いまは抗戦に合作しているから、蔣に頼らなければ何事もできない。

こうしていかなる犠牲を払っても、蔣が打倒されないかぎり、日支の平和はもたらされない。

また抗戦によって、蔣の勢威は益々高くなり、内部の団結は強まるばかりである。

長びく戦争がもたらすもの

そして最後に、戦争が長びいていけば事態はどうなるか、について今後の展望を述べる。

①　共産党のために機会をつくってやることになる。なぜなら戦禍の及ぶところ民衆は業を失い、生きる術をもたなくなる。非占領地域において赤化政策は容易に浸透するが、戦禍を蒙らなくとも赤化政策は日に日に活発になる。

②　欧米人の勢力が増す。蔣が打倒されない限り、欧米に依存して自存を図る。奥地に逃げ込んで行けば行くほど建設・開発が必要であり、それは外国資本を導入して実施する。またそれは外資が競争的に応ずるところでもあるから、蔣はそれを狙っている。

③　中国人民は益々日本を仇視し、親英、親仏、親ソに傾いていく。他日の復仇のため刻苦努力し、失地回復のため飽くまで不撓不屈の姿勢は崩れない。そうなると、日本とは百年解けざる仇となって東洋平和は永久に恢復されることはない。

④　日本軍に占領された地域の統治は容易ではない。民衆に三民主義は浸み込んでいるからだ。戦争が収束しなければ、政府は力をつくして復興に努めるから、これを日本が統治するには容易ではない。さらに赤化勢力は遊撃隊となって地区を擾乱する。そうすると、民衆の行き場がなくなり、統治は成功しない。

以上は両国の戦いが続く場合のことを述べたのだが、解決は両国が翻然覚悟するところあって、武力衝突を止め、休戦和議を主張すること、日本側も蔣政権を相手にして防共協定を前提に日支経済合作を条件にすること、そうすれば蔣も政権維持が可能となり、その他は譲るだろう。こうして日支の和平はたちどころに成立する。

この最後の和平条件はかなり甘いものがあるが、それは筆者が親日派であるため、日本側に好意的に希望を与えたものであろう。

それにしても、いかに中国側を屈服させることが困難、いや不可能であることをこの文章は伝えているのだと読みたいのである。

注：

（1）マイケル・マン（森本淳・君塚直隆訳）『ソーシャル・パワー：社会的な〈力〉の世界史Ⅱ』、NTT出版、二〇〇五年、とくに一〇～一五頁。

（2）松浦正孝『「大東亜戦争」はなぜ起きたのか――汎アジア主義という視角』、名古屋大学出版会、二〇一〇年、三三～三四頁。

（3）同、三四頁。

（4）松岡洋右『興亜の大業』、第一公論社、一九四一年、二二八～二二九頁。

本書の表題となった「興亜大業の意味」は、青年を相手の講演記録であるが（日時不明）、日本の理念や思想をただ唱えるのではなく、それが果して国際的に通用するのかを反芻・検討しながらその主張を裏付けようとした、ある意味で〝異色〟の論稿である。それは同時に日本の苦悶を現しているが、松岡は少年時代のルンペンのような米国留学生活を振りかえりながら、明治以来の日本の歩んだ道を自分を説得するかのように語っている。

（5）栄沢幸二『「大東亜共栄圏」の思想』、講談社現代新書、一九九五年、九九～一〇〇頁。

（6）同、一〇二頁。

（7）同、一〇四～一〇六頁。

（8）蝋山正道「東亜協同体の理論」、『改造』、一九三八年一一月号。

（9）尾崎秀実「「東亜協同体」の理念とその成立の客観的基礎」、『中央公論』、一九三九年一月号。

（10）例えば、政治家ではないが、神川彦松「極東連盟の建設を提唱す（連盟脱退と今後の我が新対外政策）」、『外交時報』、一九三三年四月一五日号。

（11）「異なる哉日本の所謂亜細亜同盟」、天津「大公報」社説、一九三三年四月二五日、『大亜細亜主義』、一九三三年七月、一〇八～一〇九頁。

（12）注（4）、松岡前掲書、二二九～二三〇頁。

（13）飯沢章治「支那事変と南進政策」、『外交時報』一九三八年二月一五日、の冒頭の文章に、「支那事変を単に日本の世界政策の一環としての**大陸政策と・・・**」と言う言葉がある。また続けて、「**支那事変こそは大陸政策解決の鍵をなす**と共に、南進政策確立への第一歩を正しく踏み出すべき恵まれた機会であること否定することは出来ないであろう」。

この執筆者は別にとくに意図して使ったわけではないだろうが、支那事変を、日本の「大陸政策」であると捉える姿勢に新鮮さを感ずる。なぜなら、当たり前のことであるが、列強はそれぞれの地域を占領し支配する政策――その構想と準備工程および維持政策を、中東政策とか、アジア政策とか、その地域名を付して呼んでいるわけである。ところが、日本では対中国政策が侵略であって、その罪過をあまりに意識しすぎているあまり、このような対外政策として普通に理解することが最初から放棄されているのである。起ったことは、各国の「大陸政策」の角逐であったのだから、その視点を忘れているため、日本現代史に関する基本的誤解がこうして始まっているのである。

（14）等松春夫「日中戦争の多角的再検討」、『軍事史学』、四三巻三、四合併号、二〇〇八年。

（15）ジェームス・フランシス・アボット『日米問題』、大日本協会、一九一八年。

(16) 同、二六〇頁。
(17) 同、二六一頁。
(18) 同、二六五頁。
(19) 同、二六七頁。
(20) 東京裁判研究会『共同研究　パル判決書（上）』、講談社学術文庫、一九八四年、八〇三頁。
(21) 同、八三七〜八三八頁。
(22) 同、八五八〜八五九頁。
(23) 同、八五九〜八六〇頁。
(24) 同、八〇六〜八〇七頁。
(25) 矢野仁一「支那事変と東洋平和の確立」、『大亜細亜主義』、一九三七年一〇月号、一三〜一四頁。
(26) 同、一五頁。
(27) 同、一五〜一六頁。
(28) 同、「日支関係の史的考察」、『大亜細亜主義』、一九三六年八月号、一〇〜一一頁。
(29) 同、一二頁。
(30) 同、六頁。
　なお、矢野教授の支那にかんする認識と日支関係に関連する論稿は、『現代支那概論　動かざる支那、動く支那』の二冊に収められている。
(31) 注（18）に同じ、六頁。
(32) 馮青（スタンフォード大学フーヴァー研究所客員研究員）「蔣介石の日中戦争期和平期交渉への認識と対応――『蔣介石日記』に基づく一考察――」、『軍事史学』、二〇一〇年三月号。
(33) 同、八〇頁。

Ⅵ　アジアにおける日英の競争と対立

はじめに　本章の狙い

ここで言いたいことを一言で述べれば、第二次世界大戦は具体的にはイギリス覇権を必死に維持しようとした勢力とこれに挑戦した国との間で戦われた戦争であった。それは勢力の再配置を求める、という意味で帝国主義戦争の側面をもっていたが、同時にその帝国主義支配からの解放と確立された既成秩序の改変を求め、民族解放と植民地からの独立を求める、という意味で民族独立戦争という意味をもっていた。日本の戦争はこの二重性をもっていたが、実際の行動は中国支配を目指すことが中心になったので、帝国主義戦争の最後の局面において日本はその最後のレースに参加していたのである。そのため、前章では日支関係を再論したのであるが、本章ではさらに視野を広げ、アジアにおける列強の角逐とそれに対するアジアの覚醒、そしてその中心にいた日本の興隆と、その果した役割を明らかにすることを通じて大東亜戦争の意味を問いたい。

それが一言で言えば、英国覇権への挑戦であった、ということである。(1)

1　イギリスの東アジア進出と列強の角逐、そして日英関係の進展

1―1　イギリスとロシアの角逐、そのなかの日本　イギリスが進出のモデルとなる

アジアに覚醒をもたらした「西洋の衝撃」は、英国のアジア進出、とくに極東アジアへの進出によって始まった。それは一八四〇年、アヘン戦争を仕掛けて勝利し、これによって中国の門戸開放をなしとげた。さらにビルマを経由してシナ

内陸部への進出を狙う。つづいて一八五六〜六〇年のアロー号事件によって、通商特権、賠償金、アヘン売買合法化、治外法権設定、を認めさせたが、これはその後の支那侵略のモデルとなったものである。

これに強く刺激されたのがロシアであって、①アジア進出のためまずアジアで不凍港を獲得すること、②イギリスの活発な支那進出への脅威に対抗する必要を痛感したこと、がその動因であった。しかし、ロシアの支那への進出は激しい紛争を経ずしてなされたことに特色がある。それは支那が満州以北にあまり領土的価値を認めていなかったこと、ロシアが支那に味方して英仏に当たるという策に出たためである。その典型が一八六〇（万延元）年の北京条約であり、ロシアはウスリー領域の支配権を獲得したが、これは第二次アヘン戦争中、北京襲撃のときロシアが示した好意への対価であった。中国でもこのように進出してくるロシアの脅威は意識されており、中国側ではこれを「肝液の憂」という。

その後、日清戦争がおこるが、これによってアジアの大国とみなされていた中国が意外に脆いことが世界に知らされ、列国の「勢力範囲」設定競争がおこった。

とくにイギリスは一八九八年、ロシアと勢力範囲についで提案し、日清戦争の賠償金を支払うため清朝に八〇〇〇万ポンドを貸し付けたが、その条件に揚子江流域の優先的支配を示した。つづいて一八九九（明治三二）年には、英露政府の間で、英国は万里長城以北に鉄道利権を認めない、ロシアは揚子江盆地に鉄道利権を探求しない、という協約を調印した。

支那は日本を敵対視する

以上の過程のなかで日本にとっては、その後の日中関係を朴する事態の進展がある。

日露戦争直前、支那の実力者は李鴻章であったが、李は基本的に侮日派であり、「遠交近攻策」をとって「露支秘密協定」を結んでいる（一八九六（明治二九）年）。これは清国とロシアとの間の対日相互防衛同盟であって、韓国をロシアの影響力に置くこと、日露の間に開戦すれば支那は中立政策をとるというものであった。しかし旅順要塞からシナ軍が撤退後、ロシア軍はこの要塞に入った。つまり排日のために清国はロシアを利用したのである。

また、上記のごとく、日本が中国に進出するまえに中国大陸（とくに本土）はアジアに強い関心をもつ二つの世界「大国」によって「勢力」（支配）分割がなされていたのである。日本はまさにこの二大国にはさまれて後発として中国にでることになった。

このような英露の激しい角逐のなかで日本が台頭していくという構図がそこにある。その契機は日清・日露の戦争であるが、これは〝純粋な〟進出であるよりも北からの脅威を払いのけるため自衛戦争をおこなうことによってであった。

このとき英国はロシアの南下を押さえ込むため、日本を援助した。かくしてアジアにおいては日本が勝利したことによって英国覇権が確立したといってよく、フランスやオランダ、アメリカはそれに追随してアジアに地歩を築いたのである。

もし、ロシアに国内政変のおそれがなく、海軍力がより強大であり、また英国のように外国進出に資金・人材が豊富であり、その施策の巧みさがあったなら、ロシアはもっと支那大陸に食いこんでいったであろうし、また南下の勢いは止まらなかったであろう。そのもとで日本は圧迫されていたであろう。それこそ英国の最も恐れていたことである。日露戦争はそのロシアの圧力を押し返したのである。この意味で日露戦争は東アジアにおける帝国主義支配競争に大きなコーナーストンを打ち込んだのである。また先発の帝国主義的膨張を図る「大国」の一角を打ち崩したという意味でこれは世界史的意味をもったのである。

また、こうしてロシアの南下を防いだことによって、日本が満州から中国本土へ進出する可能性を作り出したが、それは後のことであって当初はきわめて防衛的であったのだ。それが最終的に南進まで実行するにいたる。この構図は、日本がロシアに代ってその役割を担ったとも言えるのであり、まことに歴史の皮肉である。

さて、本題の日英関係であるが、英国覇権への挑戦は、始めから（明治および大正期において）意図したものでなく、日本が発展していくなかで、いわば自然にしかし必然的に形成されていったものであった。それは世界を大局観察すれば分かることだが、後発新興国が発展していけば当時の世界覇権国であるイギリスと必ず何処かで衝突するということである。

そこで〝蜜月〟の日露戦争の意味と、その後の時期から三〇年代の決定的対立までの三〇年間をレビューすることにする。

日露戦争のもった重要な意味

日英関係を歴史的に考察する際には、やはり日露戦争における日本の〝勝利〟の意味を外して考えることができない。それは日英間で緊張度の増してきた戦前一九三三（昭和八）年のある論文（下記の時期区分で用いた）が的確に指摘していることである。(2)

「有色人種の一小日本民族が、斯の神の選民と誇称する白色ロシアを極めて手際あざやかに一撃痛滅せしめたということは、有色人種一般に或明確な民族的自尊心を、熾烈な自主意識を呼び醒ましたため、英国の圧政下に悩む印度三億の民衆に対しても頓に所謂反英抗争の力強い動機となり、爾来時の進むにつれて益々その激越さを加ふるといった有様である。しかも然うした独立運動が、英国にとっては単なるロシアの加へた外部脅威よりも、遥かに危険な内部的自壊作因たることはいふまでもない。加之、此の印度こそ英国唯一の宝庫であって、之を失ふに於ては、英帝国存立の経済的及び軍事的基礎の崩壊を来すの外ないのである」。（太字は筆者）

このようにみると、日本が白色人種に痛撃を与えたことは、大陸にその一歩を占めたこととともに、世界的には有色人種の前途に希望を与えたことであり、まさに英帝国の内部に楔を打ちこんだということになる。その意味で本稿英帝国覇権への挑戦であるとしている立脚点の最初の出来事であったとしてよい。日本がまだ熱心な日英同盟国であったので、このことを自覚するに至らなかったが、それは外国――インドその他と、実は英国自身――のほうがその意味を重大に受けとめたことはここで記しておきたいことである。

その証左として、ボース・ラス・ビハリの言葉を引用しておこう。一九三七（昭和一二）年に発表された文章のなかで、次のように言う。

「亜細亜のみならず全世界にとり幸いなことに、日露戦争に於ける日本の勝利は新しき亜細亜をつくり出したのである。即ちそれは一方に於て誤れる「白人優秀」の迷妄を打破すると共に他方に於て亜細亜に新しき生命を吹き込んだのである。亜細亜は昏睡より醒め、自己の偉大さに気がついたのである。斯くて亜細亜諸民族の国家意識は澎湃として勃興し今日全亜細亜が復興の途中にあるのである。

斯くの如く日露戦争は亜細亜をして覚醒せしめたが、今次の支那事変は日露戦争の意義を更に拡充遂行する使命を持つものと信ずる。即ち今次事変に依って亜細亜より英国の勢力を一掃する機運に際会したのである」。

支那事変が実はボースの言うように簡単ではなく、日本がその取り組みに悩んだのだが、日露戦争の延長上にあって、アジア解放の道筋にあること、その先に英国の最有力拠点インドがあって、「印度が英国の桎梏よりはなれ印度人のものにならぬ限り英帝国主義は未だ打倒せられたりとは言ひ得ないのである」[3]。

それは最終的にどのように収斂したかは後で述べるが、このボースの示す展望にのっとって次に日英関係の進展を視ることにする。

1―2　日英関係の進展とおこる紛議
日露戦後三〇年間の日英関係

さて戦争終結後の展開はつぎのように三つの時期に分けてみることができる。

「第一期　一九〇六（明治三九）～一九一一（明治四四）年」

・第一次日英同盟から第三次のそれにいたる六年間。

同盟が英国にさしたる利益をもたらさず、有害なることが次第に意識されていく時期。
・当時の英国自治領である豪州、ニュージーランド、カナダなどにおいて露骨な日本人入国禁止がおこなわれる。
・日本への脅威に備えて一九〇九年、豪州独立海軍の建設計画始まる。
［第二期　一九一一（明治四四）年（第三次日英同盟～一九二一年）］
・第三次同盟から四国同盟条約締結（日英同盟破棄）にいたる一〇年間。
・対支・対印貿易で日本次第に優勢へ。この時期は日英産業間の競争激化、英国のアジアにおける貿易の退却が始まる。
・一九二〇年、英国発案による対支四国借款団の設立。日本の東亜における経済活動に対抗せんとするもの。
［第三期　日英同盟廃棄～一九三三（昭和八）年の一二年間］
・同盟廃棄から満州事変を含む時期。経済的のみならず、政治的・軍事的側面でほとんど全面衝突の時期であった。
・一九二五～二六年、支那関税会議における日英衝突。
・一九三〇年前後になると、対支貿易において日本が圧倒的に第一位へ。
　さらに競争力をつけた日本の綿製品がインドへ顕著な伸びを示す。英国につぐ対印貿易国になった。
・英国は将来の日本の脅威を認識し、シンガポール基地およびインド海軍の建設。英国支那艦隊の拡張。同、主力部隊をマルタ島に集中、などの軍事的示威行動を示す。
・日本、リットン報告に基づく国連の勧告を拒否、国際連盟を脱退。

上記のなかでは、日英同盟破棄が史上決定的重要要素であるが、それは別に触れたので、ここではそれ以外の後の日英関係に影響を与えた紛議を三つのイッシューを取上げて検討しておこう。

経済競争の激化

(1)　日英両国の対支・対インド貿易
表Ⅵ－１のように、日本産業の台頭が著しい。それを最もよく象徴するのが、つぎにみる綿布貿易である。
(2)　日本の対インド綿製品貿易問題――日印シムラ会商
一九二〇年代（大正末期）からの日本の紡績業の発展、とくに合理化の進展、さらに三〇年代に入っての円安政策の効果もあって、インド向け輸出綿布が急増し、一九二九年には中国向けを抜いて首位となった。
　一九三一年　　四億四四一万ヤード
　　　三二年　　六億四四六八ヤード

表Ⅵ-1　アジアにおける日英の経済競争

対支貿易

	日本	英国	日本の対英倍率
1907年	39,347,476両	12,107,645両	3.25
13	119,346,662〃	96,910,944〃	1.23
29	323,141,626〃	119,148,969〃	2.71

対インド貿易（百万ルピー）

1913年	48	1,176
29	236	1,031

資料：中村彌三次「尖鋭化せる日英関係」,『外支時報』, 680号（1933年4月1日号）, 9～10頁より作成。

在支日本企業の躍進

	日本	英国
紡績業，万錘	148.9	15.3
工場数	43.0	3.0

参考：インド綿布の関税推移

	英国品	日本品・その他外国品
1927～30. 3	1割1分	1割1分
30. 4	1割5分	2割
31. 9	2割5分	3割1分2厘
32. 8.30	同上	5割
33. 6. 7	同上	7割5分

このため、インド政府は三二年八月、日印通商条約を破棄した。

さらに、三三年六月、綿布の関税を、対英国二五%、対日七五%、に引きあげた（上表参照）。これは当時の日本経済にとって死活問題であった。

一九三三年九月二三日～三四年四月（七カ月）の間、会商がおこなわれ、新通商条約案、付属議定書案が仮調印された。三四年七月、ロンドンで正式調印・発効した。

① インドは高関税七五%を廃止。三二年八月の税率に復帰。

② 四月一日から、日本綿布は四億ヤードを超えないこと。

③ 一月から、日本はインド綿花一五〇三俵を輸入。

これに見るように、業界の不満を押さえて日本政府の譲歩が目立つ。これは三三年三月の国連脱退があり、世界のなかでこれ以上孤立することを避けたかったことがある。

この協定は三七年三月に失効したが、一九三六年七月～三七年四月、まで第二次会商があり、三七年四月仮調印した。三七年四月より、綿花七万俵を買い付けを増やした以外は第一次と同じ。

このように、綿製品の世界への輸出増大は目覚しいものがあり、これが日印の間で、また日英の間で激しい貿易摩擦を引きおこし、インド側の禁止的ともいえる高率関税の発動があり、日本側は数量規制を受け入れる形で決着している。

しかし、この日本の台頭を英国側は世界を席巻していたランカシャーの危機と捉え、激しい対日批判を繰りひろげた[4]。

満州事変の対処への不満

つぎに日本の不満が爆発した満州事変とその後の処理の問題を取りあげよう。満州についてその最終処理の検討を委任された「リットン報告」書や連盟総会の対日勧告では、満州国を国際管理の下に置くことを提案していること、それによって日本が最終的に満州から撤退することを求められていることが明瞭になったのである。それはつぎのように述べている。

・外国人教官の協力を得て特別憲兵隊を組織し、これをもって東三省の唯一の武装隊とすべきである。

・満州「自治政府」行政長官は適当数の外国人顧問を任命する。・・・行政長官は連盟から提出された名簿中から異なる国籍の外国人二名を任命し、①警察、②財政行政を監督させる。この二名は新政府の組織期間・試験期間中広汎な権限をもつ。また③国際決済銀行から外国人一名を東三省中央銀行の顧問に任命する。④司法権についても二人の外国人顧問を最高法院に置く。⑤鉄道経営機関にも日支混合委員会は外国人一名を顧問に加える。

すなわち、上記の特別憲兵隊は日本の駐兵権を排して日本の軍事支配、したがって政治的・経済的支配の根拠を破壊し、代って欧米諸国の武力的共同支配を構築するものである。その他の措置についても同様の評価を下しえよう。任命される外国人数名はいったいどこの国からくるのか。彼等専門家であろうとなかろうと、結局のところ、英国あるいは米国になるのではないか。かくして、この手の込んだ提案は欧米諸国による、国際連盟の名を借りた満州支配構想なのである[5]。

よくみると、この提案は「満州国」――その名称はなんであれ――それ自体を完全否定しているのではない。もし満州国の存在そのものを認めないというスチムソン・ドクトリンに立てば、満州国を完全解体してもとの東三省にもどし、中国に「回収」させればよいではないか。そういう提案はしていないのである。したがって、国際管理方式は日本の軍事力を放逐して日本の影響力を排除し、国際管理の名の下に英国流の間接統治方式を持ちこむことになるのではないか。

これはまた別言すれば、南支を勢力範囲とする英国が、一気に満蒙の地に勢力を敷設する途を開くことになるのではないか。そういう勘ぐりを感じさせるもので、日本が強硬に抗議した理由も分かるのである。またこのようにして、国際平和の名の下にその支配を広げてきた欧米諸国の策謀が日本の眼前で展開されようとしたのだ。

三つ巴の関係

こうして二つの勢力は、実は正面からぶつかっていたのである。しかし、それが主として経済競争の形をとり、また外交政策における競争の形をとったために（これは英国流の「間接統治」政策の実行であったと言いうる）、この対立の真の姿が表面に出ていなかったのである。

ただこのような動きをもって日英関係が始めから厳しい緊張・対立の関係にあった、とするのは正しくない。むしろ英国はしきりに対日接近を図り、これに対し日本国内ではこれに乗ろうとするかにみえた政府の動きを強く牽制していた。ためにこの時期、南京政府・英国・そして日本の間がどういう関係にあるかがしきりに論じられたのである。

それを最もよく現わしていると思われるのが、『大亜細亜主義』一九三七年六月号であり、巻頭言に「卑屈な日英親善論を排す」（理事の中谷武世執筆）を置き、中山優ほか四氏の日英関係に関する論稿を並べているが、[6]これを読むと支那・日本・英国の三つ巴の関係が明らかにされており、中心にある支那の複雑な位置関係とその外交姿勢を知ることができる。なおいずれもきわめて対英警戒的立場で論じているのは、もちろんこの雑誌の性格から当然のことであるが、それらの論稿の要点は次の諸点に尽きると思う。

(1)　日本は支那に「領土的野心」はないのだが、北支における特殊的地位は、近くに満州国を抱いていること、そして重要なことはこの地区はロシアによる赤化の防波堤なのである。

しかし、イギリスはこれをすんなりと認めないであろう。なぜならそれはアメリカの認めるところではないからだ。また日本の特殊的地位を認めることはロシアを標的にすることになり、イギリスはロシアを敵に回したくない――日本に対する牽制力として利用したいから、本心は特殊的地位は認めないのである。

(2)　対支借款問題に対する支那の態度をどうみるか。外国から借款を受けることは、外国から様々な干渉を受け、究極的に搾取を受けることである。そこで支那としての選択は、借款を供与する国が単独国であることを選び、共同借款を歓迎しない。なぜなら共同借款では行動の自由を失うが、単独のほうが複数の相手国の間を立ち回って漁夫の利を得る可能性があるためである。

何といっても支那は抗日のためイギリスのサポートを受けているから、イギリスをまず排斥しない。そのため、日英関係が円滑に行くことは日英が共同して支那に要求を突きつけることになるから、それは支那にとって困るのである。外力によって日本を押し出したい。そのために頼りになるのはイギリスであるから、このイギリスと日本が共同作戦を張られては困るのである。

(3)　このような基本的関係のもとで、近時、イギリスの対支工作はきわめて積極化してきた。従来はイギリスも支援七分、分割（支配）三分であったが、今日は全面的支援になってきている。それは、

・幣制改革、
・南支方面の鉄道建設、
・海南島の開発、
・広東省の経済開発、

などが積極的になされていることにそれがみられる。

これは西安事件後の三中全会において決定された、支那統一第二期の経済建設と完全にタイアップしたものである。

(4)　こうして蔣介石政権は一方において武力を押さえ、同時に新興金融資本の支持を獲得し、さらに浙江財閥の完全なバックアップを得ている。またこれら財閥は英国金融資本と密接に結びついているから、その政権基盤は英国が支那統一の推進力になって形成されているといっても過言ではない。

こうして英国は確実に中国に足場を築いているのである。

日本と英国の懸隔

その英国と日本の関係が急激に悪化したのは、一九三三（昭和八）年の日印通商条約廃棄問題の発生によってであったが、一九三七年には日支事変がおこって、互いに憎悪の感情さえ抱くにいたった。その前の一九三六年のロンドン海軍軍縮では、日本側の不脅威・不侵略主義の意見は入れられず、その会議より脱退した。さらに建艦問題について威嚇的通告をしてきたが、これにより日本は、英国が日本を結局屈服せしめんと考えているのでないか、とうけとった。

英国が全世界を支配するほど発展しているのに、さらにその拡張の態度を改めようとしないのはなぜか。少しは譲歩の姿勢はないのか。このような日本がいだく率直な疑問をぶっつけたのが石橋湛山である。湛山主幹は『東洋経済新報』（一九三八年三月五日号）において「英国は日本の立場を諒解すべし」として、近時の日英間のイッシューを列挙し、それについて英国側の措置に不満を表明したが、そのなかに「併し日本国民が近年強く英国に対して抱くに至った不満の念は、・・・英国が全世界に亙って広汎なる領土を所有するに拘らず、之を我国の平和的、経済的進出に対して、残酷に閉鎖せることである。之はただに英国に対する日本人の感情を悪化させるのみならず、一部の日本人をして結局日本の生存の為には、平和的手段の無効を信ぜしむる理由ともなった。英国は之等の領土の門戸を開放する政策を採り得ぬか」。と問いかけた。

これにたいして回答したのが、ロンドン『タイムズ』東京特派員ヒュー・バイアスであるが、その個々のイッシューへの回答は省いて、この回答文中筆者が興味をもったのはつぎの一文である。

「日本の人々は、今日の険悪な日英関係は英国が日本と

の協働を拒否したことに基因する、と信じている。然し乍ら協働とは互譲（Give and take）を意味する。一方の提案に対して、相手方が全べて「否」と答える場合は、協働は成立しない。然るに日本は、近来英国が行った有ゆる重要提案を全て撥ねつけて来たのである」[7]。

確かにこの事実はあったろう。しかし、「ギブ・アンド・テイク」とは譲ることはあるが、その代りに必ず取るということだ。ために相対関係は少しも変わらない。また国力で英一〇対日五の場合で、両国が一割づつの譲歩をおこなったとしよう。このとき日本はぎりぎりの状況にあったとすれば、日本の状況は一層悪化する。すなわち、持たざる国の劣位は少しも修正されないどころか、むしろ悪化するのである。ギブ・アンド・テイクのはらむ陥穽といってよいかもしれない。もって英国の外交姿勢がどのように形成・運営されているか、が分かろうというものである。

2　東アジアにおける日英関係緊張の基底にあるもの

2―1　日本の基本的態度――「東洋の平和」は日本の手で

そこで、ここで対アジア政策における日本側の基本的態度を明らかにしておこう。

それを代表するのが重光葵であり、その外務次官在任は、一九三三（昭和八）年五月一六日～三六年四月一〇日の三年近い年月である。天羽声明、海軍軍縮条約破棄、イギリスの対中国借款阻止、陸軍の華北工作への協力など重要施策はまさに重光の構想であった。その重光が在任中執筆した「国際関係より見たる日本の姿」（一九三五年八月一日記）が彼の外交理念を語っている。

「そこで繰り返し強調したのは、日本は東亜の安定勢力としての実力と信望を持つのみならず、世界の列国をして東亜の安定における日本の地位を承認させる必要があるという点であった。東亜とは重光によれば、シンガポールよりベーリング海峡にいたる地域で、日本を始め満州国、中国、シャム等の諸国を包含する東部アジアをさす名称であった」[8]。

そして近衛（後述）と同じように、現状維持国の立場にしばられず、平和維持のためには、むしろ現状に変更を加えていくこと、を強調した。

この態度は後も変らなかった。一九三九年八月、駐英大使であった重光は、チェンバレン首相が対日政策で「力」の政策を採用しつつあることに着目し、「力」には「力」で対抗する必要があると考えた。日本は英米と調和するか、これを中国から駆逐するかの選択をしなければならないが、

「苟クモ日本ガ東亜―安定勢力デアレバ、政治上ノ責任ハ日本ノ負担ニ帰スルカラ、列強ノ政治勢力ハ自ラ撤退スベキデアル。若シ肯ゼザルニ於テハ之を駆逐スル外ハナイ」。

と述べているという。(9)

このように、日英は協同するか、日本が英勢力を駆逐するか、については、始めから後者の途を選んでいたといえよう。

しかし、英勢力を中国から駆逐するなどということはできるものではない、という考え方もかなり強くあった。米内光政海相がそれを代表していたが、これは英国と協調することによって中国問題を解決しようとする方向でもあった。しかし自制力を失った陸軍を説得できなかった。また、米内はイギリスを対象にする日独伊攻守同盟にも反対したが、その立場も実現しなかった。

2―2　英国の対中国、対日本の政策――三段階の変化

これを英国側からみると、日英関係の進展と対立が一層明確になる。つぎは日英外交史の権威であるイアン・ニッシュ教授の論稿によるもので、教授は一九二〇〜三〇年代について三段階の変化があり、とくに三〇年代初頭に大きな変化を受けたという。なお以下で、その時期ごとに固有名詞がでるのはその時期の外交主導者であったことを示す。(10)

［一九二六（昭和元）年、オースティン・チェンバレン］

・楽観主義と警戒心の混合。

楽観主義者は日本は強国になりえないと見るが、警戒心を抱く人びとは日本は専制・軍事国家であり、機をみて征服主義に転ずる、とみる。

・ワシントン条約体制がまだ機能していることに期待をもつ。

・日英同盟が破壊され、これに伴いシンガポール基地の建設へ。

・しかし、対日関係は基本的に安定したほうがよい、としたが、対支については①保護したほうがよい、②中国政府に反対しているのではないという姿勢を明示したほうがよい、とする政策をとった。

・ただ予想外の展開があった。一九二七年、革命軍によって上海の英国租界が攻撃され、英国は軍隊を派遣、日本にも協力を求めるが、幣原外相は拒否。これによって日英協力について溝が生まれるようになった。

［一九三一年、ジョン・サイモン］

・この時期になると、**それまでとは全く異なる新しいジレンマにイギリスを陥れた。**

それは、一九三一年の満州事変の勃発であり、翌三二年の第一次上海事変の勃発である（一月一八日、日蓮宗の日本人僧侶が中国人に殺傷され――実は田中隆吉少佐による謀略――、二八日両国で武力衝突に発展。五月五日停戦協定)。この後者のほうが英国に与えたインパクトは大きかった。この時の英国外務官僚の認識がそれを率直に物語る。

「日本が抑制されずに進むならば、我々は極東から撤退しなければならなくなるだろう。日本を抑制すべしという決定が下されれば、外交断絶、経済断絶など何らかの予備手段をこうずることができよう。しかし日本を抑制し得るのは究極的に力だけである。我々は最終的に日本と戦うか極東から撤退するかのいずれかの選択に直面することになろう。そして極東からの撤退はインドからの撤退の序曲となるであろう[11]」。

これは実に中国をめぐる日英関係の率直かつ的確な認識である。アジア支配の一貫としての中国進出がここに明瞭に語られており、かつそれはインド支配と連動していること(後述参照)、そしてその支配を脅かすのが日本である、ということである。日本側からみれば、こうして中国を舞台に英国のアジア支配に挑戦しているのである。かくて英国はアジアから撤退するか、日本と戦争をするかの、二者択一しかないこと、さらにこの対立は力のみが解決することを明示している。

まさに事態はこの通りになった。

実はイギリス側の中国に関する認識・評価は低かった。中国から商品ボイコットを受けたこと、国民政府は国家統一を果した政府であるのかという疑念、が去らなかったのであるが、それでも今回の事件における中国軍の抵抗に驚きを感じ、三二年には日本よりも中国への同情へ傾いていく。この背景には「四億人の市場」に魅力を感じていたことも無視できない。

・満州事変への対処には相当の努力を払った。

それは公式的にはリットン報告に沿い日本を批判したが、日本を国際社会の中心から失うことがあってはならない、という判断のもと、日中和解の途を探った。これは日本に香港、シンガポールが攻撃されやすいので、これ以上軍部を刺激したくない、またアメリカには頼れない、という認識があった。しかし、最終的には満州が中国の主権下に置かれねばならないという国連の見解が採択され、日中を和解させる望みは消えた。

なお、英国のこの裏面での工作がどれだけ日本に知られていたかどうかは明らかではない。しかし、満州問題に関する国連の最終決定は、日本側に英国への不信、国連への不信――「持てる国」の現状維持を最優先するもの、その体制維持のための国際連盟――という認識を広めさせ、現状の世界体制へ強い不信の念を固めさせたことは事実である。

[一九三五(昭和一〇)～三七年、アンソニー・イーデン]

・イーデンは、一九三六年二月、アレキサンダー・カドガンを外務次官代理に任命。カドガンは二年間の中国滞在中(三三年に北京公使に任命）に日本軍の行動を目の当たりにして、はっきりと親中国になっていた。そして三八年にいたるまで対日政策の中心人物であった。
・この時期、英国には二元外交があった。大蔵省のウォーレン・フィッシャーはチェンバレンの支持もえて対日和解を提案していたが、外務省は賛成していなかった。
・一九三四年二月、防衛要件検討委員会の報告がでて、イギリスの究極の危険はドイツからくるものであり、ドイツと日本を同時に敵にまわして戦うことはできないと明言した。そこでフィッシャーの提案に沿い対日妥協案がつくられたが、日本はこれを受け入れがたいとし、ロンドン軍縮条約体制から脱退する意図を伝えてきた。
・日本との妥協はアメリカの承認を得られるものでなかった。この点から大蔵省の提案を外務省が押さえたのである。
・吉田駐英大使が、日英の相互和解を提案してきたので、イーデンはこれを採りあげ交渉したが成功しなかった。
・英連邦諸国の動向も考慮しなければならなかった。ニュージーランドや豪州は、英海軍に依存できるか疑問をもっていたこと、対日農産物輸出の不振、に悩まされていた。
スタンレー・ブルース（オーストラリア高等弁務官）は英国の対日政策が硬直化していることに不満をもっており、満州国の現状承認を認めるなどの意見をもっていた。

そこで一九三七年三月、オーストラリアは日本・英国を含む太平洋協約の締結をイーデン外相に提唱した。イギリスは日英了解を優先すべきとしたのである。ところが、日中戦争が勃発し、これら提案は事実上終焉を迎えた。

今から振り返ると、これは重要な動きであった。太平洋をめぐる平和条約が模索されていたのである。問題はアメリカが賛同したかどうかの疑問が残るし（これは英国の説得力にかかる）、オーストラリアにその主導権を握る外交力が国際的に承認されていたかどうかの疑問もあるが、もし成功すれば太平洋戦争は避けられたかもしれないのである。

3　いよいよ第二ラウンドへ

3―1　反英運動の高まりとその国際的波紋

日英対決の「真実」が覆われた理由

このような理解の仕方――潜在的といえるアジアにおける世界大戦の根因を日本の英国覇権への挑戦であったとすること――は一般には意外の感で受けとられると思う。それは日英関係は次のような性格をもっていたからである。
第一。日本の支那における目覚しい進展は主として軍事力の行使によるものであったが、これに対し英国の蔣介石政権支援は主として経済力に拠った。――それは日本に対してはある意味で「以夷制夷」であった。

　このため、日本の侵略のみが目立つという結果になり、英国は後景にしりぞいた格好になっているのである。

第二。この場合、イギリスは第三国を排除しようとしていない姿勢を示した。例えばリース・ロス改革を実施するにあたっても事前に日本の参加を求めて商議しているが、それが国際協調を実践しているかのように受けとられ、なにゆえに日英対立が生じているかが隠されてしまうのである。

　なお、日本はあくまで他国の介入を認めない、支那のことは自分でやる、という姿勢をとったが、これは有田外交以来一貫している政策であり、軍部の強い支持があった。

　また、これは外交方策の違いであって、軍事衝突を呼びこむものではないことにも注意のこと。

第三。満州事変の処理にあたっても、英国は米国のスチムソンのような強硬派に必ずしも賛同せず、対日和解を模索する動きは、日本側にも好意的に受けとるグループがあった。それが英国を頭から敵対視する空気を和らげていた。

第四。なんといってもイギリスは東アジアに軍事力を派遣する決断はできなかった。その余裕はなかった。そこで、対日ではなんとかして〝宥和政策〟の姿勢をとらざるをえなかった。


　中国では、そのため直接の軍事衝突はなかったのである。

　こういったことがあったので、日本においても日本の行動がつねに、そして潜在的に英国覇権に挑戦しているのだ、という認識は薄かった、といえよう。

天津租界封鎖事件

　しかし、一九三〇年代後半になると、この〝ヴェール〟が取り払われる局面に入っていく。それは日本国内で反英・排英の空気が急速に高まったからである。その象徴的事件が、天津英租界事件であった。
・一九三九（昭和一四）年四月一九日、日本の協力者であった程錫康が天津英租界で暗殺され、その犯人引き渡しを英租界当局が拒否した。そこで六月一四日、日本軍は英仏租界を封鎖。
・七月一五日、この問題をめぐって日英会談。
　その前日には、反英市民大会が開かれ、六万五〇〇〇名の参加があり、東京は激しい排英運動の中にあった。これは日英間に鬱積していた利害対立、敵対感情が爆発したものである。

　これによって、日本側は大英帝国の権威失墜を狙い、英国側は極東における宥和政策を繰りかえしてはならぬ、という決意を固めていた。この時の首相はチェンバレン、外相はハリファックスである。

・その前の七月七日には、支那事変二周年に際し、陸軍省清水情報局長は、

「現段階に於ては時局の本質は断末魔の蔣政権潰滅を依然として継続する外に蔣と分ニ一体関係にありと言はるべき英蘇、就中英国が事変処理の対象として大きくクローズアップせられねばならぬ客観情勢となった」。と語った。(12)

これは外交的には強硬な発言というべきで、しかも政府の公式声明である。イギリスと日本は軍事的には対峙していたわけではないが、蔣介石の背後にあるのがどの国であるのか、を明確に指摘し、その英国との対決を示唆したのである。

・国内で同様な動きはより激烈なものがあった。この運動のなかで山本五十六海軍次官に辞職勧告をしたり、親英派の大官の暗殺計画もあった。それは宮中の親英派人物や財界の大物を対象にあげていた。まるで二・二六事件の「日英事件版」というべきものである。もって国内の反英の空気の強烈さを伺い知ることができる（未遂、犯人は七月一五日警視庁に検挙）。

・しかし、英国は粘り強い交渉をみせた。日本側の犯人引渡し要求に第三国仲裁委員会の審理にかけるという条件を付けたので、現地軍当局は絶対反対で政府もこの提案を拒否した。

・この問題の中心に法幣禁止ないし流通容認問題があった。両国が対中国政策に基本的姿勢を確認した一般交渉は字句などで折りあい、一応妥結したあとで各論として具体的事項が多数あった。そのなかに、日本側は、法弊の租界内流通禁止、現銀の租界外搬出を妨害せず、という要求をおこなった。

法幣は一九三五年、英国の支援のもとにおこなった幣制改革によって生まれたもので、これは中国統一通貨であるから、それが維持できないようでは中国は抗戦などできるものではない。にもかかわらず、法幣の価値は低下しつづけ、その維持は切実な問題となっていた。法幣が崩壊すれば、民衆の法幣に対する信用はなくなり、ゲリラ戦も戦えない。日本は意のままに貿易と経済を支配するだろう、という観測が真実味を帯びていたのである。

このような時期に法幣で譲るようなことは英国として絶対に回避しなければならなかった。そこで英国の採った政策は、これを国際問題化すること、とくにアメリカをこの問題に関わらせようとしたことである。ハリファックスは駐米大使リンゼイに、最も重要なことは、米銀が英・仏銀行と共同して共通政策をとる旨を米政府に勧告するよう強調した。このような状況下、米国は突然七月二六日、一九一一（明治四四）年締結の日米通商条約の廃棄を日本に通告してきた。

これに伴い、八月一日、駐日仏大使は現銀の引渡し、法幣流通禁止は不可能であることを通告し、三日にはグルー大使もこの問題で口頭申入れをおこなった。これによって法幣問題は単に日英間の問題ではなくなったことが明白となった。

・こうして英国側は八月一八日、すでに了解のついた問題をまとめ、通貨問題を含む現地経済問題は、九カ国条約および支那問題に関するすべての関係国が協議して公平な解決を図ること、が必要であると回答してきた。

日本側はこれでは一カ月前に交渉を戻したようなものであり、また突然九カ国条約を持ちだすのは理解できない、英提案のごとく問題を分離すること、第三国の介入に反対すると通告し、この交渉は事実上決裂した[13]。

・しかし他方、日本側は強硬態度で粘り抜く条件に欠けていた。それは五月にノモンハン事件が起こり、その処理をかかえていたこと、英仏租界内の駐屯軍よりも兵力で劣ること、民間も封鎖解除を望んだこと、八月下旬には独ソ不可侵条約が結ばれ、日独同盟に歯止めがかかったこと、英国側もヨーロッパ情勢が急迫してきたこと、などにより、両国は結局妥協に踏みきり、封鎖を解除した（一九四〇年日英間で仮協定、六月一九日公文交換）。

この事件処理が意味すること

この交渉は、日英関係、さらに日本の対中国政策にとって大きな意味をもった。

この交渉で両国が強く対立した背景には、日本側からみて中国を一気に屈服させることが困難な見通しになってきたことによる。中国側の強い抵抗の背後にイギリスが存在していること、そして支那を陰に陽に支援していることが認識されるに至ったのである。その意味で一九三九年は日英関係の大きな転機の年であり、〝表面的〟繕いはもはや許されなくなっていたのである。

そこで、英国は治安問題で譲歩しながら、重大問題では日本の恫喝に屈せず、中国に対する信義は貫いたのである。英国の中国支持は微動だにしなかったのであり、また英国はこの交渉によって、対日宥和政策を採らないことを闡明したといえよう。

日本側もここで妥協はしたが、それでは今後英国と協調に転じて対支政策を行うと言う考えは一貫してもつことはなかった。

この交渉過程における英国のやり方にも留意が必要だ。第三国を入れる仲裁委員会をつくったり、金融問題ではアメリカ、フランスを抱きこんだり、また最後に九カ国条約を持ちだすように、そのやり方はつねに自国にたいする正面攻撃をかわし、かつ問題を国際問題にして交渉を遅延させる策謀がある。

これは別言すれば、日本の相手が複数となって、日本が孤立して戦っていることになる。そして、最後は米国の支援を引きだした。先述のごとく、日英で一般的了解の成立した（七月二四日）二日後、**七月二六日、アメリカは日米通商航海条約の破棄を通告**してきた。このように英国は米国の極東政策が対日では強硬策に転ずる契機を引きだしたのである。

さらにこの通商条約破棄によって日米関係の修復・調整がつぎの重要外交マターになって登場した。それはいわゆる日米交渉の前哨戦というべき性格をもってきた。破棄のあとの日米関係をどうするかで協調路線をとるか、あえて対米強硬を貫くかで、外務省内も対立が生じたが、それは一九四一年の日米交渉の前途を予想させるものであった。いやむしろ、このときに四一年の交渉は始まっていたともいえる。

英帝国のはらむ脆弱性

しかし、ここでも明らかにされているように、英帝国は拡大しすぎたためであろう、帝国の安全保障上の弱点があった。

もう一つは、アジア外交において英国の歴代の外交指導者が考慮しなければならない重大要素はインドの動向であった。すなわち、インドは独立へ向けて確実に実績を積み重ねつつあったこと、それはすなわち英国のインド支配の退潮を意味するのである。その故にイアン・ニッシュはこの論稿の最後の部分で、このインド要素を指摘したうえで英国の外交指導者はこれをつねに考慮しなければならなかったのであり、こうして

「端的にいうならば一九二五年以降、イギリスと日本とは、中国をめぐって、次第に離れていったのであり、中国こそは最も深刻な対決の場であったのである」。

と述べている。[14]

これはもう一つ明確でないところがあるが、推測するに、インドで退潮しつつあるのに加えて中国でも同様の情勢に立ちいたれば、アジアにおいて英国はその地歩を失ってしまう、その故に中国からは絶対に退くことはできない、と考えていたのではないか、そのように解釈できるのである。

さて、その後の日英関係をめぐる主要な動向は次のとおり。以下は、ピーター・ロウの論稿に拠る。それは先述のイアン・ニッシュの記述に時期的にも続くものである。[15]

3―2　日英関係の最後の局面

対日経済制裁へ傾く

・一九四〇（昭和一五）～四一年、日本を経済的圧迫へ。

四〇年一〇月設置の極東委員会（バトラー委員長）、独、伊、日へ、経済的重要物資の制限を課すもの。英連邦においては、ニッケル、フェロアロイ、屑鉄などを禁輸措置を含む。

四一年、、マレーからのゴム・錫の厳しい許可制とられる。

銑鉄、鉛、亜鉛はさらに厳しく制限され、マンガン、ジュートその他も制限される。

　しかし、石油供給減が徹底的かつ急激になることには注意を払うなど、対日関係が最後的決着にならぬように配慮していた。

・一九四一年七月、日本は南部仏印に進駐。アメリカはただちに全面的対日封鎖に踏みきる。

　それでも、英国は仏印進駐は決定的脅威ではないとしていた。

　以上にみられるように、英国は日本の脅威を過小評価し、なんとか日英の決定的対決を避けよう、という心理状態にあった。

米国の本格的登場

・しかし、これは限界があった。米国が正面に登場したからである。かくて、

　「一九四一年にはイギリスはついに日本との対決で主役を演じることはなくなった。アメリカがこの役割を引きうけ、イギリスの政策はワシントンでなされる重要な決定への規定要因とはならなくなった[16]」。

・チャーチルは、このワシントンの強硬措置を歓迎した。

六月、独ソ戦開始。極東への物資輸送を改善する機会は少なくなった。太平洋戦争勃発時、イギリスが必要とする飛行機の三分の一しかもたず、それも旧式のものであった。

　チャーチル、八月初旬、大西洋会談に出席。

・一一～一二月、ハルの暫定協定案にかんし、チャーチルは日本に譲歩しすぎると難色をしめしたが、これは蒋介石政府の求めるものであった。このためこの協定は廃案となり、ハル・ノートの提示にいたる。

　ここでも英国は親中国の立場を貫いたのである。

・一二月始めになって、ハリファックス大使とルーズベルト大統領との重要会談でイギリス領土の攻撃の場合、確実にアメリカは援助する、との約束を得た。

　こうして真珠湾攻撃にいたるのである。それは英国にとっては「天の恩寵」であった、とチャーチルは語っている（後述）。まさにアングロサクソンは一体であった。英国を脅かす国は同時にアメリカの敵であったのだ。

4　「アジア・太平洋戦争」の開始と欧米植民地の占領

4―1　東南アジア植民地の占領

脱植民化の内容

日本は開戦とともに東南アジアの欧米植民地へ侵攻し、瞬く間に勝利をおさめて、これら地域から欧米の勢力を駆逐した。開戦における英米の過誤は、日本側の軍事能力について過小評価していたことである。

こうして、タイを除く現在の東南アジア諸国の全域をなんらかの形で支配した。とはいえ、日本と宗主国との関係や、その地の独立運動が到達していた段階によって支配の形態が多様になった(17)。

・インドシナ――ヴィシー政権のもとにあったフランスは日本と敵対関係がなかったので、当初は軍事占領はおこなっていない。しかし、実際は開戦前から進駐していたので日本軍は植民地政府に圧力をかけ共同統治に近い形となった。

・チモール東半分――ポルトガル（中立国）の領土であったから、その主権は尊重し、軍は駐屯したが軍政は行わなかった。

・ビルマ（イギリス領）――占領二年目の一九四三（昭和一八）年に大東亜共栄圏内での独立を与えた。

・マラヤ（同）

このほか、

・シンガポール（同）

・北ボルネオ（同）

・フィリピン（アメリカ領）

・インドネシア（オランダ領）――ビルマに同じ。

では軍政をしいた。ただ、ビルマとフィリピンは戦前すでに自治が認められており、この傾向を逆行させることはできなかったからである。これ以外の四地域は四五年八月一五日まで軍政が継続された。このうち、インドネシアでは軍政末期に「将来の独立許容」が約束され、その準備が進められたが、それ以外の地域は独立問題はまったく触れられなかった。

ここで確認しておきたいことは、

・日本の侵攻は東南アジア全域の八地域にわたり、イギリス、オランダ、アメリカ領（イギリスが四地域で最も多い）から、それぞれの支配者を追放したことである。

・すでに自治の権限を身につけている諸国にはその歴史を尊重したことである。

・マラヤ、シンガポール、北ボルネオの三カ国では、地域の独立運動の主体が育っていなかったから、軍政を敷いたままで終戦となった。

・最大の重要拠点というべきインドネシアでは独立運動は盛んで、日本はこれを許容し、また支援したので、独立の一歩手前まで進んでいた。

インドへの大きな影響（その独立運動と日本）

上記にはないが、インド独立に対して日本は何らかの貢献をしたのか。これについては、長崎暢子『インドの独立　逆光の中のチャンドラ・ボース』という詳細な分析があるので、これに依拠することにする。

それは主として戦争終結直前におけるインド独立に向けての、インド国民の動き、これに対する英国の対応、そのなかでの日本の位置、を詳しく検討しているが、その分析のための枠組みをまず明らかにする。

(1)　国際情勢の変化、国内統治動向が、独立運動にどのように力として働くか、また将来の独立国の性格を決めるか、という視点。

すなわち内外情勢がすべて独立運動に収斂して理解されていること（これは先述のバー・モーの立場とまったく同じである）。

(2)　戦争のため宗主国は植民地を、兵站基地、兵士の供給源、として利用するが、植民地の世論も重要だ。戦争協力を引き出さねばならないからだ。そこで植民地側は譲歩ないし支持を宗主国から引きだせるかが問題になる。

(3)　戦場になる可能性や侵略の危険性をどう排除するか。すなわち、自民族の生きている場が戦場となっては困る、生命財産をいかに守るか、という問題がある。

これらに日本がどう関係したか、が問題になる。

(1)について——一九四一（昭和一六）～四二年前半、アジアにおいて英国は敗退を重ね、ビルマは完全に日本の支配下に入った。そのため英国はインドの独立要求に譲歩をしようとした（インドでは「英国出て行け」運動がおこり、これにたいしてクリップス提案をおこなった）。

チャンドラ・ボースのラジオ放送はインド内で聞かれており、日本の緒戦の勝利の前にガンディーは、勝利者としてやってくる日本軍とインド国民軍には反英・親日的・あるいは中立的インドをみせて、戦場化を避け、インド人の生命安全を保障した上で独立インドが日本と講和を結ぶことを想定した。

しかし、日本は会議派のこの微妙な変化に気付かなかった。「会議派は反日で工作の余地はなかった」（F機関の藤原岩市の言葉）。

これは重要な点だ。日本は、インド独立運動と手を結ぶチャンスはあったのだが、その機会をみすみす見逃してしまった。それは、日本側にインド情勢にかんする研究が進んでいなかった、というべきで、日本の非力を示すものであろう。ビルマまでで手一杯だったのが正直のところであろう。

(2)について――日本側からすれば、アジアの独立のために、アジアの協力をどう引きだすかが問題になる。実際は、東南アジアの英印軍の〈インド兵工作〉及び〈在東南アジアインド人工作〉にとどまり、日本がインド独立にどう関わるかは考慮の外にあった。(1)と同じ情勢のもとにあったのだ。

このため一旦親日的であったガンディーはその態度を後退させる。日本の唱えるインド独立が単なるスローガンであったこと、四二年五月ビルマ国境で進軍がとまり、後ミッドウェーの敗戦がありインドから米英連合軍を敗走させる見通しが希薄になったからだ。こうしてガンディーは連合国の枠内での運動に回帰していった。

(3)について――インドの焦土作戦を避けるために、「英国出て行け」運動がおこなわれた。それは英か日本かどちらか勝利するか分からないとき、住民の利益を守るのはその生命財産を守る以外になかった。これはある種の中立化運動でもあった。

なお、一九四四年の失敗に終ったインパール作戦は、これはインド独立支援ではなく、ビルマ防衛作戦であった。この敗戦によってもボースの気持ちは挫けていない[18]。

以上の分析は興味ある示唆を与える。

・インド独立に最も果敢に戦ったボースの役割は、決して日本軍の傀儡であると決めつけてはならない。彼の行動と会議派の間に一時期呼応するものがあった。

また、インド国民軍結成によって、この地域のインド人の安全は保障されたのだ。

・実際に日本がインド独立に寄与した行動をとった、ということはできない。それは日本側の力不足であって、いかんともし難い。しかし、間接的に、また大きな流れとして、インド独立に影響を与えたことは事実である。インド独立運動のなかで最大規模といわれる「英国出て行け」運動が英国の譲歩を引きだし、それが戦後の独立承認の伏線になったのは紛れもない事実であり、そこにビルマまできていた日本の圧力を確認できるのである。

この東南アジアにおける植民地体制の打破、そしてインドまでにも及んだイギリス植民地体制の決定的な動揺は何によってもたらされたのか。そこにおける日本軍の進攻は明らかに大きなインパクトを与えたことが明白である。とくにそれは軍事力によって、支配国の権力体制を打破したのである。このことの意味を重視すべきである。それは支配は権力保持者によってなされ、それは最終的な体制そのものであるからだ。

もちろん、これら地域の独立そのものは、長い間の民族独立運動の積み重ねがあったからであり、その主体的な動きを決して軽視してはならない。いやそれどころかそのイニシァティヴを第一に挙げるべきであろう。しかし一方、政治的支配はやはり統治者が力をもって実現し、保持しているのであり、この支配力を追放したという政治力学のもつ意味を軽視してはならない。したがって、それはどちらかに軍配を挙げるべきものではなく、統合して理解すべきことなのである。[19]

4―2　戦争全体で何が起こったのか

最後に、このアジアでの戦争全体で何が起こったのか、を回顧してまとめにしたい。

かくて問題は初発に帰る

結局のところ、大東亜戦争の意味するところは、「持てる国」に対する「持たざる国」の挑戦であった。それはある意味で初発に帰り、初発に終ったのである。

初発とは、一九一八（大正七）年、近衛文麿は「英米本位の平和主義を排す」という論文を発表し、そのなかで、つぎのように書いた。

「英米の平和主義は現状維持を便利とするものの唱ふる事勿れ主義にして何等正義人道に関係なきものなるに拘らず、我国論者が彼等の宣言の美辞に酔うて平和即人道と心得其の国際的地位よりすれば、寧ろ独逸と同じく、現状打破を唱ふべき筈の日本に居りながら、英米本位の平和主義にかぶれ国際連盟を天来の福音の如く渇仰する態度あるは、実に卑屈千万にして正義人道より見て蛇蝎視すべきものなり」。[20]

さらに、この論文発表後、近衛は西園寺公房に従ってパリに行き講和会議の成りゆきを注視していたが、その所感の第一に、

「力の支配てふ鉄則の今もなほ厳然としてその存在をたもちつつあることこれなり。思ふに正義は力に代るべしとは今次戦争中列国政治家によりてしばしば唱えられたるところなりしのみならず、・・・世界が依然として力の支配を免るべからざるの事実は、己に吾人の眼前において講和会議が最も明白にこれを立証しつつある」

として、英国などは属領・植民地の代表者を会議に列席させ、投票権を与えている例を挙げ、各国は一国一票ではなく、世界は平等にはできていないことを指摘している。[21]

この近衛の世界観は変わらなかったようだ。一九三三年二月、当時、貴族院副議長であった近衛は「世界の現状を改造せよ――偽善的平和論を排撃す――」（『キング』に掲載）において、

「世界大戦は現状維持を便利とする先進国と現状打破を便利とする後進国との戦いであったのである。現状維持を便利とする国が平和主義となり、現状打破を便利とする国

が侵略主義になったに過ぎぬのである。之を以て正義と暴力の争いであるとなすが如きは、偽善の甚だしきものと言はねばならぬ」。

と強く非難したのである。[22]

すなわち、英米本位の偽善的平和論を否定し、現状打破勢力の挑戦は決して正義と暴力の間の戦争ではない、としたのである。実に皮肉にも、第一次大戦後の世界についての分析は、第二次大戦勃発直前の事態の分析にまったく同じ論理で適用されているのである。

それが日本の変らぬ主張であり、立場であったのであり、この意味で日本の国際的主張は終始一貫変らなかった。そして日米・英交渉の最後の局面に至っても、この立場は再び率直に英国に向かって語られた。

すなわち、一九四一年九月一七日、クレーギー大使（駐日英国）は天羽英二次官と、大西洋宣言について意見交換をおこなったが、大使がこの宣言の重要な点は各国が平等な立場に置かれることにあると述べたのに対し、天羽は率直につぎのように述べた。

「其の趣旨は多年英国側より聞かされたる事実各国は平等に置かれ居るや、例へて云へば英国内に於ては日本人の権利、利益は制限せられ居り事実上に於ては世界は不平等なる状態にあり、・・・此の日本人の活動力及事実朝夕見らるる所の日本人の努力に対して応分の報酬を受け居れりと思はるるや、日本人は朝夕働きても尚且僅かに生活水準を上下し居る状態にあるに反し殆んど英国人の全部は日本人より少く働きて裕福なる暮しをなし居れり、一言で云へば日本人は死するか生るかのストラグルを為し居るに対し英国人は如何にすれば贅沢に暮し得るかに焦眉し居れり」と。[23]

英国は「天の恩寵」を受けたが・・・

このようにして、アジアにおいて英国に挑戦した日本であったが、その相手はイギリスだけではなかった。英国はその独自の力でアジアを守ることができなかった。そこで米国の全面支援を得ることにこぎつけた。こうして、アジアの紛争は世界大戦になった。それは、なんといってもアメリカの参戦があったからであった。それはイギリス側の呼びかけと、この地域に日本の支配を許さないとするアメリカの決意によるものであった。イギリスは一九四一（昭和一六）年の日米交渉をみながらも独自に最終局面になってアメリカの対日干渉に確証をえたのだ。チャーチルはのちにつぎのように回想しているという。

「日本がアメリカを攻撃し、その結果アメリカが勇躍参戦したのは天の恩寵であった。英帝国にとってこれ以上の幸運は滅多にない。日本の対英攻撃は我々の味方と敵を明確に暴露し、日本に対する呵責なき粉砕を通じて、英語国

家、さらには全世界に対し無限の利益をもたらす新しい関係を導くであろう」(24)。

日本人にとってはよくもこういう率直な語りを一国の指導者が語るものだと思うが、ここには包み隠さずに、この世界のあり様を語っている。それは、

・英帝国を救おうとしたのは、まさにアメリカであった。それは地球上の人間ができない天の恩寵なのだ。

・この二国が代表する英語国民――アングロサクソンの結合こそが世界を支配しているのであり、これに挑戦する国家――当面アジアでは日本――を決定的に粉砕するのがこの戦争である。敵は明確なのだ。

・そしてこの勝利を通じて、世界は新しくなり、英語国家と世界は無限の利益を得るだろう。

ということは、日本側からみると、まさに敵は明確なのであり、それはアングロサクソンなのであった。相手のリーダーがそれを的確かつ率直に語ってくれているのである。そして日本はこの世界の支配者に勇敢にも戦いを挑んだのである。

戦いが激烈になるのはこの意味から必至のことであった。そしてまさに自爆するかのごとく膝を屈した。

しかし、東南アジアに関するかぎり、英国は日本の軍事力を過小評価していた。またチャーチルが期待していたかどうか分からないが、東南アジアにおいてはフィリピンを除いて米軍の派遣はなく、米軍との衝突はなかった。その限りでは「日本の粉砕」はなかった。

かくて、戦争の終ったあとに英帝国（そしてオランダもフランスも）は復権することはなかった。香港が残ったくらいである。支援を惜しまなかった中国も蔣介石政権は持たず、ついに共産党支配の手に落ちた。

このようにみてくると、日本の戦いが近現代史においていかに大きな意味合いをもつかが理解できようというものである。

5　まとめ

(1)　日本側は、アジアをこのような白人による被支配の状態に置いたのはイギリスであるとし、最終的にはそれを排除することをアジアにおける「復興」であると考えたが、その考え方はとくに一九三〇年代後半以降に強まった。

その考え方・捉え方の基調に、世界には「持てる国」vs「持たざる国」と差異があると認識し、前者の筆頭にイギリスを置き、自らも「持てる国」にならんとして発展を追及したのである。

そしてそれを進めるに有効な場合は両国は協力し、阻害する場合は対立したのである。

この競争と協力の関係において、イギリスの優位な立場は

一貫して変わらなかったし、日本もまた追い上げるという立場は変わらなかった。すなわち、イギリスの優位を日本に若干でも譲るといった態度はなかったことに留意すべきだろう。

(2)　イギリス側からみると、その全外交政策において東アジアがどれだけの重要度をもっていたかは疑問の点があるが、概してそれは成功裡に進んでいたとみていたであろう。とくにインド支配を確立し、中国においても列強をおさえて主導権を握っていたからである。蘭嶺インドはオランダのものであったが、軍事的にはイギリスの保護国であった。

これらに挑戦してきたのが日本であった。

(3)　日本の挑戦は、とくに三〇年代に入って強力なものとなったが、それに対抗する必要に迫られたとき、英国は欧州情勢の急迫に何んとしても第一義的に対処しなければならなかった。英国の存立そのものがヒトラーの台頭と攻勢の前に危険にさらされる情勢になったのである。

これにより対日〝宥和〟――日本に対しては強硬な対応を採らないというのがその一貫した方針となった。もちろん、これを是としない立場もあったが、総括していえばこのような立場をとっていた、実際は採らざるをえなかった、ということである。

その大きな理由は軍事力の脆弱であり、その強い立場を取るといってもシンガポール基地の増強を進めたことくらいであり、艦隊は欧州や地中海防衛のためを割かねばならずアジアに送ることはできなかった。イギリス側での試算では、当時必要とされた軍事力の三分の一しかなかった、という。

総じていうと「通商国家」イギリス帝国は、「七つの海」を支配していたとはいえ、二〇世紀に入ると次第にこれを追いあげる「強国」（アメリカも含む）の台頭の前に、その軍事的優位は著しく劣位に転じていたのである。そして世界を支配していてもこれを保障する軍事的優位の保持・強化に向かわなかったのであって、それがまた英帝国覇権の特質ではあった（これは第二次大戦後のアメリカと異なるところ）。

(4)　一九四〇（昭和一五）年に入ると、ドイツは西欧における制覇につづき、五月にソ連侵攻に踏み切る。ここで、わが国では北進か南進かの議論が沸騰したが、結局南進論が制覇し「バスに乗りおくれるな」の掛け声のもと、「対英一戦の決意」を固めるに至った。このように当初は英国のみに限定していたところに日本の慎重さがあった。

しかし、ただちに対英攻撃に出なかった理由は、①ドイツ軍の攻撃成功の見通し難、②英米不可分論について政府と軍部の意見が一致しなかった、ことによるもので、これで英国は五カ月間の準備時間を稼いだといわれる。

このように英国全体の世界戦略のもとではアジアは決して上位ではなかったが、その支配地区は広く、かつそれら地域の資源賦存は豊かであったため、日本側からみるとそれは死活的重要性をもつ地域であった。

(5)　ところが、このような南方地域にまで触手を伸ばすその手前に支那が存在し、それは長い戦争となってその収束に目途が立っていなかった。その支那の背後に英国が存在することによって問題は複雑になった。

第一次大戦までは日英関係は同盟によって結ばれ良好ではあったが、戦争終了後、これ以上同盟を続けることによって日本の興隆を支援する必要はないとの米国の強い意図のもと同盟は破棄された。これは英国は米国とともに日本の台頭を押さえにかかる側に立つことになる。これによって日本はいよいよ「独りで立つ」、独りで対外関係に対処しなければならなくなり、中国進出を積極化し、しかもその政策の実行にあたっては外国の支援や共同を一切排除し、実力をもって中国に「勢力圏」を設定しようとする。そしてその延長線上に「大東亜共栄圏」構想を掲げた。これはまさに近代日本が世界にむけて発信した壮大なグランド・デザインであったが、これこそ①英米覇権への挑戦以外なにものでもなく、②かつそこではまず満韓支が一体となり、ついでこれを東南アジアに広げていくものであったこと、かつそこでは日本が「主人公」という位置づけであったから、中国はそのなかでは従属的地位に置かれるため、中国はこれを絶対に認めないものであった。③しかもこの提唱は中国にたいする軍事的支配によって〝保証〟されているから、なおのことそれを認めることはできないのである。これが日中間の紛議、そして戦争を生む本質的対立軸であった。つまり日本の掲げた壮大なビジョンの真っ只中に中国があったのであり、その完成を求めて南進策を実行する。かくて直接的に英・蘭・仏・米の支配体制を打破することになり、さらに進出先の独立運動を支援していくが、これこそ植民地体制の打破に直結するものであった。

この勢いはインドにまで影響をおよぼし、結局、英国はその最大の植民地を手放すことになるのである。

こうして、縦糸として日中関係の収拾ができなかったこと、横糸として東アジアにおける英国覇権と衝突する、という二つの糸が交錯するのである。そして、この横糸、縦糸の交錯が大東亜戦争なのであった。その結末が、一九世紀中葉以降築いてきた英帝国支配を打破することになったのである。

(6)　戦争それ自体をみれば、確かに日本は力のある国のまえに膝を屈することになった。しかし総じていえば、第二次世界大戦の結果は、果たして「民主主義陣営」は勝利したのだろうか。最も大きく退場せざるをえなかったのは、イギリス帝国であり、それには日本の与えた衝撃が利いたのである。また、最終的にソ連は東欧を中心に支配領土を拡張した。

このソ連の台頭や、中国における共産党の勝利は、この民族独立という世界的傾向の一環であるとは言える。しかし、それは「自由主義陣営」あるいは「民主主義陣営」の望むところではなかったはずである。そのことはある程度分かっていたが、にもかかわらずなぜ英米、とくに米国はソ連と手を握り、ナチス・ドイツと日本を打倒しようとしたのか。

それはある意味で簡明である。両国とも英米覇権支配に真正面から挑戦したからである。ソ連や中国は違う。そのような位置関係に未だ立っていない。そのため、チャーチルがいうように、自らの生存のため悪魔とも手を握る、という論理が成り立つ。それは英国が崩壊しないためにドイツを叩くソ連の力を必要としたのである。そしてこの英国を救うために米国は同じ立場に立ったのである。しかも強力に・・・。しかしそのアメリカでさえさらに支配の危機に陥ったアジアや中国を支援して日本を排撃しようとしたが、それは完全には成功しなかった。

すなわち、ここにあるのはあくまで「力の論理」であって、ここに現代においてもイデオロギーとはまったく別にしてパワー・ポリティックスの現実をみる。

そしてこのなかに新時代の到来があった。それはアジア、アフリカで民族独立が果たされたこと、すなわち非西洋の「復興」が一斉に始まったことである。このなかで日本は帝国主義時代の最後尾にいながら、同時に、アジアにおいて、また黄色人種として、最先端にいて新時代を切り開く架け橋になったのである。ここに日本の独特な歴史的運命が現われている。

注：

（1）　日英関係の分析は豊富だが、大東亜戦争を英帝国覇権への挑戦であると明確に捉える研究は意外に少ないという感想をもつが、これは筆者の誤解であろうか。そのなかで、臼井勝美「東亜新秩序構想とイギリス」、『中国をめぐる近代日本の外交』、筑摩書房、一九八三年、所収、が問題点を的確に指摘しており、ここでもっとも依拠した文献である。

なお日英関係の包括的なレビューは、細谷千博「日本の英米観と戦間期の東アジア」、細谷千博編『日英関係史――一九一七〜四九――』、東京大学出版会、一九八二年、所収、がある。

（2）　中村弥三次「先鋭化せる日英関係」、『外交時報』、一九三三年四月一日号、六〜九頁。

日英関係の問題性を網羅的に論述したもので、経済競争と政治的支配の関係がもう一つ説得的でない点を除いては、論点が殆んどすべて提起されていて、何が日英関係の緊張をもたらしているのかがよく分かる。

なお、『外交時報』やのちに引用する『大亜細亜主義』の執筆者の肩書きが明記されていない。匿名であるのか、それとも当時の評論家なのか。そのためどれだけの説得性ある内容になっているのか、単なる時流にのったプロパガンダなのかは内容をよく吟味する必要がある。

（3）　ボース・ラス・ビハリ「英帝国打倒と日独伊提携」、『大亜細亜主義』、一九三七年一二月。

（4）当時の綿業貿易をめぐる対日批判については、半田敏治「日英衝突の必然性」、『大亜細亜主義』、一九三三年一一月号、が英国の情勢を生々しく伝えている。
　なお日英貿易摩擦問題については、山本和人「貿易構造の変化と国際対立の激化」、小島恒久編『一九三〇年代の日本――大恐慌より戦争へ――』、法律文化社、一九八九年、が最も詳しい。敬愛大学「日本経済史―二〇〇二年度―」、講義資料改訂版、で扱ったので、ここでは簡単な記述にとどめた。

（5）『リットン報告書』、中央公論別冊附録、一九三二年一一月、一六四～一六五頁。

（6）「卑屈なる日英親善論を排す」、『大亜細亜主義』、一九三七年六月号、一頁。
　本号掲載論稿は次のとおり。稲原勝治「日英会談と支那」、小山貞知「日英対支合作説を嗤ふ――日本は支那を何故怖れるか――」、田中香苗「英国対支経済工作の積極化」、高見洋「英国の対支積極化と北支問題」。いずれも英国の対支経済支援策の積極化を指摘している。

（7）『石橋湛山全集第十一巻』、東洋経済新報社、一九七二年、四一～五一頁。

（8）ここでの重光葵の言葉は、上記、臼井勝美、一五八～一五九頁より引用。
　この重光次官（当時）の約八万字におよぶ論稿は日本のアジア政策を知る最重要文献の一つだが、後に刊行される氏の著述に採録されていないのは残念だ。現在では問題を呼ぶからであろうか。

（9）臼井、同上、一七三頁。

（10）イアン・ニッシュ（加藤幹雄訳）「イギリスの戦間期（一九一七～三七）国際体制観における日本」、注（1）の細谷編、所収。

（11）同、七六頁。

（12）臼井、同上、一七一頁。

（13）『太平洋戦争への途　日中戦争〈下〉』、朝日新聞社、一九六三年、一七四～一八四頁。

（14）イアン・ニッシュ、七六頁。

（15）ピーター・ロウ（臼井勝美訳）「イギリスのアジアにおける戦争の開幕――一九三七～四一年――」、注（1）の細谷編、所収。

（16）同、一六八頁。

（17）この部分は、倉沢愛子「二〇世紀アジアの戦争――帝国と脱植民地化」、『岩波講座　アジア・太平洋戦争　二』、二〇〇五年、所収、に拠っている。

（18）この部分は長崎暢子『インド独立――逆光の中のチャンドラ・ボース』、朝日新聞社、一九八九年、二四八～二五六頁に拠る。

（19）この部分は倉沢愛子氏と見解が異なる。同氏の日本のインドネシア占領にかんする実証的研究は日本の植民地支配について大きな貢献をされていると思うが、ここでの筆者の見解は、同氏の論稿に依拠していながら必ずしも賛同できないものとなった。

（20）『近衛公清談録』、千倉書房、一九三七年、二三七頁。

（21）近衛文麿『戦後欧米見聞録』、中公文庫、一九八一年、三三～三四頁。原著は一九二〇（大正九年）刊。
　なお、本著の執筆時は近衛は二八歳であり、その観察記は若者らしい新鮮な感覚で欧米の実際生活や国際活動を描いていたものになっていて、ある種の感銘をうける。例えば、アメリカの自動車の出来が悪いこと（これは七〇年代になって日本人が認識したこと）、アメリカ人が好戦的であること、などが注目される。

(22) 臼井前掲論稿、一五七頁。
(23) 同、一八〇〜一八一頁。
(24) 前掲ピーター・ロウ、一七三〜一七四頁より引用。

Ⅶ 日米の戦い：「太平洋戦争」――未成国家の正面衝突

1 「太平洋戦争」とは――その敗戦の実情

「太平洋戦争」の呼称

一九四一（昭和一六）年一二月八日、日本はついに対米英に宣戦布告をしたが、実際の戦争の中心は日本とアメリカの間で太平洋において西南太平洋の覇権をめぐって戦われたので、そこでこの戦いを限定して「太平洋戦争」と呼称することにする。それは「大東亜戦争」に含まれるものだから大東亜戦争であるとしてもよいが、記述の便宜も考慮したためである。

また以下の記述は戦争遂行の実態とその問題点に焦点をしぼっている。すなわち戦時の経済や社会の動向や政治については省略しているが、とくに戦争経済にかんする包括的分析はすでになされているので、それに譲ることにしたためである(1)。

まず1―1では、戦争の実情を、1―2では用兵・戦略上の問題点を描くことにする。そして次節ではこの戦争の性格と意味を論じて結びとしたい。

1―1 戦争の実際と戦争体制の崩壊

戦争遂行上の実態に関しては安部彦太氏の論稿にほぼ全面的に依拠するが、それは各種資料を広くあつめてまとめてあるので、ここでどうしても戦争遂行の実情を知るために必須の文献と考えたためである。その視点は戦争遂行上の基本的な軍事力の要素の盛衰と相手国との対比をおこなうものである(2)。

石油の悲劇（二年で艦船が動かず）

第一は石油である。日本で自力供給できる原油は三六万キロリットルにとどまり、供給の圧倒的割合はアメリカからの輸入に依存していた。一九三九（昭和一四）年でみると輸入量は四四五万キロリットルであり、輸入依存度は九〇％に達する。しかも一九三五年の六七％から増大しているのだ。それが一九四一年八月一日に日本にたいする石油の全面輸出禁止となり、まさに国運を制する事態となった。

すなわち、この年一一月に備蓄は全部で八四〇万キロリットルであったが、年間需要は民間・陸海軍で五五〇万キロリットルあり、うち海軍の需要は二八〇万キロリットルと五一％を占める。他方、海軍は六五〇万キロリットルの備蓄を持っていたが、このまま推移すれば海軍は約二年で艦船を動かせず、民間はいくら節約しても三年目には石油は供給できないという見通しであった（表Ⅶ－１）。

これが開戦決意の決定的要因となったこと、また原油を獲得しつつ戦争を遂行するというのは日本側の大きな脆弱性となったのである。つぎにも触れる船舶確保問題と関連するが、南方からの輸送は一九四二年には一四九万キロリットル、一九四三年には二六五万キロリットルと順調に推移し（海軍の一年間の需要量にほぼ匹敵）、それぞれ国内生産の五・七倍、九・七倍も取得できたが、一九四四年になると一〇六万キロリットルに激減し、この面からすると戦争遂行能力は大きく落ちこむのであった（図Ⅶ－１）。

国運を賭けた獲得行為の成果がわずか二年しか顕現しなかったというのは、この戦争の悲劇的終末を当初から指し示

表Ⅶ -1　1941（昭和 16）年 11 月初頭頃の日本の石油備蓄量と年間需要見積（kl）

	備　蓄　量	年間需要見積
民　間	70 万	180 万
陸　軍	120 万	90 万
海　軍	650 万	280 万
合　計	840 万	550 万

図Ⅶ -1　日本の原油取得の状況

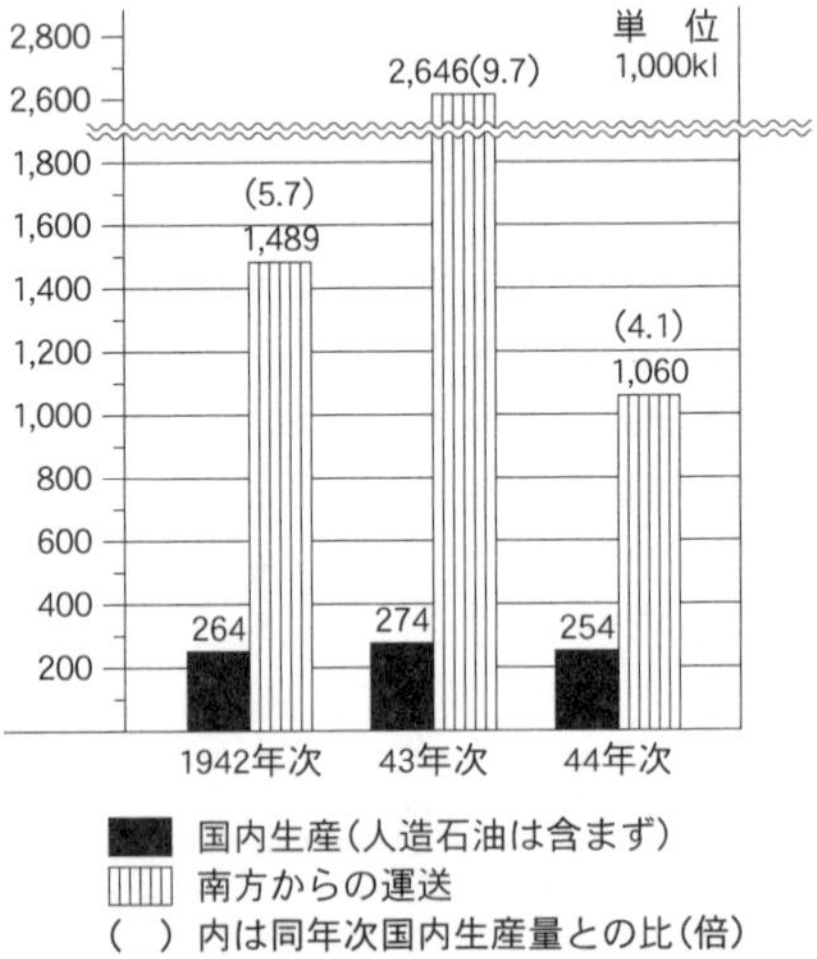

資料：表Ⅶ -1，図Ⅶ -1 とも安倍彦太「大東亜戦争の計数的分析」（奥村房夫監修『近代日本戦争史』第四編，紀伊国屋書店，1995 年，所収の表 3（825 頁），表 9（827 頁）より。

すものであった。

予想を上まわる船舶の喪失

このように日本は石油はじめその他の戦略資源を南方で獲得し、日本内地に運んで加工して軍事品とし、これを戦場に運ぶ、というサイクルを動かして戦争を展開するのであるから、このために所要船舶を確保しつづけることは必須の条件であった。そこで所要船舶の確保、喪失する船舶の予想、これを補う船舶の建造が戦争の行く末を決定するが、三回なされた予測と実際は一回目を除いて大きく食いちがった。それは予測をはるかに上まわる損失量が発生したからだ。喪失量の予測と実際はつぎの通りである。(3)

	予測	実際
第一年度（一九四一年一二月～四二年一一月）	八〇～一〇〇万トン	九四万トン
第二年度（一九四二年一二月～四三年一一月）	八〇～一〇〇	一五八
第三年度（一九四三年一二月～四四年一一月）	八〇～一〇〇	三八五

このように初年度から危ない状況だったのだが、果せるかな第二年度は六割近く跳ねあがり、第三年度になると初年度の実に四・一倍の船を失うにいたった（もともとこの予測は急遽作成されたもので、信頼度は低かったといわれる）。

もちろん新建造もあったが、それよりも沈没船数が増加し、さらに軍隊の輸送のための徴用が割り込んできて、物資輸送のための計画通りの配船が不可能になった。まさに総合的な輸送力の弱体が露呈されたのである。船舶の保有・建造・喪失の状況は表Ⅶ－2に示すとおりだが、四三年度下期から喪失量がそれまでの水準から一気に倍増し、喪失率も三割近くとなり、以後四四年度下期には四一％に達した。まさに飛行機でいえば片肺飛行といった状況に突入していったのである。これでは物資はうごかず、戦争は続けられない。

なお、この戦争で潜水艦の役割が従来と異なり飛躍的に重要なものになったが（後述）、開戦後から一九四四（昭和一九）年八月までの期間、日本船舶沈没の七割が潜水艦によるものであり、それ以降主役は航空機に移っている（表Ⅶ－3）。

軍艦の増強の差

船舶につづいて、軍艦はどうであったか。

海軍の戦力である軍艦——主要艦艇の状況をみる。

まず、保有状況（潜水艦以上）は、開戦時は日本：アメリカで示すと、二三七隻：三四五隻（日米比一：四六、以下同じ）、両国のあいだで差が出だしたのが、一九四二（昭和一七）年のアメリカのガダルカナル反攻直前当たりからで、二三二隻：三九三隻（一：六九）、日本の同島撤退時には

表Ⅶ -2　船舶保有，建造，喪失の推移

（単位：万トン，％）

年月	1941 12 ～ 3	42 4 ～ 9	10 ～ 3	43 4 ～ 9	10 ～ 3	44 4 ～ 9	10 ～ 3	45 4 ～ 8
a	633	615	595	553	509	431	343	249
b	7	13	30	32	81	77	82	18
c	25	33	72	76	159	165	176	80
d ＝ a ＋ b	640	628	625	585	590	508	425	267
e ＝ c/d × 100	3.9	5.5	11.5	13.0	26.9	32.5	41.4	30.0

注：a. 各期の当初月の 100t 以上の汽船保有量。
b. 各期の建造量。
c. 各期の喪失量。
e. 喪失率に当る。筆者算出。
資料：前掲Ⅶ-1 に同じ。同資料の表 9（827 頁）より作成。一部補正。

表Ⅶ -3　連合軍による日本船舶の撃沈数

（単位 1,000 トン，％）

	潜水艦		航空機		機　雷	
1941.12 ～ 42.10（戦初～ガダカナル対船空襲開始）	480	71.6	123	18.3	68	16.1
1942.11 ～ 43.10（上記より第 14 空軍の対船攻撃開始）	1,188	74.1	374	23.3	41	2.6
1943.11 ～ 44.8（上記より比島作戦支援のため空母攻撃）	2,150	70.6	846	27.7	51	1.7
1944.8 ～ 45.8（上記より降伏まで）	1,043	37.6	1,379	49.7	353	12.7
合　計	4,861	60.1	2,722	33.6	513	6.3

資料：アメリカ合衆国戦略爆撃調査団（正木千冬訳）『日本戦争経済の崩壊』，日本評論社，1950 年，89 頁。

二一二隻：四五七隻（二二：一六）と大きく開いた。そして四四年一月の総反攻直前には二〇八隻：六六一隻（三二：一八）、同五月マリアナ戦直前には一八六隻：七三四隻（三二：九五）の大差がついていた。しかも日本海軍はミッドウエー海戦を境に総隻数で減少しつづけ、以後これを上回ることはなかったのだから、緒戦勝利以後は趨勢としては劣位と敗退の途をたどっていたといってよい。

この大きな差は、日米の主要艦艇の建造状況をみれば歴然とする。それはつぎのとおり（前者は日本：後者はアメリカ）

・主要空母――五隻：一七隻、軽空母四隻：九隻、護衛空母七隻：七六隻
・戦艦――二隻：八隻、
・巡洋艦――五隻：四七隻、
・駆逐艦――六三隻：三三四隻、他に護衛駆逐艦四一二隻
・潜水艦――一一八隻：二〇三隻、

であった(4)。アメリカはいずれの艦種も大幅増産で日本は足元にもおよばない。しかもその増産は日本の一九四二年にはじまり、四三～四四年に急増している。戦争の真っ只中でこの増強が可能であるのは、彼我の国力の地力の差である。

なお、注目すべきは護衛空母は日本の一〇倍もあり、また護衛駆逐艦は四一二隻もある。正面の戦闘能力はもちろんのこと、その護衛にいかに力を入れているかが分かる。もちろ

図Ⅶ-2　日米主要艦艇の保有隻数の推移（潜水艦以上）

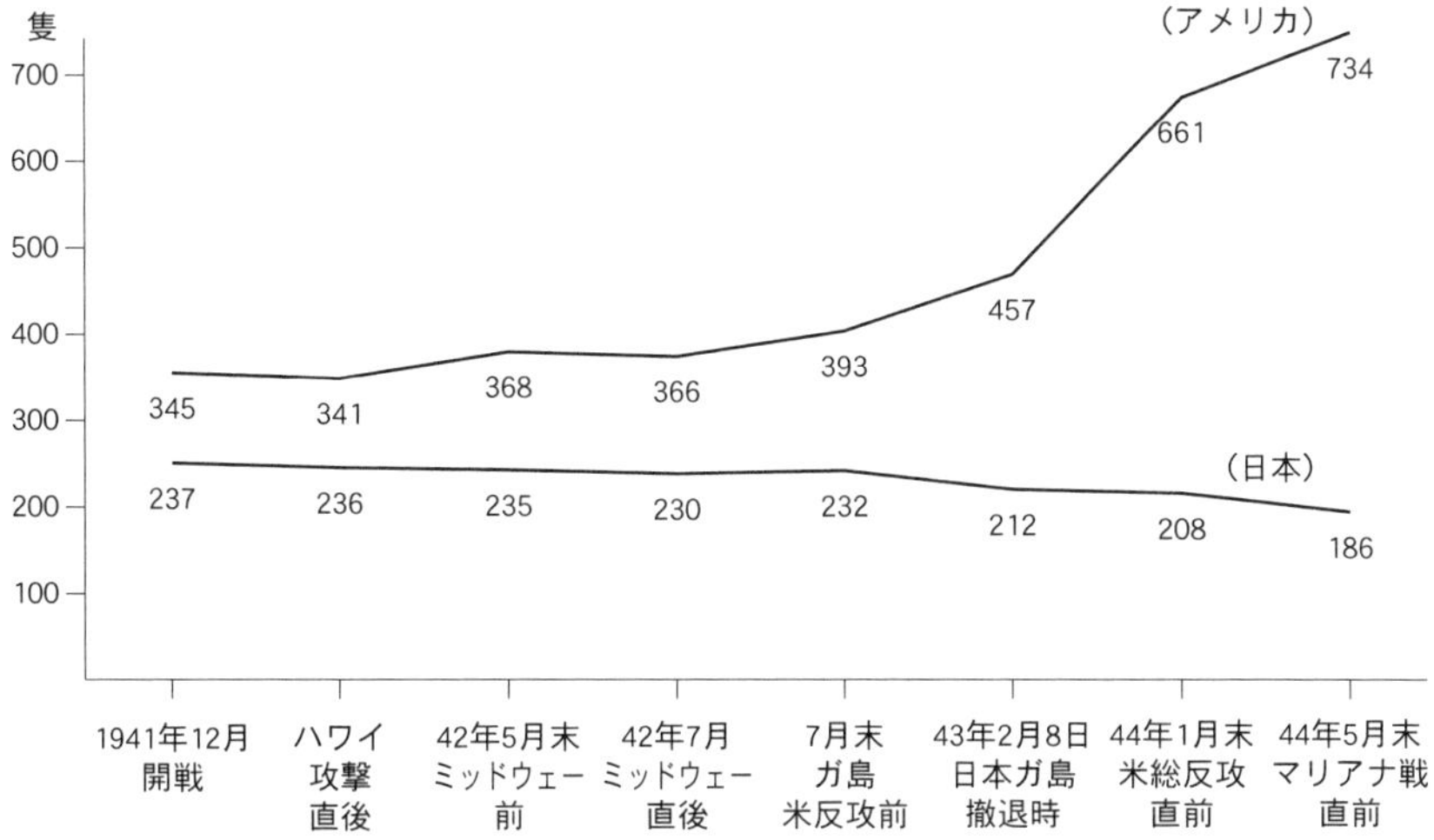

資料：前掲Ⅶ-1に同じ。同資料の表38（848頁）より。一部補正。

ん、戦闘領域がアメリカ本土から遠いという条件があるが、前線の戦力の喪失をさけるため護衛が決定的に重要であったことを物語る。

他方、日本は南方より戦略物資を運び、武器弾薬、兵士を前線に送る必要上、一層護衛の重要性が高いはずだが、ようやく四三年一一月になって海上護衛総司令部が設置され、護衛艦の建造が急ピッチで進められた、四四年には一〇一隻が建造されたが、このときでもアメリカはその倍近い建造を続けており、初めから完全に立ち遅れている。そのためその貢献は限られた[5]。

こうして日本はまさに正面突撃の艦隊のみであった。前線戦闘力の重視、ロジスティックなどの後衛支援の軽視、といった、戦うにあたっての国力の大きな差を感ずるし、そこから生まれる戦闘概念の違いを知るのである。

航空機の増産とその喪失

戦争の帰趨を決める航空機はどうか。

航空機はよく増産されたといえるのではないか。その生産は一九四二年の八八〇〇機から四四年には二万八一〇〇機へわずか二年間で三・二倍の大増産であった（図Ⅶ―3）。航空機の生産のためには、機体設計の完成、新工場の建設、所要設備の設置、現場作業者の訓練と習熟度の向上、関連部品生産体制の整備・充実、などの広範な条件を整備しなければならないが、それは急ピッチで進められた。また、最大の資材であるアルミニュームは最優先で割り当てられた（とくに戦争の後半期において。図Ⅶ－4）これは軍部が戦争の進行の過程でこの戦争は航空機が成否を決すると認識するに至ったからである。

アルミニュームの生産のためにはボーキサイト・その他原料の輸入が欠かせない。それは開戦の結果、パラオ、ビンタン、マライから調達された。四二年四五万トン、四三年八二万トンと急増している。しかし四四年になると三五万トンへ落ち、同時にアルミニュームの生産も減少した（表Ⅶ－4）。海上輸送力の低下によるものだが、ここにも戦争

図Ⅶ-3　日米の航空機製造実績

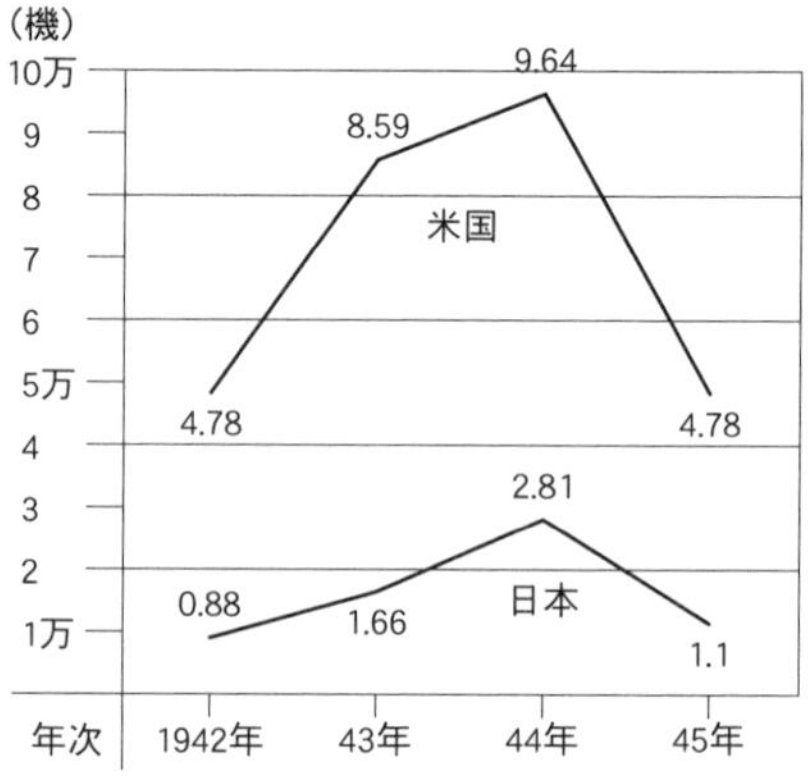

資料：前掲Ⅶ-1に同じ。表19（835頁）より。一部補正。

しながら戦略資源を獲得するという日本の脆弱性がでている。それでも四四年になって航空機を増産できたのはアルミニュームの在庫があったからである。

このような日本の必死の増産は戦争態勢からみると遅かったことは否めない。この同じ期間、アメリカの航空機生産は四万七八八〇機から九万六四〇〇機へ二・〇倍の増産であったが、対日本倍率では、一九四二（昭和一七）年の五・四倍から四四年には三・四倍であり、圧倒的優勢を保持しつづけた（図Ⅶ－3）。

実際の戦闘展開はどのようになされたか。それは保有機数、これに加える生産、そして消耗、の推移で確認できる。

図Ⅶ-4　普通鋼材とアルミニウムの生産計画と実際

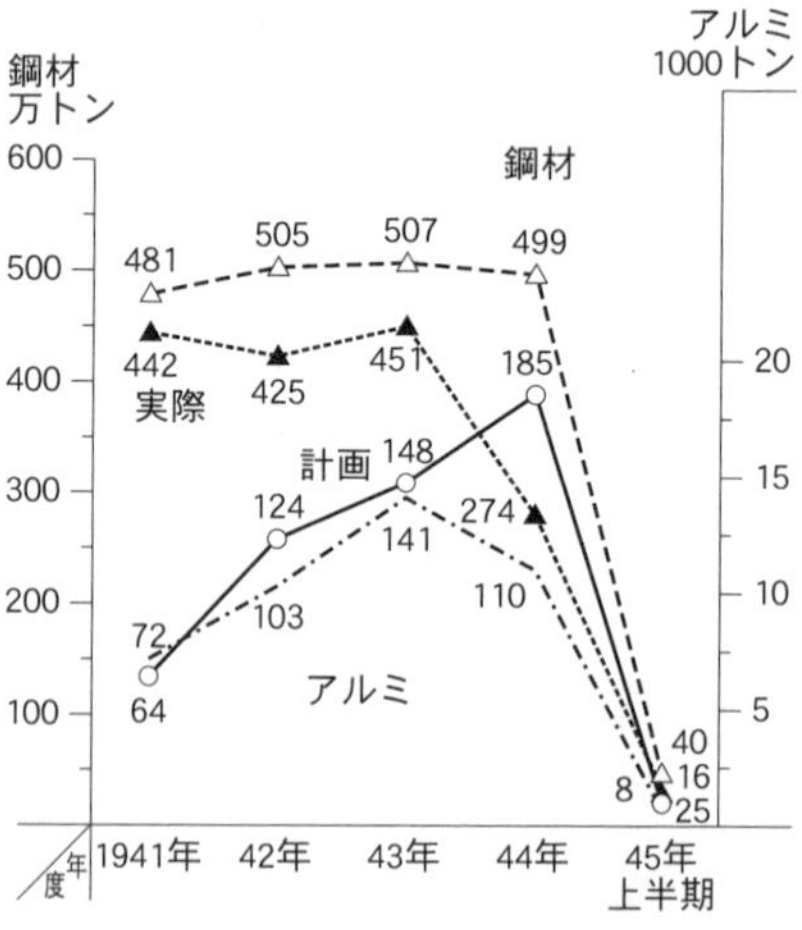

資料：前掲Ⅶ-1に同じ。表10（830頁）より。一部補正。

これを海軍航空機でみると、四三年度に入って生産は対前年度二・二倍と急増したが、同時に消耗も同率で増え、四四年度になると消耗はついに一万機を越えた。消耗率は四三年度四七%、四四年度五〇%に達するのである。これは主として中部太平洋・フィリピンの激戦によるものであった。なお四二年度においてもすでに消耗率は四四%に達したが、これはミッドウェー海戦によるものであろう（表Ⅶ－5）。空軍力は早くから消耗戦を強いられていたのであって、それは戦争の前途を暗示するものであった。

この損耗はいうまでもないことだが、搭乗員（パイロット・偵察員・搭乗整備員）の多数の消耗を意味している。戦闘力は機数のみで左右されるのではない。開戦直後から一九四二年度中は、消耗度は低かったが、これは少数精鋭主義で訓練され経験をつんだ優秀なパイロットが活躍したからである。しかし激戦が続くなか彼らを失い、四三年度から大量養成をはじめる。一人前のパイロットになるためには、最低四年の準備期間が必要とされるが、戦争後半になると二年で前線に出撃することを強いられ、その経験年数の短さから、大量消耗につながっていくのであった。この劣勢は四四年になると一層激化し、じつに七一六九名の搭乗員を失った（図Ⅶ－5）。あたら戦果を挙げることなく、空に散っていった。ここにも未成国家の悲劇をみるのである。

表Ⅶ-4　ボーキサイト輸入とアルミニウム塊生産　（単位：1,000トン）

	ボーキサイト輸入					アルミニウム塊生産 (1)
	バラオ	ビンタン	マライ（ジョホール及マラッカ）	仏印	その他とも合計	
1937	…	46.7	28.0	…	101.1	14.0
38	3.7	117.3	76.5	…	220.5	20.7
39	14.0	202.1	104.7	…	352.5	30.0
40	22.5	194.7	63.0	…	280.2	40.9
41	59.3	58.1	26.1	3.2	146.7	71.7
42	103.9	274.4	55.8	15.9	450.1	103.1
43	84.9	594.6	138.6	5.5	820.5	141.1
44	4.5	287.8	55.1	…	347.3	110.4
45	…	1.8	…	…	1.8	6.6

注：(1) にはボーキサイト以外の原料からのものも含む。
資料：表Ⅶ-3に同じ。同著の196～197頁の表より作成。

表Ⅶ-5　海軍航空機の保有，生産，消耗の推移　（単位：台数，%）

	1941.12～42.3	42.4～43.3	43.4～44.3	44.4～45.3	45.4～8	45.8.15
a. 保有※	2,120	2,195	3,405	6,496	9,110	8,212
b. 生産	981	4,443	9,952	14,161	2,840	
c. 消耗	785	2,908	6,300	10,330	5,962	
d. a ＋ b	3,161	6,638	13,357	20,657	11,950	
e. c/d × 100	24.8	43.8	47.2	50.0	49.9	
※年月日	1941.12.1	42.4.1	43.4.1	44.4.1	45.4.1	45.8.15

資料：前掲Ⅶ-1に同じ。表25（840頁）より作成。eは損耗率を現わす。筆者算出。一部補正。

図Ⅶ-5　日本海軍航空機搭乗員の損耗状況

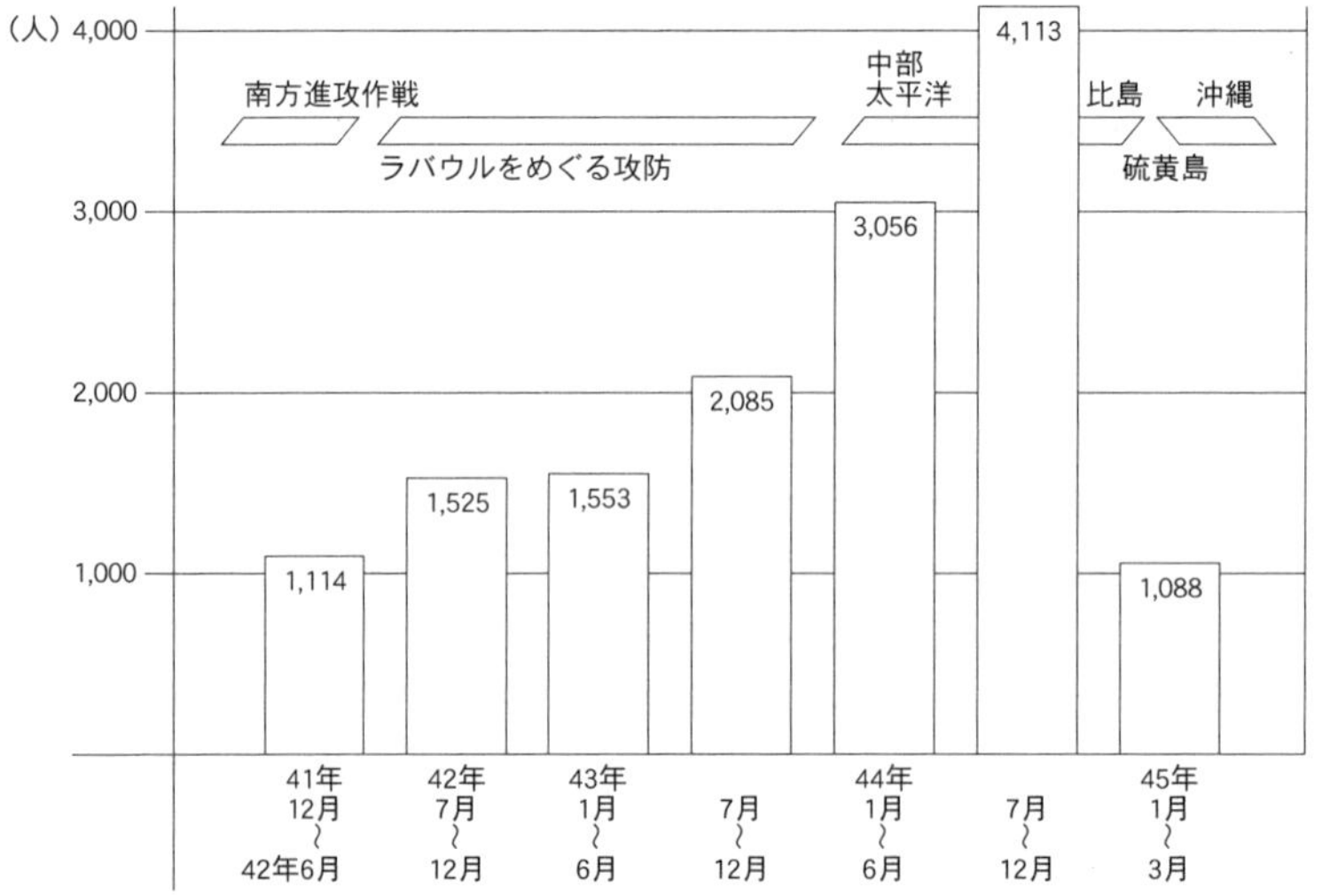

資料：前掲Ⅶ-1に同じ。表23（840頁）より。一部補正。

鉄鋼生産は伸びず

　戦争を支える最も基本的物資である、鉄鋼の生産を鋼材生産量でみていくと（表Ⅶ－６）、日本の生産量は昭和一〇年代に約五〇〇万トン近くまで増強されたが、そのピークはなんと一九三八年の四八九万トンであり、それ以降は増加することはなかった。そして開戦の年が四三〇万トンであり、四二～四三年は何とか四〇〇万トンを上回ったが、四四年には二六八万トン、四五年には三二万トンへ急降下した。開戦以降は鋼材の半分は軍需用であったが、それでもこのような惨憺たる結果であるから、四四年以降は戦争遂行体制は完全に崩壊していたことがここでも確認できる。

　この生産とその減少は、鉄鋼原料の輸入の減少によるところが大きい。まず鉄鉱石輸入は中国が第一位であり、ついでマライであったが、四一年以降マライは減少し、中国からの輸入が中心になっていった。日本の中国進出、とくに華北が戦争遂行上いかに重要な役割をもっていたかが分る。その輸入は一九三〇年代を通じて一貫して増大し最盛期（一九四〇年）は五七〇万トンに達した。しかし開戦後は反対に減少に転じ、四三年には三六九万トンへ三六％減、四四年には一六七万トンへ七一％減と大幅減少となった。またコークス用石炭でも同様で華北はつねに七割以上を供給していたが、そのピークは四二年であり、以後急減した。これは主として東支那海を渡る海上輸送がアメリカ海軍の潜水艦攻撃の

表Ⅶ-6　日本の鋼材生産量の推移

（単位：万トン）

年	1938（昭和13	39 14	40 15	41 16	42 17	43 18	44 19	45 20）
総量	489	466	456	430	418	420	268	32
軍需	117	126	160	219	221	250	139	15
民需	372	344	296	211	197	170	129	17
軍需比率（%）	24	27	35	51	52	60	54	47
米国生産	3,200	4,500	6,500	8,100	8,300	8,400	8,500	8,200
米国／日本（倍）	6.5	9.6	14.3	18.8	19.9	20.0	31.7	256.3

注：倍率を修正したところがある。
資料：「開戦回顧談」，『軍事史学』，通巻26号，1971年，280頁より。一部補正。

表Ⅶ-7(a)　鉄鉱石の産地別輸入

（単位：1,000トン，%）

	合　計		朝　鮮	満　州	中　国	比　島	マライ	その他
1931	1,727	100	10	…	35	…	53	2
32	1,634	100	9	…	34	…	54	3
33	1,779	100	14	…	32	…	52	2
34	2,312	100	8	…	36	…	38	18
35	3,646	100	7	…	35	8	40	10
36	4,023	100	6	…	31	14	42	7
37	4,313	100	7	…	14	13	38	28
38	3,212	100	11	…	5	…	50	34
39	4,949	100	8	…	14	13	39	26
40	5,719	100	8	1	20	21	36	14
41	5,058	100	15	1	50	9	23	2
42	4,880	100	13	1	82	1	2	1
43	3,686	100	7	…	88	4	1	…
44	1,668	100	37	1	61	1	…	…

表Ⅶ-7(b)　コークス用石炭の産地別輸入

（単位：1,000トン，%）

	総　計		華　北	満　州	樺　太
1940	3,315	100	80	2	18
41	3,417	100	96	1	3
42	4,025	100	87	…	13
43	2,939	100	84	…	16
44	1,435	100	81	9	10

資料：前表Ⅶ-3に同じ，180～181頁より作成。一部補正。

表Ⅶ-8　1944（昭和19）年の日米生産力

（倍）

	日本	アメリカ	アメリカ／日本
航空機（機数）	26,500	90,000	3.3
造船（万t）	175	1,900	11
鋼材（万t）	210	8,100	40
石油（万kl）	111	23,000	220
戦車（台）	295	19,500	100

資料：表Ⅶ-6に同じ。一部補正。

的となったためである（表Ⅶ－7）。

一方、敵国アメリカの生産は、一九三八年ではまだ大不況の影響を残し三二〇〇万トンにとどまっていたが、それでもこの年は日本がピークをつけた年で、その六・五倍もあった。以後、欧州における戦争の勃発によってその生産は息を吹きかえし、一九四一年には八一〇〇万トンと日本の一九倍になり、以後も増大しつづけ、四四年には日本の三二倍の八五〇〇万トンに達した。

日米はその初発点から絶対水準に大なる格差が存在するうえに、戦争によって減少をつづける国と、他方、飛躍的に増加しつづける国と、そのあまりの対照を前にして言葉もない。

この基盤的生産力の格差は、各種兵器の生産力の格差に如実に示される。一九四四（昭和一九）年一時点の比較であるが、まとめとして日本に対するアメリカの生産量比をみておくと、航空機―三・三倍、造船―一一倍、鋼材―四〇倍、石油―二二〇倍、戦車―一〇〇倍、となっている（表Ⅶ－8）。いうまでもなく、アメリカは欧州戦線にも出兵していること、ソ連を含む各国への兵器援助があって、まさに連合国の兵器廠の役割を担ったから、この数字になっていることには留意すべきだろう。

（師団数）

	41.12	42.8	43.1	43.9（年.月）
本土朝鮮	6	7	6	11
満州	13	14	14	15
中国	22	25	23	26
南方	10	11	9	13
南太平洋	—	—	6	7
中部太平洋	—	—	—	—
合計	51	58	58	70

（注：一部補正）

日本陸軍の兵力配備

最後に陸軍の戦力配備、そのなかでの太平洋戦線での配備をみておく。

総力戦であるのに、太平洋戦線では海軍に任せきりで、陸軍の配備は小さかった。日本陸軍の歩兵師団の配備は右の通りであった[6]。

これでみるとおり、一九四二（昭和一七）年以前は太平洋方面の米豪連合軍との戦いは海軍が主担当であり、中部太平洋への陸軍の配備はゼロであった。しかしその後、四三年九月の絶対国防圏強化の方針のもと、ようやく中部太平洋まで

表Ⅶ-9　日本陸軍の地上兵力の配備と兵数

（単位：万人，％）

年・月	1941.12	42.4	43.1	43.6	44.11
本土・台湾・樺太	38 (17.9)	40 (17.9)	56※(23.3)	51※(22.0)	83.9※(24.8)
朝鮮・満州	73 (34.4)	78 (34.9)	70 (29.2)	70 (30.2)	45.6(13.5)
中国	62 (29.2)	63 (28.2)	66 (27.5)	55 (23.7)	76.6(22.6)
南方	39 (18.4)	43 (19.2)	33 (13.8)	34 (14.6)	109 (32.2)
南太平洋	0.5 (0.0)	0.5 (0.0)	15 (6.3)	22 (9.5)	9.4 (2.8)
中部太平洋	0 (0.0)	0 (0.0)	0.1 (0.0)	0.1 (0.0)	14 (4.1)
合計	212(100)	223.5(100)	240(100)	230～40(100)	338.5(100)

※含朝鮮。四捨五入のため100％にならないところがある。
42年4月の合計は224.5万人となるが，原資料のままとした。43年6月の合計は232.1万人として計算した。
資料：前掲表Ⅶ-1に同じ。表41（850頁）より作成。一部補正。

陸軍の配備が進められる。そこで、四四年一一月でみると、本土・台湾――八三・九万人（二四・八％、朝鮮をふくむ、以下同じ）、満州――四五・六（一三・五）、中国――七六・六（二二・六）、南方――一〇九（三二・二）、南太平洋九・四（二・八）、中部太平洋――一四（四・一）、合計三三八・五（一〇〇・〇）、となったが、太平洋配備は全体の約七％でしかない（表Ⅶ―9）。絶対国防圏の新作戦開始後にこのような状況であったから、これはすでに遅しであった。兵力投入決定が遅いし、その準備にも時間を使い、部隊到着はおくれて現地の準備がととのわず、戦闘態勢は不十分のまま米軍の進攻を迎えることになった。

ここにも統合作戦の無さが如実に現われているが、同時に戦争がいかに多方面に展開したままであったこと、すなわち満州もソ連の脅威を想定すれば大切、中国を守ることは生命線、さらに進攻する米軍に敗退できず、ということであった。かくてこの戦いは国力をはるかに上回るものであったから、そのことが第一の敗戦理由として挙げられるのである。

1―2　作戦・用兵の特質と過誤

作戦・軍略（用兵）上の過誤

つぎに作戦・用兵上の問題に入る。

この問題についてはすでに多くの指摘があるとおり、結論を先取りすれば、日本は二つの点で完全に誤ってしまった。

すなわち「太平洋戦争」において、(1)日本は太平洋においてアメリカに対峙するにはどのような戦略が求められるのかの検討がなかったこと、(2)日本側に陸海空の戦力をまとめあげる統合戦略がなかったこと、この二点は否定しがたい欠陥であった。

まず、前者については、中国を相手にする大陸での戦闘においては陸軍が先頭に立っていたからあまりその欠陥は表面にでてこなかった。しかし太平洋における戦闘では、海軍が受けもつことが決まっていたが、広い海域、散らばる島嶼をどう守るのか、南アジアに広がる各国をいかに攻略し、そのあとでいかに防禦するかは、まったく異なる発想のもと、独自の戦略構想が立てられねばならなかった。これらの特性をもつ地域の戦闘は、大陸における戦争とはまるで異なるはずである。また日本側にあくまで戦争を完遂することの覚悟が曖昧で、かつ開戦が誘導されたものであったから、アメリカとの決戦について詰めに詰めた用兵戦略が構築されていたとは思えない。例えば米軍の島嶼にたいする大型火砲の攻撃も予想を上まわるものであった。そのため結果としてその場その場の戦いに終始したように思われる。

後者については、太平洋の戦いは兵員・兵器および補給物資の輸送は艦船によらねばならず、そのために海域と空域は完全に支配されていなければならない（制海権、制空権）。そして航空機時代に入ったのだから、制空権の制覇が決定的に重要となり、艦隊能力はその下位にたつ。また、こうして海軍はその航空力をいかに充実させるか、在来の伝統的な艦隊決戦主義をどのように改編するか、の二重の課題をつきつけられ、それは独り海軍の手にあまるものである。

こうして太平洋戦争は戦闘の性格がそれまでと違うので、陸海空の統合戦略が必須のものとなるのであった。それはまったくと言っていいほど実現できなかった。

作戦計画の分裂（海軍の〝独走〟）

以上について少し具体的に経緯を明らかにしたい。ここでは主としては桑田悦氏の論考に主として依拠し[7]、必要に応じてその他の論稿を参照することにする。

まず、この戦争において海軍はつぎの三段階の作戦を採るべきであった。

第一次――真珠湾攻撃をやらせるにしても、
第二次――その実施のあとに、直ちに持久態勢に移行するべき。
第三次――その後戦力を保存し、来るべき決戦に備えるべき。

ところが、その基本方向が徹底しなかった。それどころか海軍の独走がめだち、実際の戦略展開はまったく反対の方向に動いてしまった。

まず大本営は初期進攻作戦成功後の戦争・作戦指導を検討

したが、この段階で陸・海の間で大きな亀裂が生まれた。陸軍側は開戦前の「対米英蘭戦争終末促進に関する腹案」に沿って、持久戦態勢に転ずべし、とするものであったが、海軍側は初期の大戦果から戦争は追撃の段階には入ったとして、攻勢の継続を主張した。このため陸・海の協議はまとまらず、その結果、三月七日になって「一、英を屈服し米の戦意を喪失せしむる為引続き既得の戦果を拡充して長期不敗の政戦態勢を整えつつ機を見て積極的の方策を講ず」という戦争指導大綱が決定された。

しかしこの文章は、軍指導部が具体的にいかに戦おうとしているのか分からない代物である。英国が屈服すると本気で考えたのか、米国の戦争喪失とはなにか。中小国ならまだしも世界最強国がどうして戦意を喪失するのか。さらに日本によって長期不敗の態勢を整えるにはどうすればよいのか。開戦前、二年は戦えるがその先は分らない、と答えたのは軍部ではなかったか。戦う意志を確認したのは多とするも、その実質的裏付けはなく陸海相互の面子をたてた妥協の産物であった。

はたしてこの戦争指導を受けた海軍の第二段作戦は、米豪遮断、インド洋、ミッドウェーの各作戦をたて、さらに米艦隊主力との決戦、機をみてのハワイ攻略、情勢がゆるせば豪州も攻略を企図する、と膨れあがるのであった。

こうした海軍独力での太平洋正面突進は、予想以上に早く、まずミッドウェー海戦での決定的敗戦となり（一九四二年六月五日）、当初の二年はもつ、という想定も完全に崩れ去る結果となったのである。同年七月一一日には大本営は南太平洋進攻作戦の中止を発表し、第二段作戦は早くも挫折したのである。八月七日にはアメリカ軍はガダルカナル島に上陸し、対日反攻を開始した。日本軍が同島から撤退を開始するのは四三年二月一日からである。

このあいだ、ソロモン海戦、南太平洋海戦があり、日本は善戦したとはいえ、その航空戦で優秀なパイロット多数を失い、制空権を喪失したのである。こうして一九四三（昭和一八）年半ばには遂にソロモン・ニューギニアの制空権・制海権を失い補給を遮断されたムンダ・ラエ・サラモアの守備隊は悲惨な状況に陥り、連合軍は蛙跳び方式でラバウルを取り囲むにいたった。またビルマ・支那の制空権を失いつつあった。

いま一九四四年二月までの空母パイロットの損耗状況をみると、ハワイ・マレー沖海戦に参加した空母ベテラン・パイロットの四九％はソロモン・ニューギニア方面で亡くなっている。つづく開戦後に訓練を終えて南太平洋方面の戦闘に参加したパイロットは五四％が同じくこの方面で亡くなっている。基地パイロットはこの数字よりやや少ないがそれでも四割を超えている。いかに南太平洋が激戦であり、同時に日本の空軍力の消失に直結したかを物語る(8)。

これらの戦い方からみても、軍令部の指導力の無さと、前線をあずかる連合艦隊の無謀な突進が敗戦につながったことが分る。ミッドウエー攻撃は軍令部が六カ月先にする方針であったのに、出先の連合艦隊はこれを押しきって実施している。軍令部は反対であったが、前線指揮官がそれを望むならばやらせよう、という判断のもと敢行された。これは一種の下克上ではないだろうか。さらに常識的に考えて、なぜ軍事力に劣る日本が、はるかソロモンやガダルカナルやオーストラリアにまで出かける必然性があるのか。攻撃するのはまだ許せるとしても、占拠までは常識的に考えられない。いや米軍が本土からオーストラリアまで軍事物資や兵力を輸送し、反攻の拠点をつくっているのだから、これを叩く体制をつくるのだと説明される。しかし彼我の戦力を比較をすれば、それを防止するのは無理なのであって、それよりもいち早く、日本近海の島嶼防御や、南アジアからの輸送路確保・強化に注力すべきであったのだ。なお、潜水艦の全面的出動によって米豪遮断作戦を実行すべきではなかったかということだが、日本海軍の潜水艦の使い方がそのようにできなかった（艦隊護衛が主任務）ことも、日本側の戦略の弱点であったといえるだろう。

こうして海軍は緒戦の勝利に驕り、また焦りも生じたこと、その作戦は陸軍と分離したままであること、が分る。この焦りは四二年四月一八日のドゥリットル空襲——本土に近接した米航空母艦から発進したB25爆撃機一三機が本土を空襲——が首都の爆撃を許したことになり連合艦隊の威信を傷つけるものであったことによる。

さて、山本五十六連合艦隊司令長官は四三年四月一八日、ソロモン島上空で戦死した。それは日本軍の暗号通信の解読によるものであり、ここにもすでに情報戦で彼我の差が生じていることが分る。ついで新たに就任した古賀長官は連合艦隊第三段作戦命令と「邀撃帯設定要領」を発した。この方針は、当分のあいだ主作戦を南東方面に指向し、航空作戦を主体として陸軍と協力して進攻する敵を撃砕し、わが戦力の充実をまって攻勢に転じ、邀撃帯を推進して要域を確保する、というものであった。要するに、これは一度奪回された地域を弱体化した軍事力によってもう一度押しかえそうというものであったが、しかし現実は前線基地群の強化はすでに不可能になっており、低下した空母部隊の戦力は本土で再建整備中であった。

このころから中央陸海統帥部では絶対国防圏強化に方針が打ち出され、それは千島—小笠原—内南洋——西部ニューギニア—スンダ—ビルマを含む圏域を絶対に確保すべきとし、その防備強化に努めることになった（四三年九月三〇日、御前会議決定）。実に皮肉なことに、この絶対国防圏は、石原莞爾が提唱していた戦略構想に近いのだが、それが打ち続く敗退の結果追いつめられてとられた措置であったから、肝心の戦力はすでに低下しており、その成果は期待できないものであった。そして島嶼を駆け登るような米軍の攻勢はつづき、日本はその度に悲惨な玉砕戦を強いられ、最後は東京を先頭に日本列島全体がアメリカ空軍の空襲にさらされることになるのである。これは先述の第三次作戦が成立しなかったことを意味する。その作戦の中核となるべき連合艦隊はブーゲンビル、ギルバート、マーシャルなどの戦闘などでいたずらに貴重な航空戦力を消耗してしまった。翌年二月、トラック島大空襲によって連合艦隊主力は本土と南方に退避することになったが、この時期まで戦力分離も続いたのである(9)。

それでも一九四三年八月には、各種の統合作戦の案がだされ、まず漸進的に陸海軍中央統帥部を同一場所で勤務させたあとに統帥組織をつくろうとし、これは参謀総長・首相兼陸相の承認まで得た。しかし海軍首脳の反対で成立しなかった。一九四五年においても陸海軍合一案は再燃したが、海軍の反対で実現しなかった。その反対理由は統一案では陸軍にのみこまれて終戦を不可能にする、というものであった(10)。

2　結び：太平洋戦争の特異な性格

以上の戦力上の、また戦略上の検討をふまえて、この戦争を規定したいくつかの特徴をとりあげ、もう一度その性格を捉えなおしておこう。

それはまことに〝不思議な〟、〝奇妙な〟戦争であった。通常の近代国家間の戦争は、相互に相当の準備体制をつくり、その国力はかなり拮抗し、両国に「大義」があり、そのために戦うので戦争目的も第三者からみてもまず〝理解〟できるものであろう。しかし太平洋戦争ではこれらの要素が見当たらず、ただ戦いあるのみであった。それについて以下順次述べていく。

2―1　未成国家の正面衝突

まず本章の副題である、未成国家とは近代戦を戦うに必要な産業力の形成が充分でなかった、未だその形成の途中であった、という意味であり、正面衝突とは、にもかかわらず真正面から戦いに挑んだ、という意味である。当然にそれは多大の無理を伴うものであったのだから、敗戦の原因をこれによって示そうとしたのである。

近代工業生産力の劣位

わが国は一九二〇年代から三〇年代にかけて急ピッチで重化学工業化を進めたが、それでも近代戦を遂行するに足る産業力においてきわめて不充分であり、未だその形成途上にあった。これは日中戦争開始直前の一九三五・三六年時点での主要な生産品の国際的地位の確認を行えば一目瞭然である。[11]

・一位にあがるのは生糸、二位にあがるのは綿花・人絹糸、過燐酸石灰、硫安、硫酸、
・三位にあがるのは、スフ、鋼船、
・四位にあがるのは、なし、
・五位にあがるのは、紙類、セメント、合成染料、

という状況であった。上位にあるのは圧倒的に軽工業であり、しかも繊維品を中心とした輸出産業で成りたっていた。また化学品も農業生産向けのものであった。

重化学工業の中心である鉄鋼、自動車はどうか。

・銑鉄は七位、鋼塊は六位、自動車は八位、電力は六位、石油は七位、

であり、その生産量はきわめて小さく、先進欧米諸国に引き離されていた。これを粗鋼、アルミニューム、自動車、電力、で示しておこう。[12]

・粗鋼生産高（一九三五年、百万トン）――アメリカ三四・六、ドイツ一六・四、イギリス一〇・〇、フランス六・三、日本四・七、イタリア二・二。
・アルミニューム（同、一〇〇〇トン）――ドイツ七一、アメリカ五四、フランス二二、イギリス一五、イタリア一四、日本三。
・自動車生産（一九四一年、万台）――アメリカ四八四・一、日本四・六一。
・発電量（同、一〇〇〇万キロワット）――アメリカ二〇八・三、日本三七・七

この未完成状態は敗戦後、一九六〇年代一杯までの高度経済成長によって（敗戦より二五年かかって）ようやく完成したことをみても、それがいかに中途の未成状態だったかが分る（実際は自動車、電機・電子産業の発展はまだ残っており、それは八〇年代までを必要とした）。

戦略物資をアメリカに依存する皮肉

この国力の差の背景に加えて、両国にはある意味で不思議な関係がある。それは、日本の産業活動を成り立たせ、軍事力の強化の基礎となる資源――石油、鉄鋼原料としての屑鉄、航空機に不可欠の高級燃料油――は「敵国」アメリカからの輸入に依存しており、アメリカは別に戦わずとも、日本の生殺与奪の権を握っている、日本は戦争のための基本資源を相手に握られているのである。この日米非対称のゆえに、開戦はアメリカに厳として存在するイニシアティヴのもとにおこなわれたのであって、それは当初から敗戦に直結するものであった。

戦争しつつ戦争体制をつくる無理

こうして、日本は始めから脆弱性をもっていた。そのため戦争には、各種戦略資源を開戦によって獲得しつつ戦争を遂

行するという無理が一貫してつきまとったことである。これは出発点においてすでにハンディキャップを有していたことであり、また戦争期間を通して戦争体制としては致命的脆弱性を引きずっていたことになる。当面の戦争に必要な自然資源を、開戦したばかりの戦争によって獲得しつつ、これを軍事力の増大に振りむけていく無理を重ねねばならなかった。明示的に明らかにされているわけではないが、戦闘力は、前線に展開する部分と、これら後方の〝支援〟部隊に分割されて、その分だけ日本軍の戦闘力を低下させていたであろう。後方にて軍事力を支える生産力、そのための戦略資源の確保のため朝鮮・満州のほか支那に広汎に軍事力を割かねばならず、それは前線の軍隊配置を制約するものであった。陸軍の太平洋地域への配備が遅れたのも、対ソ連対策もあるが、ここで指摘した要素が働いていたと思われる。

表Ⅶ-10　日米両国の国民総生産の動態比較（1940＝100）

	日　本	合衆国
1930	57	(1) 89
1936	84	86
1940	100	100
1941	101	118
1942	102	136
1943	113	158
1944	124	165

注：実質値、(1) 1929年。
資料：前表Ⅶ-3に同じ，30頁。一部補正。

これに対して、米国の場合、もともとその大きな生産力を空襲などの被害を全く懸念することなく、これをそのまま軍事生産に切り換えればよかったのである。さらに実際は大不況を引きずって生産設備の余剰が存在し、主要設備はその稼働率をあげることによって対応できたのである。現に戦時中の国民総生産（GNP）をみると、日本は一九四〇（昭和一五）年を一〇〇として四一、四二年とほとんど増加せず、四四年にはそれでも一二四まで増加した。他方、アメリカは四一年、四二年に一一八、一三六と急速に増加し、四四年には一六五となった。すなわち、四〇年に対し実に一・六五倍になったのであるが、この間、日本は一・二四倍でしかない（表Ⅶ―10）。

このようにアメリカでは、一九二九年から四四年までにGNPは一・八五倍に膨張しているが、これは欧州・アジアでの参戦によって経済的には「大恐慌」からの脱却を推進できたことを物語っている。

日中戦争で消耗していた

さらに重要なのは、わが国は一九三七（昭和一二）年より日中戦争を戦っており、そのため国内の各種資源をかなり消耗していた。いまGNPに占める軍事費の割合をみるに一九三七年より急増し一九四〇年まで二〇％近くに達して

図Ⅶ-6　GNPに占める軍事費の割合・日米比較

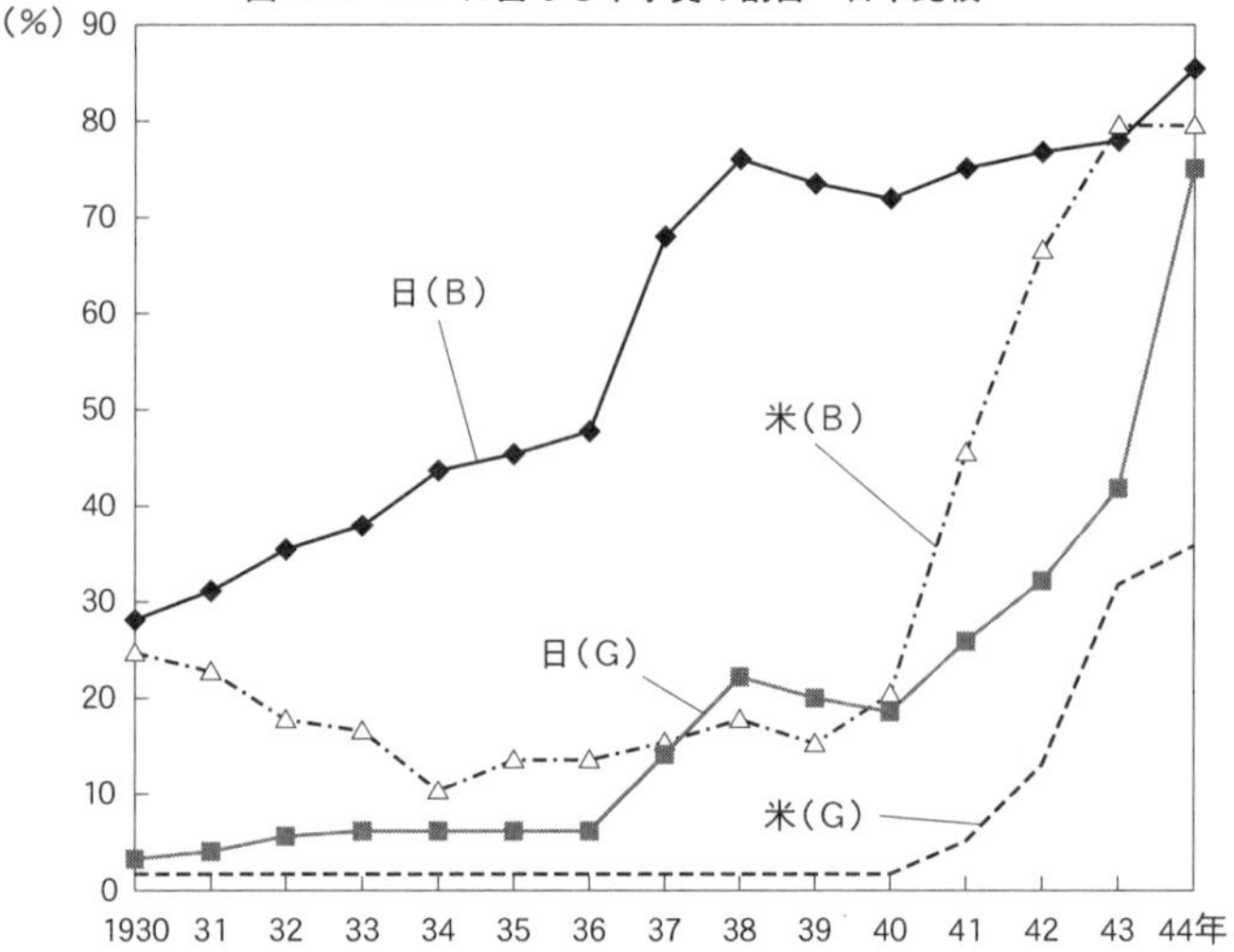

注：日（B），米（B）は，財政支出に占める軍事（国防）費の割合。
日（G），米（G）はGNPに占める割合。
資料：荒川憲一「開戦経緯の経済的側面」，防衛研究所『戦史研究年報』，第四号，2001年，38頁。原資料にある〔備考〕は省略した。

いる。この後に更なる負担増がのしかかったのである。他方、経済規模の大きいアメリカは一九四〇年になっても二・六%しかない。アメリカが急増したのは四一年以降であり、四四年には三〇%を超えたが、日本も同様に急増して戦争が終末に近づいた四四年には七〇%以上を支出していた（図Ⅶ－6）。日本は貧弱な経済にもかかわらず、三七年以降を通観してその消耗度はアメリカの二倍以上であったとしてよい。

重大な復元力と再生産能力

このことは、アメリカのほうが例え戦争で損耗・損害がでても、それを直ちに復元する、さらにこの過程で新装備をつけるとか、新兵器を開発するとかして、その兵力を増大させる力があるということになる。

考えてみれば、大国といえども古代独裁国家ならばいざ知らず平時経済から大戦闘に備えて航空母艦を先頭に艦船をそろえ、陸上では戦車、大砲、陸海の航空機を大量に備えているのではない。戦争に必要な軍事力の整備は戦争が開始されてから、その消耗補充を含めて急速度に増強されるものである。そうであるから、そこでモノをいうのは日頃から保有する生産力である。経済学でいえば工業生産設備ストック額である。なかんずく重化学工業部門のそれである。先に示した艦船や航空機の増産の格差にそれが現れている。なお軽工業部門といえどもこれを軽視してはならない。繊維・衣服部門は軍服増産に欠かせないのであり、原料たる綿花の調達は国産で可能かが問われるのである。

他方、日本側はその余力が無く、さらに昭和一九年以降になると空襲で工場の被害が増え、そうでなくとも低い復元力はますます低下していくのであった。

目を向けるべき非対称性

このような主として物的生産力のアンバランスのみならず、戦争を規定した質的性格にも注目しなければならない。すなわちその第一点は、日本はアメリカに宣戦布告してもアメリカ本土に進攻することはできず、ハワイ攻略すらおぼつかない。他方、アメリカは決断すれば太平洋を越えて日本本土を攻略することができる。実際にそうなったのだが、この非対称性は戦争の終末をきわめて不均衡なものにした。日本側は戦争の目標をどこにおくのか具体的に決められず、またそれに従う終末線も決められないが、アメリカはそれができるから、戦争目的もはっきりとし得るのである。このため日本側にとって戦争が延引し、国土全体が戦場化した（実際、沖縄は激戦地となった）。本来ならもっと早く終戦にもちこめば（例えばサイパン陥落時）、国民の犠牲をもっと少なくしたであろうが、それができず多大の犠牲を伴ったのはここに一つの原因がある。

「派生戦争」だが国運を賭す戦い

この戦争の不思議さはまだある。日米戦争はその由来からして日中戦争の「派生戦争」であった、ということである。日本はなんとしてもアメリカを叩いてアジアから駆逐することを実現しようと腹を固めていたわけでもなく、また太平洋のどこかの島嶼を取り合うとか、日本兵ないしアメリカ兵を殺害しあったとか、外国資産を没収してしまったとかで、ついに武器をもって立ったというのでもないのである。日本が中国から撤退すること、中国進出のその先にあった南進を取りやめること、をアメリカから強力に要請され、この要求を認めることができなかったので、開戦に至ったのである。イッシューの中心課題は中国問題にあったのであり、かくて開戦の契機は派生戦争であったのだが、戦争自体は派生戦争の形として予想される局部・限定戦争ではなく、まさに正面衝突であり、とくに日本の生存を賭けた戦争となるのであった。

こういう条件のもとで開戦するにあたっての「大義」は日本の自存自衛であった。しかしどういう条件が整えれば戦争目的は達せられ、終戦になるのか。それを敢えて予想すれば、両国は激しい戦争の末、日本が一定の勝利を挙げること、それ以上にアメリカがこれ以上戦う不利を認め、停戦すること、それ以外にありえない。しかし、戦闘能力に優るアメリカには決定的勝利までその条件に満足することはありえない。

自存自衛のほかに、大東亜共栄圏の建設をかかげても、それが実体的に出来上がるまでは時間を要する。そのため、限定のない戦争継続しか前途の予測は立てられないのである。またアメリカは、あるいは米英蘭はそもそも日本主導の地域経済圏の確立を認めていないから、そこに根本的対立があり、それはどこかで妥協する余地がないものであった。

これらはすべて終末線を設定できないことを意味する。

このように、終末線設定の可能性のない〝大戦争〟を、端緒としては「派生戦争」として始めるという根本的矛盾を始めからはらんでいたのが、この「太平洋戦争」であった。しかも、両国の国力を比較すれば、簡単な常識問題として、日本の敗戦は予測できた。これらの要素を検討すれば、まさに太平洋戦争は、戦争としては常識的に考えて成りたたないものであるから、問題はにもかかわらず何故開戦したのか、という常識を超える、常識では判断できない出来事であった、という事実から、この戦争を考えることを出発点とせざるをえないのである。表層的・常識的論難が空をきる理由がここにある。

2―2　必要だった戦争目的と戦争態勢の再設定

何を守るのか

そこで、太平洋戦争においては当初からなにが必要であったのか。

それはまず日本が確守すべきこと、日本の戦争能力を成りたたせているものは何か、を確認することである。それは南方資源の獲得とその持続的保持・供給体制の構築である。先にも記したように、日本はもともとアメリカ本土へ攻撃をかけることは不可能であり、これを求めてもいない。したがって、日本がやるべきことは、米軍の太平洋における攻勢をいかに食い止め、上記の態勢を守り抜けるかにある。

それには、島嶼の要塞化であり、そこに陸軍の動員による守備隊の増強であり、そしてこれを守り切る航空力の充実である。そのため陸上航空基地を充実して艦隊と協同して補給路を絶対的に確保する。すなわちつながる島嶼を確保することが目的となるから、その守備力をつねに充実させ（ということは補給や交代が順調になされること）、そのために周辺の広い海域を守りぬくことである。これは海軍が最終的にめざすところの、一点突破的な艦隊決戦はもはや生起しないことを意味する。それはまた大艦巨砲主義時代は終ったことを意味する。

これに近い考え方は、ジェームス・B・ウッドが述べているところであるが、彼は緒戦勝利のあとに「内縁防衛体制」を構築すべきであったとし、それはフィリピン、サイパン、グアム、テニアン、台湾、琉球諸島、小笠原諸島の線であるとする。つまり日本本土の外側にむかって防戦線態勢を構築し、アメリカの本土攻勢を阻止するのである。[13] ところが、日本はその反対に過剰に外側に出撃して兵員・航空機・船舶を消耗したのである。

井上中将の提言の重さ

このような発想をより軍の体制全体にひろげて、あたらしい戦略構想を提案したのが井上成美中将（当時海軍航空本部長）の「新軍備計画論」（一九四一（昭和一六）年一月）である。[14] ここで、井上は日米開戦の場合、日本はアメリカ本土に攻勢をかけることはできず、日本はアメリカを屈服させることは出来ないが、その逆の可能性はあること。また第一次大戦後、航空機さらに潜水艦の急速な進歩によって戦争のあり方がまったく変ってしまった。この二点を軸に、日本の戦略のあり方の改変を求めたのであった。そして具体的につぎのような戦略の採用を強調した。

① 生存と戦争遂行上、海上補給線を確保すること。具体的には日満支、蘭印をふくむ西太平洋海面交通線の保持とそのための兵力の保持・運用。
② 西太平洋嶼島に前進・分散している作戦基地、作戦部隊のための補給線の確保とそのための兵力の整備。
③ 敵を西太平洋に侵入させないための戦略的（戦術的ではない）防衛兵力の整備。
④ 以上のために、優勢な航空兵力の整備、制空権の確立、多数の潜水艦の活躍、護衛用軽水上艦艇、そして有力な機動水上兵力の整備。
⑤ 米国沿岸まで出撃できる潜水艦の整備。
⑥ 敵地攻撃用作戦兵力の整備。これは西太平洋の米軍基地領土を攻略するため。これが対米主要作戦となる。従来の艦隊撃滅に代るものだから。
⑥ 以上の要約——優勢な航空兵力および潜水艦、機動水上兵力を保有すること。とくに航空兵力と潜水艦勢の優大は絶対必要条件で、他の兵力は節減すること。[15]

注目すべきは、日本の置かれた条件のもとでとるべき基本構想をしっかり打ちだしていること、そのため新兵器軍——航空機と潜水艦——への重点移動を力説していること（それは大鑑巨砲主義の否定でもある）である。しかし守り一方ではなく米軍の前進基地への機動部隊による攻略の必要性、を説いていることだ。

井上本部長の提案を読みながら、あらためてその先見性に驚く。なぜなら、戦争はこの提案の前提にある懸念——それが日本海軍の弱点であった——が顕現して敗戦にいたったからである。さらにその文言が示唆するところはつぎの二点で実に印象的である。

・「軍縮条約の残存中は、何となく条約文中の各艦種毎の比率の観念に支配せられ、特徴軍備を整備せんとするも、条約の支配ありて実行不可能なりし事実もこれありしことは否定できず」。すなわち「条約が・・・一種時代の思想の流れ」であったが、それに左右され、「中型航空機および優秀飛行艇」その他航空機の最近の発達を認めながら、旧態依然たる軍備計画を考え」、この欠陥を将来も延長していることを警告している[16]。

これは海軍首脳がワシントン・ロンドンの軍縮会議の後遺症ともいえる比率主義に大きく災いされて、量で制限されるなら質で勝負しようと個々の艦船の装備充実・攻撃力の拡大につとめたが（大鑑巨砲主義はその格好の目標）、実は求められていたのは、量的制限を受けるのならその枠内での競争に終始するのではなく、日本独自の発想による戦闘力――特徴ある軍備の整備・充実であった、とする。それは軍縮会議後の新事態の出現を冷静に観察することなく、従来の発想にこだわって、その延長上でしか考えられなかったことを見事に突いている。

・「軍備計画は先ず以て、帝国を不敗の地におくことを考え、次に如何なる戦をなして敵に勝つやを考え、その戦いの方式に必要な兵力を整備するを要するものなるが、余をしていわしむれば、今日の軍令部当局の軍備計画は、帝国不敗の地におくに必要なる軍備を閑却し、一方将来戦に於て生起の公算なき決戦兵力の整備のみに頭を突っ込み、それにて勝てそうに考えおるのみなるが如し[17]」。

そして眼前の米軍の拡充をみてその比率の低下に周章狼狽して貴重な国費を浪費し、絶対兵力の整備が妨げられていると批判している。

この文言のほうが前者より厳しい。それはその通りで、つまり当時の日本海軍首脳はまずもって必要な国家戦略に順ずる基本戦略をつくるべきであったのにこれを閑却し、ただひたすらに戦闘に勝つにはどうすればいいか、に集中している。これこそ本末転倒であって、日本海軍の頭脳が柔軟性を欠き、狭隘であったかを示している。またその上位にある全体の統帥の貧寒を示しているのではないか。

組織イノベーションをいかにして興すのか

しかし、この貧寒はもっと根本的な思想の貧弱さからきているよう思われる。「総論」をあらためて読むと、「軍縮条約を破棄せる際の帝国の決心は、彼と量的の建艦競争を行わんとせしにあらず、**軍備の自主性を求めんとしたるにほかならず**、即ち帝国海軍は軍備条約の廃棄を契機として、**軍備充実の自由を獲得し、自主的に帝国国情、地理的情勢に適応せる、特徴ある軍備を充実し、その特徴によって帝国国防の安固を求めんとせし次第なり**[18]」（太字は引用者）。

つまり米英と同じ発想にのせられて軍縮をやっても駄目で、軍縮を強いられたなら、それを逆手にとって日本独自の国防体制のもとに軍備を整備・充実せよ、と説いている。自前の体制を新規に開発せよ、というのだ。考えてみれば、比率主義も軍備制限というその時の目的を達成するための便宜的方策であって、なんら確たる原理に基づくものではない。その手段方策に翻弄されて日本の自主的発想を封じてしまっているのだ。これは日本側の発想の貧困ではないか。

井上中将の提案を読み、またそれが採用されなかった径緯を知ると、まるで企業でイノベーションを起す、しかし花開かず、というケースにそっくりである。事態・環境の的確な先験的認識、日頃の常識を疑ってかかり、それに代る代案を新規に発想すること、これである。しかもそれは通常、少数者あるいは個人によっておこなわれる。これを正規の組織にのっけるにはその理解者、後援者が居なければならない。これらの条件は当時欠けていた。

それにしてもやはりここには日本軍部の特質が出ているのであろう。日本軍の欠陥は戦闘主義に終始し、戦略を軽視したこと、さらにそのような教養を体得する教育体系そのものに問題があったことが指摘されているが、なんでも批判すればよいとの風潮に賛成し難いとはいえ、その欠陥がこの海軍の例によく出ている。ここにも短期急速に軍事力の強化を迫られた日本近代の脆さを痛感するのだ。

ここで「組織イノベーション」と言っているのは、組織内で革新をおこすことと、組織自体を変革すること、の二つの意味で使っている。前者は、組織内にあっても思考の柔軟性、発想の自由度、を発揮するにはどうすればよいか、ということであり、日本の組織にはそれが欠けることはないか、を痛切に反省させるものがある。後者は従来の発想・思考に捉われず、想像力を存分に働かせて、全く異なる戦略を構想すること、そのためには組織自体の革新を必要としたのだ。いずれも従来の発想に絶対に依拠してはならないものであった。

しかしこのことは日本という国全体に言えることではないか。日本はなにも欧米列強の歩んできた途をそのまま踏襲する必要はなく、発展するにしても日本独自の方策でそれを推進すればよいのではなかったのか。どこかで欧米列強の後追いしかないと決め込んだのである。太平洋戦争の敗戦はこのように国のありように対して反省を迫るのである。

2―3　耐えた国民、しかし限界に

それでも、戦争を通じて日本軍は決定的劣勢にありながら、また悪条件がつづくなか雄々しく勇敢に戦ったのだ。そのことは絶対に忘れてはならない。また多数の民間人もそのなかに居た。そこには筆舌に尽くし難い惨苦が累々と積みかさねられたのだが、それは小説に、また個人や各種組織の記録談にのこり、われわれはそれらに接してその惨苦の一端を知ることができる。そしてただ頭を垂れて何事もなすことができない自分を発見するのである。

それでも元にもどろう。このような国力をはるかに上回る戦争を、三年九カ月も戦った結果、国民生活は著しく疲弊したのは当然のことである。主要都市は灰燼に帰し、人びとは焼夷弾攻撃（それはまさに都市の計画的焼滅であり都市市民の殺傷であった）で焼きだされ、多くの無辜の人びとがただ黙って死んでいった。輸送機能も最低限で保持されている状態であった。また日本列島全体が米軍の投下した魚雷群で封鎖状態となっていた。外洋に少しでもでれば、潜水艦の餌食になるのであった。さらに農村は働き手が兵役にとられて米・野菜の生産力は落ちていった。子供たちを育てる教育現場では上級生は学徒動員で工場に出向を命じられ、残された児童・生徒は運動場を畑にするなど農作業に日夜従事し僅かの補給で食料不足を助けていた。地方に疎開した児童・生徒は空腹にただ耐えていた。それでも一億玉砕を叫んでいた。そして最後が原子爆弾の投下であり、満州では突入するソ連軍に犬のように追いだされ、押しつぶされたのであった。

戦争による銃後の被害状況を表Ⅶ－11にしめす。死亡者は約三〇万人であるが、本当にこれだけであったのか。負傷者・行方不明を合計して六六万人強、対人口比〇・九％であった。こうして国民生活は過度に圧迫され、それは生存ぎりぎりの状態へ突入していった。これを生きる基本である食糧事情を中心に確認しておく。

①主食需給では、その供給を支那事変以降をみると、一九三八（昭和一三）年の一四八五万トンをピークとして順次低下し、太平洋戦争時には一四〇〇万トンを超えることはなく、戦争開始の翌年四二（同、一七）年には一三四九万トンへ七・二％へ減少、敗戦の年四五（二〇）年には一二九九万トンへ、ピークから一〇・六％も減少した。実際の配給量もほぼ同じ動きである。この減少はほぼ外国・朝鮮・台湾からの輸移入高の減少によるもので、とくに四三年以降は著減した。ここでも海外との船舶輸送の途絶が影響し

表Ⅶ-11　戦争による銃後国民の被害

項　目	被害実数	被害率
死亡者	299千人	0.41％
負傷者	345千人	0.47
行方不明	24千人	0.03
計	668千人	0.92
民有建築物		
直接被害	54,850千坪	10.6
間接被害	11,281	2.2
計	66,131	12.8
家具・家財	9,558百万円	20.0

資料：中村隆英「戦争経済とその崩壊」,『日本の歴史、近代8』, 1977年, 156頁。〔備考〕は省略した。

ている。またこの配給のなかには各種代用食が多く含まれ、その割合は四二年の二・〇％から四五年には一八％に著増している。

このように主食はなんとかギリギリ量的に確保されたが、食糧事情の悪化は副食の激減に現れた。ここでも四四年以降に著しく悪化し、それが四五年の決定的不足につづく。とくに醤油、果物、魚、野菜、といった副食の中心となるものが著減している。さらに油脂・脂肪、砂糖、濃縮ミルク、粉ミルク、チーズ、はほとんど食せず、に近い状態である。肉はもともとあまり食さなかったが、卵はやっと最低限の水準を守った。打ち続く敗戦がまさに国民生活そのものに重くのしかかってきたのである（以上は表Ⅶ－12参照）。

②こうして国民の消費カロリーでみると、戦前（一九三一～四〇年平均＝一〇〇）に対して、四四年は約一五％低下した。もともと消費カロリーは高い国ではなかったから、この低下幅でも深刻な状況である。

またこれをドイツに比べれば、ドイツはナチ体制が国民の支持を繋ぎとめるため、生活、とくに食生活が悪化しないように配慮したので、敗戦の最後の局面でも日本ほど悪化することを食いとめている。ドイツと日本の個人消費支出の推移をみると、ドイツも一九三九年をピークとして開戦とともに消費は落ちこんでいったが、それでも敗戦必死の四四年で八三・一（一九二九年＝一〇〇）であり、大恐慌発生時より一七％の低下であり、三三年の恐慌の底よりもやや上回ってさえいる。一方、日本は三七年、すなわち日中戦争開始時がピークで、それ以後太平洋戦争とともに低下しつづけ、四四（昭和一九）年には六四・二、すなわち三六％も減少した（表Ⅶ－13）。

国民総支出のなかの個人消費支出でみると、それは一層はっきりする。そのピークは上記と同じ一九三七（昭和一二）年であるが、四四年には四割も低下した。注目すべきは、軍事支出を示す政府の財貨・サービス購入が膨張して（戦争遂行で当然なことだが）、四三、四四年になると――戦局ますます不利になった年――個人消費支出に匹敵またはこれを凌駕するにいたっていることである（表Ⅶ－14）。「欲しがりません、勝つまでは」と国民は呼号していたが（もちろんこれは政府の指導による）、この軍事優先が大きく落ちこんだ銃後の生活によって支えられていたのだ。これもまたある意味で異常なことであったのではないか。

そしてドイツとの比較にみられるように、日本は徹底して国民に負担を強いたが、それが日本の「国家主義」――国家優先主義であったのであり、そこに近代日本の発展の構造的特質をみる。

なお食糧難は敗戦後のほうが一層深刻であった。四五年の米作の不況と戦後の混乱により、四六年の一人一日当りカロリーは一九三一～三五年（＝一〇〇）に対し六四にすぎな

表Ⅶ -12 (a)　日本の主食供給　（単位：千メトリックトン，％）

	供給合計	指　数	うち輸移入高・割合		代用食割合
1937	14,538	100.0	1,890	13.0	—
38	14,851	102.2	2,546	17.1	—
39	14,028	96.5	1,634	11.6	—
40	14,031	96.5	1,861	13.3	—
41	13,389	92.1	2,517	18.8	—
42	13,486	92.8	2,614	19.4	2.0
43	13,649	93.9	1,182	8.7	5.6
44	13,535	93.1	800	5.9	13.9
45	12,992	89.4	237	1.8	17.6

資料：山崎広明「日本戦争経済の崩壊とその特質」（注 11 参照），第 35 表より作成。一部補正。

表Ⅶ -12 (b)　副食の一人当り供給量（1941-45）　（1 日当りグラム，％）

	1941	1944	1945	増減率	
				41 → 44	41 → 45
味噌	21.00	19.0	17.0	△ 9.5	△ 19.0
醤油	41.00	27.0	21.0	△ 34.1	△ 48.8
果物	47.00	33.0	30.0	△ 29.8	△ 36.2
野菜	219.00	212.0	194.0	△ 3.2	△ 11.4
魚	119.00	85.0	70.0	△ 28.6	△ 41.2
海草	4.00	5.0	5.0	25.0	25.0
油脂・脂肪	4.00	1.0	1.0	△ 75.0	△ 75.0
砂糖	31.00	14.0	2.0	△ 54.8	△ 93.5
肉	7.00	6.0	5.0	△ 14.3	△ 28.6
卵	4.00	3.0	4.0	△ 25.0	—
濃縮ミルク	0.40	0.1	0.1	△ 75.0	△ 75.0
粉ミルク	0.20	0.1	0.1	△ 50.0	△ 50.0
チーズ	0.01	0.0	0.0	△ 100.0	△ 100.0
バター	0.10	0.1	0.1	—	—

資料：前表Ⅶ-12 (a)に同じ。第 36 表より作成。一部補正。

表Ⅶ -13　ドイツと日本の個人消費支出

	ドイツ	日本
1929	100.0	
30	97.7	100.0
31	90.8	99.1
32	82.1	99.1
33	82.8（T）	99.1
34	88.3	101.8
35	92.0	98.2
36	95.8	100.9
37	100.0	105.5（P）
38	105.6	104.6
39	114.0（P）	99.1
40	105.6	89.0
41	102.8	86.2
42	92.9	82.6
43	91.5	78.0
44	83.1	64.2（T）

注：（P）は山、（T）は谷。
資料：前表Ⅶ-12 (a)に同じ。第 30 表（52 頁）
　と第 34 表（56 頁）より作成。一部補正。

表Ⅶ-14　日本の国民総支出の推移（1934 ～ 36 年平均価格；10 億円）

	個人消費支出	国内民間総資本形成	うち固定資本形成	政府の財貨・サービス経常購入	うち軍事	経常海外余剰	国民総支出合計
1930	10.9	1.0	0.7	2.2	0.8	△ 0.6	13.5
31	10.8	1.2	0.6	2.7	1.0	△ 0.8	13.9
32	10.8	1.0	1.1	3.1	1.2	△ 0.8	14.1
33	10.8	1.4	1.4	3.0	1.4	△ 0.6	14.7
34	11.1	2.4	1.8	3.1	1.5	△ 0.3	16.2
35	10.7	2.6	1.9	3.1	1.6	0.2	16.6
36	11.0	2.9	1.9	3.1	1.6	0.1	17.2
37	11.5	4.0	2.6	4.8	3.2	0.9	21.2
38	11.4	4.1	3.4	6.2	4.2	0.3	21.9
39	10.8	5.2	4.4	5.5	4.2	0.6	22.1
40	9.7	5.1	3.9	5.7	4.2	0.2	20.8
41	9.4	5.3	3.9	7.0	5.4	△ 0.6	21.1
42	9.0	5.7	3.4	7.3	6.5	△ 0.6	21.4
43	8.5	4.9	4.1	8.4	8.1	△ 0.4	21.4
44	7.0	5.4	4.0	8.4	10.2	△ 0.1	20.6

注：1944 年には，軍事支出が政府の財貨－サービス経常購入を超えている。これは両者の出典が異なるためである。このことから判断すると，両者の直接の比較は避け，それぞれの傾向のみを利用すべきである。

資料：前表Ⅶ-12(a)に同じ。第 41 表より作成。ただし〔出典〕は省略した。

かった。最も深刻であった東京では、米食のあった家庭は四六年七月四・五%、八月二・〇%、九月四・八%であり、この状況は翌四七年もつづいた。(19) 敗戦を指し示す天皇の言葉を拝しじっと耐えた一年後になっても、東京市民のほとんどは米を口に入れていなかったのである。現在の飽食の時代に生きる一人ひとりが、八月を迎えるたびにこの生活を一日でよいから過ごす〝記念日〟としたらどうか。

注：

（1）中村隆英「戦争経済とその崩壊」、岩波講座『日本の歴史 近代8』、一九七七年。

（2）安倍彦太「大東亜戦争の計数的分析」、同台経済懇話会『近代日本戦争史』、第四巻、一九九五年。

（3）下記（12）の荒川憲一論文(1)、九九頁。

（4）安倍、表三五～三七（八四七頁）。

（5）同、表一四（八三二頁）。

（6）同、表四〇（八五〇頁）。

（7）桑田悦「用兵思想から見た大東亜戦争」、上記注（2）、所収。

（8）安倍、八四二～八四三頁。表二九参照。

（9）桑田、八六八頁。

（10）同、八六八～八六九頁。

（11）山崎広明「日本戦争経済の崩壊とその特質」、加藤一郎編『ファシズム期の国家と社会』、東京大学出版会、一九七九年、九頁。また上記注（2）安倍、八二五頁。

（12）原朗「日本の戦時経済——国際比較の視点から——」、同編『日本の戦時経済——計画と市場』、東京大学出版会、一九九五年、一二頁。

なおこれに関連して、荒川憲一(1)「軍部の戦争経済観、その予測と実際——戦争経済の崩壊を齎したもの——」、『軍事史学』、三一巻一、二合併号、一九九五年。同、(2)「開戦経緯の経済的側面」、防衛研究所『戦史研究年報』、第四号、二〇〇一年なども参照されるべきである。

(13) ジェームズ・B・ウッド（茂木弘道訳）『太平洋戦争は無謀な戦争だったか』、WAC、二〇〇九年。

(14) 井上成美航空本部長の建言書「新軍備計画論」は、新名丈夫編『海軍戦争検討会議記録』、毎日新聞社、一九七六年、二三〇～二四四頁。

(15) 同、二三八～二四二頁。

(16) 同、二四二～二四三頁。

(17) 同、二四三頁。

(18) 同、二三一頁。

(19) 東洋経済新報社『昭和産業史』、第三巻、一九五〇年。

Ⅷ 大東亜戦争とは何であったのか
——近現代史のなかの日本のあり方を問う視点から

はじめに

このようにして大東亜戦争は戦われたのだが、この戦争は実に様々な様相をみせたので、上記の叙述だけでは覆いきれない。そこで、戦争自体のもった複雑な様相を、再度検討していくことにする。

1 なぜ戦争に至ったのか
——「開戦」＝「敗戦」という不思議、しかし戦った

まず、開戦への道筋を追ってきたⅣ章を受け、もう一度、本当に戦争は避けられなかったのか。またその戦争は決定的悲劇に終ることは充分予測されていたにもかかわらず、なぜ開戦を決断したのか。この問題を改めて考えてみよう。

1—1 日本は世界の大勢を読めなかったのか
——なぜ〝自爆戦争〟に突入したのか

軍部は暴走した（？）

まず、日本が戦争の途を選択したのは、戦争廃止への世界政治の大きな流れを見誤ったものである、という批判がある。猪木正道氏は『軍国日本の興亡』の最後につぎのように述べる。

「一九二二年二月六日、ワシントンで「中国に関する九ヵ国条約」に調印し、一九二九年七月に発動した不戦条約に前年調印して参加しながら、軍国日本は、一九三一年から中国への露骨な侵略を開始した。中国に対する日本の侵略を、一八、一九世紀に英国が行った侵略と単純に比

較して、日英同罪論を説くものがある。英国がインドや中国を侵略したころ、不戦条約はもちろんのこと、中国の主権と独立、領土の保全を約した九ヵ国条約も存在しなかった。侵略は美徳ではないまでも、悪徳とは考えられていない。侵略をはっきりと非難し、戦争を排撃するようになったのは、第一次大戦の惨禍を経験した後である。

中国への日本の侵略行為が国際社会のきびしい非難にさらされた背景には、戦争、平和、侵略などに関する人類の価値観がはっきり転換したという重大な変化があった。

(中略)

国際協調主義を堅持していたかぎり、日本の軍事力は国民からも外国からも信頼されて、わが国の興隆の原動力となった。軍事力が暴走しはじめた時、わが国は国際社会に孤立して、自爆ないし自殺に追いこまれたのである(1)」。

しかし、なおこだわりたい

さすがに第一級の国際政治学者の弁である。反論の余地はないかのようだ。

しかし、その故にそれでも戦争をしてしまった、という事実に筆者はなおこだわりたい。

歴史にはもっと深いところで、それは魔窟かもしれないが、これを動かす動因といったものがあって、十八、十九世紀の〝ご乱行〟を繰りかえしてしまう、何者かがある。それは間違いであって、それを繰りかえすのは愚である、と賢者はいうが、そのような〝愚行〟を繰りかえしてきたのが人類ではないか。しかもそこに〝甘い蜜〟があることは誰でも知っているから、その〝蜜〟を吸ってみたい誘惑を払拭できるものでない。しかも、そのような〝冒険〟が成功したのは、軍事力があってのことであった。これは〝先人〟の生きた教訓である。なお、「七つの海」を支配するにいたる過程で、イギリスは先発国であったスペインやオランダからそのやり方について多くを学んだ筈である。そういう積みかさねのうえに先発国の世界支配が成立しているのだ。

そこでわれわれは「戦争、平和、侵略などに関する人類の価値観がはっきり転換した」、そのような国際ルール設定以前にある世界はどういう状態にあるのか、を考えてみなければならない。それが日本の世界認識のスタンスとなるべきだ。そうすると、世界はすでに欧米諸国に分割され、支配されているということであり、それは日本の対外発展の以前に築かれたものであることが分かる。さらに、その世界支配にあたっては、通商拡大と軍事力が一体となったものであった。その遂行の過程で次第に国際ルールが作られていくのだが、これは欧米諸国の支配完成とともにあったのである。その過程では、いわゆる〝ハード、ソフト〟のさまざまなノウハウが蓄積されてきたであろう。たとえば英国が世界の四分の一を支配するところからでてくる多様な智謀、策略を生みだしてきたように、そこには軍事力――とくに海軍力の裏付けがあったが、それでもコトを〝平和的〟に処理をするという智恵も身につけていたのである。

これを後発の一国が、それは間違った道であった、そのような世界支配の愚かさを繰りかえしてはならぬ、という発想するのは、まさに人類の智恵の「大転回」を求めるもので、それは過大な期待ではなかろうか。

この人類の智恵の「大転回」は人類の立場にたって是非とも必要なことであったが、その「哲学」を作りだすためには、彼ら先発国がまず反省して、たとえば植民地を先行して解放するとか、資源を求める国に自由にアクセスできる環境をつくるとか、の譲歩が示され、後発国もそれに呼応し大いなる学習をおこない、新ルールを作りだすことに加わることである。このような新しい世界についての理念形成と実践があって始めて、日本も新ルールに賛同できる立場にたてるのである。ただ理念のみを掲げるのでは世界は変わらないのである。

また、別の実際的側面もある。第一次大戦の惨禍が耐え難い苦痛となった、といっても、それは彼らの世界の出来事であって、直接わが国、国民が痛手を蒙ったわけでない。

一体、戦争の惨禍をどう受けとるか、という問題は、人間が惨禍からどれだけ学ぶかという問題であって、よくいえば人間の幅広い適応力、悪くいえばいい加減さ、によって制約をうけるものである。日本が第二次大戦後、「絶対平和」といってよいほど、平和主義を掲げるに至ったのは原爆の惨禍を身をもって経験したからであった。

したがって、ここで指摘されていることは、まったくその通りであるが、それが実現できないのが、この世界の出来事ではないか。

猪木氏の指摘はその意味であまりにも高踏的・理想主義的である。もう少し実際の問題に目を注いでから議論を展開する必要がある。たとえば、アメリカは国際連盟に加入しなかったのはなぜか。あるいはパリ不戦条約は画期的であったが、各国は自衛のための戦争は主権の発動に属するものとして、この留保条件を必ず付けたがそれに固執するのは何故か。

つまりここには十八～十九世紀に確立された厳然たる主権国民国家の存在を否定することができないことを知る。このもとで、後発興隆国家が以上の国際ルールをいかに受けとめるかは、国家発展のうえで由々しき問題であった。それは形式的な法制上の問題ではなく、現実を形成する動因にかんするマターであった。これは他方において、後発国の主権発動は担保されているという前提にたつことでもあった。

西洋列強に、海外支配について、戦争について、大いなる反省がおこっていたのは事実であろう。しかし、同様な深刻さで後発興隆国にこれを求めることはできるのか。まして新しい秩序とルールが先発国有利に設定される時――それが「現状維持」として打ちだされる――、これを「はい、そうですか」と諒承することができるのか。

最後に重要なことだが、上記の猪木氏の指摘は、一体軍部を批判しているのか、その軍部の暴走を許してしまった政府（内閣）、つまり国務を批判しているのか、がはっきりしない。軍部を押さえられなかった国務に真の問題があろう。しかしさらに進んでそのような〝劣弱な〟国務になってしまったのは何故であるか、まで問題を追及しなければならない。

まことに、一九二〇～三〇年代世界が直面していた問題は、大転換の様相を秘めつつ、歴史の視点からも、人間社会の在りようからも、実際の問題の処理の観点からも、新しい取り組みを要請するものであった。したがって、日本としては、以上の問題を総ざらえしたうえで、後発国として、またアジアの先発国として、まったく新しい英知をもつ国づくりが可能かどうかが試されていたのである。問題をそこまで深く考えてからでないと、ただ軍部が悪かった、という非難で終始するのである。

日本の非力はあった、しかし・・・

一方、わが国には西洋列強が他国支配によって蓄えてきた力の差を埋める充分な時間を持つことはなく、またそもそも異地域空間支配の経験がない。そのためもあって西洋列強と同じ舞台に上がれない。大東亜共栄圏の構想は比較的早く生まれたが、その実現は戦争を開始してからであり、ようやく公式に形をつくろうとしたのは一九四三（昭和一八）年の大東亜会議開催によってであった。

いかにも押取り刀である。

これに対比するに、英国は一八四二年にアヘン戦争によって中国進出の足がかりをつかんだが、その後は軍事力を使うことがあっても、次第にその行使はやめ、通商拡大によって揚子江以南に圧倒的な影響力を形成し、列強のなかでは最大の勢力圏をつくった。そしてこの拡大には中国ナショナリズムの抵抗はあったが、干渉国は存在せず、これにたいし日本には干渉国が大国として存在した。日本はその干渉をつねに受けながら押しだしていかねばならぬのである。

また、列強とくに米英は表面には平和の維持や自由や民主主義の確保のためという〝理念〟を掲げ、「大西洋宣言」を発して戦争の正当性を担保しようとしたが、後発国の国家主権の行使はそれどころではなく、眼前に迫る存立の危機を引きずりながら、足元の生存権の確保のために必死に立ち上がるのであった。つねにこうして、かつての先発国がそのようにしてきたように、後発国も実力の行使によって、その国益を満たそうとするのであり、日本の行動は決して異常なるものではなかったのである。

思えば、列強はそれぞれのやり方で自己の「生存圏」を拡充し確保してきたのであって、日本だけが例外ではない。したがって日本が間違っていると非難する権利はない。イギリスは「太陽の沈まぬ国はない」とまで言われたし、その弟であるアメリカ人は北米大陸におけるネイティヴ・インディアンを追いやり、スペインやフランスから領土を取ってあのような大地を支配するにいたった。

しかもこの戦いを日本は独りでなさねばならなかった。友に成るべき有力な国をアジアに見つけることができなかった。アジアにおいて、太平洋において、日本は独りで戦ったということである。もちろん中国は敵国であり、インドも味方にならなかった。同盟を結んだドイツ、イタリアは遠く、具体的な軍事行動で力になることは始めから期待できなかった。

これらの条件が国力に比べて過大な軍事力の充実に向かった理由でもある。

こうして軍事の強化となり、軍部が国家運営に関与していく度合いが大きくなる。それは当然に軍部指導者が政治分野へ進出することになる。手段としての軍事力をぜひとも強化し、国益のためにその行使を是認するにいたる。これは国防方針たる「国策要領」に次第に明瞭に書かれていくことになる。

客観的にみれば、日本の不幸は、帝国主義的拡張・支配の時代が終わりに近づきつつあった時に、なお在来型の帝国主義的拡張を続けようとし、その構図に割り込もうとしたことにある。そこにはまことに厳しい現実があった。西洋列強間においては厚い国家間関係の構築力があり、、その背後には当然国力の差があった。これに対し、充分な国家間関係構築力をもたず、その知見も不足のまま新興発展非西洋国の一つが彼らのつくった土俵に登ろうとしてもがいた、そしてこのギャップは埋まらなかった、そこに無理があったため悲惨な敗戦を経験した。

そこでもしここで起こる衝突を避けようとすれば、どういうことが考えられるか。その方策における智恵はこの世に生れていない。むしろ歴史は必ず戦争——しかも大戦——によって、勝者がつぎの覇権国になることを教えている。そこでその道を辿ることなく、後発国を秩序破壊者としてのみ弾劾するのではなく、先発国と後発国と双方の責任としてどのような譲歩が可能で、それが戦争を避ける方途になるのかが問われている。

しかし他方、戦争の結果としては、アジア諸国の独立を促進し、この力は敗戦後、宗主国として復活してきた旧帝国支配を突き崩していったほど、後戻りのできない事態の構築に貢献したのである。

こうして日本は〝自爆〟行為をおこなうことによって、黄色人種の気概を示したのであり、その過程はむなしい、気が狂ったのだ、と評価してよいものではない。それは日露戦争から続いてきたことなのである。

1―2　敗戦必至の開戦という苦難

出発点からの無理

「そもそもこの中国作戦四年、疲弊の余を受けて米英支同時作戦に加うるに、対ソを考慮に入れ、欧独作戦の数倍の地域にわたり持久作戦をもって自立自衛十数年の久しきにも堪えむとするところの非常の無理あり次第にて・・・」(2)

これは、山本連合艦隊司令長官が嶋田海相あてに出した手紙（一九四一年一〇月二四日付け）の一節であり、このあとに真珠湾攻撃の意図を述べている（しかもそれは追いこまれた戦法であるとしている）。戦闘部隊の最高司令官がこのように出発点からの無理を切々と訴えている。しかし、別に難しいことを言わなくとも、事実を素直にみていけばこの通りであって、いかに出発点から無理に無理をかさねているかが分かる。

また堀悌吉中将は、「対米戦争はわが国運を賭してかからねばならないことであって、しかも対英戦を伴ったときの結果は、いやしくも国家の興亡と海上権の消長との関係を基礎として、世界歴史を学んだ筈の者の常識で予測するに難いものではない」と述べている。(3)

敗戦必至のことである。ただ違うのはアメリカがイギリスの代りをしたことである。

もともと「勝兵」の立場はなかった

たしかに日米交渉の最終局面では時計の針を元にもどすような、起死回生の打開策を考慮してみたが、これは所詮「かくありせば」という後からの苦渋の策であり、ここまで積みかさねてきた現実の力は大きく、最後の妥協案を押し流してしまったのである。

かくて開戦決断時の作戦指導部の感慨はまことに、日本の置かれた状況をよく語っている。それは戦争が国際間外交の最後の選択であるという田中中将の重い言葉である。

「勝兵はまず勝ちて、後に戦いを求む、敗兵はまず戦いて、後に勝つことを求むといわれる。故に政治戦に勝ち、経済戦に勝ち、更に軍事・戦略の大優越を持して、最後に武力戦争に移る。これはすなわち勝兵が、まず勝ちて、後に戦いを求めんとする姿である。武力戦を戦うのは、ただ既定の勝利を永遠に記念するための、金字塔を建てんとするにすぎない。それが勝兵である」。

何ということか。軍人の、戦争指導のトップが軍事的勝利は最後の締めにすぎない、という。

このことの意味と重さを日本の指導者やあるいは戦後の研究者はよく認識していたであろうか。結論を先にいえば、日本の敗戦は国家の対外戦略の〝敗戦〟にあるのであって、それを軍部独走の所為にしてきたのが戦後の悲しい常識であった。つづけて田中はいう。

「一九四一（昭和一六）年晩秋一一月の日本は政治に敗れ、経済に敗れ、軍事力もまた半歳の均衡を約束するばかりであった。太平洋の均衡の破綻であった。すなわちまず敗れたる総力態制を、軍事力の戦いで挽回線とするものであって、日本の心事は、誠に惨憺、かつ悲壮なものであった」。

まさに敗戦必至の開戦なのであった。

「この戦争決意は、今や戦争か、平和かの、二者択一の結果ではなかった。戦争か、降伏かの、ぎりぎりの関頭に立たされた日本が、死中に活を求める大死一番の覚悟で、選びとった戦争決意であった。それは降参は嫌であったからである」(4)。

まことにこの通りであったろう。

経済戦における弱体は、米国の経済封鎖がよくそれを示している。これは宣戦布告にも匹敵するものであった。

思想戦における無理も、当時の国際ルールを無視して膨張を遂げる軍国主義国家、また中国を侵略する帝国主義国家にすぎないというレッテルを貼られ、その打倒は国際正義に祭り上げられた。

外交・軍事戦においても、それは当初から敗因となるべき要素を押しつけられていた。

まず、「ハル・ノート」にいたる背後の状況はすでに明らかになっているが、それは英国と中国の強硬意見によって決定されたといってよい。とくに中国側からみれば四年にわたる抗日の戦いがあり、そのためほんの僅かの譲歩すら認められないのであった。そしてそのこと自体、日本は米国と交渉していたのではなく英国、中国、オランダ、をはじめとする多数国と交渉していたのであり、決裂以前から世界戦争にいたるものであった。さきに軍事上からみてまことに無謀な「四正面作戦」であったことを指摘したが、それは交渉時から決まっていたことであった。

また翻って、ワシントン条約によって、主力艦比率が対米六割と設定されたことの意味である。

米国が日本海軍に六割の劣勢を強要したのは、はじめから西部太平洋への進攻作戦を前提した戦略にかくしたアジア政策であったのだ。英国海軍に対してさえ世界一を譲らなかったのは、「**その世界第一主義をすべての方面で強行し、アジアにおいて米国の同意しない、いかなる政策も承認しない、という独善的政策を意味した**」(5)。

このアジア政策については先に詳しく触れたとおりである。問題は対米六割という比率が日本海軍の作戦構想に与えた〝呪縛〟である。

「邀撃漸減作戦」の内部矛盾

日本海軍の基本構想は「邀撃漸減作戦」であり、それは索敵・漸減・決戦の三段階でおこなうことになっている。これは前の二段階作戦で相手を撃滅して少なくとも一対一に持ちこんで最後の決戦で勝利できるとするものである。

これに疑問を提起したのが末次信正少将（当時軍令部作戦部長、一九二七（昭和二）年一一月のこと）である。その指摘は、(6)

① 一体、相手は限られた地域で、わが方が予想しているように進攻してくるのか。

② 敵を「漸減」しようとしてもわが方が「漸減」されてしまうのではないか。それは、「索敵」のために艦隊は分散するが、敵は集約してかかってくるから、わが方も集約しなければならぬからだ。

③ 集約すれば「索敵」が充分に行なえないから、「漸減」自体が無理となる。劣勢兵力で集約しても負けるだけだ。

④ 補助艦隊が敵と取りくんでしまったら進退きわまり、主力部隊も放っておかれないから猛進する。これでは現在の艦船戦闘では眼前の状況に拘束され、全局からどう展開するか余裕がない。

こうして、いまの艦隊戦闘方式は当を得ているかどうか疑問である。

まさにポイントを突いた指摘であり、日本海軍の「邀撃漸減作戦」を原理的に批判したものであった。なおその指摘はよく読むと素人でも実に分かりやすいことも事実であるが、この発想の基本は日本海海戦の勝利からきている。

筆者はここでは先に指摘した対米六割のもった意味を重視したい。すなわち、これにより日本側の作戦の弱みをすでに突く手立てをつくっているのだ。すなわち、戦う前に、戦わずして、すでに勝利の鍵を握っていることである。日本側がその伝統的思考を脱却できなかったことも確かにあるが、当時はまだ主力艦決戦主義の時代であったから、この比率を呑ませたことそれ自体が戦い方において日本をすでに劣勢に追いこんでいるのだ。ここに太平洋作戦がまず外交交渉を通して、軍事戦略の部面で敗戦原因をつくっていることを知る。

なお、この日本側の弱みを克服する作戦や戦略を構想した人物はいた。まず一人目は山本五十六長官であり、伝統的な戦略・戦術に疑問を抱いて新戦略を構想したのが、開戦初頭に、南方作戦と併行して日本側から真珠湾に強襲をかける作戦にでたのであった。

さらに、一歩進んで、この伝統的な戦略に根本的な疑問をもち、戦略全体の新基軸を提唱したのが、当時航空本部長であった（一九四一年六月）井上成美中将である。及川海相に提出した「新軍備計画」では、軍令部の旧態依然たる大艦巨砲主義に反対し、航空機中心主義への改変を求めるものだった。航空機の発達した今日、主力艦隊同士の決戦はおこらない。ゆえに巨額の資金を使う戦艦など建造の必要なし。

陸上航空基地は不沈空母であるから基地航空兵力を充実させること。対米戦はこれら基地争奪戦が主作戦となるから、その防衛を強化すること（基地の要塞化）。つぎに重要なことは海上交通の確保で、その戦力を充実すること。

しかしそれは採用されることはなかった。

こうして、日本は政治・外交戦に敗れ、経済戦に敗れ、軍事的劣位（軍事的「小国」）のまま開戦してしまったのである。そもそも勝利の方程式はどこにもなかったのだから、敗戦は必至のことであった。したがって、問題は日本をここまで追いこんだ対外関係のあり様を正面切って検討の対象にすべきであって、日本国内のあれこれの〝欠陥〟を指弾することではない。本著全体がまず日本をめぐる列強の対外政策をレビューし、それに対する日本国家の対応を明らかにするという接近方法を採ってきたのはそのためである。

1―3　それでも戦った、その意味は
――開戦決意の基底にあるもの

日米の非対称性

振りかえってみれば、歴史的にみて日米間に戦争という形で衝突が必至である状態で推移してきたといえども、いざ開戦するかどうかは一応別の問題であると思う。それは両国で戦争となれば人的・物的にみて想像を絶する多大の犠牲を強いられるという事態は誰でも容易に想像できるからである。そのため残された途は、衝突の結果生ずる惨苦を人類として避けるというそれは最後の理性に賭ける、ということのみであった。

日米決戦となった大東亜戦争の性格を考えてみよう。もともと日米戦争は非対称である。すなわち、米国は最終的に日本占領を狙うことができるし、それを完遂したが、日本はアメリカ本土に攻めこむことはできないし考えてもいない。もちろんハワイ占領さえまったく考慮の外である。そこで戦争の終末点を定めることもできなかったのである。それでも戦ったのは、西太平洋における覇権の争覇であったことは間違いないのである。

なぜ開戦に踏みきったか。その経緯は上記に詳しく述べたとおりである。アメリカとそれでも本当に戦わねばならなかったかについては、議論の余地は残る。近衛が東条を説得した言葉に一定の真実はある。

そしてアメリカの要求にしたがい臥薪嘗胆の道を選択したあとのわが国の運命はどのように進行したであろうか。戦争はなかったが、実質的には八月一五日の敗戦に近い姿になっていた可能性もある（ソ連の侵攻、中国軍の反撃、英米によるある種の武装解除）。

それとも対外的には和平、しかし国内はこの譲歩をよしとしない〝グループ〟による反乱、その収拾の過程でどういう指導者が生まれるか。核心の問題は、軍部を押さえて真に国務を確立するために国民がどういう選択をするか、それは国内政治をいかに統合できるか、ということである。この変革を平和的に確立できるだろうか。天皇が最後の決断をどのような形でなされるか、などきわめてクリティカルな様相を想い描かねばならない。

しかし、これは想像の世界のことである。実際は、このままアメリカの要求を呑むならば、まるで近現代日本そのものを一方的に否定しさることになり、それは過酷という以上の日本の存立のかかわる条件につながるものであった。そこで、最後に踏みとどまって戦うという行為の意味も生まれるのである。そこは表面的には、「清水寺から飛び降りる」ことは愚かしいという批判はありえようが・・・。

ただ、日米開戦においては日本側のほうが開戦回避に必死であったと思う。それは日本側に勝利の自信がないこともあって、日米交渉の経緯をみてもつぎつぎに譲歩してきたことに現われている。

開戦決定はまことに重い、苦しい意思決定であった。そして戦争それ自体は「自爆戦争」と批判されても仕方のないものであった。にもかかわらず開戦を決断したことの重さ、その背後にあるものにまで想いをいたさないと、このある意味での〝奇妙な〟決定、そして〝奇妙な〟戦争は解けないと思う。その基本は日本の存立条件を守ることにあり、この欲求を支えていた原因あるいは要素、さらに開戦にいたる契機を深く吟味しなければならないと思う。

日本という国の成り立ち（第一点）

まずその第一点は、日本という国の成り立ちにまで思いを及ぼすことである。

まことに、大東亜戦争はあらゆる面からみて非力であったにもかかわらず、ドイツ・イタリアを除き世界を相手に戦ったこと、その中心は最強の国であったこと、しかもその前に四年間にわたる中国との戦争を継続していたこと、北方には軍事大国ソ連と向き合っていたこと、を想像してみれば、それは通常の常識では考えられぬことではないか。したがって、日本の敗戦ばかり追求しないで、まずもってこのようなエネルギーがどこから生じているか、という視点こそこの戦争の主テーマになるべきだと思う。筆者が一貫して従来の大東亜戦争非難論に違和感を覚える理由はここにある。

それは、①立国以来、決して大国の周辺国家ではなかったこと、東海の「孤島」に似た位置にあっても、いやその故に独立文明を形成してきたこと、②一国としての統合は早くから達成し、それは日本の力でもあったこと、である。

このように独立性を保持してきたことでは中国やインドと

同じであり、文明の進歩においては中国文明を広く受けいれたが、その周辺文明となることはなく、またアジアにあったがアジアのいずれかの国に従属することもなかった。

この独立文明であるがゆえに、その生存をかけて引きつづく独立のための戦いを選択したのである。その意味では大東亜戦争は西洋でも東洋でも存在した独立戦争と同じ性格をもつ。

この強い「保国」――この統一された国を保ち続けること――の思いは政治形態が変っても強く維持されてきた。すなわち、③この国家統合の中心にいた天皇は早くから象徴的地位にとどまり、代って武家政権が確立してその支配体制が長く続いた。この武家政権に結集した力は侮りがたく、十二世紀に蒙古侵攻も撃退した一因であるし、また十六世紀以来欧州勢力が日本に近づいても、彼らは日本を知れば知るほど武力による支配は不可能だと認識させたのである。

これは幕末においても同様で英・米など列強のあいだで変わらない認識でもあった。こうして独立の気概が醸成されており、それは当たり前の国是となっていた。

また、この武家政権がつづいたことは、尚武の気風を保たせ、近世にはその倫理として「武士道」にまで昇華され、独立・自尊、矜持の精神がますます強く形作られていくのである。

発展の余地が限られていた（第二点）

民族としては進取の気風に溢れ、潜在的には海外に発展する潜勢力をもっていたが、江戸時代の「鎖国」政策によって西洋の世界発展に立ちおくれ、近代になって急速にこの遅れを取り戻そうとしたが、対外発展においてはその余地が限られていた。これはほぼ同一時期にようやく国家統一を果したドイツやイタリアと同様であった。国家統一後、海外にさらに発展しようとしても時はすでに遅かったのである。

さらに発展意欲はありながら、国としては小さいこと、決してそのまま「大国」たりえない条件に制約されていた。近代において一つの文明国として自主路線を追求するには、物的・金融的基盤を持たなければならないが、わが国にはその意味の国力は備わっておらず、また建設中でもあった。とくに近代国家を成りたたせている重要戦略資源、石油および金属資源の生産は貧寒であった。これが海外への発展意欲をかきたてていた。

海外発展の成功の条件には時代が重要だ。日本が出ようとしたときは、スペイン、オランダ、イギリス、フランスが、十九世紀までに世界の主要地域を分割・支配し終わっていたのである。この世界制覇は母国の国としての大小とは関係ないことに留意する必要がある。たとえば蘭領インドを獲得していたオランダの人口は一八一六年になっても二〇〇万人にすぎない。ドイツの人口は同年で二二〇〇万人であり、統一を果した一八七一年では四一〇〇万人であるから、人口でみた国の潜勢力よりも時代がどういう時代であったかが意味をもつのである。そのためドイツはアフリカの一部、そして遥かに離れた太平洋の島嶼しか手にすることができなかった。中国へは山東省青島にやっと租借地を獲得するのであった（一八九八年のこと）。

こうして、世界分割のあとに登場した日本は近隣国である支那に地歩を占めようとする。さらにその視線は南に向き、東南アジアが魅力ある地域と映り、南進策の実行に踏みきる。

このような大きな伸長の勢いは〝敵国〟となった相手国アメリカ側からみてどのように捉えられていたかを知ることによって証明されよう。一九四一年九月一三日のグルー大使の報告は次のようなものである。

「現在の日本政府の意図は何であるにもせよ、陸軍その他の分子が現下の情勢の中に彼らの膨張の夢想を実現するための「黄金の機会」を看取していることは疑いようもない、ドイツの勝利は悪酒のように彼らの頭に来た、最近まで彼らは暗黙に英国の敗北を信じて来た、彼らは戦争は多分ドイツの迅速な勝利をもって終るであろうし、ドイツがなお黙諾的な中に且結局極東を支配するかも知れぬに先だって、日本の地位を『大東亜』において確保するのがよい、と論じて来た、彼らは我らの態度を念入りに注視しているとはいえ、米国側の効果的な反対は割引いて来た」(7)。

まことにこの通りであろう。しかし、ここで非難の対象になっている「膨張の夢想」は日本のみがもち、かつ実現しようとしてきたものだろうか。これこそ西洋列強が十五世紀以来営々とおこなってきたことであって、何も日本のみの利己的欲求ではない。これに類する事態が実現できるかもしれない状況が眼前に出来したのである。

日本は「独り立ってきた」（第三点）

以上は日本国家の積極側面であるが、それは消極側面をつくってきたことを忘れてはならない。それは近代発展において、その過程でアジア近隣地域において「友」を持ち得なかったことである。まさに一貫して「独り立つ」の状況で進んできた。途中、英国と同盟したことは日本の飛躍に大きな貢献をしたが、第一次大戦後はその絆は絶ちきれ、文字通り西洋列強に囲まれ、さらに興隆する中国ナショナリズムの攻勢のまえに苦慮するのであった。

とくに西洋列強はアジアやアフリカに進出する場合は競争・対抗関係にありながら、国益が一致する場合は合従連衡してコトにあたることは日常茶飯事である。このなかで日本はつねに一国として「独り」であたってきた。それは外交交渉力において劣勢に立たされることが多く日本の非力の重要な一因となっている。

とくに、日本が興隆しようとしたときは世界分割が終って、西洋列強は現状維持（ステータス・クォ）が基本姿勢であり、国際ルールもそのためにあった、といって過言ではない。そこで新興興隆国は勢いその秩序への挑戦者となるから、ますます秩序破壊者として排斥される。このため孤立して不利な戦いをせざるを得ない状態が通常の姿になり、突破口を見つけることができない。開戦においても、近隣に有力なパートナーはいなかったのである。

日本が向き合っていたアメリカという国（第四点）

この〝秩序ある世界〟において、その中心にいたのが英国に代って覇権を目指そうとするアメリカであった。しかも日本が向きあっていたこの国は〝普通〟の国ではない。それは一つの「宗教国家」のごとく、地上でまるで審判を下すがごとく振舞う。このような国家と太平洋を挟んで向きあうことになったのが日本の近代の特性である。具体的には、アメリカナンバーワン主義のもと理念主義外交を振りかざし、それをあくまで相手国にも認めさせようとする。

このかたくなな態度が最後まで貫かれ、日米交渉においてもいくつかの妥協の可能性がありながら、それは実らなかった。その意味では開戦責任は日米双方にある。

このアメリカのかたくなな態度は日米交渉の最後の局面にも顔を出した。それはアメリカ側の誤算でもあった。

これについて細谷千博教授は丹念な実証研究にもとづいてつぎのように述べる[8]。

アメリカの対日政策を推進したのは、アメリカ内の強硬派であるが、その立場は、

・日本政府は表面上は強い態度にでてくるが、軍事的・経済的苦境にあるため、対米戦はあくまで回避するであろう。

・日本人に対しては、和解の態度は禁物で、力が効き目をもつ唯一の言葉だ。強硬にでれば必ず屈服するであろう。

これは間違っていた。この態度は日本の南進行動を抑制するどころか押し進めてしまった。すなわち、経済圧迫に抗して、いやその故に南進行動を積極化し、その遂行のためには対米戦すら決意したのである。

このような誤算を生んだ原因はどこにあるか。一つは、日本の政策を動かしていた軍部中堅層についての認識が不充分であった。これは思うに、自分たちトップの意思決定方策を相手側の政治指導者にも同じであると投影してみていたのではないか。一種のパーセプション・ギャップである。

二つは、過去の経験をもって日本に対し強く出れば「鞭打たれた子犬のように尻尾をまいて」くるとみていた。これはスチムソンがシベリア出兵の際の日米関係の経験から引きだしていた見解であるが、一九一九（大正八）年と一九四〇

（昭和一五）年では日本の環境はまったく変わっていた。とくに政府と軍部の関係にそれが大きかった。この点を見落としたのである。

三つ目は、合理的意思決定をすれば、とうてい開戦決定の結論を下しえないと判断した。西洋人の合理的行動様式や政策決定過程を日本人に適用しようとする誤りを犯した。

この細谷教授の説明に追加すれば、西洋人のこの「合理的判断」は、国力を構成するさまざまな条件・要素が整っている、すなわち「持てる国」としての基礎条件を前提に成立しているものであり、同じ条件・要素をもっていない国にたいして適用することはできないものである。

こうして日露戦争後から対中国問題で日米衝突が両国で意識されたのは偶然の事象ではなく、ある種の運命を感じざるをえない。

「合理性」の限界（第五点）

こうした日本の行動をみていると、それは通常の思考枠では捉えられない論理と思考、感情が作用していることを知るのである。

このような日本の選択の基底には、歴史的に脈々と流れる国家としての独立の保持、これを支える民族の強い矜持の念があることに注目しなければならない。

これは奇しくも日本近代の幕開けとなった幕末に開国をめぐる国家的危機において鋭く経験したことであり、その再現という形をとっているのだ。「これは自己との同一化を許さない強力な他者が、侵掠の機会を窺っており、国家の独立を脅かしている状況」であり、これに対して自己の精神の独立の問題として捉えた武士が、欧米列強に激しい敵愾心と対抗意識を燃やした」のである。そのためには戦いも辞せずであるが、そこで犠牲の大小をいうのは政治的リアリズムであると排斥すらしていることである（詳しくは附３を参照）。

これを代表したのが吉田松陰であったが、このような松陰の立場には有力な反対論があった。それは長州の学問上の大先輩である太華であり、太華と松陰の間の論争は今日からみてもまことに興味深い。論点の捉え方や論理は太華のほうがよほど優れており、また進歩的ですらあり、松陰のほうが論理は乱れ、また保守的である。しかしそのイデオロギー性と保守的立場のほうが時代を動かしていく。それはどこからくるのか。最大の理由は時代が告げている危機であり、それを受けとめる鋭い感性であり、その基底にあるのは、自国と自己の存在の把握すなわち歴史的実在である。そのゆえに自国と自己を放置する普遍的視点を拒絶するのである。

それにしても、このような日本の開戦に至る選択の基底には、歴史的にみて脈々と流れる国家としての独立の保持の精神、これを支える民族の強い矜持の念があることに注意を払わなければならない（附２参照）。

ただ具体的案件に直面すれば、その精神のみでは対処できない。具体案件の価値評量について政治判断を下さねばならない。その代表的な事例が中国進出であり、たとえ百万の軍隊を送ろうと、あの広大な国土を支配することはできない。しかしそれにこだわった。その地からの撤兵が日米間で最大の問題になったとき、これ以上譲れないと決断せざるをえず、それが自存自衛という戦争目的になったのである。

たしかに「負けたくなかった」という心理が働いたことは本当だろう。しかし、もし本当に武士の情理、あるいは意地だけならば、それは通用しなかったと思う。「合理的判断」に道を譲る気持ちになる可能性はなくはなかった。現に、日米交渉で条件次第であるが最終的に中国からの撤兵を認めている。しかし日本の前面には、そもそもこういった国のあり方を否認する米国という国の存在があった。そしてその主張を認めること、しかも日本が自主的に判断するのではなくいわば「外圧」で譲歩という形でこれを認めることは、日本が近代以来追求してきた国のあり方そのものを否定することになるのであった。この点が一方における「合理的判断」と他方における形成された現実の間で、どちらに賭けるかという形で天秤にかかっていたのだ。

そしてその時点で、わが国の譲歩は歴史の否定につながる途であっても、一時はそれを超えて、起こるべき戦争の大惨苦をなんとしても避けねばならぬ、という行動は選択されなかったのである。

これは愚かなことであったろうか。それとも日本として正義を最後に守ったことであるのか。それは容易に回答がでない問題である。分かっていることは、その因って来るところ、その是非をめぐる選択、いずれも人間の合理性をもって判断するには完全に枠をはみ出ているということだ。

こうして戦争自体はまことに止むを得ないものとして認めざるをえない。

不思議な民族のエネルギー（第六点）

最後に、民族には不思議なエネルギー総量といったものがある。スペインが十九世紀いっぱいまで大西洋と太平洋を股に掛けて制覇した国であるが、その勢いは今次大戦中にはまったく発揮されなかった。むしろその反対で大戦には参加しなかったのである。あるいはフランスは「大革命」とナポレオンの出現によって一時ヨーロッパを制覇したが、その後はその勢いはない。もっと昔のローマとローマ帝国がそうであった。

このように民族は歴史のある時期に、そのエネルギーを爆発させることがあり、そしてその後はまるでその使命を終えたかのように再度その覇を唱えるような行動には出ない。日本の戦前、そして大東亜戦争にいたる道は、このような民族のエネルギーが爆発した時期にあたるのではないだろうか。

ただし、日本の国運はこの決定的敗戦で終らなかった。戦後の高度成長によって自由主義陣営第二の「大国」になって再浮上したのである。民族のエネルギー燃焼は終っていなかったのである。

2　大東亜戦争を捉える五つの視点
――その歴史的意義はどこにあるか

まことに、この戦争は多面的であったが、そのことのゆえにこの戦争を貫くもの、それが残したもの、をもっと広い視野をもち、かつ深く考察する必要がある、と思う。一体、世界最大の産業力とあらゆる意味で総合国力が図抜けている国に対してどうして戦ったのか、というごく簡単かつ素朴な設問でも、それを手繰っていくと実は深い意味があるのではないか。そこで、個々の戦闘を離れて戦争全体を総合的に評価するため、すなわち、日本国側からみて、日本民族の立場からみて、何が言えるか。ここでは主として近現代世界からみて、その意味を明らかにするために、五つの視点を提示したい。

一　日本は何を戦ったのか。本当に日米は戦う運命にあったのか。

二　日中戦争は何であったのか。日中戦争から眼をそむけてはならぬ。

三　アジアの解放に資したか。また日本の緒戦における攻撃成功の意義。

四　大東亜戦争の悲劇性。

五　第二次大戦で得たものは？　その帰結は？。

2―1　日本は何を戦ったのか
独立への強い想い（自存自衛の意味）

まず、日本は何を戦ったのかを明らかにすることから始めよう。それには開戦詔書にある「自存自衛のため」ということの意味をよく考えてみる必要がある。

それは「詔書」が日米交渉破裂のあと切羽詰った状況で発せられたので、いかにも当面の危機打開のため、といった解釈を許すトーンがあるが、その意味はもっと深いと思う。すなわち、それは文字通りに、長い歴史をもち、独自の文化を形成してきた日本民族、日本国家の生存そのものが危殆にさらされたことの自覚であり、これを必死に守ろうとした気持ちが込められているのである。

この独立への想いは日本近代を貫く軸というべきものであった。ペリー来航によって開国を余儀なくされたが、一時は「尊皇攘夷」の掛け声のもと外国勢力を打ち払う決意をし実行もしたのである。しかし、その時はその厳しい試練のあと攘夷路線は採用できないことを認識して維新を迎えたのであった。維新のあとは「文明開化」をかかげてとにかく西洋文明を取り入れることで「富国強兵」の道を選択したが、それもあくまで独立を守ろうとしたためであった。

その後の道も決して容易なものではなかったが、明治が終わるころからようやく独立国の条件が整ったのである。こうして日本人は近代へ入る動乱の過程で国家の独立がいかに大切かを記憶して自己の存立を確認し、その保持を続けることの大切さを忘れることがなかったのである。

この「自存自衛」の戦いとなったことは、戦争の性格を決めていく。それは何らかに妥協の道を残すといった類の戦いではなく、いわゆる「積極決定戦争」となったのである。これが三年九カ月にわたる凄惨な戦いとなった理由である。分かりやすくいえば、日本列島のどこか一部分を相手に譲渡して終戦とするといった性格の戦いではなかったのである。

さらにアジアの全域にわたる戦争になった理由についてであるが、それは丁度、哲学に本質と現象形態という概念があるように、この本質に当たるのが日本という国家の生存であり、その現象形態に当たるのが西南アジアにおける覇権をめぐる争覇なのであった（このように事態が進展することは明治末年より正しく認識されていた）。

なぜ、戦争＝日米対決になったのか

日本の独立の想いがいかに強いものであっても、それが直ちに戦争に至るのではない。戦争に至るにはそれだけに歴史的理由がある。とくに日中戦争を超えて日米対決に至る原因を明らかにしなければならない。

その第一の動因は、上記の自主独立の条件を完全に整備しようとして、列強に伍する「大国」に向けて海外伸張の勢いを止めなかったことである。それは国内的には「高度国防国家」の建設に努力し、対外的には中国への進出を推し進めたのである。

そこで第二に、中国ファクターが決定的な要因となった。日本の発展が中国本土を巻きこむものであったため、これは中国国民に日本には絶対に屈しない、という意識を強め、その間の和平妥協の可能性はほとんど残さないものになっていった。日米交渉末期における日本の僅かの妥協案さえ中国はこれを承認しなかったのである。

ここに第三の要素として、米国が登場してくる。それは、西南太平洋、あるいはアジアにおけるこれ以上に日本の伸展を許すことができない、とするアメリカの伝統的な対外政策と衝突するのである。それは日露戦争の収拾においてすでにみられたことはすでに述べた通りであるが、第一次大戦終結後のワシントン条約締結に当りはっきりしたのである。そしてシナ大陸に食指をみせる日本に抗するため、一貫して中国を支援する側に回ったのである。

そのとき三〇年代の世界的経済困難があり、日本も例外で

なかったから、その突破口として満州事変がおこり、さらにアメリカは満州国を承認しないという行動に出たのである。しかし、日本はこの路線から一歩も引かなかったから、ついに日本討つべし、となって開戦にいたったのである。

もちろん、この間、日本・中国、日本・アメリカの間でなんとか危機打開の努力が積みかさねられ、開戦にいたる途しかなかったとは言えないが、その最後の皮一枚の可能性さえ日米両国の頑な態度は溶け合わず、これを突破してしまったのである。とくに、日米交渉でも最大の焦点は中国から日本軍が撤退することであったが、この要求を呑むことは明治以来の近現代の発展を否定するもとであるとして最後まで反対があり、この強力な反対論を押えることはできなかった。

たしかに、そこで争われた基盤的要素は経済権益の保持、獲得の競争と対立であったが、基本的には日本の対外発展の動力があり、日本は欧米諸国に伍して「強国」たらんとしたのである。その自立発展のために資源と領土を必要としたが、その路線はかつて欧米が追求し実現してきたことであり、その成果はアフリカ・アジアにおいて多大のものがあったが、それを更に極東アジア――その主戦場は中国大陸――において進めようとしていた。他方、日本はその地域において特別の利害を有するとともに、この地に一層の発展を目指していたので、欧米に抵抗するとともに対峙することになったのである。

具体的には、欧米からみて日本のやり方はことごとくその考え方に反するものと映った。一つは、その支配地を拡大するために武力を用いるのは世界平和の維持に反する（彼等はそれを卒業してしまっているだけなのだが）。二つは、大東亜共栄圏の提唱のように、日本中心の、限定された経済圏を作るというが、これはアメリカの提唱する世界的にオープンな通商秩序に反する、とするのである。

さらに第四に、アジアに面したアメリカ外交のあり様がこの事態の進展にとくに影響を与えた。これはすでに第Ⅲ章で指摘したところだが、新興国アメリカはすでに国際秩序が出来上がった欧州に口ばしを入れることはできず、せいぜいその植民支配を非難するくらいにとどまっていたが、それが西洋的意味で主権国家の成立が未だ十分ではなく、国家間関係も流動的な地域に、その威信を背景に国際秩序を構想すべく打って出たのである。直接的には経済的魅力ある市場として中国に狙いを定めたが、その政策展開の仕方がいかにもアメリカ的である。すなわち、「門戸開放政策」という一般的理念を謳い挙げるにとどまるので、具体的に何を求めているのかが明らかでないから、交渉においても妥協の入りこむ余地がない。ともかくもその進出の眼前に、太平洋を挟んで相対しかつ同じ新興国として極東にアジアに勢力を拡張せんとした日本があった。そのため、日本が最初の標的となり、日本を押さえこむことが切実な関心事項になった。その展望をもった確信は、日露戦争以前にすでに「オレンジ計画」が策定されたこと、さらにその後も日本の対外政策が進展するたびに、これをより実践的に改訂していることによく現われている。もちろん、大海軍計画も着々と進行した[9]。

このように太平洋における緊張・対決必至の情勢の下で、日米で和平をむすび、開戦を回避しようと望んでいたのはむしろ日本側であった。それは日米交渉の経過を追えばよく分かることである。これに対するアメリカの基本的姿勢は日米戦争やむなし、ありうべし、の態度であり、それを早くから固めており、そして最後にいたって到底妥協の考慮を許さない条件を押し付けたのである。

この日本の発展を許さない姿勢がどこからでてくるのかは、文明論として興味深いテーマであるが、それをかいつまんで言えば、アメリカ文明に託された使命にもとづくこと、このアメリカ文明の伝播においては、それはアメリカの考えのもとにおこなわれるべきこと、これを他国も認めること、である。さらにこの基底には、白人種と黄色人種の対立であると理解することも可能である。それは狭い意味での人種問題ではなく、西洋文明の影響力とそれへの有色人種である日本との抗戦であった、ということである[10]。

英国覇権への挑戦

こうして最終的には、日本は正面からアメリカと戦うことになったが、その背後にある情勢まで思いをめぐらさないと、今次戦争は理解できない。それが第五点として言いたいことである。具体的には地政学的にいえば、今次戦争は西南太平洋に伸びようとする日本とこの地域を支配している英帝国との覇権争いであったといえる。しかし、英国はその軍事的劣勢と欧州危機対処のために、この地域を守る力がなかった。そこでアメリカは英帝国を守る「大代打者」として日本の正面に現われたのであった。

そう理解すると、先に示したチャーチルの老獪な対日戦への態度が実に明快に解けるのである。イギリスは絶対に最初に開戦に動いてはならず、日本が最初に〝発砲し〟、これを受けてアメリカが直ちに戦端を開くこと、を期待し、それはそのとおりになった。このように開戦の背後には、イギリスの深謀遠慮の外交があった。すなわち、中国に最大の権益をもつのがイギリスであり、これに最も大きな脅威となるのが日本であった。日本はその先に東南アジアを見据えているという認識もあったろう。この日本の伸張を押さえこむ必要を秘かに、しかし強烈にもっていたのがイギリスであったのだ。日本を制肘することになるワシントン条約会議を設定したのは実はイギリスのバルフォアであった、といわれる。また、一九二一（大正一〇）年には英国最大艦隊が停泊できるようシンガポール軍港の大改築に踏みきっている。これはワシントン会議開催の前年である。こうしてアメリカと協調して、日本を国際的に孤立に追いこもうと行動を起していたのである。さらにアメリカが極東における英国の制覇を維持するために進んで戦いに臨んでくれはしないかと眺めているのである（VI－3参照）。

これをみても、開戦の表舞台には出ていないが、舞台の奥に本当の主人公が居るのであって、それがイギリス帝国なのであった。こうして、今次の戦争は西南太平洋という特定地域における争覇戦ではあったが、それを通して世界の支配体制への挑戦となった、とも言える。後にみるように今次戦争の開始によって、日本がつぎつぎに英国を始めとする東南アジア地域の被植民地を占領し、宗主国を追放したことで、各地域において植民地支配からの解放、独立運動が一斉に盛りあがり、日本がその支援に大きく関与することとなったことの意味がこれでも立証できるのである。

このような大きな歴史転回の舞台のなかで日本の行動を位置づけてみること、そうすることによって始めて日本の戦争の意義が解明されるのである。

世界覇権転位のなかの日米戦争

まことにベルサイユ会議からワシントン会議の決定をみてくると、日英同盟破棄、海軍の五・五・三比率の設定、山東返還、シベリア撤兵、などの一連の動きは、勃興しかけた日本の力を阻止するための米英の政策であり行動であったのだ。

このような事態進行は、世界覇権の英国から米国への移行ということを意味していた。それは、米国の圧力によって日英同盟を破棄させたように、日本の興隆を認めたくないという新覇権国の要求は強烈なものがあった。このように、アメリカは第一次大戦を通じて世界に冠絶した大国となっていたので、それ以後の日本の命運を決定的に左右することになるのである。この過渡期――この国際関係における新枠組みが進行しているなかで、ついにわが国は米国とコトを構えたのである。米国も新覇権確保のための最初の試練と受けとったのではないか。

2－2　日中戦争から眼を逸らしてはならない　日中戦争をそのまま認識すること

こうして日本の列強との競争と対抗は、中国大陸への進出と一体となった、あるいはその延長として展開したため、大東亜戦争は未解決の日中戦争がそのまま拡大した形となった。このように西洋のアジアにおける膨張を覆滅しようとした日本ではあったが、それが隣国中国を侵略するという「帝国主義」一般の行動を採ることになり、中国ナショナリズムの抵抗を引きおこし、それへの対処に成功することがなかった。さらに日中間の戦争を解決せずに、勢いに任せて拡大しようとしたことが日本にとって命取りになった。

わが国では、大東亜戦争の歴史的意義を問う場合、主として東京裁判史観にたいするアンチテーゼを出そうとする意図もあって、その戦争のポジティヴな側面に光を当てなおしこれを前面に出す方法をとることが多い。それは正しいし、この論稿もその立場にたっているが、その場合、日中戦争をいかに位置づけるのか、の立場があいまいになる。むしろその戦争は何であったか、を問うことは避けて通そうとする傾向がある。これはそれだけ日中戦争の取り扱いがむつかしいためであるが、それを実態に即して正当に位置づけることをしないと、日本が近代世界のなかでどのような生き方をしたのか、せざるをえなかったのか、が明らかにならないのであり、また大東亜戦争が近現代世界でもった意味が明らかにならないのである。(11)

日中戦争とは何であったか

(1)　日本の追求したことは、日・満・支を一体化し資源を獲得して「大国」化の条件をつくることであった。そのためには武力行使を辞さなかった。しかしこの方策は列強の反撥を生み、パリ条約、九国条約違反であるとして国際協調活動によって日本を非難する。

しかし日本はこれを不当な干渉であるとして、反発しついに国際的孤立の道を歩む道を選んだ。

(2)　中国側は、蔣介石に率いられる国民政府は対日戦に勝利して、日本の軍隊が中国領土内から完全に退出すること、それ以外に求めるものはないとの態度を一貫して保持したのである。

すでに一九三七年の攻勢において日本を「倭寇」と呼び、絶対排撃の姿勢を明確に打ちだしているし、また共産軍討伐に出撃しながら張学良の反乱にあい、その首を差しだす代わりに抗日共同戦線の結成を約束させられてしまった。ためにこれに反する行動は一切取れなくなってしまったのである。

(3)　この中国の根強い独特な抵抗について、日本側は充分に理解しようとしなかった。中国を四回にわたって旅行し、首脳陣とも意見交換した矢次一夫はつぎのように述べる。

中国大陸を鳥瞰すれば、その長い歴史のなかで繰りかえされる王朝の変遷、群雄割拠、近時では欧米列強の支配、そのもとで翻弄される民衆の生活と苦難、それでも生き抜く強靭な生活力、あらゆる激動の歴史のなかでも失われぬ不屈不撓の精神、通常の国民国家とは比較を絶するその規模と範囲の大きさ、このような国において民衆が蔵しているエネルギーの大きさ、そしてそれがどのように爆発するのだろうか。それは想像を絶するものがある。

こうして、外国に支配されようが、そこで蚕食を恐れるか、鯨呑を恐れるか。蚕食されても鯨呑はされない。もし鯨呑日本が欲するならそれは不可能なことである。故に勝利はわれにあり、という。

「中国は空間は捨てても時間を買う」という。戦闘に勝利しても戦争には勝利できない。これが分からず対処しておれば、泥沼に嵌るばかり。そのうち民衆の反抗意識は盛んになり、ますますその力は大きくなる。(12)

これはおそらく、中国をよく知る人ならば共通の認識であったといえる。問題はこの国情を踏まえて日本としてどうすれば事態の打開ができるのかの智恵が生れず、中国に対しては蔑視の態度で推移してしまったことである。

(4) また、資源の観点からみると、日本が最も欲しかった石油が中国では産出しなかった。これが南進論に弾みをつける元になったが、このため結果的に中国占領は最終局面では南進よりも下位におかれ、いわば南進の「踏み台」の位置を与えられることになり、なんとしても日中の間でまず和平の努力をする意欲が減じてしまった。

以上を日本の発展趨勢に即してまとめれば、日本が接壌国に進出して、これを支配下におき、列強に伍してその地歩を固めようとするのは当然に採る方策である。ただ、日本が伸長しようとしたとき、世界はすでに列強によって分割・支配されその余地は遠隔の地を探してもなかった。

そこで隣国中国に出ざるをえなかったのだ。

(5) しかし、海外進出は基本的には物質的利益を求めてのことである。それは資源獲得であり、ついで輸出市場の確保のためであって、地域平和のためとか、当該国の福祉増進とか、優れた文明の普及とか、はあとから付随して唱えられる美辞麗句である。この意味である程度の実利的成果はあったが――日満支経済〝一体化〟――、それ以外に見るべきものがない。対比すれば実はイギリスのインド支配においても基本的には同じことであったのではないか。おそらく異なるのは軍事力の行使の度合いであるが、それだけ中国ナショナリズムが興隆していたからである。

(6) しかし、対中国政策をみていると、一貫性のなさと強引さが同居している。そして根本的検討がなされた結果であるとは到底いえない。

一体、日本の国力で自国の数倍以上の国土・人民の居る国を支配することなどできるものではない。(13) 満州でさえ未完のままであるのに、である。もし、これを曲がりなりにも可能にするためには分割・統治すること、相手国の軍事力形成を認めないことであるが、前者は一定程度進んだが、これとても国家統一を進めていた中国政府とぶつかるもので、決して安定構造ではなく、むしろ時代遅れの策であった。そこでいきおい軍事力をバックにしないと進まないのであった。後者はそもそもできない算段であった。ただ相手の軍事力が強力でなかったので、戦えば戦闘には一応勝利する。しかし、ここに甘さが入りこむ要因があった。それがズルズルと八〇万の大軍を派遣したままという、まことに中途半端な事態をつづけることになってしまった。もし、ノモンハンのごとき激烈な戦闘と〝敗北〟がつづけば、日本側の思い切った決断——戦争停止や和平協定による軍の撤収——が必至であったであろう。

こうして日本が戦争終結にむけていくら努力しても、日中間の自主的解決も難しく、その道は基本的に閉ざされていた。何故なら、彼らは敗れてはいないのである。そのためこの事態を打開する唯一の方途は日本による日本軍隊の自主的撤退であるが、それは軍部においては完全敗北を意味し、さらに近代日本の歩んできた道それ自体の否定につながるものであった。それが不可能といえる難事であるので、日中戦争の収拾の前途は閉ざされていたのであった。こうして完全にデッドロックに乗りあげていたのが日中戦争の実態なのであった。

そういった事態を迎えるまえに、本当は自主的解決の叡智を働かせるべきであった。それは大常識に属することであるが、その大常識も働かなかった。石原や堀場の言うような理性的判断——国力の限界を知って行動すること——をおこなう余地はあったのだが、それも威勢のよい拡張主義の前に消えていった。それを知った時はもう遅かった。国自体が危機に瀕しかけていたのである。

したがって、このような完全閉塞状態に日本を追いこんだ、そのような日本のあり様を全面的に認めることから出発すべきなのである。

(7)　しかし、歴史はまさにカメレオンのように多彩な色合いをみせる。永年の期待であった東南アジアへの進出の条件が欧州情勢の変化によって眼前に出現したのである。

かくて日中戦争を飛び越えて一気に南進へ舵を切る——といってそれは準備されていたが——、という展開となった。ここで「飛び越えて」といったのは、最終的に日中戦争をどのように処理をしておくかの検討が放置されたことを指す。そこで、中国側からみれば日本は「溺れるもの、わらをも掴む」と見えたのである。日本側からみれば、積年の〝希望〟——戦略重要資源へのアクセス——が実現する機会が到来したのである。

中国派兵と東南アジアへの派兵はまったく異なる性格をもつし、その影響範囲は異なるのである。しかし、日中戦争の第四段階は、米国が中国奥地にB29の基地を建設して日本本土を空襲するとか、中国の制空権を握るとかし、それを制圧する日本軍の攻撃作戦があった（それは激戦であり玉砕さえでた）ように、これはもはや米軍の日本をめざす東上作戦を戦うという「太平洋戦争」の一環となっていたのである。日中戦争は変質していたというべきであろう[14]。

日中戦争自体、すでに列強の暗黙裡の包囲網のなかにあったのであるが、戦争末期には米軍の進出により、それが具現化したのである。

日中戦争は先に記したごとく、「プレ太平洋戦争」という性格を本来的にもっていたのであり、それが南進政策の実施と日米開戦によって完全に証明された格好になったのである。日本が日支事変を含めて「大東亜戦争」と呼称したのはそれだけ意味があるのだ。

こうして大東亜戦争の一環として理解すれば、日中戦争のもう一つの位置づけが明確になる。

(8)　こうして日本の南進はこの地を長く支配してきた英国、そしてフランス、オランダの勢力を駆逐し、これら地域の民族独立運動を支援することとなった。これは日本が長く植民地であったアジア諸国の解放の先頭に立つという意味を帯びるのである。

戦争は二つあったのか

このように日中戦争を検討してくると、大東亜戦争は対英米戦争は帝国主義にたいする自衛と抗戦の戦いであり、対アジアでは日本自身が帝国主義となってこれら地域を支配せんとしたもので、このように二つの戦争という側面を忘れてならない、という「二つの戦争観」は吟味し直す必要がある。

もともと、これはいささか無理がある説明だ。本来的に、今次の戦いは対英米も対アジアも一体となったものである。それは、あくまで膨張せんとする日本と、既得権益を保持しようとした米英、そして西洋列強との間での覇権をめぐる争いであった。

まことに、日本が戦ったのは、一つの戦争として両正面戦争になるということが、大東亜戦争に潜む重大な意味であるのだ。即ち、非西洋にある国が西洋の支配に屈することなく独立して自国の発展を図ること、すなわち日本の独立と自衛のためなのであった。その方策の一環として、その基盤を強固なものにするため、隣国に進出し、やむをえずこれを支配し、さらに延長上にあるものとしてアジア諸国を新しく自己の影響下において、英米への対抗力を増加せんとしたのであった。それが日本の国益追求の姿であった。その率直な方針表明は、石原莞爾が「満蒙問題私見」（一九三一（昭和六）年五月）において述べている通りで、政治的価値の観点から（北方を押さえてソ連の脅威を排除したうえで支那および南方に進出する）、さらに経済的価値の観点から（これはとくに資源確保）、大陸進出を意義付けていたのである。石原自身はこのような拡大一方の方針を中途で放棄するが、後の陸軍の行動はまさにこの通りとなった。海軍もまたこの方針に同意する。

このことを率直に認めようではないか。なにも大東亜戦争は対米戦争が自衛戦争であるとして、その価値を高めて対アジア戦争を少しでも正当化しようと目論む必要はないのである。

2—3　「東亜の解放」を成し遂げたのか——アジア植民地支配の打破について

一体、大東亜戦争はアジアにおける植民地支配を打破し、彼らの国々の独立を押し進めたものであるか。

このテーマについては、心静かに、その成り行きとそれが引き起こした変動と、そしてそこで起動していた力学を、豊かな想像力によって描きだし、それを事実によって確定していかねばならないと思う。

緒戦における勝利のインパクト

まず、大東亜戦争における緒戦の勝利の意味が大きい。

しかも緒戦勝利による占領範囲もまた大きい。その版図の拡大は、十三世紀から十四世紀におけるモンゴルの世界膨張を除き、非西洋でこれほどの拡大を成し遂げた国はないのではないかと思われる。近代でこれに匹敵するのは、ドイツの強大な軍事力による欧州の制覇くらいであろう。

とはいえ、それは一九四一（昭和一六）年一二月から一九四三年二月のガダルカナル撤退（これによって太平洋における戦局の主導権は米軍に移った）まで、僅かに一年余に過ぎなかったし、緒戦の勝利といっても各地の守備隊との戦いであり、本格的攻撃部隊との戦闘でなかった。この点は割り引く必要はあるが、それでもその衝撃を過少に評価してはならない。トインビーはつぎのように書いているという。

「日本人が歴史上残した業績の意義は、西洋人以外の人類の面前において、アジアとアフリカを支配してきた西洋人が、**過去二百年の間考えられていたような不敗の汎神でないことを明らかに示した点にある**。イギリス人もフランス人もアメリカ人も、ともかく我々はみな将棋倒しにバタバタとやられてしまった。そして最後にアメリカ人だけが軍事上の栄誉を保ち得たのである。他の二国は不面目な敗北を記録したことは、疑うべくもない[15]」。

「英国最新最良の戦艦二隻が日本空軍によって撃沈されたことは、特別にセンセーションを巻き起こす出来事であった。それはまた**永続的な重要性を持つ出来事であった**。なぜなら一八四〇年のアヘン戦争以来、東アジアにおける英国の力は、この地域における西洋全体の支配を象徴していたからである。一九四一年、日本はすべての非西洋諸国民に対し、西洋は無敵ではないことを決定的に示した。この啓示がアジア人の志気に及ぼした恒久的な影響は、一九六七年のベトナムに明らかである[16]」（太字は引用者）。

日本人は、それまで外国人とくに白人によって支配され、主権を失ったことはないから、上記のインパクトの大きさはなかなか理解できないのではないか。このような劇的事象を非白人人種である日本がおこしたことの意味は大きい。そのインパクトは実は日露戦争がアジアに与えたインパクトを引きつぐものであり、しかも今回は、トインビーが言うようにアジア人の面前で起こったのであるから、それは直接的でありかつ具体的であった。まさに過去二〇〇年、英国のアジア支配の象徴であったプリンス・オブ・ウエールズとレパルスを一瞬のうちに撃沈するなどのことをアジア人の誰が成しとげたか。それらのことが続いておこる彼らの独立運動を大きく後押しすることになる。

アジア解放を見る基本視点

つづいて、日本のアジア進攻は果たしてアジアの解放に資したのか、を検討する必要がある。

そこで、それぞれの国の独立運動やそこにおける日本軍の寄与の実際については、すでに多数の文献があり、それは文末にまとめて掲げたとおりである。その詳細はこれら文献にゆずり、ここでは日本の〝貢献〟を検証する基本視点を明確に設定してその意味を問うことにする。

これについては、小林路義「大東亜戦争の文化史的意義」がほかにない、独自の視点で、日本とアジアの関わりを考察しているが、その論説に賛成するのでここに依拠することにする。

それはまず、認識の仕方そのものを問題にする。日本人、とくに学者は西洋を学習してその視点で歴史をみてしまう癖が身についているから、非西洋の西洋への挑戦という底深い二十世紀の潮流について「理解の枠組み」をもっていないことである。さらに日本が戦後復興に注力している間にアジアにおいて起こっていた新しい変化に関心が向かず、その変化と大東亜戦争の関係について「殆どの人が基礎知識を欠いていることである」[17]。

この指摘は痛いところを突いているし、また正鵠を射ていると思う。筆者も大東亜戦争中の日本軍の東南アジア諸国における反植民地独立運動にたいする貢献、そしてアジア諸国における主体的な独立運動の動き、をこのたび知りえたが、その多くは恥ずかしながら始めての知見であった。そして日本の学界が日本の植民地問題をとりあげるとき、その多くはこれを批判するスタンスに立つが、今回筆者の知りえた知見を提供している〝グループ〟は、旧軍人であったり、一部の民間人達であり、その活動や意見表明はまさに〝マイノリティ・グループ〟の運動というに〝ふさわしい〟。なんということか。ここにも日本の学界や知識人の大きな偏りがあるのだ。

起こったことのまとめ

それでは、具体的に何が起こっていたのか。

結論を先取りすれば、日本の現地進出は、東南アジア諸国の独立にとって「触媒」の役割を果した。すなわち、それぞれの国の独立運動における日本軍の寄与はそうした性格をもつものであった、と言ってよいであろう。これを敷衍して指摘したい。

(1)　第二次大戦中に日本が、日本軍が東南アジアで独立革命を目標にして進出し行動した、とするのは無理である。それは、「南方占領地行政実施要領」（一九四一（昭和一六）年一一月二〇日、大本営政府連絡会議決定）、「南方経済対策要綱」（一九四一年一二月一二日、関係大臣会議決定、大本営政府連絡会議報告）、などにおいて明言されているとおりである。すなわち前者においてはその「第一　方針」として「占領地に対しては差当り軍政を実施し治安の回復、重要国防資源の急速獲得及作戦軍の自活確保に資す」、後者においても同じく「第一　方針」として「重要資源の需要を充足して当面の戦争遂行に寄与せしむるを主眼とし併せて大東亜共栄圏自給自足体制を確立し速かに帝国経済力の強化充実を図るに在るものとす」[18]（原文はカタカナ使用）。

このように、開戦後の事態を踏まえた後者の方針のほうがより明確にその意図を記している。

したがって、日本は大東亜戦争を利他行為――アジア諸国の解放――としておこなったのではない。その根本を律するものはあくまで自利――国防重要資源の確保、自給自足体制の確立（大東亜共栄圏もそのためにある）――のためであった。

(2)　他方、現地で反植民地独立運動を強化することが、一つの目標であったことも事実である。この側面を否定さるべきではない。しかし主目標達成のため、反殖民地主義、独立の奨励は条件づきではあった。

その反植民地、独立運動は各国において盛りあがっていた。当初における日本軍の戦闘や占領が比較的スムーズに進行したのは、現地住民の無形の支持があったことによってもそれは確認できる。しかし、その運動は最後の詰めを欠いていた。そこに日本軍の進出が触媒の役割を果たした。

すなわち、現地軍において、外敵に戦うために、義勇軍や防衛軍を育成することになり、現地ですでに盛りあがっていた独立運動に決定的な軸を形成することになった。その顛末は文末の附5でまとめておいた。

この日本軍による軍隊の形成と武器の供与が最も大きな意味をもった。このことのもった意味を充分に説明したのが、先の小林氏の論稿である。氏はこれによって、①素手で独立は勝取れないのだが、その大きなハードルを越えることができた、という。現地軍隊にあった理想主義と大本営の現実主義の間には齟齬があったとはいえ、これによって独立運動に新しい可能性が大きく開けたのである。②また絶対的存在と思われていた西洋列強の軍隊があっけなく敗北するのを見て、自分たちも西洋と闘えるのだという自信をもった。③これが重要なのだが、もし日本が東南アジアに進出することなく、欧米の軍隊がそのままの状態で存続していたならば、・・・飽和点に達していた独立運動が、最後に超えなければならない一点をどうしても超えることができないまま推移していたであろう。その一点突破を、日本軍が一気に加速させたこと、『東亜の解放』としての大東亜戦争の意義はこの一点に集約できるのである。[19]

(3)　軍事教練によってもたらされたものもまた大きな意味をもった。それは、規律と我慢強さ、戦闘精神、自助、そして自信、である。これらはもちろん軍隊における最重要な資産となったが、その精神教育は独立後においても国民の精神に影響をあたえた。

(4)　さらに大東亜戦争終結後において、かつての宗主国が戻ってきたとき、彼らはそこにまるで変わってしまった国、民族をみることになる。具体的には、そこに国軍があること、参謀がいること、兵員の訓練ができていたこと、であり、彼らは頑強に抵抗し、その支配体制に逆戻りすることを不可能にしたのである。

こうして日本による占領を通じて、敗戦後もアジア諸国はもはや引き返せないところにきていた。ジョイス・C・レブラはつぎのように書いている。

「日本の敗戦、それはもちろん東南アジア全域の独立運動には決定的な意味をもっていた。いまや真の独立が確固とした可能性になると同時に、西洋の植民地支配の復活も許してはならないもう一つの可能性として浮び上がってきたのである。民族主義者は、日本占領中に（日本軍により）身につけた自信、軍事訓練、政治能力を総動員して、西洋の植民地支配復帰に対抗した。そして、**日本による占領下で、民族主義、独立要求はもはや引き返せないところまで進んでしまったということをイギリス、オランダは戦後になって思い知ることになるのである**」[20]（太字は引用者）。

日本の進出はあくまで現地権力の一時的な打破にとどまった、という人もあろう。しかし、それを一応認めても、長い間（約三〇〇～三五〇年）、白人種にはかなわない、と思っていた人々に対してそうではなく、彼らを敗退させ、追いやることができるのだ、ということを身をもって示したことの意味は大きい。人間社会の支配は究極には力に依存し、これによって服従し、従属するものであるから、しかもそれが長い期間にわたったのであるから、服従は習性のようになってしまっていたのである。

これを日本占領は、単に物理的に打破しただけではなく、国語の統一、一般人の教育、軍隊の育成、を手がけ、彼らの国の独立の基礎をつくっている。

とくに、それらはかつての支配国がやらなかったことである。支配国がそのようなことを許せば、その結果として反抗の要素となるかもしれないから非支配者にはそのような民度を上げ、武器も使用させるような措置はとっていないのである。

その典型はインドネシアのＰＥＴＡの育成であろう。

このなかから、その後の独立運動の支配者が生まれているし、また国家形成時の指導者たちが育っているのだ。終戦後の政治指導者、外交官、などの輩出がそれである。

日本の方が植民地解放で先行した

こうして、インドネシアのオランダ支配からの解放、英国からのビルマの独立、マレー半島を拠点とするインド解放軍の形成に象徴されるインド独立運動への支援、などによってアジア諸国の独立を大きく後押ししたのであり、それは大きな寄与であった。

時代もそのように動いていた。第一次大戦後に民族自立の勢いは盛んになり、第二次大戦とその戦後にそれは一斉に開花した。このなかで日本を位置づけると、帝国主義戦争の最後の戦者であり、それがまた民族独立を促進したということである。わが国の二重性がここでも明らかである。

こうして実際に、

・一九四三（昭和一八）年八月にはビルマを独立させ、

・同一〇月「フィリピン共和国」が成立し、

・四四年九月には将来のインドネシア独立を容認する小磯声明を発表している。

戦局不利になり、なんとか現地国民の支持を繋ぎとめようとした苦肉の面もあるが、それでもイギリスやオランダはかつてそのような措置をとってきたであろうか。反対に、日本は敗戦後直ちに旧植民地支配を復活させているのではないか。

日本のほうが現実に植民地解放において先行しているのである。そのような現実をつくりだしたことにおいて、この大東亜戦争は大きな意味をもったのである。

このように大東亜戦争は近代において圧倒的な拡張を遂げる西洋列強に対し、アジアとして激しく抵抗した、という意味で、歴史的に実に大きい意味をもつ。さらに日本が契機となり、媒介項となって、アジア諸国の独立を大きく前進させたのである。これを一般に、白色人種に対する有色人種の対抗として位置づけることが可能であり、文明的な転換といった意味合いをもつのである。ドイツの場合はベルサイユ条約からの脱却を直接的契機として、その生存権拡大の戦争を起こしたが、わが国の戦いは、意味的にはそれ以上のものがある。世界史的にみて、典型的な支配勢力に対してその再配分を要求したという性格をもっていた。

これを長い歴史スパーンでみると、前掲の小林氏は「そのアジア・ナショナリズムは、日露戦争が世界史に与えた衝撃から成長していったものである。日本が世界史的構造を変えるような衝撃と影響を生み出しておき乍ら、それを過小評価し、その重要性を認識しないという点で、戦前戦後の西洋主義者と大本営は全く同じなのである」[21]という指摘は重いものがある。

このようにアジア・ナショナリズムの底深い動きに改めて注視しなければならない。

日本の東南アジアへの進出は、大東亜戦争の功罪といった短期的視野に捉われることなく、それによって東南アジアの独立の動学にに新しい力を注入したのだ、というように、歴史的パースペクティヴのもとで評価すべきである。この視点にたてば、ここでも、日本の自己確認の弱さ、知識人が世界をみているようでみていないという知的ギャップ――それは西洋崇拝のため真っ当な認識ができなくなっている――が露呈されている。同時に、アジア研究の内容の薄さでもある。実は、これをカバーしていたのは、いわゆるアジア主義者たちではなかったか。ところが、彼らは少なくとも論壇などでは排除されていたであろう。

とはいっても、日本のアジア進出には無理が伴ったことは事実である。台湾統治の〝成功〟や東北三省における経済開発の進展、朝鮮における工業化の開始、という貢献がある一方で、外国による支配はいずれの国・民族にとって耐え難いことである。また、そのような経済開発やその他の社会改革施策も、基本的には母国への貢献のためにおこなわれること、その過程で進出先の民俗・習慣の軽視・無視があるのだから、自らをその身においてみれば、それが非条理に映ることはすぐに分かることである。まして強力な武力がそれを支えたのであるから、それに対する反抗は絶対に回避できない。したがって、植民地支配は最終的には進出国の失敗と刻印されること、これが植民地支配の辿る運命である。日本もその例外ではなかったのである。

そのため、実際に日本が独立運動を支援したとしても、それでは日本の政策がどのようにみられていたか、独立運動のなかでどのように位置づけられていたか、そして最終的にどのように評価されていたか、をみると、それは単純ではなくなるのは当然である。

これは一言でいえば、きわめて、いやこれ以上にない、アンビヴァバレントという事態のなかにあった、ということである。戦後になって、独立運動指導者の回顧のなかで多くのことが語られ、日本に紹介されるものは日本の貢献を讃えるものが多いが、一身を独立運動にささげ、日本の支援を軸にそれを推進・指導した、ビルマの独立運動指導者バー・モーの『ビルマの夜明け』を読むと、この間の苦悩がよく分かる。そのポイントはつぎのごとくである。[22]

①ビルマ独立があくまで第一目標であること、②そのためには自分の味方になるものは活用する。それは、ある時は日本であり、事態が変化すればイギリスである。③共産主義勢力の浸透が無視できない。それは反ファシズム戦線のスローガンの下、宗主国イギリス支持を打ちだす。自分たち

は何よりも植民地支配打破のためにイギリスと戦っているのに。④一度、イギリス・デモクラシーの洗礼を受けた者として、日本のやり方は合わない。⑤しかし、日本の徹底したやり方――精神の持ち様、方策の展開にみる――には敬意を表する。

見事な観察であり、認識である。それよりも、独立運動が、対イギリス、日本による占領とその支援、この間にいつのまにか新興共産主義が入りこむ、という狭間で、いかに翻弄され、そのなかで本筋を逸脱せずに舵取りを求められたか、を語って余りある。

同時に、日本側の植民地政策も、その実行者たちも、このような複層的な関係のなかで苦闘したのである。このことも忘れるべきではない。

日本側においても占領地域にたいする政策・姿勢は一致していなかった。第一、軍政を敷いたので不慣れなことが多かった。それぞれの社会にたいする理解は充分ではなかった。これらが重なって当該地の人々の理解を得るのに失敗したこともあり、人心の離反は避けられなかった。しかし、実際的にいうと、日本にもしもっと時間が与えられれば、日本の占領地支配は修正されたり、より賢明なつぎの方策も実施に移されたであろう。なによりも、戦争必要物資の確保が優先されたので、新しい方策の展開にいたらない間に終戦になってしまったのだ。

日本では、日本の植民地支配を批判・攻撃することがまるで疑うことのなき正義のようにされているが、それは公平な態度ではないのである。西洋の五〇〇年にわたる植民地支配において何がなされてきたのか、という批判的検討をしてからであるならば、そしてその比較において何が言えるかが提出されているならば、その批判はより生産的なものとなろう。

バー・モーによる深い日本理解

確かに日本側にも誤りがあったであろう。しかし、東南アジア諸国に与えたそのインパクトはまさに歴史的に大きな評価に値する。これについてはつぎのバー・モーの言葉がそのすべてを語っている。重要なので長いが引用したい。

「日本の事例は本当に悲劇である。歴史的に眺めてみると、日本ほど、アジア人を白人の支配下から解放するのに尽くした国は、他のどこにもいない。にも拘わらず、解放を援助しまたは、いろいろな事柄の手本を示したその人々から、これほど誤解されている国もまたない。日本はその軍人と人種的幻想により裏切られてしまった。もしも、日本が自分のアジア的本能に忠実であったなら、そしてもしも、日本が戦争目的から宣言した「アジア人のためのアジア」を忠実に守ってさえいたら、日本の運命は全然違っていただろう。そうしていれば、軍事的敗北で、アジアの半分、あるいはそれ以上の国々の信頼と感謝とを失うことはなかったのだ。そしてアジア人の手に戻ったアジアも含まれている戦後の世界に日本が、新たに大きい永続的な地位を見出すにあたって大いに役立ったであろう。現在でさえ——植民地の数知れない人々に解放をもたらすために、日本の果たした役割を何者も抹殺することはできないのだ。帝国主義と植民地主義に終わりを運命づけた、日本の太平洋および東南アジアでのめざましい勝利、戦時中、日本が設立を助けた民族の軍隊、そしてそれがアジアの多くの地域で生み出した新しい精神と意志、東南アジアの数ヵ国に日本が樹立した独立国および他の交戦国が自分の植民地内では、独立について話さえ禁止していた時に、日本が承認した自由インド仮政府、そして最後に、無から新しい大国として立ちあがった時に全日本民族によって示されたアジア精神の不可侵性、これは、過ぎ去った戦時中の緊張と激情と裏切りをしのいで、歴史の総決算の中に残るであろう(23)」。

もう一つ、引用しておきたい。それは、ククリット・プラモードという泰国の元首相で、現地の新聞に「十二月八日」と題して、つぎのように発表しているという。

「日本のおかげでアジア諸国はすべて独立した。日本というお母さん、難産して母体をそこなったが、生れた子供はすくすくと育っている。**今日、東南アジアの諸国民が米英と対等に話ができるのは、いったい誰のおかげであるのか。**それは身を殺して仁をなした日本というお母さんがあったためである。十二月八日、我々にこの重大な思想を示してくれたお母さんが、一身を賭して重大決心をされた日である。我々はこの日を忘れてはならない(24)」。

この二つの感動的な文章に接してなにも付け加えることはないが、あえてつぎのことを言っておきたい。

プラモード氏がなにげなく述べている太字部分は、彼等民族がいままで受けてきた従属と屈辱の歴史を静かに語っていて、身が引き締まる思いがする。彼らは長い間対等の扱いを受けてこなかったのだ。日本人は幸いにして民族としてはこの経験がないので見過ごしてしまうが、その思いを改めて噛みしめたい。

2—4　大東亜戦争の悲劇性

このように大東亜戦争の諸側面を明らかにしてくると、それが決定的敗戦に至ったことから、どうしても大東亜戦争の悲劇性について一節を設ける必要を痛感する。

確かに、日本の始めた戦争、ことに「太平洋戦争」はそもそもからして〝自爆戦争〟といいうるものであり、そのことは否定できない。しかしこの戦争に向きあうとき、そのことを言い放つだけでは気持ちはどうしても治まらないものがある。そこで戦った日本人の心をどうしても救いだし、これに光をあて、その意味を正当に価値付け、そして後世に語りつがねばならないのである。

戦没者数とその内訳

まず、一体、どれだけの戦没者であったのか。秦郁彦氏はこの分野の多くの検討をまとめる形で、日本人戦没者の実相を追っている。ここではこれに依拠する。(25)

・支那事変（一九三七（昭和一二）～四一年）を含む第二次大戦における戦没者の概数は、約三一〇万人である。
うち、軍人・軍属・準軍属　二三〇万人（外地二一〇、内地・同周辺二〇万人）
　一般邦人　八〇万人（外地三〇、戦災死没者五〇万人）

[比較]
・ソ連、　二〇〇〇万人、
・アメリカ　四〇万人
・ドイツ　五五〇万人（軍人四五〇、民間人一〇〇万人）
・日露戦争　八・八万人の三五倍。

・地域別の戦没者数（万人）
中国本土　四六・六
旧満州　二四・五　小計七一・一
沖縄　一八・七
東南アジア　一二九・四　フィリピン、ニューギニア・ソロモン、中部太平洋、ビルマ・インド、インドネシア
シベリア・モンゴル　五・四
朝鮮　五・三
台湾　四・二
千島・樺太　二・四
総計　二五一・九　――その他共計
うち外地戦没者計　二四〇・〇

総計は上記に一致しないが、この計数を用いると、中国・満州での戦没者数は二八・二％を占め、中国本土のみでは一八・五％になる。これは一般に想像されているよりは多いのではないか。日中戦争が五年にわたったから一年平均九万人以上であって、決して少ない数字ではない。戦争の中心は、アジア・太平洋に広がったから、その主戦場での戦没者は一三一・八万人、五二％を超えた（千島・樺太を含む）。これに沖縄を加えると、一五〇・五万人、六〇％になる。

さらに、シベリア・モンゴル、朝鮮、台湾を加えれば一六〇万人、六四％の人がこの戦争で命を落としたのである。

・餓死者数

この戦争の特質は餓死者が多かったということが挙げられる。南方戦域では戦没者七九・九万人のうち四八万人（六〇％）、全戦場では六二万人（三七％）と推計される。

それにしても、これは内外の戦史にみられない異常な高率の死者数である。第一線の苛酷極まりない状況、そこにみられる日本の戦い方――現場戦闘主義の優先、総合軍事力の軽視、それが典型的に現われる兵站の軽視、をこれ以上物語るものはないであろう。コトに当っての日本の思考様式、精神のあり方をまさに根本的に見詰め直さねばならない。重大な教訓がここにある。

日本の戦い方（神風特攻隊に象徴されるもの）

つぎにこの戦争の悲劇性を深く象徴する神風特別攻撃隊のことをとりあげよう。

神風特攻攻撃は、西洋人には理解を絶するものと思われている。自殺を認めないキリスト教の教えによるものであるが、そのような戦い方は西洋にもないではない。しかし、集団として、組織的行為としてそれがなされたことは彼らの理解を超えるものであった。しかも、このように多数の若者が、しかも自己の意思により身を投ずるということの意味をもっと深く考えるべきである。

まず自殺を承認しない西洋文化のもとにおいては、彼らは、当初からこれを「自殺攻撃」としていたから、それは信じがたいことであった。しかし、それは国家のための犠牲的行為であると説明されると、かなりの理解を示すのであった。そして自分たちもその立場におかれれば、それを受け入れたであろうという。その意味で、普遍性はある。

日本人が特攻隊をとりあげてこなかったのではない。いや形を変えて何度もそれをとりあげてきた。その主要な出撃地であった鹿屋を訪れた人たちは、つねに涙してそこを去る。しかし、あえて言うが、そのとりあげ方は、いままであまりに情緒的・文学的でありすぎる。おそらく「平家物語」以来の、武士にたいする庶民の捉えかたを反映しているのであろう。また、同じ日本人であるから、事新しく、その意味するものを言い連ねることは必要ないのであろう。

しかしそれは何よりも、日本が単独で戦ったがゆえに、日日本という国、日本人の心性、を根底から揺り動かし、それに基づく行動となって顕現するものであった。

・これほどの自国愛はあるだろうか、
・死してなお生きることを信ずること（「七生報国」）、
・そこに脈打つ、同胞への限りない愛、
・到底、他律的には考えられない自己抑制、
・そこに示される、純粋性と高貴さ。

これらが特攻において顕現したことは、民族の特質として

特筆大書するべきことである。重要なことは、これらの精神が民族に共有されていることであり、それは国を興し、社会を支えていることである。それは時代によって形を変えて様々な様相をもって出現するが、そこに通貫するものがある。

しかもこれを人文科学の視野において捉えなおすことが必要だ。

特攻隊員を律していた心情と信条を思うにつけ、そこに極めて日本的な人生への態度、それは死生観として結実しているものを思わざるをえない。

それは、神道、儒教、仏教、の深く浸みこんだ影響である。

・神道の影響——精神文明の高い抽象度

天照大神を中心とする一神教と大自然などに価値をおく多神教に基礎を置く。人格を欠いているので精神文明として抽象度は高い。

明治維新で神道を国家宗教化した。その教義は天皇を神のエッセンスとしてこれを崇拝すること、亡くなった祖先に高い価値を付与しこれに礼拝する。前者によって天皇にたいして服従し献身と犠牲の予諾を含む絶対的権力をもった。必要とあれば天皇に対して身命を捧げることはいけにえにではなく奉仕なのであった。

また、祖先崇拝が神道の基本ポイントであった。ここには儒教や仏教の影響もある。

・儒教の影響——個々人の行動法であり生活の規範

孔子の教えは、人間の品性が善（道徳的に偉大であること）であることを鼓吹するものであるが、それは愛他精神とか子の親にたいする愛とか、共同体における隣人愛などによって実践される。また多くの実在人物の意識や行動の観察から、高潔な勇気や偉大な道徳律を引きだしそれをモデルにして、人間性の完全さを追及する。そのなかで死にたいする態度も故人の崇拝によって培われたものとして形成されていることだ。人間性に徹した道徳律を打ちたてたのであり、これは日本の神道が可能性としてみなしていたことなのである。

・仏教の影響——その究極性

釈迦は、真の自我は、超越性、抽象、精神性の道、瞑想のなかにしか存在せず、それは意識の最高揚した段階でしか人間には到達できない。それが涅槃、すなわち死による崇高な超越というものに当たると教えた。こうして釈迦は、この世にすべて存在せず、すべては久遠の生のなかに存在するという。これは物質的自我からの解脱、苦悩の超越、究極性としての死による崇高な超越にあたるのである。こうして仏教は日本人の精神性を高め、努力すれば栄光の道が開けるという観念や苦悩や死を前にして動じない日本人の行動を形作ったのである。

実はこの部分の文章は、ベルナール・ベロー『神風』のなかから重要部分を抜書きして引用しているのだが[26]、日本人の一人としてはまことにこの〝行為〟は皮肉このうえもない。それは外国人の儒教と仏教、さらに神道についての理解に頼っていること、これによって特攻精神を理解できること、という二重の意味でそうなのである。外国人によってわれわれは教えられているのだ。

われわれは、このようにして自己の思想の確認をしなければならない〝放浪児〟になっているのだ。特攻精神にみられる「死」への近接性、それによって祖国と郷土と肉親を守るという自己犠牲の精神を現代史のなかに刻印すること、これ以外に日本の文化・思想学の出番があるのか。それを明示することなく、あたら有為の青年の死に黙っているのだ。

戦争それ自体の悲劇性

戦争全体をみても、それは最初から国全体が悲劇の真っ只中に入りこむという性格をもっていた。そしてそれは多くの国民がうすうす感じていたことであった。その予感が現実になるのはそれほど時間はかからなかった。

しかも、日一日とそれは身近におこるのであった。アッツ島をはじめ、マキン、タラワ、グアム、サイパン、テニアン、ペリリュー、アンガウル、硫黄島、そして中国大陸においても、制空権も制海権のないまま、弾薬や食料もないなかで、降伏を拒否し、玉砕するまで戦い、ついに比島作戦になると特攻隊を繰りだし、最後は一億総戦死までも誓いあったのである。

この間、全国主要都市のほとんどは焼きつくされ、一般国民、すなわち非戦闘員は猛火のなかただ逃げまどうばかりであった。

一体、こんな民族と国家は近代において存在したであろうか。これを二五〇〇年前のテルモピレーの玉砕戦、二〇〇〇年前のイスラエルにおけるマサダの玉砕戦に比するものとして語りつがれるもの、という指摘もある。[27]

このような大いなる悲劇の因ってくるものは、日本にとってのこの戦争の性格からくるものである。それは先に指摘したように、戦争目的が①自存自衛であり、②在来の英米の作りだした世界システムに抗して「大東亜共栄圏」を構築するというものであったから、それは本来的にその目的は達成できないかぎり戦うという、妥協の余地のない戦争であったからである。

そこには、列強に伍して発展し、伸張せんとする進取果敢な意欲があり、これを実現せんとする大いなる意図があった。しかし、いかんせん、それは短時日に実現できるものではなく、また何よりもそれを実現できる国力が付いていかなかった。その不足する国力は戦争をしながら付けていく、という無理な構図から成りたっていた。

ここに開戦そのものが当初から大悲劇をなすという根本原因があったのである。まさに「大いなる意図」と「国力の限界」が露呈されているのであり、このギャップが近現代日本を真っ二つに引き裂いていたのであった。このことが個々の戦闘において、国家全体の戦争においても、〝玉砕〟的な性格を帯びるにいたる理由がある。

さらにこのような終末にいたる道筋には無理に無理が重なっていた。

それは一貫して自らの国力はあまりにも劣位にある、しかしそれを黙って感受はできない、これを何とかしなければならぬ、この事態を打開しなければ到底自立した国家とはいえぬ、このような焦燥感がつねに付きまとい、それが日本を駆って、とくに日本陸軍を駆って、対外進出に乗り出させたのである。

これがまた軍事力と外交力の甚だしい懸隔となって現われた。そもそも一国の外交力は綜合国力に規定されたものであり、国家間関係はまずは外交力によって打開・解決しなければならない。ところが新興国でしかも非西洋の国であったから、この外交によって生き抜く力は劣位にあることは否定できない。そこではつねに物足りなく、ここに軍事力によって事態を打開していくことに命運をかけることになったのである。ここに真の悲劇のもう一つの原因がある。

とくに中国大陸における死者の多さに改めて注意を喚起しておきたい。連戦・連勝であったかのごとく報じられていたので、派遣軍の多さ、それに比例して死者もまた多かったのだ。東条陸相が近衛首相に大陸からの撤退に頑強に反対した理由もここにあったのであろう。

2—5　第二次世界大戦で得たものは

それでも戦争は終わった。そしてこの戦争の帰結はどういう姿をとったか。

まずアジアについて。

それは、極東における戦争を客観的に分析したソーンの言葉を聞くのがよいだろう。

「一九四五年の夏には、アジアにおけるヨーロッパ諸国の地位は、一九四一年一二月以後の事態の動きによって永久的に弱体化したと考えた人びとがいた。**だがヨーロッパの帝国主義的存在そのものが、ほんの一〇年足らずのうちに事実上駆逐されてしまうだろうと予想した人はほとんどいなかった**」[28]。

「イギリスと自治領をより深く結びつけた戦争が「イギリス連邦同盟」という自動機構の終焉を現実のものにしていった。**日本は敗北したとはいえ、アジアにおける西洋帝国主義の終焉を早めた。**（中略）日本自身は一時あのように落ちぶれたが、高価で無駄な軍事力増強の道を避け、かつて剣によって確保することのできたものよりはるかに大きく、かつ永続的な富と力を得ることができた[29]」。

こうしてこの大戦で失った最大のものはまさに英帝国の崩壊であった。帝国を構成していた諸地域の民族は独立し、二〇〇有余年にわたって世界を支配してきた体制が崩壊したのである。アジアにおいてその直接的引き金を引いたのが日本であったことは深く記憶されてよいことである。

なお、日本は長い植民地支配による〝恩恵〟を享受できなかった〝遅れた青年〟であったから、西洋列強が植民地を喪失することによる物質的・精神的痛手をなかなか理解できないのだが、それはわれわれの想像を超えるものがあろう。ふたたびソーンに引用するが、注のなかに次の文章がある。

「オランダでは東インドを失えば、われわれは「デンマークの二の舞」になるだろうといわれた。・・・一九五六年にマクミランは、ナセルにスエズ運河の国有化を許せば、イギリスは［オランダの二の舞］のような恐ろしい運命に見舞われるだろうと予想した。このような心配や想像は、国際間の権力政治から見れば無理からぬことだが、「ホモ・サピエンス」の行動という点からみれば、滑稽なだけではなく、なにか哀れな感じがする[30]」。

大国から小国へ転落する恐怖であり、大国としての矜持や自負心が打ち砕かれるのである。かくて一九五六年一〇月にスエズ戦争を起すのだが、これこそ帝国主義的行動そのものであり、その火は消えていなかったことをわれわれは目の当たりにしたのである。ソーンは上記の文章で人間としてはまことに愚かな行動であると皮肉っているが、それは実は真剣な行動であり、それが近代史であったのだ。

さらにアメリカはどうであったか。

圧倒的な勝者アメリカとの対比で、敗者日本はどうなったか。またソーンだが、

「当時の日本の荒廃と比類のないアメリカの力を見れば、日本は今世紀の終わりには生産力でアメリカをしのぐ「新生超大国」になると一九七〇年代の初めごろになればいわれることだろうとか」、底知れぬアメリカの軍事力をもちながら、「そのアジアの戦いでおそらく敗北を喫するだろうなどと誰かがいったとしても、どれだけの人がそれを受け入れただろうか?」。

「一九四五年には極東戦争のまぎれもない「勝利者」だったアメリカ、そのアメリカが一九七〇年代にはある意味では、長期にわたる最大の「敗者」と見られるようになった[31]」。

中国についてはどうか。

「(台湾は別にして)共産主義のもとに統一され、外国人に従属を強いられてきた世紀に「終止符」を打つことになると予測した人は、なおいっそう少なかった[32]」。

主戦場であった欧州ではどうなったか。

そこでの最大の勝者はソ連であった。領土の面からみれば、支配地域を拡大したのは唯一つソ連であった。

確かに日本は軍事的には敗れた。しかし戦争という大事件の影響は、右の解明に示されている通り幅広い歴史眼で見なければならない。こうして初めて、その実相と帰結が明らかになるのである。

注：

（1）猪木正道『軍国日本の興亡』、中公新書、一九九五年、二六四〜二六五頁。

（2）高木惣吉『私観太平洋戦争』、光人社ＮＦ文庫、一九九九年、原本は一九六九（昭和四四）年、一九頁。

（3）同上、二四頁。

（4）田中新一著、松下芳男編『田中作戦部長の証言』、芙蓉書房、一九七八年、三六一頁。

（5）注（2）に同じ、七二頁。

（6）同上、末次部長の批判以下の部分も本著による。九〜一一頁。

（7）日本国際政治学会『太平洋戦争への道　第七巻』、朝日新聞社、一九八七〜八八年、二四頁。

（8）細谷千博『両大戦間の日本外交——一九一四—一九四五』、岩波書店、一九八八年、二九四〜二九六頁。

（9）注（2）に同じ、第二章が詳しい。

（10）クリストファー・ソーン（市川洋一訳）『太平洋戦争とは何だったのか』、草思社、一九八九年。原著は *The Issue of War: States, Societies, and the Far Eastern Conflict of 1941-1945*, 1985.

池田教授によれば、ソーンは太平洋戦争の原因について、政治・経済・戦略・外交の観点から多面的に追及しているが、「人間や人間集団を行動に駆り立てる潜在的意識や偏見、また伝統意識や文化価値の存在を強調した」。一九七八年の『ある種の同盟』では、長年にわたって西洋世界に沈殿してきたこの人種的偏見をぬきにしては、太平洋戦争の真因により近く迫れないと強調している、という。

ソーンの人種的とは、単に生物学的な白人対有色人、地理的な西洋対アジアの対比だけではなく、「ある人間ないし人間集団が、他の人間ないし人間集団に対して支配的地位を占める場合に優越感が生まれ、それが定着して偏見になるのだと」、広い意味で使われているという。つまり、国際、国内を問わず広い意味での差別意識である（訳書、三八三〜三八四頁）。

その視点は充分に汲みとるものがある。本稿でも、大東亜戦争を深く歴史文明的文脈で捉えようとしたのは、そのためである。マハンを長く紹介したのも、この異なる人種が接触したときにおこる問題性から、アジア、日本を視ようとしている視点を指摘したかったのである。日本は人種的視点を持ちだすのは避ける傾向があるが、自らはこの問題に触れたくないこと、他のアジア人に対する偏見を思いだすからであろう。しかし、これは現実世界をみるうえで間違っている。簡単に東京裁判史観にそまってしまう理由がここにもある。

（11）中村粲『大東亜戦争への道』、展転社、一九九〇年。真正面から戦争の正当性を論証した力作であるが、大東亜戦争が「結局自存自衛のための戦ひだった、と考へる」。としたあと、わが国は「かつて世界の覇権を求めようとしたことのないのは歴史を率直に読むものには直ちに分かることだ。のみならず、我国は、戦争を起したくて起こしたこともなかった」。としている。これは大筋として事実である。その論証として近代日本の対外行動が「国防と民族の生存といふ目的からする対外行動であった」とし、「支那事変は特殊な例であり、国防と安全とも関係なかった。それは挑発されて起した軍事行動であり、挑発した支那側の膺懲が目的であって、わが国家民族の安全と生存といふ切実な要請から発した対外行動ではなかった」。（六五四〜六五五頁）

支那事変は特殊な例外である、とするのは誤った表現である。日本の対外発展の道程にそれはあったことを率直に認めようではないか。また広く考えてそれもわが国の国防と安全のためであったのだ。戦争を弁護するあまり、対中問題を矮小化するのは残念である。

(12) 矢次一夫『昭和動乱私史　上』、経済往来社、一九七三年、三四六〜三四八頁。

(13) 重光葵は、満州を経営することはできたが、それ以上の地域を処理する経済力は持っていなかったという。このため「日本は経済的にのみから見ても、支那問題を解決する力はなかった。況や、占領地経済は、軍事力及び政治力と密接不離の関係に置かれるわけであるをや」。

「日本が支那事変といふ力以上の仕事に突入した、ことが破綻の原因であった」。『昭和の動乱　下巻』、中央公論社、一九五二年、一五八〜一五九頁。

(14) 臼井勝美『新版　日中戦争』、中公新書、二〇〇〇年、一九三〜一九八頁。

(15) 名越二荒之助編『世界から見た大東亜戦争』、同、一九九一年、二〇八頁。

(16) ASEANセンター編『アジアに生きる大東亜戦争』、展転社、一九八八年、の巻末資料I参考評論、三一二頁。国際的に著名な歴史学者、評論家、アジア独立戦争の指導者たちの大東亜戦争観を集めている。

(17) 小林路義「大東亜戦争の文化史的意義」、現代アジア研究会編『世紀末から見た大東亜戦争』、プレジデント社、一九九一年、所収、三四二〜三四五頁。

なおタイトルは感心しないので損をしているが、全一二章はいずれももっと参照されるべきである。小林氏の論稿も文化史でなく文明史というべきではないか。小林氏は、日本の世界史に与えた三つの事件のインパクト――日露戦争、大東亜戦争、高度成長――を正当に評価すること、の指摘は重要。大東亜戦争がアジアの民族独立運動に与えた貢献を軍事組織の形成に求めた、その意義を再評価したのは重要な貢献だ。力なくして、殖民地支配から実際に抜けだすことはできないのだ。知識人の西洋かぶれによる認識の偏りの指摘も大切だが、知識人は現場で武器をとることを本能的に嫌うので、そのような側面を軽視してしまうのだ。

(18) 前掲『太平洋戦争への道』、別巻、朝日新聞社、一九六三年、五八七頁。

(19) 小林、前掲論文、三四九頁。

(20) 注(16)に同じ、三一三〜三一四頁。

(21) 小林、三五八〜三五九頁。

(22) バー・モー（横堀洋一訳）『ビルマの夜明け』、太陽出版、一九七三年。

なおバー・モーは、本著の「初めに」において、独立運動の真実が戦後著しく歪めて伝えられ、「英国の植民地主義権力がビルマから追いだされたとき全国民が喜びで沸きかえったことも無視されてきた。戦時中、東南アジアで初めて、完全なビルマ防衛軍が創設されたこと、そして、最も暗い時代であった一九四三年に、これも東南アジアで最初に、ビルマが独立を宣言したことも忘れてきた」。と書いている。思うに日本軍が撤退してからは、敵は日本軍であって、かつての真の敵であるイギリスを忘れてしまうような歴史が教えられたのである。

このような事例は東南アジア各国において戦後みられたことであろう。それが西洋の研究として日本に入り、日本人自身が自己の目で歴史を知る妨げになったと思われる。

(23) 同上、二〇〇～二〇一頁。
(24) 名越、前掲書、二一二頁。
(25) 秦郁彦「第二次世界大戦の日本人戦没者像――餓死・海没死をめぐって――」、『軍事史学』通巻一六六号（四二巻二号）二〇〇六年。
(26) バルナール・ミロー（内藤一郎訳）『神風』、早川書房、一九七二年、三六～四四頁。
(27) 注(15)に同じ、二一〇頁。
○テルモピレー（テルモピュライ）の戦い（前四八〇年）――ペルシャ戦争中の陸戦の一つ。テルモピレーはテッサリア、ロクリス間の隘路。侵入したクセルクセス以下のペルシャ大軍を、スパルタ王レオニダスの指揮するギリシヤ軍約六〇〇〇が三日にわたって食いとめたが、内通者が間道を敵に教えたため、レオニダス王以下三〇〇人のスパルタ兵が踏みとどまって玉砕した。
○「マサダの包囲」（七二～七三年）――ローマのイェルサレム包囲が成功したあと、ローマ軍の一部は砂漠にあるユダヤ反徒を殲滅することになった。マサダは死海より約四三〇メートル高い山頂に宮殿と複雑な砦があった。そこには一〇〇〇人に満たない数の男女・子供が、一万五〇〇〇人に近い包囲軍に立ち向かいほぼ二年にわたって守り通した。しかしローマ軍は木の壁に火をつけ砦への突破口をつくった。しかしそこで見つけたものは女性二人、子供五人であり、全員は洞穴にひそんでいた。彼らユダヤ民族主義者たちは、奴隷になるよりも備蓄した食糧を焼き、集団自決をとげていた。現代のイスラエル人は、神殿としてマサダを毎年訪れるのである。
(28) ソーン、前掲書、三七七頁。
(29) 同、三七八頁。
(30) 同、三七九頁。
(31) 同、三八〇頁。
(32) 同、三七八頁。なお、『ウェデマイヤー回想録』のとくに第二十六章も参照のこと。

附1　日本は「新外交」に失敗したか

日本の過誤あるいは悲劇の原因は、第一次大戦終結後に世界でつくられた「新外交」に適応することに失敗し、「旧外交」に執着したためである、という研究がなされているという。これはいかにも説得性のある議論のようにみえる。しかしこのように綺麗に整理することができるのか、疑問とする。

旧外交とは：

① 君主・政府による外交の独占
② 秘密外交
③ 植民地主義
④ 二国間同盟、あるいは協商の積み重ねによる安全保障
⑤ 権力主義外交（パワー・ポリティックス外交）

新外交とは：

① 国際連盟規約によって仲裁裁判条約が制定されたこと
② 連盟規約によって新たに国際紛争の司法的解決（常設国際裁判所）が導入されたこと。

これに対し、日本は総括的仲裁裁判条約の締結に消極的であり、国際紛争の司法的解決については応訴義務の導入に反対しつづけた。日本は国際紛争の平和的処理の側面において第一次大戦前の方針を大きく改めることはなかった、という。

しかし、日本の不適応を指摘する前に、一体「旧外交」は本当に幕を下ろしたのかを問う必要がある。

そこで、上記「旧外交」の要素を点検すると、

①の君主外交は消滅しただろうが、政府による独占は無くなっていない。

②については、君主やその意向を受けた秘密外交はなくなったが、条約締結時に交わされる文書にはなお秘密文書が多い。

③がとくに重要。植民地をさらに拡大しようという政策をとる国家はなくなったが、それは列強においてその魅力ある地が消滅したということであり、それにおもむく動因は消

えたわけではない。形を変えてその勢いはつづいたのだ。

④についても同様である。そして⑤は厳然として国際政治の論理として機能している。「新外交」はそれをよりソフトにしたものであるが、この力を前にして国際裁判所が影響力を持つと期待するのは無理である。

なによりも、そのような意味で「新外交」を主張するならば、まず列強は自己の植民地政策の転換を表明するのが前提であらねばならぬ。それは従来どおり存在し続けるのであるから、「新外交」転換の主張は説得力を欠く。つまり外交論としてみると、実体条件はそのままにして新しい理念を唱えているだけである。新外交が成功するためには、維持されている「現状」が変更されているという実体条件が整っていなければならないのである。

こうして日本にとっての新外交論は、①台頭する後発国の勢いというものがあり、国際紛争を仲裁に任せるのはすでに余裕がある国の発想と衝突する。②この勢いを軍部が担い、かつ国民の支持を背景にするので、国内に政治的有力基盤をもたない外務官僚は押されてしまう。外交独占がかえって災いとなった。③国際場裡における日本の地位からして外交による発展力は低い。

外交の混迷はこれらの要因が重なったと思われる。

したがって、新外交に依拠しなかったことが、現代における日本外交の悲劇を生んだという見解に同意できない。

そのような研究畑における議論よりも、実際の国際情勢の進展がどうであったか、が意味をもつ。それは、日本がせっかく作り上げた旧外交の成果――多角的同盟・協商網（日英露仏の四国協商に加え、日米も移民問題と日中間紛争につき高平・ルート協定によって一時的に解決された）――が第一次大戦終結によって取り除かれてしまったことだ。また、ロシアに共産主義革命がおこり日露同盟が無効化した。さらにパリ講和会議によって連盟規約と矛盾する同盟や協商が否定された。このため日英同盟は形骸化され、石井・ランシング協定も冷眼視された。かくて日本は多角的同盟・協商の構築を開始した一九〇〇（明治三三）年の状況に引き戻された。

そこにおいて独自の構想をもつべきときがきていた、しかしそれは生れなかったということである。まことに危機は静かに、誰が気を付けるともなく進行するものである。

注：この部分の前段は、千葉功『旧外交の形成』、勁草書房、二〇〇八年、「はしがき」と「結論」、とくに四六二～四六三頁、に依拠したが、後半の部分は筆者の見解である。

附2　島崎藤村にみる祖国日本への想い

独立日本への想いは日頃特別の感慨ではないが、危機に際してとか、外国にでた時などに強烈に甦ってくるものである。

それをここでは、島崎藤村のいくつかのエッセーで確認しておこう。

藤村は一九一三（大正二）年四月、単身ヨーロッパにわたり三年間パリで過ごしたが、そこでの知見をエッセイとして発表する。その体験は、アジアでなぜ日本のみが（ほかにタイがあるが）独立を保持し、自分がこのような独立国の日本人として存在できているかに深く思いをめぐらすことになり、それは連続する歴史的背景と条件があること、さらに進んで幕末から維新にかけての動乱の真っ只中にあって苦悩した自分の父の生き方を再確認することで、自己の存在証明を得ようとしたのである。関連する文章を引用しよう。

○「南阿弗利加のケエプ・タウンから東を帰航してみると、今更ながら英吉利の殖民地の発達には驚かされる。実際、殖民地を別にして英吉利というものは考えられない位だ」。

○こうなったのは、ヨーロッパが強かったためだ。「実際欧羅巴の方へ行って見ると、強い組織的なものがあるからねえ。左様いう強いものが押し込んで行くと、組織的でないような弱いものは否でも応でも負けてしまう。（中略）結局強いものが支配するようになっちまう。そいつが僕らの方まで延びて来たんだね[1]」。

○「印度へ――支那へ――日本へ――左様思ってあの「黒船」が幾艘となくこの島国の近海に出没した時代のことを振り返って見ると、吾輩の先祖の中には沢山気違いが出来たというのも決して不思議はないと思う。よくそれでもあの暗黒な時代にあって、吾儕の先祖が迫り来る恐怖を切抜けたものだという気もする。幸いにして、わが長崎は新嘉堡《シンガポール》たることを免れたのだ。それを私は天佑の保全とのみ考えたくない。歴史の運命の力にのみ帰したくない。その理由を辿って見ると種々なことがあろうけれども、私はその主なるものとしてわが国が封建制度の下にあったことを考えてみたい。実際わが国が今日あるは封建制度の賜物であると言いたい。（中略）吾儕の国が印度でもなく支那でもないのは、彼様いう時代を所有していたからではないか。今日の日本文明とは、要するにわが国の封建制度が遺して置いて行ってくれたものの近代化ではないか[2]」。

○「遠い外国の旅に出て来て見ると、子供の時に別れた阿爺のことなぞがしきりと恋しくなる。僕らが今日あるのも、彼様して阿爺の時代の人が頑張っていてくれた御陰だ、左様思うと僕はあの頑固な可畏しい阿爺に感謝するような心持を有って来た。多少なりとも僕らが近代精神に触れ得るというのは、あの阿爺たちに強いものがあったからだ。それに触れ得るだけの力を残して置いてくれたからだ[3]」。

いちいちの説明は必要ないが、西洋が東洋にたいして力を発揮したこと、それは組織力にあったことを説くのは、「国民国家」形成で先行したことによるのであり（これは価値判断を入れた表現ではない）、アジア各国はそこまで進展していなかった差がでたのである。この国民的統合が日本では封建時代をもったことでかなり出来上がっていたので（これはあくまで比較の意味でいっているだけだが）、改めてこの時代を再評価すべきこと、そして平田派国学に殉じて尊皇攘夷運動に没入したが、維新後は世に入れられず、幽閉されて窮死した父のことをよく理解できるようになるのである。まさに個人として民族と国家と家族のアイデンティティを同時に確認しているのである（なお藤村は明治五年生まれ）。

その文章は穏やかで静かな語り口であるが、それだけに心情が滲みだしており、日本人として何がしかの良心をもつ人で外国に出た人ならば、必ずや感じとり認識する点がよく語られている。戦後の「民主派・近代主義者」たちに熟読して欲しい文章である。

さらにもう一つ、これを敷衍して説明すれば、日本文明は独立した一つの文明として存続し発展してきたということである。それはアジアあるいは支那の周辺文明ではないし、多くの文明の精華を学んで受け入れてきたが、これを巧みに自己のものとして社会制度を形成し文化を生みだし、人びとの生活も着実に上昇してきたのである。こうしてその独立性を失ったことはない。政治的にも、日本は中国の朝貢冊封体制のなかに居たのではなく、独自の行動を選択してきたのである。そのため、西洋の「西力東漸」の勢いにさらされても、簡単に膝を屈することはありえないのである。

上記文章はいずれも大正四～七年頃の執筆かと思われる。なお藤村の立場は、「ロンドンでも日本でも開化に不快感を抱き、しかもその不愉快に堪えて生きる方向を模索した漱石とも、ヨーロッパを移植しようとする自分の努力を一方では「役者が舞台へ出て或る役を勤めている」（「妄想」）ように眺める鴎外とも異なっている。（中略）しかし国粋の保存ではなく。「国粋の建設」を願う発想自体の有効性は、現在も依然として失われていない。(4)

「国粋の建設」の文言は文庫、一二五頁にある。筆者の立場もこれに近い。このような発言をすでに大正の初めに藤村はおこなっていたのだ。この発想を学芸の世界で誰が引きついだのであろうか（さすがに亀井勝一郎は藤村の文明論に注目した）。また江戸封建時代を再評価する視点はようやく戦後七〇年代になって日本の研究者の共通の関心事項になった。その先駆けが六〇年もまえに発想されていたのだ。本著で筆者が一貫してアカデミズムへの不信を述べているのは、ここでも妥当であることを確認した。

なお欧州文明に馴染めず、日本を賛美していた河上肇が帰国後マルクス主義になるというのもある意味で不思議なことで、イデオロギーに影響されるのはなにも学問的研鑽によるのでなく、その人の性向ではないかという気持ちがする。

ここで紹介した藤村の見解が存在していたことは、今谷明『封建制の文明史観』、ＰＨＰ新書、二〇〇八年、で知った。ちなみに本著は新書であるが、日本自身による自国史の確認の仕事がどのようになされてきたかを知る好著である。

注：

（１）十川信介編『藤村文明論集』、岩波文庫、一九八八年、一三二頁（「故国に帰りて」）、一一一頁（「エトランジェとの対話」）。

（２）同、一三三頁（「故国に帰りて」）。

（３）同、一一四頁（「エトランジェとの対話」）。

（４）これは編者解説に拠る、三六四頁。

附３　幕末における対外危機の捉え方

日本がいよいよ開戦の決断まで追いこまれる状況、そのときの日本の指導者の事態の捉え方、そしてその心情と決断を追っていくと、それは幕末に開国——アメリカによる黒船外交——を迫られたときの状況とあまりに酷似していることに驚く。

そこで、ここで幕末において日本はいかにこの危機に向きあったのか、を振りかえってみることにするが、この時代に際しての代表的思想家はやはり吉田松陰であったと思う。松陰は開国を迫られる状況を国家の危機と捉え、かつ単なる排外主義に立つのではなく、それを自国の存立のあり方から説きおこし、その行動の基礎を追求し、同時に自己自身のあり方を確立せんとして、この問題を深く受けとめたのである。

このような捉え方は意外に少ないと思われるが、ここでは本郷隆盛「幕末思想論――吉田松陰の思想を中心に――」[1]が明快に考察しているので、これに依拠することにする。重要部分を引用しながら記述していくので、煩瑣を避け引用ページは省略させてもらった。なお、以下の松陰の言葉は主として『講孟劄記』から採られている[2]。

1　吉田松陰の捉え方

外冦の性格と対処する態度について

「今や国家多事、夷冦陸梁」「発丑・甲寅墨魯の変、皇国の大体を屈して陋夷の小醜に従ふるに至るものは何ぞや」と外冦に対する烈しい危機意識と幕府の軟弱外冦を批判する。

このような松陰の烈しい危機意識とその発言は一体何に由来するのか。

・自分は「皇道国運を以て己が任と為」し、「皇道国運の為に言を立」てているのであり、「吾の言は幕府の薬石」である、として、国家の運命、国家の行末を切り開くために発言しているのだという。

・この思想の原動力は、侵掠の機会を窺うと考えられた西洋諸国に対する強い敵愾心と対抗意識であった。

・そのため、攘夷論により戦争をすればその損失は計り知れないものがある、という反論に対しては、現実に無謀の攘夷をする意思はないが、しかし「王者の兵は義不義如何を顧みるのみ。而して義の存する所、利を期せずして利なり」として、戦争するかしないかはそれによってどのような利害があるかどうかではなく、その戦いが正義にのっとっているか否かに依る。すなわち行動の原理を、事の成否・利害得失ではなく、「道義の正」におくべきこと、を説く。

・そこで「道義の正」とは何か。「今、田夫野郎といへども、夷狄の軽侮を見て憤怒切歯せざるはなし。是性善なり」。

いや我がほうに侮りを受けることもあり、耐えることも必要ではないかという考えについては、「羞悪の心、喜怒の発、天命の性なるを如何せん」と反論する。すなわち、松陰が採りあげたのは、ことにふれて動く内面的感情――自己にとっての――真実であるという。つまりあれこれの理屈をもって説明し、事態に対処していくという態度を退けたのである。

開国強制に対する反発の理由

・このような西洋諸国の強圧的外交態度に対する怒りは、当時の識者にとって一般的なもので、徳川斉昭の幕府宛上書においても、また横井小楠も同様である。

・松陰はここで国体の保持を強調する。国家としての体面・面目であり、これがペリーの強圧的態度によって著しく傷つけられ、その尊厳をないがしろにされたとする。それは、彼我の軍事的優劣によって要求を入れざるをえず、鎖国という日本本来の主体的な意思決定を貫くことができないことに対する怒り・憤激であった。

・すなわち、国家はその精神的独立が犯されれば、すでに滅亡するのであり（梅田雲浜）、「国体を立てること」は独立した国家としての威信を回復し、国威を海外に輝かすこと、である。

すなわち、今日の言葉で言えば、外交における主体性の確立であり、国家における対外関係の自主決定力の確保を強調したのである。

・この心情を支えているのが武士の精神である。

武士の本職は、「禍乱を平げ、夷族を攘う」ことにあり、その武士にとって最も大切なことは、「恥を知る」ことである。

そして、この恥を知る武士は戦闘者であり、つねに「勝負の構え」に立つ。この根本にあるのは、自立の精神、独立の精神である。脅かされることに甘んじるのは武士の「恥」である。「おのれの面目はおのれの命よりも貴い」ということである（和辻哲郎）。

・こうして、ペリーの来航は鎖国主義を守りたいという内的自己がある一方で、しかし軍事力の差はいかんともし難いという現実にさらされる外的自己を認識せざるをえない、この間の分裂と葛藤。そこにある強い被害者意識。その苦しみをつうじて精神の自立性と自己の独立を希求したのが松陰であった。そこに単なる攘夷論者にとどまらない独自性がある。

・武力国家としての日本。

やむをえず開国を迎えることになったが、そもそも国際社会はどのように成りたっているのか。それは弱肉強食の、権力政治の世界なのであった。すでに会沢正志も「権力政治のるつぼ」と指摘していた。

これに対する日本の国家意識は、わが国は神武建国以来、武国であり、尚武の国であるという意識であった。

こうして、西洋流の権力政治の方が日本の伝統的思惟に近いのであり、武士道の精神に立っていたことは儒教的な華夷観念に立っていなかったということだ。

以上をみていくと、幕末においても、昭和においても、日本人を支えている心情倫理は全く変っていないことが明らかになる。これは昭和における開戦時の日本の指導者の立場と認識と同じことであった。この意味では近現代における日本の行動は一貫していたと言えるであろう。

その意味で、日本近代は松陰に始まり、松陰によって終った、とさえ言いたくなるのである。

2　松陰の思想の射程

太華＝松陰の論争

上記した松陰の思想は、主としてその主著とされる『講孟剳記』に示されているが、興味深いのは、これを山縣太華に進呈してその教えを乞うたとき、太華がその批評をおこなったことである。太華は藩校明倫館の学頭を長く勤めた官学朱子派の老大家である。しかもその時太華は七〇歳、半身不随にて左手でその評語を書いた。これは『講孟剳記評語　上・下』、『講孟剳記評語草稿』、これらにたいする松陰の反評、という形で残っており、今日これらをまとめて『講孟余話附録』として利用することができる。松陰は太華に深く敬意を払いつつも、「然れども其の立論、悖謬乖戻、忌憚あるなし（間違いだらけであっていくらでも反論できるもの）。大意は幕府を崇んで朝廷を抑ふるに在り」と基本的立場の違いを強く述べて、多くの点で太華の捉え方に反論する。そのいくつかは上記で引用したのだが、以下若干の追加をしたい。

○日本国について

松陰——「記紀神話」をそのまま信ずる。これによって守るべき日本国の成りたちとあり方の正統性の根拠となす。

太華——国の成りたちにについて、怪異なる話はどの国においてもあることであって、これをそのまま信ずることはおかしい。

○権力の移動とあり方

松陰——天朝は一貫してわが国の王であって、幕府・大名は天朝の臣であって、幕府の臣ではない。

太華——武家政権が誕生するのは自然の勢いであって、後白河天皇が君徳を失ったのではない。朝廷は至尊の位置を守って天下の事に与らない。これは王代から武家へ王朝が交代したのであって、大名は将軍の家臣であって、諸大名は謹んで幕朝に仕え、幕朝は天朝に仕えて尊崇を極めるべき。こうして朝廷—幕府—大名—家臣の位階制的に身分＝臣従関係を厳守すべきだとした。

○外冦について

松陰——「皇国の大体を屈して陋夷の小醜に従ふに至るも

のは何ぞや」。

太華――夷敵を敵視せず。彼らは商を乞うているのであって冦せず。

　彼らにやりすぎであっても彼らが優るものがあるから、また吾方に実がないから、やりこめられているのではないか。

　また備えもないのに戦うは自国に大いなる禍をもたらすのみ。耐えることも大切だ。

　このように対比してみると、松陰のほうが観念的でそれは人間をつき動かす、あるいは内面から迸る心情と行動を重視するものである。考え方も松陰の方が保守的であり、太華の方が論理的に筋が通っており、かつ時代の変移についての論証は的確である。それだけ進歩的であるといえる。太華のほうが事実に立脚して見解を述べており、松陰のほうがイデオロギー的で高踏的に自己の立場を主張する。これは太華が儒教的合理主義の最たるものを身につけているためである。

　しかしその結果、現状肯定的になり現状を追認する発言となる。これに対し、松陰は幕末（特有の）時代精神を体現していたので、太華の姿勢が我慢ならなかったのである。それは思考・発言がどれだけ合理的であるかどうかはもはや問題でなく、当面の危機に対する捉え方と、その歴史的現実に働きかける実践主体を確立すること、またそれが自己を定立すること、に中心的関心があったからであった。

　したがって、松陰の方が時代に対する働きかけはより強力であった。思想というものは不思議なものである。この違いは思うに、太華は自己の学んだ学問によって現実を見、今ある眼前の現実を直視するのでなく、文献によって学んだ知識によって、さらに行動するよりも知識の多さによって、現実をみるのである。それは人間をつき動かす、あるいは内面から迸る心情と行動を生みだす時代の要請を軽視することになる。これは平時であればこの立場は有効とされようが、生起する厳しい現実はそのような余裕を許さないのである。それは別言すればある種の「合理性の限界」ということでもあろう。

「同」と「独」

　しかし松陰は単純な排外主義ではない。それは密航計画を実行したことでも現われている。また、「航海通市は固より雄略の資にして祖宗の遺法なり、鎖国は固より苟偸の計にして末世の弊政なり」と述べている。

　このような対外危機意識にたって、松陰は「同、独」という考え方を出している。これは興味深い指摘であり、筆者に言わせれば、「同」は普遍主義であり、「独」は歴史主義、である。

　つまりこの時代の普遍主義とは全く別の個別主義、あるいは歴史主義に立って、欧米列強に向き合っていたのである。そのためまず普遍主義の主張しうるところを理解したうえで、これに対して対抗論理を立てようというのではない。その立場は横井小楠にあったが、それ以前に欧米の態度は許せない、しかもその言うとおりにすることは独立国としてはまことに情けない、という受けとめ方をしたのである。

攘夷論は封建的排外主義ではない

こうして外国に向きあう心情倫理として武士道にのっとり、かつ国際関係の捉え方はそこでは「力」の論理が働いていることを理解していたのである。

従来、攘夷論は華夷内外を分ける儒教思想にもとづく封建的排外主義であるとされ、開国を選んだのはそれが解体されて近代的な国際社会の政治的リアリズムが認識可能になったのだという近代主義者の理解が学界において主流であった。しかし、これは間違っている。日本は開国前から国際社会が力の支配する世界であることを認識しており、かつ日本の存続が強力な武士の存在によって保証されてきたこともよく自覚していた。その意味で近代社会により適応的であったのであって、儒教的観念を克服した結果生まれてきたものではない。これは本郷氏が指摘しているところだが、正しいし、かつまた日本近代史の理解の仕方を修正する重要な指摘である。つまり従来の近代主義理解の仕方は、その立脚点が西洋にあって、西洋の側から日本を測定しようとしているのである。自国社会を内在的に理解する態度に欠けるのである。

ついでに激しい攘夷主義から開国に至り、今度は西洋文明を受容する方向に舵をきった。そこには節操も連続性もないとする批判があるが、それもおかしい。国家の独立、その意思につき自主決定権を力説していたが故に、その姿勢が保持されたからこそ、自主的にかつ積極的に西洋文明の受容を進めることが出来たのである。ただ時流に押し流されて盲目的に受容に踏み切ったのではない。

なお、この論争は、日本の思想史においてもっと注目されてよいと思う内容を含んでいると思う。

注：

（1）本郷隆盛「幕末思想論——吉田松陰の思想を中心に——」、『講座日本近世史九、近世思想論』、有斐閣、一九八一年、所収。

（2）山口県教育会編『吉田松陰全集　第三巻』、大和書房、一九六五年。

附4　第二次世界大戦とは何であったか

日本の大東亜戦争が、相手として激突したのがアメリカであったので、その真実が隠れやすいが、実はアジアにおけるイギリス支配への挑戦であった、と思う。このことはエクスプリシットな意味（東南アジア諸国における英・蘭・仏の植民地支配からの独立を促進）ではよく分かるが、その背後にあるインプリシットな意味を理解しなければならない。そのためには、その前提にいったい第二次世界大戦は何であったのか、を明らかにしておく必要がある。

それは「四つの自由」のためなどと綺麗ごとに騙されるのでなく、戦争の実際を直視することである。

すなわち第二次大戦の具体的な戦争展開は、マーシャル参謀総長のもとでアメリカの中枢参謀として活躍した記録「ウェデマイヤー報告」としてわれわれは手にすることができる。(1)

この報告は、第二次大戦にかんする一般理解を大きく修正する内容に溢れているが、同時に戦争に参加する国家の行動の実相を描き、いったい国益とはなにか、を深く考えさせるものである。とくに現代世界における〝指導的〟国家アメリカとはこの世界でいかに位置づけられるのか、についてまで再検討を迫るものである。

イギリス帝国の防衛戦であった

まず、アメリカは欧州戦争に介入する決意を固め、まずイギリスと軍事協議に入るが（一九四二（昭和一七）年四月の時点において）、アメリカの戦略構想は一九四三年真夏にはドイツ軍を討つべく欧州大陸に直接に上陸を敢行する計画（暗号名ラウンドアップ、のちにオーバーロードと称される。なおその準備段階として百万以上の兵力をイギリス本土に集結させ、敵の防衛軍とその陣地を無力化させるため空と海から激しく攻撃する。これはボレロ作戦といわれた）をもち、これをイギリス参謀本部に提案する。ところがイギリスはこれにコミットすることを上手に避け、いつの間にか、欧州の「やわらかい下腹」を攻めることを優先すべきであると説得され、北アフリカ（ジムナスト作戦、一九四二年一一月八日～四三年五月一二日）、さらにイタリア進攻（一九四三年七月～四四年六月四日、ローマ入城）を優先させることになった。こうした戦略変更はチャーチルの巧みなマヌゥーヴァーによるもので、結局、欧州大陸への上陸作戦——いわゆる「第二戦線」形成——は一九四四年六月六日まで引き延ばされたのである。

これにより、欧州大陸において正面からナチス軍を撃つことは後回しにされ、欧州遠征軍戦力の分散と戦争終結にいたる時間の浪費を重ねたのであった。このような〝迂回〟作戦を上手に誘導したイギリスの真の狙いはどこにあったか、それは地中海の制海権およびスエズ運河の確保であったのであり、さらに欧州への関与はバルカン地域からする、というイギリスの伝統的政策の追求であった。スエズ運河がもしドイツの地中海支配によって使用不能となれば、イギリスは完全に干上がってしまうこと、その世界にまたがる帝国支配は維持できなくなるのである。

しかし、この大陸上陸作戦の延期はドイツ打倒もソ連が主導権を握る形になったこと、さらに戦後の大禍根となるソ連による東欧支配を助けることとなったのである（一九四五年四月二三日、ソ連軍、ベルリン突入）。このため、あれほど「第二戦線」結成を求めたスターリンも最後は熱意を示さなかった、といわれる。

ここにあるのは、チャーチルのあくまで英帝国を維持し守ろうという執念であり、その立場にたって戦争を指導したのである。このことからしても、第二次大戦は、ようやく末期を迎えつつあった英帝国の興廃を賭けた戦いであったのだし、それに力を貸したのが「特別な関係」を忘れなかったアメリカなのであった。

それはアジアにおいてもまさに同じことであったのであり、この帝国の守護と維持がむしろストレートに現われたのであった。それが大東亜戦争が西南太平洋の争覇であったとしたことの意味である。

深刻なアメリカの状況——戦争目的をもたず

このアメリカの作戦計画がチャーチル率いるイギリス戦争指導部の前にいかにして後退していくかの記述は、アメリカが明確な戦争目的をもっていないこと、大西洋憲章では抽象的に過ぎてそこから具体的に戦略を構想することはできないこと、これに比べ英国は一貫して自国の利益追求の姿勢は変わらなかった、と述べている。

「彼らは目的を持っていた。それは主としてイギリス帝国に関係があるものか、戦後の世界貿易においてイギリスの占める地位に関したものであった、といってよい。イギリス人はどんな職業についていようと、また、どこに住んでいようと、イギリス人はだれでも、イギリス本国とイギリス連邦との利益について、じゅうぶんに理解しており、それを忠実に支持した。われわれアメリカ人は、こうした組織と指導性とを持っていたであろうか。また、アメリカ国民は、われわれアメリカの国家目的をはっきりと理解していたであろうか[2]」。

アメリカの作戦計画策定の中心に居て、イギリス首脳と接触した体験を語ったこの言葉は、本人はそれほど重きをおかなかったかもしれないが、東洋にあって世界をマネージする現実からいささか遠い日本にとって、実に多くの、しかも意外な指摘をふくむ重い内容が詰まっているように思える。①何といっても世界は英帝国中心に動いていること、そこではアメリカはまるで随者のような位置に居ること、②「七つの海」を支配してきたこの英国のなかに埋めこまれた智恵・策謀の数々、そして強靭さと執拗さ。絶対に上っ調子な行動にでない徹底した実利主義。③そこから生れる巧妙な外交交渉術。④それに照らしてみれば、「**アメリカが明確な国家目的を持たなかった点をあらためてつくづく考えてみた。アメリカ人はあたかも、フットボールの試合をやっているようなものであった**[3]」。表面は高々と立派なスローガンを掲げるが、内実はアメリカが本当に何を目的にして戦っているのか、足が地に着いていないのだ。こうして留意すべきことは、アメリカの世界にコミットする時の危うさを知り、その行動に疑問をもつことである。これは近時はベトナムで露呈されたのでなかったのか。さらに翻って一体冷戦体制とはなんであったのか、まで再考する必要性を痛感させる。おそらくこれは、アメリカという国の建国の特性からくるもので、つねにその〝特異な〟行動に注意すべきことである。

日本が向きあっていたのは、このような特性をもつ二国による世界支配体制であったのだ。その策謀の厚さと果敢な勇気を知るとともに、この事実はおそらく日本外交力がいろんな意味で劣勢に立たされることの原因になっているのではないか。

それにしても、第二次大戦の勝者たる英米の協力の中身は実は優れた英帝国の覇権維持にあったということは、戦争の真実を知らしめるものとして絶対に見過ごせない。その観点からすると、最大の犠牲者はソ連であったのであり、戦後ソ連がこの惨苦を繰り返さないため、東欧諸国を支配下においてこれを防衛ラインとして活用しようとしたことは理解できそうに思われる。この支配力を戦後、チャーチルは「鉄のカーテン」と規定したが（しかもそれをアメリカでの演説で発表した。またもアメリカ人に旨く恐怖感を与えているのだ）、それを作りだした大きな責任は「貴方本人ではないか」と言いたくなるのである。

注：

（1）アルバート・C・ウェデマイヤー（妹尾作太男訳）『第二次大戦に勝者なし』、講談社学術文庫、一九九七年。とくに（上）は、以下に述べるように、大陸上陸作戦（「オーヴァーロード作戦」）がいかに実行に移されなかったか、について半分以上の章を費やして述べている。とくに第八、一一章を参照。

（2）同、上巻、三五八頁。

（3）同、二一八頁

附5　日本がアジア諸国の占領下におこなった軍隊の組織化

日本軍がその軍政下で、どのように現地の義勇軍や防衛隊など軍隊組織を育成したか[1]。

本来、このテーマは各国における独立運動の一環として述べるべきだが、それは短文では書ききれないこと、そのなかで特に重要性をもつこと、の故にここでまとめることにする[2]。

結論的な評価を述べれば、国ごとに内容が違うので、その貢献の仕方は異なるが、それは大きな貢献をした。

また、このメモを作成している過程で、これら独立運動支援は東南アジアとインドで為されたが、**中国はまったく違うという当たり前のことに気づかされた**。それは宗主国の有無に発することであるが、ここに大東亜戦争の多面的性格の一端があり、その故に対支政策が独立して扱われる必要があるのだ。中国に対しては、汪兆銘政権を立てることでその支配を安定化させようとしたが、これは満州国の中国版であり、中国国民の支持は期待できなかったので早晩何も残さず失敗に帰したのである。なお、以下の四カ国の配列はその展開時間順序になっている。

〔ビルマ〕

南機関の鈴木敬司大佐を中心にして、アウン・サンら独立の志士三〇名をひそかに脱出させ、海南島でハードな軍事教練をしたうえで、バンコックで「ビルマ独立義勇軍」「ＢＩＡ」を結成する（一九四一（昭和一六）年一二月。最初は約二三〇名、のちラングーン入城後約五〇〇〇名）。この義勇軍が日本の第一五軍の先頭にたってラングーン入城を果たす。その後、この義勇軍は日本の軍政下「ビルマ防衛軍」（ＢＤＡ）の中核となり、一九四三年八月独立とともに「ビルマ国軍」（ＢＡ）となる。

〔インド国民軍〕

Ｆ機関――藤原岩市少佐はシンガポールで敗北した英印

軍のインド兵に国民軍の創設を訴え、英印軍の捕虜のうち一万三〇〇〇人によって「インド国民軍」（ＩＮＡ）が編成された（一九四二年二月）。その後、チャンドラ・ボースの自由インド政府の成立とともに臨時政府国軍となり（正規軍三万に義勇軍二万、計五万人）、インパール作戦で「チャロ・デリー」（進め、デリーへ）を合言葉にインドを目指すことになる。インパール作戦は悲惨な敗北に終わるが、この戦いこそ、後にインド独立運動の直接のきっかけとなる。

［マラヤ］

第二五軍のマラヤ軍政部長の渡辺大佐らが、「昭南興亜訓練所」を開設（一九四二年五月）、将来の国家指導者や軍人の養成を始める。この訓練所は翌年「マラヤ興亜訓練所」に引き継がれ日本の敗戦までつづく。その卒業生は双方あわせて約一〇〇〇名にのぼり、その多くが「マラヤ義勇軍」（約二〇〇〇名）および「マラヤ義勇隊」（各州編成、計約五〇〇〇名）の将校となった。そして独立後の国家指導者や政・財・学界の中心人物を生んだ。

彼らはこの訓練所で、急速にマレー・ナショナリズムを自覚形成していった。それは後にイギリスの示した「自治政府マラヤ連合」を拒否し、マレーにおけるスルタンの正統性とマレー人の特殊な地位を認めた「マラヤ連邦」の成立（一九五七年八月）につながる。

［インドネシア］

第一六軍の参謀本部特別班の柳川宗成中尉（通称カプテン柳川）らを中心に「タンゲラン青年同道場」を開き、ここの卒業生が中核になって「郷土防衛義勇軍」（ＰＥＴＡ）が結成される（一九四三年一〇月、日本敗戦時まで約三万八〇〇〇人の将校兵士を養成）。この郷土防衛義勇軍は日本軍の敗北とともに一度解散するが、さまざまな経緯を経て、一九四七年七月、「インドネシア国民軍」（ＴＮＩ）として再編成され、オランダとの独立戦争を戦うことになる。

注：

（1）田中正明『雷帝東方より来たる』、自由国民社、一九七九年、より作成。

（2）ＡＳＥＡＮセンター編『アジアに生きる大東亜戦争』展転社、一九八八年、三三二〜三三三頁も参照のこと。

附6　一つの提唱――アジア独立運動叢書の公刊を

ここで、アジアにおける独立運動にかんする主要文献叢書を作成することの必要性を訴えたい。

その断片的材料を以下に示す。

〔日本〕

・日本については、その文献は多いが、とりあえず、

伊東昭雄編・解説『アジアと近代日本　反侵略の思想と運動』、「思想の海へ11」、社会評論社、一九九〇年。西郷隆盛から竹内好までの評論をまとめてあるのが便利。

〔中国〕――省略

〔フィリピン〕

・ニック・ホアキン（鈴木静夫訳）『マキノ家三代――フィリピン民族主義の系譜　上・下』、井上文化事業社・勁草書房、一九八六年。

・ピオ・デュラン（野本静一訳）『比律賓独立と東亜問題』、ダイヤモンド社、一九三五年。

〔インドネシア〕

・インドネシア人によるものがあるのか不明。日本人による著述は多い。

〔ビルマ〕

・バー・モウ（横堀洋一訳）『ビルマの夜明け』、太陽出版、一九七三年。

原著は *BREAK THROUGH IN BURUMA—Memoir of a Revolution, 1939-1945*, 1968. 原題のほうが内容が分かる気がする。出版はエール大学である。

〔インド〕

・インドについては、ガンディー、タゴールなどの書いたものは邦訳されている。

・スバス・チャンドラ・ボース『進めデリーへ』、朝日新聞社、一九四四年。

・同、（総合印度研究室訳）『戦えるインド』、総合印度研究室、一九四三年。

・A・M・ナイル（河合伸訳）『知られざるインド独立闘争――A・M・ナイル回想録』、風濤社、一九八三年。

〔マレーシア〕

・土生良樹『日本人よありがとう――ラジャー・ダト・ノンチックの半世記』、教育新聞社、一九八九年。

以上は、『世界からみた大東亜戦争』の巻末より抜書きしたもので、それぞれの国において探索すれば、もっと豊かな文献集ができあがろう。

それにしても、現在まで、あまりにもアジアについては断片的であり、彼らの独立運動の全体像――その歴史、その性格、大東亜戦争のインパクト、その後の展開――を共有財産として手にすることができない。まだわれわれが知らない各地の独自の資料などは多数あるであろう。これらが掘り起こされ、われわれの眼前に揃えられて登場したとき、人々の認識はまったく変わったものになるのではないか。

それは、日本での紹介はあまりにも断片的であり、ためにその全貌を体系的に知ることが少ないことが大きな理由である。立派な西洋史あるいは西洋経済史の体系的叢書はあるが、これと対比すればいかに日本の外国研究が偏っているかを知る。

とくにアジア各国の独立運動を知れば知るほど、何よりも、日本軍に協力すべきか、あるいは反ファシズムを掲げるかつての宗主国に従うべきか、その間の運動の苦悩の深さにあらためてこの地域の独立運動の複雑な性格を理解する必要を痛感する。しかも、彼らはそれを日々の行動を通じて解決していかねばならない。評論の世界ではない。その苦悩の道筋から大東亜戦争を考えていかねばならない。

そこで、ネルーのごときはどちらを向いているのか、よく判別つかぬ指令をだす。しかしここに彼らの混迷を笑う前によく考えてみなければならぬことがあることを示す。

また、独立運動に従事した人物の伝記を読むと、その高貴な精神、挫けぬ意志、高い教養、深い叡智、の持主であったことが分かるし、とくに、その運動のなかに渦まく異なるグループ間の争い、それらを纏めあげる幅広い政治力に接することができるのだ。これだけでも西洋信仰に固まる日本人のアジア認識に大変更を迫るものと思う。

日本の歴史家は西洋史ばかりやっているから、自己の立脚点を失ってしまい、自己をも忘れるにいたっているのだ。こうして、世界史の流れのなかで、アジアにおける植民地から解放の性格やその特徴を比較しつつ、それ以上にアジア以外の地においても比較研究ができれば、日本の戦争も別の意味合いをもって映ってくるのではないか。

また、これらアジアの独立運動に光を当てて仕事をしている人々が、一種〝好事家〟のグループのごとき運動にとどまっていることで、これは本当に異常な状態である。世界史のなかでもっと正統的な視点にたって、正面からこのテーマに取り組むことが必要だ。

田中正明『アジア独立への道』、展転社、一九九一年、の最後に「国別引用・参考文献」の一覧がある。そのうち、「全般および日本」、「アメリカ」の一覧はかなり目を通したものがあるが、イギリスの現地文献、インド、インドネシア、ビルマ、フィリピン、マレーシア、についての文献は邦訳文献が多いが、筆者もいままであまり注意して読んでこなかった。日本の現代史研究家も注意して読んでいるのか疑問だ。どちらかというと、史書としては二流の扱いではないか。本当に残念なことであるばかりか、それ以上に我々が生きた時代にたいして無責任である、と思う。

フィリピンのニック・ホアキン、ピオ・デュラン、

インドネシアのナチール、ナスチオン、ルビス、アラムシャ、

マレーシア・シンガポールのノンチック、アビデン、などは、この本で初めて知った人たちの名であるが、これらの名を大学の歴史科の教授に尋ねると、何れの国の、どのような人であったか、どれだけ答えられるか、一度テストしてみるとよい。それほど知らないのである。

重要なことは、一度は彼らの心根に触れ、彼らの感じていた、思っていた考えに触れてみることである。それは、幕末の志士たちと変わらないのではないか。日本人、とくに知識人は日本が先取りして独立し、その際西洋文化に染まってしまったので、そのような謙虚な心構えを忘れてしまったのだ。また、日本では、ガンディーやタゴールは賛美するが、これもおかしな文化教養主義であり、社会科学的認識を軽視する傾きがある。そのためそれ以外の民族独立に命をかけた人々には目を向けないという偏りをもっていないか。これも大変気になることだ。

なお上記については、すでに記したとおり、田中正明『アジア独立への道』、展転社、一九九一年（これは『雷帝東方より来る』、自由国民社、一九七九年、の復刻版である）に依拠している。田中氏は下中弥三郎氏のもとで日本における世界連邦運動の事務局を預かって奔走された人であり、また氏がパール博士の東京裁判論を最初に日本に紹介した仕事は大東亜戦争観の修正を巻き起こしたのであり、それはまことに特筆すべきことである。一人の民間人として、またなんらの権威にも頼ることなく、その開拓的な行動は、平和運動においても、日本歴史の読み替えにおいても、先駆者の一人としてその活動をもっと高く評価すべきである。

また関連して――これらの文献が展転社という小さい出版社から多くでていることである。まるで、「展転社グループ」というべき、大東亜戦争擁護派があるのだ。〝正統な〟歴史学派からは無視されているようであり、またその執筆者たちは決して〝一流〟大学の、いわゆる指導的学者ではない。そのためもあってか、それらの本は売れず、現在でも新本として購入しうる。しかし、これは異常なことではないか。必要なことは、このような人たちが掘り起こした視点と

材料をより豊富にして、その立場をもっと広範な、世界史的視点で再構成することが求められているのだ。

第3部　戦争回避の可能性と条件を探る

IX　戦争回避と新しい国際秩序の模索

序説：視点の設定

この第3部は今までの二つの部とはまったく異なる。それは本著の下地にある、筆者の真の課題であるが、本当に大東亜戦争のような悲劇を避けることができなかったのか、ということ、もし避けえたとすれば、どういう条件あるいは要素が必要であるのか、を明らかにすること、である。そして最後に、この検討を通じて、一般的にわれわれは果して戦争をやめること、避けることができるのか、そのためには何が必要であるのか、を明らかにしたい。

戦争のことを書くということ

その前にまず戦争のことを書くということはどういうことか。それは歴史を裁くためではない。歴史――それはすでに起こったことだ。すでに起こったことをあたかも自己が断裁する力をもっているごとき態度をとることは傲岸不遜の極みである。本当にわが国にはあまりにもしたり顔の戦争批判が多いこと、さらにその現象に深刻な反省を求めないこと、にむしろ驚く。歴史を書くこと、ことに戦争を扱うことは、その事実の前にただただ首を垂れることができるのみである。あの惨苦をうけた痛手をただひとひら掬っても、その無意味さは避けがたい。何処の海に、山に、野に、その命を埋めていった人びとに、一言の言葉も懸けることさえ、いまや無意味に思える。しかしその思いだけは忘れてはならぬ。そうすれば、やれ軍部独走とか、外交音痴とか、強力な政治指導者の欠乏とか、はては民主主義の未成熟とか、教育の硬直化とか、の批判の意味と限界もまた覚ることができる。それらは確かに間違っているとは言わないが、しかしそれは開戦原因となるものではない。もっと根本的な、底に流れる大きな歴史に眼を向けるべきで、その基底にある事実のうえで、これらの過誤が踊っているのである。そのため、いま歴史から学ぶとすれば、それは根本的なものを摘出することでなければならない。その故に歴史を知ることは深く、重いものである。

実践知としての反省

つぎに戦争回避を求めることはどういうことか。人間として同じ惨苦を繰りかえさないためには、何が必要なことなのか。一人の人間が無数の人間が織りなし、変化止まることなき社会を対象にしての人間として、あれこれ言うこと自体が成りたつことなのか。いやそこで歴史研究というものがあり、過去のことを記録したり、新しく掘りおこしたり、さらに意味を問い直したり、する仕事があるではないか。それは将来のわれわれの行動に何らかの教訓を与えてくれるのではないか。

しかし、『第二次大戦の原因』を書いて包括的な第二次大戦論をまとめたピエール・ルヌーヴァンは、その著述の結論を述べたあとの最後に、つぎのように書いているのが印象的である。

「歴史の研究は、必要な反省のための事例を与えるのであるが、解決策を与えるとか、況んや教訓を与える等と主張するものではない[1]」。

これは研究者として謙譲の精神を吐露したものだが、筆者はこの文章を読みつつ、もっと積極的な意味で、歴史上の事件はすべて一回限りのもので、それをもって将来の参考あるいは教訓にできるものではない、という警告であると解釈したい。

それでもなお起った過去の事象の真相を知りたい、という思いは消えない。それは単純だが切実なものである。そして現在を生きる人間として、起こった事態はどういうことであったのかを少しでも明らかにしておくことが必要であり、それは後世の人々へのせめてもの責務であると思う。そのことはルヌーバン教授も言っている通りだ。

ここで、研究者の謙譲の〝美徳〟を一歩抜けだそう。それは過去の歴史を認識する場合でも、物質的要因と精神的要因について徹底した観察をおこない、そこから汲みだされる含意を深く把握することである。それができれば、新しく生起する事態についても、なにか有益な捉え方ができるのではないか、と思われる。この認識力があれば、それは小さい真珠ではあろうが、それを見つけ出し、これを便りにその時求められる打開に役立てることはできるのではないか。それこそ実践知としての反省の行為であると思う。それは学問的にみれば必ずしも〝科学的〟ではないかもしれないが、歴史に生きる人間の自然の要求として、それは存在して然るべきなのである。

そこでこの実践知を得るために以下の二章では、戦争回避の可能性をめぐる内外の議論を採りあげることにする。

1　ハウス大佐の問題提起
――「領土・資源再配分論」の登場

戦争の原因には様々なものがあるが、その重大なものの一つに領土と資源の支配・領有の不均衡がある。そのことはすでに分かっていたことであるが、近現代においてドイツ・イタリア・日本のような新興国が台頭してくると、これらの国はその不均衡を一層切実な問題として認識するようになり、それは国家間の問題として強烈に認識されるようになった。すなわち、先進大国と後発国の間で、いわゆる「持てる国」と「持たざる国」として格差があり、「持たざる国」の不満はこれを原因として再び大戦を引きおこさないとは限らないから、これをなんとか是正する策がないかどうかが一九三〇年代に入ってようやく国際的に採りあげられるようになった。それは一般に「領土・資源再配分論」といわれるが、その代表的な問題提起に光を当ててみたい。

まず始めにハウス大佐の問題提起とこれに対する近衛文麿氏の応答である。

一九三三（昭和八）年、日本が国際連盟を脱退したとき、日本側に正義があり、かつ日本は経済封鎖に困らないことなど威勢のよい論調に終始したが、世界世論の強い批判のなかで孤立した日本は新しい国際秩序を求めていたことは確かであった。

これを受けるかのように、一九三五年九月発行の *Liberty* 誌に、アメリカのハウス大佐が“Wanted—A New deal among Nations”という論文を発表し、「狭隘な領土に溢れつつある人口をもつ日本の吐け口を要求する権利あることも理解し得る。世界には未だ広大な未開の地域が残っている。日本人をしてこれら地域を生産的なものとさせ、人類の富と幸福とを増進せしめるを不可とする理由は何処にある。従来このようなことは戦争によって成し遂げられたものであるが、吾人はこの上侵略戦争を欲しない。他の大国の敵意を招かずにしかも日本国民を満足せせるようにこの問題を解決し得るか否かを研究してもよいではないか」。このように領土と資源に恵まれた国は恵まれない国に分け前を与えなければ世界は安定を期し得ないとした[2]。

同様の主張をもっていた近衛文麿は、一九三四（昭和九）年六月、フィラデルフィアでハウス大佐に会ったが、その会見には失望したといわれる。しかし、上記の論文は正論であると高く評価した。なお大佐は日本で軍部が前面に出てくることに疑念をもっていたといわれる。しかし資源の再配分を実現しようとする主張が「持てる国」の方から提起されたことを指摘しておきたい。

近衛は別に「ハウス大佐に答ふ」という小稿を書いたが、そこで、平和維持のために集団的防衛制度は失敗したこと、そこで平和のためには平和の脅威となる根源を除去すること、一方、世界の国のなかには発展できない民族もある、に注意を喚起したうえで、領土、原料など国家民族の生存上必要な要素が甚だしく不均衡であるとする。そのため、各国は相互に各民族の立場および使命ならびにその活動力および発展性につき充分に認識し、尊重してこれを満足せしめるように努めねばならない。そして結論として、

「これがために現状に満足する幸福なる諸国は相互の協定によりて現状の下においては生き得ざるか、又は伸び得ざる民族の要求を満足せしむべき何等かの措置を講じ、幾分たりともその幸福をこれら不幸なる地位にある民族に分ち、各々その民族に振り当てられたる使命の達成を資くるに努めなければならぬ」。

こうして近衛は、ハウス大佐が平和を脅かす根源の除去に着眼した点については敬意を表したが、先進列強の共同安全保障の枠組みでは到底永久に平和は維持できないとして、より具体案を明示することを望んでいる(3)。

この問題提起と応答をふりかえってみるに、当時もし「国際政治ニューディール会議」がもたれ、平和のために何を為しうるか、何が為されねばならないか、が討議されたならば第二次大戦は回避されたかもしれない。これは夢物語りではあるが歴史の一つの節目であったことは間違いない。

2　国際連盟における原料・資源問題の打開

国際連盟における討議

このハウス大佐の問題提起に鋭く反応したのは、資源確保に苦しむ日本であった。その一人に佐藤尚武駐仏大使がいる。大使は一九三六年一月二七日、パリの外交問題研究センターで「日本の人口および工業化問題」という演説をおこない、日本の当面する問題として、過剰人口対策として移民、農業改革、工業化と貿易振興、産児制限、の四つを挙げた。そして最終的には工業化と貿易促進が必要で、そのためには原料品市場の開放が決め手になるが、この点で日本はつねに不安にさらされていると主張した。

当時、原料問題は国際的に重要な問題として注目されていた。国際連盟はすでに一九二一年第二回総会において、原料品の分配にかんし、制限または差別があってはならず、またこの分配問題が経済侵略の具になってはならない、と決議している。

他方、ドイツは敗戦後も着々と再軍備を強行し、また旧植民地復活問題を主張し始めた。そこで、英国外相サー・サミュエル・ホーアが第一六回（一九三五（昭和一〇）年九

月）国聯総会本会議において、原料問題につき重要演説をおこなった。それはこの問題につき、国際的に不安と不満が醸成されているから、これを進んで研究し、いかなる解決策があるかを講ずべきで、もし不安が重大であればこれを消滅せしめるべく試みるべきだ。本問題は政治的領土的色彩よりも経済的色彩を帯びたものである。人びとは原料問題が不公平、差別的な分配の目的とならないよう保障を得ることにある。この演説をハウス論文とともに佐藤も評価した。

これに基づき、連盟は一〇月一一日、「原料問題調査委員会」を設置し、その攻究をおこなうことになった。委員は一七名、一九三七年三月、六月、九月の三回にわたって審議された。日本は首藤商務書記官が個人の資格で参加し、日本の主張を述べた。それは、①原料・商品にかんする通商の自由、②未開発地域における資源獲得にかんする内外人平等待遇、③右開発のための労力移動の自由、であった。

果たして成果は

それでは、どれだけの成果が上がったのか。これをとくに原料・資源へのアクセスにしぼってどういう議論があったかをみておく。

委員会は一応、「原料品の重要なる現実的乃至潜在的供給者たる諸国政府は、其の原料品開発を不当に妨害しない責任にあるを認識すべきである」としながらも、主権国と植民地に分けてつぎのように述べる。

○「主権国に関しては、（中略）厳格な制限政策は原則として之を弁護することは不可能であると思惟するものであるが、**政治的、経済的及び社会的理由に依ては政府が特定企業を全然其の国民に留保し、又は外国人に依る資源の開発に統制を加へる権利を留保することの必要なる場合が有り得る**。即ちこの点に関聯して、外国人の急激な流入及び大量移民が一国の既存の組織の上に及ぼす有害なる影響を挙げて置かねばならない。

本委員会は、此の問題を取り扱ふべき立場にないが、外国の原料資源開発の為大規模の資本投下乃至は大量の労働力移転が計画せられる場合には、予め関係国政府間に諒解を遂げる必要があることを認むるものである」。

○「植民地に関しても、**其の地方住民の利益を保護するに必要な限りに於て、同様な原則を適用し得られる**。実際母国政府及び其の植民地政府は、植民地人民に対し一種特別な社会的性質を有する責務を負ふて居るものであった、特定事項に関しては本国人民及び諸外国に対する責務に優先せしめらるべきであることを銘記しなければならない。

（中略）経験の示す所に依れば、・・・**母国は通常其の植民地の天然資源開発に関し**、相互に結合する総ての連環、特に共通の言語、長年月に亘って打ち樹てられた商業的金融的関係、及び文化的類似性等の便宜ある為、**優越的な地**

位を享有して居るのである。又何等か形式的な差別待遇の存在して居ない場合にも、細心な政策、乃至は行政行為に依り、母国人民に対して利益が保障せられることのあるは世人のよく云ふ所である」(4)。

要するに、今まで開発に従事してきた国に外国が簡単に参入する、その開発に参加しよう、などと言うことは土台無理な話であり、これは植民地においても同じことだ、と原則的な論理を述べているだけである。日本の求めているのは、その原則を超えて、新しい窓が開かないのか、開いてもらうためにどうすればよいのか、を問題にしているのであって、それには応えていないと言わざるをえない。そして委員会は、この資源保有国・植民地の優位条件のもとで「事態を漸次より解放的方向に改善して行くべきものと認める。依って本委員会は、関係国政府が此の目的に向って進行し得る可能性を考慮すべきことを勧告するものである」(5)。要するに関係国の努力にまつ、ということで、それ以上の言及はないのである。

結論的にいえば、竜頭蛇尾に終ったとしか言いようがない。また問題は入口における課題の指摘にとどまっており、せっかくこの問題を最初に提起した、英国外相サー・サミュエル・ホーアの大演説に応えるものではなかった。

佐藤氏自身も、このような限界ある討議結果に終った理由についてつぎのように述べる(6)。

①　理由は不明だが、不満足国であるドイツ、イタリアが参加しなかった。もし参加していたら、日本の強力援軍になったかもしれないのに残念である。

②　委員会の討議が原料品所有国において自己保全の議論に没頭し、非所有国の実情を緩和する努力を欠いた。サミュエル外相の、世界平和の見地を重視して不満足国の不安をいかに解消せしめうるか、の立場よりする議論は殆んどされなかった。

③　日本は、委員会の討議が学究的論議に終ってはならない、実際問題の解決に資するものとなるべく、関係各国の国際会議を提案したが、英・米・仏などは現下の情勢の下ではそれは適切でない、として賛同せず、結局、国際連盟の財政・金融委員会に付託することで結着した。これは「過去二三世紀に亘り原料生産地を占有し其の基礎の上に築上げられたる経済組織に慣れ来れる之等諸国に対し突如原料資源を内国人と同等の条件の下に不満足国に対し開放すべしと提唱するも一朝にして彼等の心理状態を変更し得べからず」と認めねばならない。そのため今後は機会あるごとに世界の世論の啓発をあらゆる機会に訴えることを強調している。また、日本の主張が相手国の機微に接し、相手国から猜疑心を生んで問題解決を困難ならしめることにも充分に配慮すべきことを指摘している。

この討議から浮かびあがってくる問題

この国際連盟における討議から、改めて国際的な原料資源問題のもつ性格や重要度が浮かびあがってくる。

その第一は、国際関係における本問題の微妙さである。それゆえの重要性である。それは国家存立の機微に触れる問題であることであることだ。そのこともあって、委員会は、始めから原料・資源の経済的側面に議論を限定してしまった。それは、この報告を読むと、まるで学者が原料問題にかんする貿易論を展開している感を受けることからも分かる。原料資源を第三国が入手したいといっても、それが賦存する場所は、その地を支配している——植民地であっても、あるいは自国内であっても、政治的意味のあること、つまりその国家の主権に属することであり、いくら国際法上の美辞麗句をもってしても、そのなかに第三国が自由に活動（原料・資源入手の活動）を許容することは殆ど不可能なことなのである。おそらく考えられる可能性は、日頃から国家間関係が歴史的に〝良好〟で、それに基づき特別の共同出資・経営を認めるといったことくらいであろう。

結果として何ら成果を出さなかった問題をここで敢えて採りあげたのは、日本にとって原料・資源問題が最も切実な課題であったから、これを実力によって打開するのではなく、平和的・外交的方策によって解決すること、しかも国際機関の場を利用してこの問題解決を提議すること、の重要性に着目したからである。これこそ国際平和の最も実際的実現方策なのであった。

もう一つの理由は、佐藤尚武の日本観である。

・工業化により貿易を振興していく以外に日本の発展は保証されない。

・その際、原料問題はきわめて重要な意義を有するので、全智全能をあつめて権威ある日本の見解を吐露して世界各国に傾聴させる要がある。

これは通商発展を軸においた平和論であり、石橋湛山の「小日本主義」とともに注目されるべきものである。

しかし、当時においては資源問題を国際的に平和的に解決する方途はついに生まれず、それは戦争の大きな原因となった。とくに日本はそのために戦ったとさえ言いうる。新興国が戦争に訴えてまでして資源入手における不平等、領土支配の不公平を世界に突きつけたことであり、この結果として戦後世界においては通商自由の原則が確立されたのである。植民地諸国の解放・独立と、ＧＡＴＴ・ＩＭＦ体制の誕生によってやっと資源問題の壁はなくなったのだ。

その恩恵を受けた最大の国家は日本であった。自由な貿易によって資源入手が可能になり、しかもそれは廉価であったから、これを活用する産業の著しい発展が、いわゆる高度経済成長をもたらしたことは詳述の必要はあるまい。確かに日本は冷戦体制の出現という条件もあったが、工業化のための資源確保が容易になって、それが念願の重化学工業化の達成となり、一国としての完結した再生産構造をつくることに成功し、自由主義圏二位の経済「大国」まで発展できたのである。この点で戦後体制の最大の受益者となったが、それは戦争という大きな犠牲を払ったからではないか。その犠牲がなければ、世界の原料資源問題は未解決のまま放置されたのではないか。

まさに大東亜戦争は自己否定を含みつつ、他方に日本国が再生するという意味をもつ。それがこの資源問題の変遷に象徴されているのである。

注：

（1）ピエール・ルヌーバン（鹿島守之助訳）『第二次大戦の原因』、鹿島研究所出版会、一九七二年、三九七頁。

（2）エドワード・マンデル・ハウス大佐「国際ニュー・ディールの必要」、外務省『国際事情』、一九三五年一二月二〇日。

（3）この小稿は、近衛文麿『近衛公清談録』、千倉書房、一九三七年、による。

（4）外務省通商局訳『最近原料品取得問題　国際連盟原料品問題調査委員会の報告書』、日本国際協会、一九三八年、二三～二四頁。

（5）同、二五頁。

（6）佐藤尚武「帝国の立場よりする原料資源問題に関する研究」、『外交時報』、一九三八年一〇月一日号、一五八～一六〇頁。
　なおこの論文は原料問題の討議の内容や佐藤氏の見解を知るために不可欠の資料であり、本文の記述にも使わせてもらった。

X　わが国における戦争回避の可能性

1　転機はどこにあったか

1―1　政策転換点は数多くあった

つぎに日本側で戦争回避の可能性はなかったのか、を検討したい。

大東亜戦争に至る過程で、あるいはそれが起ってからも、敗戦の悲劇を避けるために、あるいはその惨禍をできるだけ未然に防ぐために、戦争回避あるいは戦争の打ち止めによる事態転換・収拾の可能性はなかったのか。それは実は数多くあったのである。

まず常に戦争回避の可能性を問いつつ、日本現代史を考察したユニークな研究者である大杉一雄氏は、『日米開戦への道』の最後で、昭和一〇年後半（一九四一年四月以降）に限ってみても、日本側から避戦の方向に局面打開する現実的チャンスは、次のように九回あったとしている。[1]

(1) 日米諒解案を基礎とする日米妥結。
(2) 独ソ戦争勃発に際して、日独伊三国同盟条約を破棄する。
(3) 松岡があくまで南部仏印進駐に反対する。
(4) ルーズベルトの仏印中立化提案に応じる。
(5) 海軍が戦えない旨を率直に陸軍に明言する。
(6) 東久邇宮内閣の成立。
(7) 東郷外相あるいは賀屋蔵相が反対または辞職する。
(8) ハル・ノート受領後、事態を静観し、外交交渉を継続する。
(9) 天皇の聖断。

これらすぐ分かるとおり、すべて外交に関することであるのは当然のことだが、一国の命運をきめる外交のあり方にかんし、際どい状況下での意思決定のあり方を考えるうえで重要な示唆を与えるものである。

1－2　二つの転機が対中国政策にあった

筆者は、歴史転換の節目としては、つぎの三つを挙げたい。

(1)　山海関を超えたとき
(2)　トラウトマン工作をめぐって
(3)　「日米諒解案」をめぐって

このほか、(4)二・二六事件の後処理、(5)「日独伊三国同盟」の締結、を挙げる人も多い。それぞれはそれなりに重要であるが、より実質的に、かつ直接的に節目になる重さをもったのは、上記の三点であると思う。そこで、あらかじめ(4)について述べれば、それは陸軍が責任を感じ、まさに内部粛軍に徹し、政治から遠のくという姿勢に抜本的に変えることが期待されたが、そうはならなかった。むしろその反対に軍部は、その以前から準備していた石原構想を進めるために、これを政治の改変によって実現しようと前面にでてきた。これは広田内閣にとっても予想外のことであったろう。ここで政党は一致団結して、軍部横暴を押さえ、国政の正常化に努めていたならば、その後の展開はよほど変わっていただろう。(5)については、日本外交の自由を拘束した意味で重要だが、日本の南進が明瞭になるに伴い、日米の交渉過程ではむしろ象徴的事項となり、主たる論点ではなくなっていくのであった。したがって重要度は落ちると考える。

長城を超えたとき

歴史的にみて、まことに最大の転機は(1)であったと思う。①これによって中国の中枢部というべき北部中国を支配下に置こうとしたこと。それは中国にとって統治中枢のあった最も敏感な地域であるのにそのような留意がないことも問題である。②この進駐が中国軍閥の分割支配をよいことに強引に支配権を握るにいたったことにより、民衆や軍のナショナリズムを一層刺激したこと、③西安事件のあと折から活発化した抗日戦線——とくに北京大学など共産党の活動拠点を眼前にして直接接触する地域であったこと。このような条件のもとで盧溝橋に銃声がおこった。この事件にたいし、④なによりも東京の政府・参謀本部が拡大に反対であったにかかわらず、その処理に腰がふらつき、最後は現地軍隊の方針のままついに全面対決に発展する。日中戦争の開始である。

このときすでに政府は陸軍を抑えることはできなかったことは、軍部がもう一つの政府として独自に行動する立場を形成していたことを示すもので、日本の瓦解はこのときに明白なものとなった。

強力な政府・内閣によって、政府・参謀本部の命に従わない現地軍司令官はじめ首脳部を交代させ、拡大しようとする危機を早期につまんでしまうことはできた筈であるが、そのチャンスを逸した。それをおこなっておれば、その後はどうなったか。それは分からない。中国は団結のエネルギーを失って再度、国民党と共産党の勢力争いに入るかもしれない。それは基本的に国内問題であって外部の国家が介入できるものではない。あるいは対米折衝がおこれば、日本は満州のみで本土に軍隊を送っていないことにより有利な立場に立てる可能性もある。また長期にみれば、早晩、満州回収運動も盛んになるだろう。それはそのときに対応すればよいことで、その際の国際情勢の推移いかんである。

トラウトマン工作および対中和平交渉の隘路

トラウトマン工作の経緯については、省略して、そのときのわが方の交渉姿勢を取りあげるべきだろう。そのハイライトは、参謀本部がこれを呑む方向で一致団結して意見を通そうとしたことのみを指摘しておきたい(2)。

一般に軍部が戦争拡大にのみ走ったかの印象を与えているが、実相はそうではないことを確認しておきたい。そして閣議においてこの参謀本部案に賛同しなかった米内海軍大臣の立場こそ問題視すべきである。もし米内海相に単に海軍の立場のみでなく国家全体の行く末について展望があれば、そういう態度はとらなかったであろう。

1―3　上記の検討から示唆されるもの

このようにここで二つの視点から重大な回避可能性を列挙したが、実際はいずれもすべて成功しなかった、あるいは果実を生まなかった。何故だろうか。

(1)　最初の大杉氏のあげた九項目はいずれも外交案件、あるいはそれに関連するものであるのは当然のことだが、それぞれは一見小さい問題のようで実はまさに起死回生の大逆転策であることだ。

しかしこれらを採用する可能性はあるのか。既成事実が積み重ねられ、その重圧が重くて、あるべき論が押しつぶされる場合が多いのが現実である。そういう力学を考えれば、後戻りできない状況がつくられる現実の相当以前に、あるいはまだ現実が充分に修正可能な状況下において、流れを断ち切る決定がなされるべきだ、と強調する必要がある。その意味で、上記は転機の契機を取り上げているが、それぞれの契機の底に流れる動因をひっくり返すだけの力学があったのかどうか、を問う必要がある。

すなわち、上記の九項目いずれでもよいが、その政策変更が日本政府内で充分に練りあげられ、表面に出たときは、すでにいかんともし難く後退を許さない状況に追い込んでいったものでなければならない。例を(7)の外相・蔵相の反対あるいは辞職でみると、確かに二人は開戦に反対し臥薪嘗胆を説いたが、それをあくまで主張すれば東条内閣は閣内不一致で総辞職、政変となる。そこまでして当面の政治を混乱させてはならじ、と結局、内閣の方針に同調する。ここで二つの教訓がある。当面の政変（内閣交代）と開戦の重大さ、とどちらが国家にとって大きな意味をもつのか、という比較考量である。自ずと答えは明らかだが、それは二人になかったのである。もう一つの教訓は大臣辞任のもつ意味が徹底して詰められていたとは思えないこと、すなわち閣議のうえでの反対意見の開陳程度にとどまり、それが国の進路上何を意味するか詰められていなかった、と思われるのである。

この事例教訓はほかの案件すべてに当てはまるものと思う。とくに(5)の海軍が戦えない旨を率直に自己の口から陸軍と首相に表明しなかったことは、全くの責任逃れと言うべきで言葉がない。これらの案件すべてで浮かび上がる意思決定上の特徴は、徹底さの欠如である。事前の協議・議論の詰めにおいても、最後の土壇場においても、自己の意見や立場を徹底して主張することはできると思うがそれはなされなかった。かくして、それは責任放棄に直結する。

この徹底さの欠如が全面にでたのが、長城を超えた戦術の採用であった。中央の参謀本部はあれほど長城を超えないことを国家戦略として決意していたのに、これを自ら破ってしまった。この方針を貫くならば、一度は部隊派遣を決しても、戦闘が済めば直ちに撤収すべきではなかったか。

(2)　上記に触れたトラウトマン工作が最終的に成功したかどうかは疑問が残るが、その受け入れをめぐって政府部内で対立が起ってしまったのは問題である。国家戦略指導で意見の一致をみなかったことは、はたしてわが国に一貫した、統合された、対中国政策があったのか疑われるのである。対中国政策こそ国家として最重要課題であるだけに、それが確立されていなかったことが後々まで足を引っぱるのであった。

現に筆者の挙げた歴史上の転機三項目のうち二項目が対中国政策に関するものであり、最後の項目も中国問題が中心テーマであったことを想起すべきであろう。

(3)　トラウトマン工作のほか、あとあとも数度の対中和平工作がおこなわれているが、それに中心的にかかわった今井武夫はつぎのように述懐している。

「私は従来重慶側と交渉の経験から、日本政府に、中国の満州国承認問題及び日本側一部駐兵問題の要求を放棄し、或いは緩和して、真に東洋平和の根本義に徹した、大乗的政策を採用せぬ限り、和平交渉に成功の見込なきことを、要路の人に直言した。・・・しかし、「遂に成果を挙げ得なかった」[3]。

そして遂に国民党政府は大陸を追われ台湾に走ることになるが、「彼らの心中を察すれば、戦前戦中を通じ、彼等の日華和平実現に対する期待が、決して日本側に劣らなかったであろうことも、想像出来る。

従って万一日本政府の和平実現に対する決意が堅確で、成るべく支那事変の初期に於いて其の政策を明確にして施策したなら、日華和平は単なる画餅や蜃気楼におわらず、必ず有終の美をおさめ得たと思うのは、強がち我田引水ではなかろうと思う」[4]。

このように相手側の事情も充分に汲みとりながらも、我方も基本方針——とくに初期における——が確立しており、決定的に譲歩していけば、日中和平の可能性はあったであろうが、日本側の基本姿勢の不確定と頑な態度がその芽をつまんでしまった側面が濃厚である。その代表的なものとして汪兆銘政権樹立直前の国民党政府との交渉に際して、板垣総参謀長はこの会談を積極的に支持していた第一人者であったが、ひとり満州問題に関しては、あくまで中国政府が満州国を正式に承認すべき条件を固執して妥協に応じなかったという。予備会談では重慶側は黙認の態度を示していたにもかかわらず、である[5]。かくして、これはもはや軍部の問題ではなく、強力な政治指導の領域の問題であった。

(4)　なお日米交渉については、第Ⅲ章で述べたのでここでは省略する。

ここで付加して言っておきたいことは、果たして日本外交は、あれこれの外交戦術を駆使したであろうか。日米交渉の代表者は果たして適任であったか。すべてが余りにも〝真とも〟過ぎるのではないか。相手が「あやし」戦術をとっているのであるから、こちらもなんらかの策があってもよかったのではないかということである。

2　石原莞爾による開戦反対論

こうした開戦を阻止することができなかった要因を検討しつつも、それでは本当にわが国において、開戦を止めることができなかったか、あるいは開戦反対の意見はなかったのか、を考察してみる必要がある。一九四一（昭和一六）年の秋はまさに、このまま日米開戦に突き進むのか、それとも敗戦となることが分かっているのだから、「大転回」をおこなって、一時的に膝を屈し屈辱に耐えなければならないが、刀は抜かないで他日を期する道を選択する、このような関頭にたっていたのである。

このとき、敢然と開戦に反対した人物がいた。石原莞爾である。その戦争反対論は危急のなかでなされたので文章としては残っていないが、高木清寿氏が書き記しているので、これを主として引用させてもらう。なお文中にコメント風に記したのは筆者の見解である。

2—1　戦争の性格と国家戦略のあり方

石原の対米戦争反対論をみていく前に、若干の議論を整理しておく。

まず二つの軍事戦略について。

軍事戦略については、そのなかに二つの重要な概念がある。

・殲滅戦略――比較的短期に勝敗が決するもので、軍事戦略が第一義的に重要であり、またそれが主導する。
・持久戦略――長期戦であり、政治・経済・文化・外交など総合的な国力の動員が必須のものとなる。

実際は、とくに近代国家では国家総力の戦いになっているから、戦争は持久戦争となる。短期の殲滅戦略で決着することはまずありえない。それは戦争遂行上、実行組織である軍部によって国家総力の強化が強調され、また国家の各種資源が優先的に投入される必要上、軍事戦略が国家戦略を決定する傾向が強くなる。

こうして、現代の戦争は「殲滅持久戦争」――激しい殲滅戦（それも非戦闘員を含む）がかなりの期間つづく――という形をとるのではないか。これは主要国のあいだで国力と軍事力がある程度均衡するという現代産業国家の特質からもくる。この結果、戦争のコストは飛躍的にたかまり、そのことが因となり果となって、勝利国側から敗戦国にたいし無条件降伏論がでてくる。これは国家的規模の殲滅戦の再現であるが、それがまた敗戦国側に最後の一兵までという徹底抗戦しかないという絶望的な戦いを強いることになる。

いずれにしても、このような現代の戦争の性格から、ますます軍事戦略が優先され、軍事戦略の上位にあるべき国家戦略、すなわち政治力の後退を引きおこすことになる。

つぎに「政戦略」について。

これは「国家戦略」と「軍事戦略」の二つに分けられる、という意味である。

よく軍人の書いたものにでてくるが、外部者にもう一つ分かりにくい。現に政治家や内閣・政府の書いたものや、その発言にはあまりでてこない。したがってどうしても軍事にたつ、軍事に軸をおいた発想になっていることに注意すべきであろう。

しかしもう一つの国家戦略の立場からすると、軍事戦略から離れて、あるいはこれを超えて、国家の行く末を展望したとき、軍事力に依存することなく発展する道筋はあり得るのである。そこでは、国家戦略が第一義的に重要となり、軍事は第二義的でしかない。そこで国家戦略はいかに構築されるかが問題になる。この点については次節で取りあつかう。

2―2　戦争反対論の内容

そこで石原の反対論を紹介していく。

○基本認識

「陸軍はアジア解放を叫んで、・・・米英との戦争を企図しているようすだ。その実は石油が欲しいからだろう。石油はアメリカと妥協すればいくらでも輸入できることである。石油のために一国の運命を賭して戦争する馬鹿がどこにあるのか。南方を占領したところで日本の現在の船舶では石油はおろか、ゴムも米も日本内地へ輸送できるものか」(6)。

この背後にある認識も重要である。当時の日本、とくに陸軍が頼りにしているドイツについて。

「ドイツの戦争ぶりを冷静に観察すると、地形の異なるバルカンでも西部戦場と同一の戦法を採っている。現在ロシアでやっている戦法にもなんらの変化もない。千篇一律の観がある。これではドイツはとうていロシアに勝てない」。

また、

「もし陸軍が力もないくせにドイツに頼って米英相手に戦うというなら、これほど大馬鹿で危険千万なことはない」(7)。

○独自の外交を主張

さらに単に戦争反対を叫ぶだけでなく、独自の外交戦略を推進せよ、と説く。

「日本は極力独ソ両国の仲に入って両国の戦争を止めさせるように外交的に努力すべきである。ヒットラーがもしこの事をきかぬならば、「それでは日本は英国の味方につく」と威嚇してもソ連との戦争を中止和解せしめむべきである」。ヒットラーがあれだけの戦争ができるのは、日本海軍が米英の太平洋艦隊をハワイ・シンガポールに釘づけしているためで、ヒットラーを過大評価してはならぬ。そこで「ヒットラーの仲間入りなどして日本を亡ぼしてたまるものか。ドイツの敵は英国の一国にだけ向けさせ、これを急迫降伏せしむべきだ。もしこの事をヒットラーが用いないなら、決然三国同盟を直ちに廃棄すべきである」(8)。

草木もなびくドイツ一辺倒時代にこのように日本の国際政治のなかでの強みを武器に、日本外交が独自に採りうる戦略を提示したのは石原以外にいないのではないか。また三国同盟反対論はあったが、それは一方的不利益の危険を指摘するだけの消極的姿勢にとどまっていたが、石原は反対に日本がもつ海軍による強みを背景にして積極的打開の方途を提示しているのだ。

○日本の行動そのものを批判

さらに、とくに重要なことは、ここにいたる日本の行動について根本的に批判していることである。

「奴らは（東条軍閥）は石油がほしいので南方を取ろうとしている。これは実に怪しからんことだ。石油がほしかったら科学者や発明家に依頼してあらゆる研究を講じて貰って、石油に代るものを国内で生産する方法をとるべきだ。

何がない、かにがない。だから他国の領土に手をつける。これは泥棒ではないか。石油がなくて戦争ができないなら支那事変は即時やめるがよろしい」。北支、さらに南支と手をつける。「そして国民に向っては今次事変は聖戦だといっている。これを他民族はなんと思うか。聖戦とは泥棒なりとしか思えまい。・・・天子様は泥棒ではない。泥棒を聖戦などというなら、日本は世界に先んじて亡びるがよろしい。・・・皇道とは侵略主義と誤解されるではないか。・・・

支那事変はじまって以来の日本のやっていることは大家がほろびる時とそっくりである。大家はほろびる時は、あれに手を出し、これに手をつけ、またそれに失敗すれば又あれに手をつけるといったように、自信も信念もなく、やたらに手をつけてついに倒れてしまう(9)」。

○防衛計画がない、日本は黒焦げになる

このように手前勝手な拡張路線に徹底的に批判を加えたあとで、最後につぎのように述べる。

「奴らはこんどは南方に手をつけようとしている。第一日本海軍は日本本土防衛の作戦計画はあるが、南方、北方防衛の作戦計画はない。・・・諸方面の防衛に当れば本土はガラ空だ。・・・日本は船がなくなるぞ。そして日本の都市は黒こげになるぞ。それでよいのか。必ず負けるぞ、それでよいのか(10)」。

まさに石原の言うとおりになった。

○大東亜戦争の戦争観が間違っていた

この作戦計画の不徹底、いやそれ以上に欠陥というべき点については、戦争観という決定的事項が関係する。それは、大東亜戦争は終末点を設定していなかった、ということである。これについて石原はどう考えていたか。

「わが方の作戦はすでに攻勢の終末点を越えている。戦力は根拠地と戦場との距離の二乗に反比例する。だから日本本土で一〇〇の力があったとしてもガ島まで行っては一〇か五かの力むしろマイナスの力しかない。・・・

持久戦争においては、攻勢の終末点をどこにおくべきか、が最初から確立されていなければならない。しかる支那事変以来、今次の戦争をみると全然これを考えていない。東条のやっていることは・・・、まるで決戦戦争のやり方でいる。攻勢の終末点を越えれば叩かれるのは当然だ。負けることが最初から判っている処へ兵を送る馬鹿があるものか。即刻ガ島を放棄撤退すべきである(11)」。

そこで具体的戦略としてはどうすればよいか。

「そしてわが補給戦確保上、攻勢の終末点を西はビルマ国境からシンガポール、スマトラ等の戦略資源地帯中心とし、この防衛線を構築。中部は比島の線に退却。他方本土周辺のサイパン、テニアン、ガムの内南洋諸島一切を難攻不落の要塞化することである(12)」。

こうすれば、少なくとも「五分五分」の勝負になったとあとで語っている。日露海戦で圧倒的勝利をえたのは東郷元帥が、はるばる万里の波濤を超えてやってきた戦力の衰えた敵艦隊をわが根拠地である朝鮮海峡の内に引きこみ、一撃のもとに壊滅させたのである（海軍の戦争は決戦戦争だ）。この事例をあげて、石原は自己の戦略の正しさを強調している。

まさに日本が、とくに海軍が完敗になった原因がここにあることは、先に「戦い方に問題あり」と問題を提起した、ジェームス・B・ウッドの指摘にも合致するのである。

この意味で、本当の敗因は太平洋での島嶼をめぐる戦いをほとんど準備構想しなかった日本の統帥部にあるのだ。太平洋は海軍に任せきりであり、その海軍は独りよがりで、艦隊同士の正面決戦ばかりに固執し、それも彼我の力の差を知るあまり個々の作戦がばくち打ち的決戦となってしまうことを知りながら、引きずりこまれるようにそれを実行してしまうのであった。一歩も二歩も引いて敵を上回る戦力を構築する総合的な視野を持ちあわせなかったのである。その意味で事態認識の冷静さを失っていたのである。

こうした統合戦略のなさという欠陥が完敗にいたった原因である。

○支那事変の解決がすべての前提

最後に上記の提案の基本前提に、支那事変を急速に解決することがあることを忘れてはならぬ。

「米英との戦争に勝つには、一日も速かに東亜連盟によって日華の全面和平解決を行い、中国および南方にある日本軍は全部本国に徹退し、南方は全部中国軍にまかすべきである。日本は関東軍庁を強化し、満州国軍ともに北満の守りをかためソ連の南下を防ぎ、日本海軍は独力をもって太平洋の守護に当たり、十年二十年の長期持久戦に備えて、教育の革新を断行し、都市を解体して農工一体の国土計画を決行し、日満支三国が一体となって全力を挙げて産業経済の建設に努力し、満を持してアメリカを一撃をもって叩くべきである」[13]。

後半の部分は日頃の抱負を述べたものだが、ここでは前半の部分――日華の全面和平の達成が先決であること――を指摘しているのが重要である。

○石原の主張を支える論理構成原理

石原がこのように独特の開戦反対論をもつことができたのは、その独自の世界最終戦論と、それに基づく、あるいは関連した文明論や社会制度論を彫琢してもっていたからである。

世界最終戦は、開戦反対の論理においては最終決戦がのちに待ち受けている、そのために長い時間かけての準備が必要なのであり、当面、支那や米英との戦いですら回避すべきである、との認識の元になっているのである。

またその独自の文明論・社会制度論については、白土みどり氏が東条など当時の為政者との違いを説くなかで明らかにしているので、当面の実際的関心からも興味ある指摘があるので参照させてもらう。

①　東亜諸民族との連帯構想の違い――民族の自由・平等に基礎におく石原構想は、日本民族を指導的民族であるとした東条とは異なる。

②　第二次産業革命の意義を石原は掴んでいた。石原は人的資源を真の資源とし、物資はこれ以上血を流してまでも取る必要はない、その故にアメリカの挑発に乗るな、と説いた。東条はそれが分らず物的資源獲得に邁進して戦争に突っ込んだ。今あるもの活用をすれば、窮地にたって必要なものは生まれるのである。

③　石原は現代の戦争を持久戦争の時代としたが、東条は大東亜戦争の性質が把握できず、ただ決戦、決戦と叫ぶだけであり、ズルズルと敗戦への道に引きずりこまれるのであった。

④　石原は、現代を統制主義の時代と把握し、自由と専制を綜合して能率をあげることが求められるとしたが、東条は言論の極度の統制をおこなって異なる意見をたたかわせるなかで創意を伸ばす道を閉ざした。石原は統制は能率を上げるためにあるとしたのだ。

⑤　天皇や「八紘一宇」の把握の相違である。「八紘一宇」とは民族協和であって、天皇は神人一如の現人神である。そこで王道政治がおこなわれるので、聖断信受がおこなわれて当然とした。天皇の前で審議をつくす祭政一致と捉えたのである。天皇の思召しと称して、ある意見を絶対化すること、そして天皇をロボット化してはならないのである。[14]

筆者はこのなかで、②にとくに注目したい。石原のこの合理主義的見解はドイツ留学中のドイツにおける産業進展（第二次産業革命）に示唆をうけたとされるが、これによって「構想力をフルに働かせ、地下資源をつかっての文明の時代が間もなく終りをつげ、すべてのものを原料化できる時代になるとした」のである。「これによって、石原は、最終戦にむけての急速な変化をよみとり、物的資源の獲得ではなく、人的資源の発見・育成とそれができる新しい組織および運営の発見に全力投球をよびかけたのである[15]」。

なお、少し付けたしであるが、この第二次産業革命の遂行の指摘といい、先に引用した国内改革によるところの産業経済の建設という主張は、なんと戦後のわが国の高度経済成長によって一九八〇年代半ばまでに完遂された。これをみて、一体どちらが勝ったのか、という論調までアメリカで生まれたのは記憶に新しい。もちろん、条件といい環境といい石原の想定とは異なるのであるが、日本の発展の基本軸といったものは貫いている。この意味で現実に基づいた歴史認識がいかに大切であるかについて深く考えさせるものがある。

3　本当に日本に戦争指導はあったのか
――主として軍事戦略に焦点をあてた反省点

上記の如く、石原が広汎に、かつ鋭く指摘した戦争指導のあり方を考えると、改めて本当に日本の戦争指導はあったのか、という根本問題を再考せざるをえない。これについては、戦後になって当然のこと、ようやくまとまった反省が出されるに至った。それは数多くあるが、ここでは戦史研究家原田統吉氏の指摘・批判が最も厳しくかつ本筋を突いていると思うので、これを引用する(16)。

○「大東亜戦争の最大の誤りは、一口に言ってそれを始めたことにあると言う以外に」ない。

○「誤りの戦争を始め、それを決定的破局にまで持ちこむことを強いた、幾つかの原因のうち、相当大きな比重を占めるものに、戦争指導の問題があることはたしかだ・・・。どのような機会を捕えて、どのような形で矛を収めるか、・・・収束意図のない戦争指導などというものはあり得ない・・・。」

○実際は、「当面の情況の要請と実力のギャップの中で、前者に引きずられて、実力以上の非リアリスティックな戦争指導が行われたということに尽き」る。

○「真に〈戦争指導〉の名に値するほどのものが、日本にあったのであろうか。・・・陸、海軍の戦争指導を含み、かつそれを超えたところにある根本的問題だ」。作戦指導や政治指導ではなく、〈戦争指導〉となるとその本質さえわかっていなかったのではないか・・・」。

クラウゼヴィッツを誤解し、武力絶対主義に陥ってしまった。そして実際は日露戦争から一歩もでていない。

「総力戦」は言葉として分っていたが、作戦が前面に出て、目的は押しのけられてしまった。「真に総力戦の思想に徹するならば、〈総力に応じた作戦・戦争〉と逆転して考えるところまで戦争思想は純化されなければならない・・・」。

○最高意思決定者の不在

「昭和一二年一一月、大本営の設置に伴い、大本営政府連絡会議が設けられ、この会議において、国務と統帥、政略と戦略との統合・節調、換言すればいわゆる戦争指導が律せられるに至った」。

しかし、これは政府側と軍部側の申し合わせによって成立したもので、閣議の如く法制的に規定されたものではなかった。したがって、法制的効力はなかった。しかし、この会議こそ「単一で最も厳しい統一的意志と、迅速な決定を必要とする戦争指導」をおこなうべきであったのに、「ルースで緩やかな（ということは力の関係でどのようにでも変化し得る）、法制上の保障のない、複数性の集団指導機構であった」。ということは、「あの戦争の性質から考えて、在ってはならない無責任制であった」。

この、決定及び実施の最高責任が一点に集中することなく、複数のままで、ぼやけた、制度とさえ言えないほどの連絡会議の運営要領は、次々に変る構成員の顔ぶれを送迎しつつ、何んと驚くべきことに「終戦まで大同小異の状態を以て継続した。

全戦争の期間を通じて、戦争指導における最大の、そして根源的な過誤はここにあった。

こうした無責任制度を余儀なくされたのは、実は大本営がいわゆる「統帥権の独立」によって、一種独特な不可侵の地位にあったせい」である。「この場合、「統帥権の独立」は、国政に対し〈要求の権利〉と〈拒否の権利〉としてのみはたらき、要求されるもの、責任をとるもの、としての義務は（理論上天皇に対してあるだけで）ほとんど持たないですむ関係にあった・・・」。

「要するに、一個の人格に化体した意志と責任を頂点として総合されるべき、近代の戦争にふさわしい上部の機構・・・を欠落し」、各部局の「対立を許すような機構が戦争指導を司っていた・・・」。

「この無責任体制は・・・旧憲法下における天皇制の罪の一つ」かもしれない。

以上、何時の間にか出来上がった無責任体制を突いて付け加える言葉はない。

4　国家戦略の立場と批判の基準点

4―1　戦争指導を超えるもの

先の原田氏の発言のなかに見逃し得ない指摘が二つある。一つは、「大東亜戦争最大の誤りは、**一口に言ってそれを始めたことにあると言う以外にない**」。

この指摘は重いし、また正鵠を射ている。しかし敗戦と分っていながら開戦したこと自体はまさに非合理性の決断の最たるものであった。二つは、戦争指導に関連して、それは「**陸、海軍の戦争指導を含み、かつそれを超えるところの根本問題**」という言葉である。「それを超える根本問題」とは何を意味するのだろうか。これこそ次に検討さるべきテーマであろう。

実はこの二つの点は同じ根をもっている。前者が突きつける問題は、それでは何故にこのような過誤を犯してしまったのか、ということであり、後者のそれはこの過誤を未然に防ぐことは出来なかったのか、という問題である。それが「国是」如何、すなわちその時の国家戦略のあり様は何であったのか、ということである。

ところで、危機に直面して国家が意思決定するとき、その際のありうべき国家戦略の基準点は何であるのか、を見定めておく必要がある。これについて永井陽之助氏の提示された点はポイントを突いている。

「戦略の本質とはなにか、と訊かれたら、私は躊躇なく、「自己のもつ手段の限界に見あった次元に、政策目標の水準をさげる政治的英知である」と答えたい[17]」。

これは真に問題の核心を突いている。これは開戦かどうかの最後の関頭にたったとき、指導者に求められるギリギリの判断根拠である。

しかし、問題はそのつぎにある。展開されなければならないのは、この政治的英知がその言葉の通り、現実の世界において国家の統合された意思として、言葉の正しい意味で「国家理性」として打ち出されていくことである。ところがそれが欠けている、打ちだされないのだ。それは何故か、賢慮と深い思考が何故この社会で働かないのか、という問題が残されたままなのだ。そこまで踏みこまないと、それは説得力を欠く。

まことに国のもつ資源限界を大幅に超えてまで国家として押しだしていくのか。またその限界はみえているのに、なぜ早く収拾に手を打たないのか。さらにそれが自明であるなら、これを国民に訴え、国民の蒙をひらき、沸騰するナショナリズムを制御できないのか。それこそが真の問題なのである。

日本の現実は、これを大東亜戦争でみるかぎり、国家挙げてこの枠――自己のもつ手段――の限界を大幅に超えてしまった、いわばオーヴァーライドしてしまったのである。これが敗戦原因につながったと思う。実際、戦争の現実をみても、第一に多正面作戦であったこと（北にも西にも南にも東にも戦線は広がった）、第二に長期戦に耐える国力が無かったこと、第三に、以上に関連することだが、圧倒的な物量格差（技術格差を含めて）があったこと、にその敗戦原因を求めることが正しい。これを一言でいえば、彼我の国力差以外のなにものでもない。

このように国家挙げてオーヴァーライドしてしまったことについては深い理由がある。それは、開戦が避けられない、そのような情勢に追い込んでいったことの背景に、一体日本の国益は何であり、それはどのようにつくられるべきか、について、しっかりした方策が立てられていなかったことにあるのだ。それは「国家理性」がなかった、ということである。

4―2　「国家理性」の時代ごとの意味

国家理性とは

ここで「国家理性」という言葉であるが、「国家理由」(Staaträson) とも言われる。それは、国家が避けられない運命の下、外的必然性に駆り立てられたやむにやまれぬ行動、という意味と、正義と法と叡智とによって権力衝動を制禦するという理性的行動、という二重の意味をもって使われている。

一方、英語では国家的利益（national interest）が近時使われるが、これはパワー・ポリティックスの下、どのように国家として利害を追求するかを問題にする。しかしこの国家利益の追求には合理性がなければならない。そこに前者の「国家理由」が意味をもってくるのである。例をもって説明すれば、国家がやむにやまれず戦争行為に出ても、何をしてもよいのではない。そこに自ずから正義や道徳が教えるような理性が働かねばならず、その制約を受けるのである。

定義的議論はここまでにして、易しくいえば、国家行動には、それが拠って立つ正当性が無ければならぬということだ。それによって、暴走する国家行動を制御することが出来るのである。ドイツ語の「理性」という言葉にはその願いが込められているのではないか。英語の「利益」にも、この正当な立論によって得られる国全体の利得という意味を離れては成りたたないであろう。(18)

日露戦争後の大きな転機

さて、この国家理性は日本でどのように形成されてきたか。明治以降を振り返ってみると、日本は維新以来、国・民族の独立が最大命題であったが、それは達成された。日清・日露の役を勝利したことによって北からの脅威はなくなり、他方、国内の「近代化」をともかく成功させて、永年の課題であった不平等条約の改訂を達成した。二つの戦役の結果もこの条約改訂に貢献したことはいうまでもない。こうして明治で一貫して追求してきた国家理性が現実化されたのである。

問題はその次の時代である。つぎの時代の国家目標はなんであるべきかが問われたが、国民全体を統合し、かつ国民の厚い支持も得られる、統一された国家目標は確立していなかった。その代わりに生まれたのが「明治四〇年帝国国防方針」であった。

しかし、果たしてこれ以外に国家のあり様について方策はなかったのか。二つの戦争の大きな負担によって国力は疲弊し、民力は衰え、その再建・再生が求められるのにまたも軍事力拡大の路線でしかないのか。この転機において、実は潜在的に求められていたのは、「強兵富国」路線に一応終止符をうち、「富民富国」の路線ではなかったか。(19)そこでこれを明示するために、ここで一つの文書を書いてみた。それは本著の冒頭に紹介した日露戦争終結後に出た「帝国国防方針」――それがその後の日本の命運を見事に予期していたので――に対置するもので、日本の近現代の別の道筋を描くことによって、日本近現代が辿らざるをえなかった道筋を逆照射することを狙ったものだ。

「駆け登ったあとの日本、新しい道
——近代の転換期における国家方略」

明治日本は、非西洋で初めてという「近代」国家の憲法を生みだし、また各種法制度、地方自治、教育制度、行政組織も整備された。経済では近代産業の発展へ大きく踏みだし、私企業の勃興意欲は旺盛であり、明治初めに意図した「富国」の条件形成の目途もつくようになった。対外的には、軍政も整い、ロシアに勝利して北方の脅威をひとまず取り除いたし、また積年の課題であった不平等条約の解消もようやく目途がつくようになった。

こうして、明治建国の目標はひとまず達成したこと、国際的には日清・日露戦争の勝利のあと、極東アジアにおいて最大の有力国家として登場したこと、がその成果であった。

このように駆け登った、その後にそれでは日本国家は今後どのような発展の途を歩むのが望ましいか、まさに分岐点にたっていたのである。

そこで、これからの発展の条件とその目標を新しく設定することが求められるが、その構想と条件を書きだして見よう。

第一条。戦争にはまず勝利したといえ、残された国内のことは多事多端であり、これ以上外にでるべきではない。

戦争に多額の国費を投じ、しかもそのかなりの部分はこれを外国資本に頼り、今後これは弁済しなければならない。それよりも多数の人命を失い、その生活を圧迫し、国民の負担はこれに優るものはない。なによりも優先すべきはこの国民の辛苦を一日も早く修復し、その生活の向上に向けて努力し、健全な日本社会を取りもどすことである。

第二条。今後、もしこれまでの成果の上にたち、さらなる海外発展を目指すとすれば、その対外進出のために必要な金はどうするか。結局、国民への課税強化と赤字国債の発行を続ける以外にないではないか。それは今までと同じ負担を国民にかけることであって、一体国民はそれを望んでいるのだろうか。そうは思えない。

第三条。足元の国内の経済の実情はどうか。産業構造はまだ軽工業中心で、近代国家の条件である肝心の重化学工業の発展は緒にもついたとさえ言えない段階ではないか。その基幹である八幡製鉄所（国営）はまだできたばかりではないか（一九〇一＝明治三四年操業）。しかもその建設費は清国からの賠償金であり、それが無かったらもっと遅れたかもしれない。もともと鉄鋼需要も軍事力増強に支えられたもので、どれだけ国内民需によって発展できていたのか。バルチック艦隊を破ったとはいえ、その主力艦船はほとんど外国（英国）製ではないか。もし列強に伍するとすれば、日本の経済基盤の構築はこれからであり、そのためには人も、資金も国内にまず投ずるべきことは赤子でも分かることである

第四条。発展のためには外貨が要る。その正貨を稼ぐことのできる輸出はまだまだ不足である。その中心商品は生糸であり、これに綿糸・綿製品が加わってきた程度であり、工業化のため輸入は増えるばかりで、貿易収支は恒常的に赤字であり、つねに外貨の遣り繰りで苦労が絶えないではないか。国内の基盤はまだまだ未熟なままである。

第五条。戦争に勝利したとはいえ、ロシアはなお満州の北半分を押さえ、その脅威は少しも減じていないし、いつ復讐戦にでないとも限らない。ロシアの権益を譲り受けたとはいえ、支那はどのような態度にでるか分からない。

これに対しては外交交渉に意を注ぎ、決して相手とつねにコトを構えるがごとき態度に出てはならず、この地域の安定にまず意を注ぐべきである。

第六条。国際関係において緊張が走り、もし危機的状況に立ち至ったとき、日本は単独で対処できるだけの力はまだ持っていない。そこでどこに頼るのか。どのような連携や同盟関係を準備し、そのため日頃どのような努力をなすべきか。本当に自立・自前の外交がやれる力はないではないか。

第七条。北東アジアにおいて最も影響力をもつ国になったこと、それは欧米列強も認知せざるをえないとはいえ、それは支那が弱かったからであって、その状態に安住できるものではない。その支那もようやく統一を果たし、これから興隆してくるだろう。そのときに日本はこの支那にどう対するのか。その準備すらできておらず、単純にみくびっているだけではないか。

押し寄せてくる西洋の影響とそのもとで復興するアジアの動向、そのなかでの日本の地位や役割について広く深い検討をおこなうことこそ必要なことではないか。一体、これから興隆する中国とどう向きあうのか。

やはり国際関係が問題

この文書は識者はすぐに気付くであろうが、一八七三（明治六）年一〇月、折からの征韓の論が破裂しそうになったとき、事態収拾の切り札として参議就任を受けた大久保利通が岩倉具視・三条実美に提出した文章を下敷きにして、四〇年後の日本の転機に際し何が求められるかを記してみたものである。(20)

しかし、この文書は当面の危機を乗り越えるものであり、真の問題はそのつぎに、それでは如何なる方策が検討されるべきか、を提示しなければ意味がない。また征韓論のときは一つの事件への対処であったが、今回は国是如何というべきもので次元も異なるのだ。

そこで最大の問題になるのは、第七条に少しでているが、これからいったい国家としてさらなる発展を望むのか、その際、各国との関係はどうするのかの展望を描くことが問われ

ているのだ。すなわち、
・朝鮮半島を支配下におき、台湾を領有することになり、さらに南満州に「橋頭堡」を作るにいたったが、その後はどのように国際関係をつくるのか。ロシアとの関係は再度緊張する可能性はあるのか、もしその危険性があればどのような対策を内外で打ちだすべきか。
・清国は永続せず、中国は早晩、独立国としてアジアで興隆してくるが、それは日本にとってプラス要素かあるいはマイナス要素か。どのように向き合うのがよいのか。
・長期的にみてアジアに影響力を行使しようとしてきたアメリカとどのように向き合うのがよいのか、それは潜在敵国とみるのがよいのか、それとも太平洋におけるよきパートナーという関係をつくることに専念すべきか。
　イギリスとは良好な関係をもつことができているがそれは長続きするものなのか。
・また、海外発展に際して障害が生起した場合、一九〇七（明治四〇）年の国防方針のように軍事力の行使すら容認するのか。それともこれ以上の軍事力の行使は止めて別の方策に特化するのか。
　そもそも、その可能性はこの近代においてありうるのか。

すなわち、長期的・歴史的なわが国発展趨勢と国際環境、そしてそのなかでのわが国の位置を明らかにすること、さらに国家発展における軍事力の位置づけについて考えをまとめておかねばならない。長期的発展趨勢とは、明治以来の日本は「大国」化、あるいは「強国」の道であるが、それはそのまま継続することなのか。大国化の道において最大のアキレス腱は国内に資源がないことであるが、資源自立度を上げることはそれが因となり果となって拡張路線は止むことがないではないか。この自立度の向上を平和理におこなう途はあるのか。

　つまり上記文書は国際情勢とそのなかでの日本の位置については、発展をさらに求める際、条件が整っていないことを述べているが、それでは対外発展をどうすればよいのか、については残された課題になっているのだ。一九〇七年の時点において問われていたのは、まさにそれであった。しかもそれは西洋列強のおこなっていたように力によって膨張と支配をおこなうのではなく、日本は非西洋にあって放置すれば植民地化の危険を受けていた国として西洋とは別の方途がありうるかが問われていたのである。その別の途とは、非西洋の諸国といかにして連携して列強の侵略に抗するか。その連携が簡単にいかない場合、待ち続けるのか。待てないとしてもそれでは日本一国として武力に依らない発展の道はとり得るのか、という難しい問題なのである。その回答を示すものとして、国是として国家目標を提示すべきであったのである。

　まことに明治天皇の死去、明治をつくった元老のあいついでの死、これを引きつぐ指導者の登場、という問題とつながって、峠に立った日本は何を目標に向かって進んでいくのか、を真剣に討議しなければならなかったのである。

つぎの「国家理性」を求めて

こういう根本問題を抱えつつ時代は激しく動いていく。すなわち、時代が大正に入ると、時代固有の特性に基づいて、つぎの国家理性を求める契機はつぎつぎに生起してくるのである。

まず対内的には大正デモクラシーの隆盛があり、ようやく政党政治が出立することになったが、そこでは遅れたブルジョア民主主義国家の構築を急ピッチで進めるという課題が追求された。それはまだしも新しい国家政策となるものであった。そして対外的にはともかく「ワシントン体制」によって国際協調の枠組みがつくられ、国際的に一応の安定が保証されたのである。

しかしこの安定は長続きはしなかった。大正期に二つの〝暗雲〟が形成され、それは昭和期に入り、大きくなっていたのである。

その一つは軍部における変化である。第一次大戦を観戦した軍人たちは、戦争の性格がまるで変ってしまったことに大きな衝撃をうけ、日本国家の遅れを痛感したのである。それがドイツの保養地バーデン・バーデンでも申し合わせとなり、帰国後その実行に奔走する。

ここで中堅少壮の軍人たちが学んだことは、日本の軍事力がいかに非力であるかということ、及び武器の進歩もあるが何よりも戦争の性格が一変したことであった。戦争は軍隊がどこか限定された特定地区で戦うものではなく、一国の政治・外交・経済・産業・技術、文化・思想などのあらゆる分野の総動員によって成りたち、前線も後衛もその区別はもはや意味がないことを強く認識したことであった。さらに戦争遂行のためには、一国が資源・食糧において自立している必要がある、という認識であった。

こうして陸軍中枢は人事を中心にした軍部の改革と、軍事力の増強・強化を切実に訴えるようになった。とくに後者については、ここで述べたように新しい構想——国家総力戦体制の構築をもってこれを進めようとしたから、それは自然の勢いとして政治全般に発言力を持とうとすることになる。さらに資源・食糧の自給力の確保のために朝鮮・満蒙にとどまらず中国大陸に目が向くのであり、ここに対外膨張の必然性が組み込まれていくのである(21)。

これはまた自然と英米との対立を惹起し増幅するものとなる。ワシントン条約とそれに続くロンドン海軍軍縮条約問題がそれであった。いわば国際協調路線と国内独自論戦の対立が激化してきたのである。こうして後者は国家総力戦思想の顕現のため、これに抵抗する政党政治を圧倒して軍部中心の政府をつくるという行動となり、政治と軍事の関係は後者の圧倒的優位の時代に入っていく。それは二・二六事件によって完全に分水嶺を越えた。

これに拍車をかけたのが、政治家の軍事についての無智であり、軍事については日頃から無関心であったから、軍部の台頭に抗する力は落ちる一方であった。さらに軍部は明治以来の軍部が拠って立つ独特の基盤――「統帥権独立」を楯に政治を飛び越えて、あるいはあたかも政治とは自立した一つの「支配政党」のごとく、国家戦略の実際を決めていくのであり、これに抗する政治・内閣の弱体は目を覆うものがあった。ここにオーバーライドの最大要因があったといえる。

こうして「国家理性」はもろくも潰れていったのである。改めて考えると、国家総力戦体制の構築は、一見新しい国家目標の構築のようにみえて、それはそういうものではないのだ。それは国家にとってはあくまで手段であって目標ではない。その場合の目標はわが国が列強と肩を並べる強国あるいは大国になることであったが、それ自体、どこまで可能であるのかを詰めずに、ひたすら手段の増強に専心したのである。かくて目標と手段を取り違えていたのであり、ここに国家理性は崩壊する要素を含んでいたと言える。

国内改革の必要性

もう一つ新しい国家理性がつくられる契機があった。それは第一次大戦後の長い経済低迷であり、それに基づく社会の疲弊であり、これをいかに克服するかの問題であった。換言すれば新しい健全な経済社会の構築であった。

それは第一次大戦の後の経済社会の低迷から脱却し、進行する富の不平等化を是正することであった。前者はほぼ二年ごとに訪れる金融恐慌を克服することであり、後者はこの過程で進行する、都市と農村の所得格差、農村の疲弊、労働者の失業増大と賃金低下、下層都市商工業の不振、をいかに克服するかの問題であった。

この前者の問題は、金解禁を実施することで最終的な決着を図ろうとしたが、それは世界をおおう大恐慌の影響によってあえなく沈んでしまった。後者については一つは輸出によって富を外からもってきて、それを原資に国内の経済を刺激することであるが、わが国は慢性的な貿易赤字に悩まされる国であったから、そもそもからしてそれは無理であった。また海外も不況であり、さらに高関税によって国内を保護しようとしたから、日本商品の締め出しが進んだ。

残された手段は、思いきった再分配政策を採用することである。これは経済政策に社会民主主義的思想を持ち込むことであり、具体的には思い切った小作所得の引きあげ措置、あるいは失業手当の増額などが考えられる。しかしそれは我が国の当時の指導者たちには踏み切れないものであった。社会全体ではもう一つ進んだ、成熟した思想が生まれていなかったのである。この状態に対し、とくに社会の下層に不満が累積し、それが爆発したのが政界・財界指導者へのテロであり、クーデター計画の続発であった。こうして社会は一種の機能不全に陥ったのである。

かくて、この時期、強く求められていた新しい国家理性の構築に失敗したのである。

「長期臥薪嘗胆」に耐えられるか

最後に、国家理性に立ち戻って、自己の手段の限界内に政策目標を下げる、ということを、一九四一（昭和一六）年の時点で考えるとすればどういう事態が出現するか、を考えてみよう。それは国家理性をいかに持続してそれをもちこたえるか、という問題である。

その結論は決まっている。当面は到底戦えない、そういう戦力はない、という結論が先ず出てくる。これこそ合理性にたつ「国家理性」そのものであるが、それに則り今後の行動を選択するとき、それでは何時になったら戦う体制までもっていけるのか、という疑問が提出される。これに対する答えは、またしても彼我の国力差から、それはおそらく相当長期に亘るだろうということである。国家としては文字通り「長期に亘る臥薪嘗胆」の道を選べ、ということになる。

これは石原の議論にある通りである。石原は、先に引用したごとく、米英と戦うためには、まず支那事変を解決すること、長期持久戦に備えて教育の革新、都市の解体と農工一体の国土の建設、日満支一体化による産業経済の建設、を主張している。いわば日本全体の構造改革であり、経済社会の再編成である。これこそ長期国家改造・強化計画である。

これを思い起こすとき、この回答はわが国のあり方にとって実に示唆的であるように思われる。何故なら、明治維新以来の日本国家の長期発展をあくまでは平和理に進めようとすれば、自ずとこれ以外に道はないのではなかろうか、ということである。それは運命付けられていたのではないか。卑近な例を挙げれば、日本の悲願であった重化学工業化は敗戦後二五年を経て一九六〇年代一杯をもってようやく達成されたのであり、また同様の悲願であった貿易収支の恒常的黒字化は一九八〇年代に入って達成されたのである。本文において大東亜戦争は「未成国家」の戦争であったとしたのであり、このような先進国のもつ当然の条件を満たしていなかったことを指摘したのである。ということは、石原のいうようにその条件をもつに至るには、こういった長期間を要し、その間、待ちに待ち続けることが求められるのだ。

さてこれが果たしてわが日本のとりうる戦略となるだろうか。日本人はこれに耐える心情を持ち続けることができるか。実際の問題として、その間、世界は目まぐるしく動くだろう。浮動し、かつ熱しやすいナショナリズムが一方にあり、他方に外的条件に大きく影響されるという国情がある。

大国の如く、自立した判断力を独自に行使する余裕は限られている。その弱さは付いて回るのである。

上記に示した合理性判断は間違いはない。しかしその意味でそれは国民が、日本国家が耐えて耐え抜く覚悟を前提にしている。一九四一年の時点において、この深甚な課題が問われていたことは間違いない。それに思いをめぐらし、その実際の構築に専心すること、それこそ国家のリーダーの果たすべき役割なのである。残念なことにそのような人物を得ることはできなかった。

しかし歴史はまことに皮肉である。このような「未成国家」のまま戦争に突入し、敗戦となったことによって、ここで述べた日本国家に求められていた「長期臥薪嘗胆」の必要性を一気に崩し、急ピッチで再建を図ってその国力を引き挙げ、ついに名実ともに先進国と肩を並べるまでに発展しえた。これにより維新以来の悲願を達成したのである。こうして戦争は、破局とその後の再生を生み出した。戦争の惨苦は、本来運命付けられた長期忍耐にとって代ったかのようであり、その後の再生を準備したのである。歴史の不思議な回転をここにみるのである。

注：

（1）大杉一雄『日米開戦への道　上・下』、講談社学術文庫、二〇〇八年。原本は『真珠湾への道』、二〇〇三年。大杉氏は戦争回避の機会を緊迫する事態進展を跡づけるなかで丹念に考察している。このような歴史考察は数少なく貴重であり、多くの示唆を受けた。

（2）トラウトマンは中国駐在ドイツ大使。一九三七（昭和一二）年一〇月から三八年一月にかけて同大使を仲介として中国政府と行った和平工作のことをいう。その内容は①内蒙の自治、②華北の不駐兵区域拡大、③上海停戦区域拡大、④排日問題処理、⑤防共問題、⑥関税改善問題、⑦外国人の中国における権利尊重、の七項目。蔣介石は、①ドイツが最後まで調停者になること、②華北の行政権は最後まで維持すること、を前提にドイツに和平を依頼したいと伝えてきた。しかし日本側は軍事的優勢を背景に、より強硬な要求を提出したので、中国側は日本側の要求の細目を知りたいと回答してきた。日本側はこれを中国側の遷延策とみて、この工作を打ち切った（一月一六日）。

これに関連する日本側の動きについては芦沢紀之『ある作戦参謀の悲劇』、芙蓉書房、一九七四年、一六四～一九〇頁が詳しい。

トラウトマン工作について近時になって明らかにされた機密文書によると、蔣介石政権はこれまで一度は日本との和平交渉を受け入れたとされてきたが、そうした決定を示す記録はないことが判明した。また、当時の蔣政権はソ連側に日本の和平条件を秘かに通報していた。『毎日新聞』、一九九五年八月一〇日。

（3）今井武夫『支那事変の回想』、みすず書房、一九六四年、一四八頁。

（4）同、二二一頁。

（5）同、一三〇頁。

（6、7、8）高木清寿『東亜の父　石原莞爾』、たまいらば、一九八五年、二一八〜二一九頁（なお初刊は錦文書院、一九五四年）。この部分は、石原は当時すでに予備役に編入されていたが、その気持ち押さえがたく、一一月一七日上京し、兵務局長田中隆吉少将に訴えたもの。

（9、10）同上、二一二〜二一三頁。

（11、12）同上、二三六〜二三七頁。

（13）同上、二三三頁。

（14）白戸みどり『最終戦争時代論——石原莞爾の思想』、邦文社、一九七一年、一一五〜一一七頁。

（15）同上、一一四頁。

（16）原田統吉「『大東亜戦争全史』批判」、『歴史と人物』、一九七三年八月。

なお、同様にこの戦争に深甚な批判と自己反省をつきつけているのは、長く参謀本部にいてこの戦争指導——支那事変が中心であるが——をおこなっていた堀場一雄である。それは『支那事変戦争指導史』、原書房、一九七三年、にまとめられているが、とくにそのなかで七三一頁および七四一〜七五五頁が参照されるべきだ。

（17）永井陽之助『現代と戦略』、文芸春秋、一九八五年、三二八頁。

（18）この点については、鈴木成高「国家理由」、『世界史における現代』、創文社、一九九〇年、所収、を参照した。なお、同、「日本におけるナショナル・インタレストの歴史的考察」、防衛研修所、一九六二年、も参照した。

（19）このような路線を提唱したのが、三浦銕太郎「大日本主義か小日本主義か」（『東洋経済新報』、一九一三年四月一五日、四月二五、五月一五、五月二五、六月六、六月一五日の六回にわたる論説）である。松尾尊兊編集・解説『大日本主義か小日本主義か』、東洋経済新報社、一九九五年、所収。

（20）『大久保利通関係文書　五』、日本史籍協会叢書三二、一九二八年。五三〜六二頁。また家族への遺書は三九〜四〇頁。

（21）この国家総力戦構想の推進については、川田稔『昭和陸軍の軌跡　永田鉄山の構想とその分岐』、中公新書、二〇一一年、第三章が詳しい。また同じく『浜口雄幸と永田鉄山』、講談社選書メチエ、二〇〇九年、を参照。まことに大東亜戦争の根因は、大正期から昭和にかけての、浜口vs永田の〝論争〟にあるといえる。国際協調派と独自路線派の戦いであったが、結果として後者が〝勝利〟していくのである。前者は政党政治による政治指導の確立によって軍部を押さえるとの期待があったが、その立脚点は弱かった。また、国際協調の意味を訴える点も弱かった。それは対英米従属と捉えられてしまい、軍部はその弱点を突いた。一方、軍部もその背景に力をちらつかせることは反省しつつ、また国民負担の増大という弱みがあった。こうして実績作りが最終〝勝負〟ということになり、それが満州事変となったのである。

XI　戦争を無くすことが出来るのか――結びに代えて

はじめに

以上二つの章においてわれわれの最も身近な大東亜戦争をとりあげ、その戦争にいたる必然性や、開戦をめぐる指導者たちの意思決定のあり様などを検討し、本当に戦争にいたらない方途はありえたのか、を考えようとした。

そこで最後に、あらためて全般的な問題として、戦争を本当にこの地球上から無くすことができるのか、さらに戦争を無くすために何が必要であるのか、を考え直し、結びとしたい。

1　なぜ「愚行」は繰りかえされるのか

「愚行」論とその限界

まことに人類の歴史を振りかえれば、戦争が消える日はこなかった。さらに近時を振りかえれば、それは戦争の時代であった。とくに二十世紀は二度の世界大の戦争を経験した。こうみてくると、今後も戦争の日々が訪れないという保証はないかのように思える。

それはわれわれが戦争なるものに批判を繰りかえしてもその効能はないためであろうか。戦争批判が徹底していないためであろうか。この観点から、バーバラ・W・タックマンの「愚行論」は参照するに値すると思うので、その所説をみていこう。

まことに戦争は後から考えれば、「愚行」の連続である。タックマンは、ある政策を「愚行」と規定するためには次の三つの規準を満たす必要があるという。

①　当時の観点にたっても益にならないと認められるものであること。

② 実行可能な選択の道が残されていること。
③ 統治者個人の政策ではなく、グループの政策であること。[1]

歴史を回顧すれば、まことにこの通りであったろう。また、「愚行」を人間が選択する理由について、つぎのようにも述べる。

「不利益が明らかになったあと、不利益を追求するのが不合理なら、**理性の排斥は最も重要な愚行の特徴**である。ストア学派の哲学者によると、理性は世界の諸事を司る「考える炎」であって、皇帝や国家の支配者は「地上に秩序を保つよう（任命された）神的理性をもった僕」であると考えられていた。当時この理論は心を慰めてくれるものであったが、現在と同じように、この**「神的理性はしばしば、非合理的な人間の弱さ――野心、心配、猟官癖、面子、幻想、自己欺瞞、固定的先入観念――によって圧倒されていた。人間の思考の構造は、前提から結論にいたる論理的順序にもとづいてはいるものの、それは弱さや情熱に抵抗できるというわけではない」**[2]（太字は引用者）。

あまりにも重要なことがいささかシニシズムで綴られているので、見過ごしてしまうが、筆者はこの最後の言葉に注目したい。理性は神的ですらあるが、にもかかわらず人間のもつ弱さや情熱（感情と言いかえてもよい）には勝てないということである。実に言われてみれば単純なことであるが、改めてこの事実を噛みしめたい。

それでも不満が残る。それは、前記の「愚行」の判断基準があまりに合理的であるからだ。実際の愚行を客観的にみれば、まことにこの通りであろう。したがって、あまりにも常識的に過ぎるが、しかしそれは高度な社会常識というべきであろう（この場合、常識は認識の程度が低いという意味ではなく社会の財産として結集された智恵という意味）。しかしそれであるが故に、つまり理性的であるが故にきわめて分かりやすいが、しかし何度も言うが理性的・常識的であるがゆえに「愚行」が起こったという現実の前にあまりにも弱い火と映ってしまうのである。

その理由は、一つはタックマンの議論は指導者（たち）の意思決定を追っているが、一般国民のことは取り上げていない。これは西洋的思考――個人主義文化――によるためであろうか。「愚行」を許すような（?）社会のあり様のことは触れていないのである。

二つ目の理由は、後の文章にあるように、人間は理性を排斥してしまうから「愚行」がおこるが、それではどうして人間の社会はこのように分かっていても理性を平気で排除して、野心のほか上記にあげられている人間の「弱さ」に圧倒され支配されてしまうのか。さらに、この「弱さ」に陥らない方途はあるのか。それが知りたいことである。

いわゆる「理性」的判断の限界

確かに人間にかんするこの単純な事実に基づけば、今までの戦争批判論はこの点をあまりにも軽視していることに気付く。戦争は、この「非合理的な人間の弱さ」という人間の根源的な特性から生ずるのであって、いくら合理的思考を振りまわしても無駄である。そして人間はソクラテス以来、統治においてこの理性を確立するにはどうしたらよいのかを問い続けてきたのだが、それは決して成功することはなかったのだ。それどころかその〝異常さ〟はますます昂じてきたのである。それはどこからくるか。タックマンはそれを「権力の欲望」であるとする。

「政治的愚行に影響を及ぼす力のうち最も重要なものは権力への欲望であって、タキトゥスから「すべての情熱のうち最悪のもの」と名づけられた。それは他人に及ぼす権力によってのみ充足されうるので、権力を揮うのにいちばん好ましい分野は政治である」。そして「愚行のより大きな誘因は、過度の権力である」。

プラトンは言った。「欲望が理性の判断と一致しないときは魂が病んでいる」と。

「また魂が魂に固有の法である知識や、意見や、理性に反対する場合、私はそれを愚行と呼ぶ[3]」。

まことに、人間社会ではこの力への欲望こそが過度に強まる。そして人間は、そして社会はこの魂の〝病んだ〟状態にいとも簡単に移行して「愚行」を繰りかえす。そしてそれは古代ギリシアの哲学者が悩んで取り組んだ状態から一歩も進歩していない。いやそれどころか人類は自己を抹殺しかけない状態まで進んで、そのうえに〝平和〟裡に生活している（！）。

このように、タックマンが「理性」以外の要素に眼を向けた点は評価してよい。それは今までの戦争批判は、大東亜戦争についても同じであるがあまりにも「理」に依拠しすぎているからだ。理性的に判断すればこんなことにならなかった、さらにその「理性的」判断にも過誤はあった、という。「理性的」判断をしていたが、それは間違っていた、という。しかしそれで止まってしまっているのだ。

一般にこの様な合理的判断を指導者に求めようとする人たちの陥りやすい欠陥はナショナリズムのもつ大きな心情の力を軽視することである。それは民族や国家のもつ矜持の心、自負心や他人に負けたくない、差別や従属や屈辱には耐えられない、それが嵩じて威力誇示にいたる、など、確かにそれらは非合理的なものであるが、非合理ゆえに間違っているものではない。このような心情や感覚や心象が社会には存在して力を発揮するのである。

合理的にコトを考えようとする人たちはこれを軽くみるという欠点をもつ。どこからみても勝てそうにないのにどうしてこんな馬鹿な戦争をしてしまったのか、という思いは実はきわめて合理的精神そのものである。しかし、人間社会は合理性だけで律せられているのか。さらに言えばこのような合理的判断がどうしても先行発展した国々の見方に立っているような側面があることにも注意が必要だ。あのように小さい、自動車もろくに普及してない国が戦争を仕掛けるなどは狂気の沙汰だ、ありえないといった発言には、先進国独得の〝合理性〟がある。しかし「われわれの立場」に立てば、また違った風景が見えているのである。

われわれの問題に引き戻してみよう。タックマンは第二次大戦にかんして、「ドイツ・日本が開戦したことについても、「あらがいがたい支配への夢、壮大な自負、貪欲に発していた」という。(4)当時の両国の国家社会の状態はその通りであろう。しかし、その指摘だけでは、どうしてこのように支配力、自負、貪欲をもつにいたったかについてはここでは取りあげていない。さらに言えば、ドイツと日本では抱いた「夢、自負、貪欲」は違うのである。それは歴史分析に依拠するしかないのである。それは理性的判断を押し倒して進んでしまう国家社会のあり様を指すのであり、それを説明するところまで行かねばならないのである。

日本の近現代の発展について、オールタナティブの途がありえたのか、をくどいくらい追求したのはそのためである。

2　なぜ国家間の対立が生れるのか

単純だが基本的根拠

それでは元に戻って、戦争に至るような事態として、なぜ国家間の対立が生れるのか。

これについてはいろいろな説明がなされる。しかし実は単純なことではないだろうか。その根源的なものは、人は他者に簡単には支配されたくない、ということである。国家レベルでは同じく、他国、他民族に、自己を支配下に置くことは許さない、ということである。これを自由を確保するためなどというが、いやそれ以上にもっと根源的な民族がもつ生存のあり方――それは毎日の日常的な生活そのものでもある――を保持・確保できるかということである。国家間・民族間の対立は、このように単純ではあるが、原始的生存本能からきているのである。

近時において、アルカイダによる米国本土への攻撃という劇的事件がおこったが（九・一一事件）、この事件はここで問題を解く鍵を提供するものだ。すなわち、その理由を探ればいろいろな説明がなされるが、根因はといえば、自らの国（しかも聖地がある）に外国人が入り込み我が物顔に振る舞うことへの反撥から来ているのだ。この場合、聖地は決定的要素ではあるまい。それは他者が自分たちの生きている場所へ何の諒解もなく入り込む権利をもっているかのように振舞う態度への反撥である。さらにそれを許すような自国政府の態度に抗議してもなんら改善をみせないフラストレーションがあのような激発になるのである。そこには当然のこと、高度の宗教や文明を築いてきた自負や誇りがこの行動を支えている。

こうして単純だが決して消し去ることのできない自己生存があって、それを基にしてその上に経済発展格差や外交関係における力の差の認識などが積み重なる。知識が増え経験が積み重なると（アルカイダの「兵士たち」は高等教育を受けていた）、さまざまなルールは外国によって決められ、それに従わざるをえない国情への不満が絶望感にまで高まる。それら要因を総合して、異なる文明にかんする理解と反撥が強まり、それを通じて自己にかんする認識の確認、すなわちアイデンティティへ強烈な思いが浮上し、それを正当化するために宗教の教示が引用されるのである。しかしよく考えてみると、宗教や文明の違いが対立・抗争の一義的要因ではなく、それは自らが生きていき、それが正当に認知されることを求める行動の正当化に参照されるのであって、その根因は別のところ、すなわち支配・被支配という実態にあり、これを打破したいところにあるのである。

日本でも一二月八日のラジオ放送を聞いたとき、眼前の暗雲が一気に吹きとばされ、なんともいえない開放感を感じた人びとが多くいたのである。アルカイダのテロ攻撃はまさに正気の沙汰ではないが、それでも行ってしまうのが人間であり、またこの世の現実なのである。まことしやかにこれを「悪」として攻撃するまえに、それが意味するものを真正面から考えてみたいのである。(5)

戦争を引きおこす要因について

このように根因は分かった。しかし国家間対立が世界大戦に至るような大事件となるのは何故か。それを知るには国家間関係について全体的・綜合的・重層的な理解をしなければならない。それはルヌーバンが第二次大戦の原因を解明したあとの結論部分で、次のごとく指摘している通りである。(6)これは同時に大東亜戦争を理解する一助となろう。

(1)　人口学的状況

それはさまざまな影響を与える。

・同じ技術水準に達した国々の相対的な軍事力を決定する。それは産業の成長を生む重要な側面であり、兵器生産能力を決める重要な要因となる。

・人口学的圧力——領土維持への挑戦の原因であり、口実ともなった。また経済的膨張や民族移動の動機でもあった。

・青年層の割合が高い国は、心情的要素として楽観と確信に溢れる。

(2)　経済状況の影響

国の全体利益と、実業界の利益に基づく利害関係の要求が国家の行動に影響を与える。この影響は国家の膨張の原動力であり、戦争を起こす力、支配力を増強する。

・現代では工業力が決定的であるから、その原料供給と製品の市場をも求めることが切実な関心事となった。それが植民膨張の原因であり、帝国主義の勃興となった。ここでは金融的膨張も重要な役割を果たすので、政治的抗争の主戦場となる。

・技術の進歩も、運輸、通信手段、兵器の分野で重要な役割を果たした。それは軍事力にとっても、商業や文化の関係にとっても重要な影響を与えた。技術の伝播も軽視してはならず、それは新興国に広まっていくのである。

(3)　集団心理

集団心理の底に流れるもの――国民感情、宗教感情、政治的・社会的生活観の信念が国家間関係に力となってきた。その心理的想念が国民の志気と堪えうる犠牲心となり、力の要素となる。

・宗教は、国際関係を決める要素として一定の、あるいは相当の影響力を有する。

・民族主義的感情――教育、定期刊行物、普通選挙権の進展とともに、その思想と運動は成長してきた。このなかで報道の影響が最も重要だ。

・政治組織に関する考え方の相違、いわゆるイデオロギーの相違が、国家間の対立を生みだす。

(4)　国家の行動

上記は国民間の接触にあらわれるいわば底部の力だが、上部というべき国家の行動に注目しなければならない。

・国は経済のため、精神的使命のため、政治力のため、国民間の接触を広めようと努め、力を増強して自国の意思を他国に、あるいは人民に押しつけることができるようになる。

この国の相対的力は、政治的、経済的、文化的位置において覇者の立場を確立する。この国の成功は他国にとって最善なものと信じさせるからだ。

・国家は上記の諸要因――人口、経済（金融をふくむ）に政策を発動し、それを決めていく。

・集団心理にも国家は影響を与える。国家は新聞、ラジオを通じて民族主義的感情を掻き立てる。世論が重要となり大衆運動が大きな役割を果たす。それは未曾有の規模となったが、しかし大衆心理は政治的行動の道具である場合が多い。

・外交政策の道具――兵器と外交――を自由に使いうるのも国家である。政治体制も国際関係を決める要素である。

(5)　政策形成における指導者

外交、軍事、を動かす国家の力と指導者たち——大政治家、その助言者（外交官や参謀総長）——の役割と行為、すなわち個人的な創意、個人の意思の役割を無視してはならぬ。

・ただ時代によって外交官の働き方が違っていく。通信の発達でその役割は減っていったように。

・軍部が大きな影響力をもつのが現代であるが、政府がこれを押さえ独自の意思決定をすることもある。

・政治家の創意工夫は上記の諸要因をさらに進展させ、増大させるし、和らげる働きもする。一方、個人的名誉欲、気質、性格、個人的考え方が外交政策と戦争では重要な役割を演じるものだ。

以上をまとめて、歴史研究は本質的目的を解明するにあたり、これら要素を切り離して、そのうちのどれかを首位に置くことはできない、それは時代や国によって異なるから、これらの割合がどうであったかを決めるように努めることである、としている。

これはまことによきバランスをもった指摘であり、あらためて傾聴に値するが、ここでの関心に引きもどせば、それは歴史について単純な理解、それに基づく単純な批判が意味をなさないことを教えるものである。物質的要素と同様に、精神的要素すなわち集団心理であり、それは国民感情、宗教感情、そして政治的・社会的生活観の信念である。これらこそが諸国民の間で違うのである。そのうえに指導者が乗っている。そこで指導者像が意味をもつ理由もある。

文明的理解にたつ日米戦争のヴィジョン

このような歴史分析における重層的理解のうえに、さらに重ねてより文明的な理解をする必要はないだろうか。大東亜戦争が、広義の人種対立の様相をもつが故、一層、その必要性を痛感する。またさらに西洋と東洋の対立という側面は消しがたく存在するのである。すなわち、長期的にみた文明の発展のなかで、今次戦争を位置づけてみると、国家と民族の接触についてまことに想像力をかきたてるものがある。それは大川周明が一九二五（大正一四）年に次のような言葉を述べていることを思いだすからである。大川は言う。

東洋と西洋、「人類の魂の道場」たるアジアと「人類の知識を鍛える学堂」たるヨーロッパは、世界史における最大至高の対抗団体として今日に至り、相離れて存続し難き処まで進み尽くした。この東西の結合は平和裡に行われることはなく、必ずや東洋と西洋を代表する強国間の戦争によって実現されるだろう。アジアを代表する最強国は日本であり、ヨーロッパを代表する最強国はアメリカである。この両国はギリシアとペルシャ、ローマとカルタゴが戦ったように、相戦わなければならない運命にある。「日本よ！一年後か、十年の後か、又は三十年の後か、そは唯だ天のみ知る。いつ何時、天は汝を喚んで、戦いを命ずるかも知れぬ。寸時も油断なく用意せよ！」(7)

この壮大な歴史的・文明的ヴィジョンについて問題があるとすれば、アジアを代表する最強国は、なぜ日本であって、インドや中国ではないのか。ここからヴィジョンの世界から離れて現実の歴史発展過程の領域に入っていく。アジアのなかでなぜ日本が跳びだして「最強国」と自認し、ヨーロッパを二十世紀において代表する最強国アメリカと衝突するにいたったのか。そこに不思議といえる運命を想うのであるが、このように日本を歴史的に位置づけすることによってこの戦争を文明論の視野の下に捉えることがよほど大きな示唆を与えるのではないか。一国の、あるいは一民族の衝突はそのような底流にある、人智ではいかんともしがたい力学が働いているのではないか。それは知識や合理性では理解できない生命力といったもので、異なる生命力をもった民族が出会うとき、そこに衝突は避けがたいのではないか。

そしてこれによって、本当に日本はよく戦ったということを説明できるのではないか。それは大差のある戦略的な劣位や過誤や圧倒的な物量的劣勢にもかかわらず、である。それはいくら強調しても足りることはない。そこに多大の惨苦があったが、この日本が示した抵抗はいくら強調しても強調しすぎることはない。

3　戦争を無くすことができるか

国家間対立は防げるのか

しかし、くどいようだが戦争は避けねばならない。そこで、このように国家の間で敵対するにいたる根因について、現代の国家間対立の問題として捉えてみよう。どうして国家関係で友好的に振舞うことができないのか。戦争といった事態に立ちいたらないように常に国家間関係に深甚な考慮を払う態度はないのか。

現代世界においては、それは大国の覇権的支配を安定的に確保すること、この体制を崩すおそれがある場合その勢力を押さえ込むこと、それが平和を維持するものとされている。文字通り国際政治の力学が貫徹しているからである。

このような捉え方に依拠せずに平和な国家間関係の構築を説いた人物はいた。ここにそれを証明する一文がある。それはアメリカ側にあって第二次大戦に深く関わったアルバート・C・ウェデマイヤー将軍である。将軍は、チャーチルがイギリスの三〇〇年以上にわたって採ってきた大陸の勢力均衡政策を採らず、ドイツの破壊を企図して結果はソ連に欧州支配を許してしまった愚行を批判したあとで、アメリカについても次のように述べた。

「チャーチルが彼の祖先の金言を無視して、自分の感情で自分の理性を支配するような愚行を犯したことは、ジョージ・ワシントンが『訣別の辞』において、アメリカ合衆国の国策遂行にあたり、大統領となるべき人々に与えた忠告を、ルーズベルト大統領が無視したことと好一対をなしている」。ワシントンは、その『訣別の辞』のなかで次のように述べている。

「国家政策を実施するにあたってもっとも大切なことは**ある特定の国々に対して永久的な根深い反感をいだき、他の国々に対しては熱烈な愛着を感ずるようなことがあってはならないということである。そしてそのかわりに、すべての国に対して公平かつ友好的な感情をもつことが、なによりも重要である**」[8]（太字は筆者）。

これは国際政治のあり方においてまことに理想的な文言であると同時に、実践的にも重要な意味をもつ指摘である。しかし、今まで検討してきた結果、この人間世界から戦争をなくすことはできない、という結論に達せざるをえない。

アンジェルは戦争の無益を説いた、しかし・・・

近時でも戦争が大いなる幻想であり、勝者においても敗者においても何事も解決しないことを警告した人はいた。一九一〇年、のちにノーベル平和賞を受けることとなったノーマン・アンジェルは『大いなる幻想――軍事力と国家的優越とに関する研究』を刊行したが、それは何百万部も売れ二〇カ国語に翻訳された。この時代、世は繁栄と太平のなかにあったのだが、その骨子は次の通りだ。「政治上のフロンティアと経済上のフロンティアはもはや一致しない。近代における状況の下では軍事力は社会的・経済的に見て無益なものである。一国が実力によって他国の財富や貿易を押さえるのは不可能である。また戦争は、たとえ勝った場合でも、諸国民が追求している目的をもはや達成することができない」。

これについてシューマンは次のようにコメントする。すなわち、**この警告に留意した人は多かったが、古来以来つづくパワーゲームにどうして終止符を打つのか、その方法を知るものは誰一人いなかった**、と。アンジェルの予言――戦争は破滅的であり、主権国家間の武力対立はいかなる合理的目的にも役にたたないと断言したこと――があったにもかかわらず、ふたたび流血と破壊の狂宴の時代がきた。国益、国家の名誉、矜持と正義、が持ちだされ、戦争がこれら目的に役に立たないことが論理と経験から分かっている場合でも、平和より大切な「大いなる幻想」が依然として人心を支配したのである[9]。

この現実を直視しよう。

そうすれば、われわれは平和と戦争をめぐってあらためて理解の大いなる混迷のなかにあることを自覚せねばならぬように思われる。われわれが生きている国家社会において、ある特定の時期、ある特定の国家において、ある国が、ある指導者たちが、強欲になったとか、あるいは名誉心に駆られてとか、自己慢心に陥っていたとか、により途を間違ったりしたので、これさえ是正すれば、あるいは抑制する方策が整っておれば、世のなかは旨くいく、平和も保たれる、と理解しようとする思考があることである。これこそ人間と社会を知らない見解であろう。

人間はなぜ強欲になるのか。なぜ他国まで出かけていってその地と人びとを支配するのか。そこに衝突が発生するのは必然である。残念なことにそれは人間の本性から出ていることである。そして社会はこの本性の実現手段として発展してきたのである。その諸要素は先にルヌーバンを参照して記した通りである。人口学的・経済的・政治的・文化的要素、政治制度、指導者のあり様がそれで、これが近代の「国民国家」そのものなのである。そこでは国家の主権が絶対視されているが、これはこの国家行動のすべてをいかに正当化するかの論理で構成されているのである。

問われている最後の立場は超歴史的立場に立つこと

そのため、この国家行動にたいして、理性にたつ思惟を求めることや、ナショナリズムに対する抑制論や、他国の立場を尊重せよ、といった批判はそれは筋が通っているが、その効能は低いのである。国家があまりにも多数の要素から成りたち、それが集まって強固な壁を築いているからである。

今もし、戦争に反対する論理を構築しようと思えば、これら一つひとつに拘るのではなく、この現実から高く飛翔して俯瞰的な大局観に立つことが求められるのではないか。これは別言すれば「超歴史的立場」に立つことである。それは、この人間社会に、人間がもつもう一つの側面である、道徳的観念を持ちこむことである。隣人を愛するとか、人を殺傷することが根本的に間違っている悪であるとか、いずれの民族も国家も平和のなかに生きることが最低であると同時に最高の基本的人権の確立である、といった根本的原則に立ち返ることである。この超歴史的立場は、人間の本性に立ち返ることであり、社会としてその立脚点を見直すことでもある。

問われているのは、この人間のあり方についての根本原則が「近代国民国家」において確立されることが可能かどうかである。こうして問題は再び先に示したアンジェルに関連しての、シューマンの批判的コメントに戻るのである。

名著『国際政治』において、シューマンが人間社会の国際紛争を総合的にレビューしたのち、最後に祈りを捧げるように平和のことを書いたのはその意味である。最後にそれを引用して結びにしたい。

すなわち、人間の歴史をみると、科学的知識は飛躍的に増大したが、人間の意志を善に向けるもの——道徳的知識は全然進歩していないのだ。こうして科学が課題を解決しないことがはっきりした以上、「われわれのジレンマに対する解答は、宗教の領域にある。私の言う宗教とは、人間のもっとも深い倫理的価値と道徳的洞察のことである。最後の審判の日を避けるためにはわれわれは、この倫理的価値と道徳的洞察とを現代的なものにして、われわれの社会的・政治的行動に実際に適用しなければならない」。

　その前途は一見暗いが、明るい見通しもたつ。それは「われわれの信仰は、恐怖と憎悪と暴力よりも人間の尊厳、人間の完成可能性、人間の同胞愛、人間の間における愛と理性への献身への信仰であり、古代の気高い諸宗教にも同じ信仰が認められる」。

　この「道徳的洞察を今後、一日中、毎日、毎年、永久に、社会的・政治的行動に具体化しなければならない」。それは貪欲な金儲け主義をやめることであり、自国第一主義のナショナリズムを放棄することであり、帝国主義と植民地主義を捨て去ることであり、他人にお節介をやくことをやめることであり、力の政治と戦争という制度を放棄することである[10]。

　まことにこの通りであろう。

　しかし、繰りかえしになるが、それが出来るかどうか。そのためには、われわれ、まさに〝身を翻して〟人間と歴史に関し、社会全体として（少数の覚醒した人たちだけではなく）、価値観の絶対的といえる革命を経験しなければならない。

　同時に、もし大東亜戦争批判がそれが真実で、本質を突いているというものであるならば、それは人は宗教者の立場に立って、あるいは神に近い人の立場に立ってこそ為さるべきことで、そうであればこそ有効なものとなる。戦争論はそれほど深刻な課題に直面していることを自覚しておかねばならない。

注：

（1）バーバラ・W・タックマン（大社淑子訳）『愚行の世界史』、朝日新聞社、一九八七年、六頁。

（2）同、四二二頁。

（3）同、四二三頁。

（4）同、三五頁。

（5）ある会合で、九・一一事件について、このような考え方を述べた。しかし、それは理解されず、今の問題はアメリカのイラク進攻を支持するかどうかが問題だと開き直られた。日本では物事を深い歴史的背景を忘れずに正しく理解することが疎かにされていることが知られ、まことに残念なことである。

（6）ピエール・ルヌーバン（鹿島守之助訳）『第二次大戦の原因』、鹿島研究所出版会、一九七二年、三八七～三九七頁。

　原著は一九五八年刊。第二次大戦にいたる危機の記述として最も信頼の置ける成果である。抑制された記述スタイル、細部への目配りしつつも、歴史の包括的・鳥瞰図的な視野にたち、戦争を引きおこす諸要因を多面的に明らかにしており、単に第二次大戦にとどまらず、広く人類と戦争について深く考えさせる書でもある。

(7) 大川周明「亜細亜・欧羅巴・日本」、『大川周明全集　第二巻』、岩崎書店、一九六二年、八七二〜八七三頁。

(8) アルバート・C・ウェデマイヤー（妹尾作太男訳）『第二次大戦に勝者なし　上・下』、講談社学術文庫、一九九七年、「上」の三三頁。

なお、原著は *WEDEMEYER REPORTS!* 一九五八年刊行。

(9) F・L・シューマン（長井信一訳）『国際政治　上』、東京大学出版会、一九七三年（原著は一九六三年刊）、九五〜九六頁。

(10) 同、下、七〇八〜七一三頁。

おわりに——近現代日本の発展特性

本著は、大東亜戦争に焦点をしぼって、その意味と性格を明らかにするために近現代日本の発展を跡付けてきたのだが、あの戦争は已むをえなかった途であるとしてこれを弁護するにしても、反対に誤った途を歩んだとしてこれを全面的に論難するにしても、筆者が接したかぎりでは、それらの主張は皮相的であり、そのゆえに一方的であり、結果としてイデオロギー論争で終わり勝ちである。そのため、説得力はきわめて弱く、われわれにとってあの戦争は何であったかが未解決のまま残されてしまうのである。もっと近現代日本の発展態様の実態に下りてその特性を把握すること、世界政治を動かしている要素や列強の国情を充分に認識してそれに対する日本の対応を明らかにすること、既成の概念や規定にとらわれず実証的に筋道をたてて解明すること、が求められる。そして最後に普通におこる疑問に素直に応える努力をすることが必要である。本文では可能なかぎりその努力をしてきたが、以下ではもう一度重要論点について再説し、結語としたい。

第一。筆者の小学校三学年だとおもうが、ある日なにげなく地図をみていると、日本の〝領土〟は東は太平洋に大きく張りだし、南はスラバヤ・マレー半島に及び、西はインド国境まで赤く塗られているのであった。もちろん北方は朝鮮・満州・内蒙古から下がって中国の東半分がこの赤枠のなかに入っていたであろう。これは正しくは占領範囲を示したものだが、このある意味で〝異様な〟膨張はそれが何事か重要な意味を提示しているように映ったのであろうか、いまだに忘れ難い。小学生にそれが何を意味するか分るはずがないが、筆者にとっていつかはこの地図の背後にある何ものかをとらまえる必要あり、という思いを生み落したのかもしれない。

この思いを呼びおこしたのが義井博教授の言葉であった。それは「太平洋戦争史の研究は重要であるが、その史的解明はローマ帝国衰亡史の研究にも匹敵する巨大なテーマである」。その文章に続いて、アメリカ製の太平洋戦争史観も日本人の魂を揺り動かすものではなく、といって日本の独善性にたいする反省なくして大東亜戦争史観を再生することは大変な飛躍であるとする(1)。

まさにここに本当の問題が潜んでいる。いわゆる「自由主義史観」に飛びついても何ら問題の解決にならないのだ。といってローマ帝国盛衰史を持ちだされるとその知見のない筆者としては怯んでしまうが、世界をおおう西洋の拡張の勢威のなかでひそやかな生活を送っていた、極東のあまり大きくもない島国・日本がどうしてこのような発展を成しとげたのか。広大な中国大陸に進出し、さらに東アジアにおける最大勢力であるイギリス帝国支配に挑戦し、ついに世界最大国のアメリカと干戈を交えた。その結果は決定的敗戦となり、最後は幕末とほぼ同じ地域に閉じこめられるという運命に落ちこみ（沖縄がアメリカに占領されて日本から分離されたから実際はもっと小さくなった）、さらに日本民族始まって以来外国に占領されるにいたった。しかし話はこれで終らない。敗戦後の高度経済成長によって自由主義圏二位の経済「大国」となり、アメリカの産業競争力を凌駕して同国の識者をして「一体どちらが勝ったのか」と言わしめるまでになった。この「山あり谷あり」の大変動を動かしている「力（動因）」を率直に認めようではないか、というのが第一の視点であり、つぎにこの動因にもとづく日本の興起・隆替を世界史のなかであらためて意味づけする必要があるのではないか、ということである。それはこのような動因を軽視して、日本は明治以来一貫して侵略的軍国主義の国であったと片付ける、あまりにも表層的な、平板な近現代論への反撥からであった。義井教授も大東亜戦争は、近代日本史を展望してその位置を明らかにし、さらに二十世紀の二つの大戦の解明とも関連づけ、さらに数世紀後の未来のある時点からもこの戦争をどう捉えられるかを念頭におくべきだ、としている。至言であろう。本著はこの言葉に大いに励まされた。

第二。義井教授の著が『昭和外交史』となっているのは象徴的である。なぜならそれは昭和史が昭和外交史でなければならぬことを示唆する。この示唆をより広げて換言すれば、それは日本の近現代を世界政

治・国際関係のなかで位置づける視点がまず必要であることを意味する。(2)

日本の戦争を捉えるとき、その視点は弱いと思う。その代わりに、日本国内にばかり眼を向けて、やれ根強く残る封建遺制による近代の〝歪み〟、開化しない個人主義、早熟な「軍事的帝国主義」の異常な発達、神格化された天皇制とそれによる強い国民統合、そのもとでの「民主政」の立ち遅れ、など、日本国内の〝病状〟を指摘することに終始する。しかしこれでは日本の近現代を正しく描いたことにはならない。近現代の日本を的確に描くためにはまず近現代における国家行動が正面に据えられねばならず、この国家行動の全体像は国際関係のなかで始めて明らかにし得ることなのである。その背景、要因、対外認識、行動特性、そしてその結果、がそれである。また識者の指摘する国内のいわゆる〝病根〟なるものは、このような国際的視点のなかに位置づけることによってその性質や意味がはじめて明らかになるものである。このように視点の一方的な歪みがあるために、きわめて偏った歴史書が並んでいるということになる。

日本近現代の特性は、この西洋列強の世界支配のなかで門を開き（開かされ）、その舞台に登ろうとして、激動するアジアのなかで次第に興隆し、その地位を占めようとする。ところが、その場は列強の世界支配の最後の〝狩り場〟であり、すでに先進列強の占拠の場であり、日本が興隆することは必然的にさまざまな衝突を惹起する、云々。このように国家として国際政治のなかでプレーヤーとして、国際関係論の言葉でいえばアクターとして振舞ったこと、を従来の研究主流は正面に据えないのである。

第三。世界政治を視るとき、それを規定しているものは何か、を見定めることである。それを要約すればつぎのごとくである。

① 国際政治においては、いずれの国も同等に扱う必要があり、それが出発点になることである。
② 国際政治を律するのは、あくまで「力の政治」であり、「力の均衡」をめぐって動いているということである。
③ したがって民主主義 vs 独裁国家とか、平和愛好国 vs 軍国主義、とかの捉え方で始まる国際政治観

から脱却すること。

④　「力の均衡」が保たれていることは、それは「現状維持」を黙認することである。ところが新興国が興隆することはこれに抗議し、それを破ろうとすることになりやすい。そこで第一次大戦終了後は、西洋列強は日本の台頭をこれ以上は許さないという態度に出たのである。

⑤　しかし、かといって日本は真っ直ぐに大東亜戦争に入っていったのではない。つぎにも述べる二重性のためにしばしば国論は分裂し、そのため政治は不安定になり、外交は動揺した。また遅れて近代化したため近代国家としての国力の建設は立ちおくれた。これは日本の脆弱性としてつきまとった。

⑥　にもかかわらず、日本は「独り立つ」という命運から逃れることはできなかった。国際政治のなかで振舞うとき有力なパートナーをまったくと言ってよいほどもつことができなかった。他方、欧米列強は世界各地に進出するとき、あるいは国際問題に取りくむとき、お互いに激しく競い合いながら、自己の要求を通すときは連携してコトに当たってくる。幕末からそうであったし、昭和日本の発展を規制することになる「ワシントン条約」も然りであった（日英同盟は唯一の例外）。

これは日本の弱点でありつづけた。こうして日本は「独り立って、独りで戦い、圧倒的な相手の前に膝を屈する日本」というイメージが消えないのである。

このような視点をもてば、日本の近現代史をよく見通すことができるのである。

このなかで重要なことは、列強を力の政治の執行者としてみることを忘れないこと、それをわが国発展のモデルであるかのように視てしまうことを辞めることだ[3]。イギリスがそれで、「民主政」の先進国であると同時に「七つの海」を支配する帝国主義国であった。そして第二次大戦はこのイギリス帝国を守るために戦われた。前者にのみ光をあて、後者の実相を見誤ってしまっては、この現代の戦争は見えないのである。

また、ソ連は世界人民の解放の先頭をゆく共産主義国家である、と視るのも間違っている。それは帝政ロシア以来の大膨張を追及してきた大国であった。その欲求が実現できるときはどのような手段もとるにやぶさかではなかった。

第四。少し似た問題であるが、もう一つ別の側面の重要性を指摘したい。それは、この戦争がおこった二十世紀という時代についての認識であり、「時代観念」というべきことである。それはこの戦争は「現代」において起ったことだということであり、それを「近代」の尺度で測ってはならないということだ。とくに日本では「近代民主主義」信仰が根強いので、この点は重要だ。

なによりもまず「近代西洋」は十九世紀一杯をもって終焉に差しかかっていたと思われ、その次の時代が訪れたのが二十世紀であった。まことに「現代」を形成することになるマグマが世界の政治・経済・社会の至るところ噴出したのである。それは、政治ではイギリスに代って（あるいは追いついて）アメリカ・ドイツ・日本が世界政治の主役たらんと競って登場したこと、経済では資本主義が行き詰まったこと、金本位制が崩壊して管理通貨制に移行したこと、社会では民衆が前面にでてきてその要求が政治体制さえ変革するにいたったこと、世界的に民族主義が隆盛になったこと、などである。世界をみても自由貿易体制は先進国において修正をせまられ、また経済への国家の介入も普通のことになった。これは「近代」による解決策（市場に任せておけばよい）が有効でなくなり、国家の介入が求められる時代に入ったことを意味する。

こうしていままでの「近代」の秩序が壊れ、列強は「理想の近代」の鎧をかなぐり捨てて世界支配とその生存のため弱肉強食の戦いのなかに自らを投ずるのであった。

とくに時代の新局面が到来したことをしめす実例は、ロシアにおいて史上初めて共産主義政権が誕生したことであり、それは世界に大きな影響を与えた。そしてこの革命は戦争という事態を一層複雑にさせた。

世界大戦になる契機となったナチス・ドイツの興隆は第一次大戦敗戦の屈辱をはらう復讐戦として始まったが、ドイツはさらにその生存圏の拡張と安定を求めて東方支配を強化するためにソ連との戦いに挑んだのである。それは近代民主主義国家対軍国主義あるいはファシズムという対立構図では説明不可能であろう。そのソ連は民主主義とは程遠いスターリン独裁下にあった。このソ連を英米は支援する「大連合」をつくったのである。それは民主主義を擁護するためではなく、あくまで力の均衡を担保する戦略であった。またソ連の抵抗戦争を支えたのは愛国的ナショナリズムであって、民主主義でも共産主義でもない。

ソ連の存在は日本へも大きな影響を与えた。それは中国との戦争の性格が変り始めたことである。日本は中国に深入りすればするほど中国ナショナリズムの抵抗を受けていくが、その背後に次第に成長する中国共産党の勢力があった。それはソ連・コミンテルンの支援を受けており、日本はこの新興の共産勢力と戦わねばならなかったのである。彼らは国民政府に食い入り、その影響力を日増しに強めていった。おそらく世界で共産主義勢力とまともに戦うことになった最初の国家は日本ではなかったか。これが二十世紀現代の特徴である。

このような錯綜する世界支配競争のなかに日本もいたのである。日本の立場に立てば、発展しようと思えば思うほど「持てる国」と「持たざる国」との格差を思い知らされるのであった。また「大恐慌」は資本主義近代の行きづまりを如実に照らしだしたが、経済力の未成熟な日本社会は先進諸国よりも痛手は大きく、かつ先進列強は保護貿易の強化やブロック化によって市場を守ろうとしたから、日本の逼塞感は増幅した。そこでなんらかの突破策が求められたのである。それは決して民主主義対軍国主義などといった単純な割りきりで測れるものではない。

こうして各国はその生存を賭けた戦いをおこなっているにもかかわらず、日本の知識人は長い間の近代西洋崇拝に患わされてその実態を直視せず、この戦争に加わった日本については相変わらず民主政未完成国家という像で自国を見ているから、英米が世界に振りまいた戦争観にとらわれ、戦争を見る眼が歪んでしまうのである。その最終決着点が東京裁判史観となったといえよう。そこにあるのは事実から離れた観念的認識であり、時代的にはすでに廃棄されるべき間違った尺度の適用であった。東京裁判はこのような時代認識の誤りに基づいて批判できるのである。

第五。過去の日本について分析が甘くなり、せいぜいイデオロギー論争に終るのは日本国家のあり様についてその岩盤まで下りて検討しないからである。

それは日本が「近代」を選択した結果もったところの国家の二重性である。

まず前者について。かつて作家の堀田善衛はあるエッセイのなかでつぎのように語った。

「(1)　西洋帝国主義の追随者でなかったならば、どうして近代化とアジア・ナショナリズムの先駆者あるいは同志であることが出来たか、出来るか？

(2)　アジア・ナショナリズムの先駆者あるいは同志であるためには、西欧帝国主義の追随者となって独立を守る以外にどういう道が、十九世紀から二十世紀にかけての弱肉強食の帝国主義時代にありえたか、あるか？」

問題の困難なことは、「互いに他方を消去するような作用をもっているということであろう」[4]。言葉が詰まって分りにくいが、要するに、日本は西洋の追随者となる以外に独立を守ることは出来ないではないか。またそれなくしてアジアの解放のために同志となることはできるのか、一体それ以外に他の途はあるのか、という問題提起である。さらにしかし、両者――独立のために西洋を追随することとアジアの解放の先頭に立つこと、は両立しないのである。

これは深刻な問いである。この矛盾、二重性、アポリアのなかに日本は居たのである。実際の日本はまず独立を求め、その条件の確立のため対外進出すること――それは帝国主義的行動といえる――になった。まことに両者はコインの両面であり、またそれを同時に追求することで「アジアの先駆者」となろうとした（少なくとも意図的には）。こうして日本はアジアと数奇な関係をもたざるをえなかった。この股割き状態の日本を確認しておかねばならない。

第六。日本国家のもう一つの二重性は地政学的特質からくるのである。

日本が世界のなかで置かれた地位、それは地政学的位置であるが、それにもとづく国家特性についての認識が弱い、ということ、そのため観念的なイデオロギー論争に走ってしまうのだ。

それはこの極東の日本列島が、北はロシア（後のソ連）の伝統的な南下の趨勢、東はアジアを制覇しようとする海洋国家アメリカ、南はすでに支配を確立しこれを守ろうとするイギリス（さらにフランス・オランダ）があり、さらにイギリスは中国大陸に進出しその主要勢力となって極東アジアを支配下におさめようとする。日本はこれら大国に囲まれ、いずれもその脅威を受けているのである。さらにアジアの安定のために不可欠の中国は国家統一が遅れ、列強の〝餌食〟になって分裂・動揺が続いている。近隣国が安定しないことは日本の位置を不安定にするのである。

当初は日本をめぐる包囲は想定上のものであったが、日本が発展すればその範囲は同心円的に拡大して、上記の関係は次第に現実化し、同時に〝固い〟ものになっていったのである。四囲を脅威と不安定に取りかこまれているこのような国家は近代では存在しないのではないか。

こうして日本の外交政策、ひいてはその背後にある国家戦略は予想以上に難しいものとなった。いずれの国と結びつくべきか、いずれの国が脅威となるか、またその対象国が複数ある場合はどうするか、という問題であり、またこれは軍事戦略としては大陸国家たるべきであるか、海洋国家たるべきであるか、という問題を突きつけられる。陸軍はいきおい大陸政策に注力し、海軍は海洋における戦略・作戦に注力する。それは軍事政策・軍事戦略の統一を失わせやすくし、軍事戦略の分裂にはねかえって外交政策の一貫性、統一性を困難なものにする。結局のところ、用兵思想は分裂したまま、その双方を選択せざるをえなくなり、その軍事体制の強化のため国家資源に大きな負荷を生んだのである。

まことに日本はこのアポリアをかかえ、想像以上に重荷を背負い、その打開に苦しんだのではないだろうか。この日本国家特性について思いをいたし、そこから国家の担うことになる負荷と責務を深く検討することが少ないため、国のあり方についてきわめて一方的で安易な評価を下すことになる。いわく、「民主政」を否定し国民を抑圧する天皇制国家、侵略国家・軍国主義国家、定見のない外交、軍部に引きずられる外交、といった、ほとんど政治的スローガンに近いとしか言いようのない規定の横行であり、それに沿って近現代日本を断裁してしまうのである。それはまことに浅薄な史観であって、到底、日本人自身を納得させるにいたらないであろう。

このように、わが国の戦争批判はもの足りない。それは日本国家の興隆の性格について充分な解明を怠っているからではないか。

第七。さらに現実を見るとき、多様な、複層した視点を忘れ、さらに社会をみる動的な視点を卑下し、いわゆる「合理性」に大きく依拠して、その縛りを受けていることである。

そもそも戦争をめぐる見方が揺れうごくのは一体何故なのか。それは実際の戦争実行とそれに至る条件・要素の理解のあいだで、あまりにも大きな懸隔（へだたり）があり、この懸隔をどう埋めたのかにつ いて充分に説明していないからである。「太平洋戦争」の場合、まことに日本のなかの開戦への決断（それは追いつめられた結果であった）の流れと、そのなかで非戦・否戦を選択する途とのあいだに大きな懸隔が想像以上に存在したのである。最近経験した津波の例で説明すると、戦争実行を家の天井とすれば、そこに迫る海水の流れ・圧力との間にまだまだ相当の余地、懸隔があったということである。そのためよもや家全体が水没するなどとは考えてもいなかったのである。日米間には圧倒的な国力の差があり、しかもそれは普通の常識（しかもその認識は多数の人びとに共有されていた）の範囲で判断できる類いのものであるから、この常識と開戦を選択することの間にあまりにも懸隔がありすぎるのである。

この「よもや」、「まさか」、あるいは「万が一」と表現してよい大きな懸隔を埋めてしまった原因はどこにあるか。直接的にはハル・ノートの提示により打開の途がふさがれ、一気にこの懸隔が埋まったのだが、さらにその背景にはもっと考えてみるべきことがある。

その一つは、とくに日米間の戦争についてであるが、それは具体的な物質的利益をめぐる戦いではなく、潜在的で明示的ではないが、両国間の西太平洋をめぐる覇権をめぐる争いであって、その競争をおこなうまでにまで発展・登場した日本の拡大をアメリカは許すことができないということであった。中国進出を最後まで許さなかったのはこのためであった。またアジアに覇を求めて大東亜共栄圏のごとき地域主義を貫徹しようとするのは、世界的に自由な通商をうち立てるというアメリカの〝普遍主義〟に反するものであった。このような無形の、いわば「理念」ともいうべき立場の対立であり、それは妥協も譲歩の余地もないものであった。とくにわが国が発展して、中国に地歩を固めたが、これを否定されるのは、明治以来の日本のあり様そのものに対する挑戦と受けとられ、国家のあり方をめぐる戦いとなったのであった。したがって懸隔ありとされるものにそれなりに深い背景があったのだ。

さらに日本の行動の背景には、日本国家の成り立ちや指導者層の心情も無視できない、と思う。それは一口にいって武士の思想というべきもので、高い矜持と独立心、そして死をもおそれぬ戦闘精神、ではないか。日本国家は明治維新まで約七〇〇年余武家が支配していた。この伝統は近代化しても陰に陽に引きつがれたと思う。それは代表していたのが軍隊であったが、官僚もその影響下にあった。この日本の文化的といえる伝統はすでに幕末の開国をめぐる論争においてみられた。それは文明開化を素直に受け入れる前に他国からその選択を強要されるがごとき国のあり方を峻拒したのである。異国の文化の内容よりもそれが入ってくるあり方に自主性・自立性がなく、武力によって強制されるのは間違っていると反対したのである。これを代表するのは吉田松陰であったが、その思想は一九四五年まで持続していたのではないか。まことに日本近現代は「松陰に始まり、松陰で終った」という感想をもつ。

この懸隔――実行行為と、それが効能を発揮できる筈がないという認識の間にあるもの――は日中戦争についても言える。それはたとえ七〇～八〇万の軍隊を送っても、広い国土と多数の人民を支配下におさめるなどは出来もしない相談であるというのは誰にとっても明らかな常識的判断であろう。そしてその判断は日本側に始めからあったのである。日中戦争のもとになった中国北東部における軍事出動の拡大は、参謀本部のなかでさえ賛成せず、やむをえず出動したあとでもその拡大を必死に止めようとした。また日中戦争中、参謀本部は中国本土から軍隊を撤収することを二度も真剣に考えたことがある。そして究極的にはその完全独立を認め、正当な政府を樹立し、その政府と正式の外交関係を結ぶ以外に事態収拾の途はない。ここにも常識的判断が政策修正の軸になるのである。そうすると、この常識判断がなぜ通用しなかったのか、ということに応えねばならないのである。

これは始めから画然とした、揺るがない対中政策をもたず、眼前の生起する事態に軍事的に対応し、これを中央政府が事後承認で追随するのを当然視し、さらに中国の国情についての浅い認識のもとで無益な蔑視に終始し、ただ勢いにまかせて実力行使でコトを進めたのである。一九四三（昭和一八）年になってこれを抜本的に修正したが、時すでに遅しであった。対中国の場合は、日本の対外政策のあり様が根本的に問われるのである。

以上に述べたように、深く日本国家のあり様に照らして、この戦争実行の〝謎〟に迫るべきだろう。それはまず実行為と常識判断の間にある、余地、懸隔の存在とその持つ意味を注目することである。この視点を掘り下げる必要があるのに、それは意外に少なく盲点になっているのではないか。そしてつぎに実際世界というものは、この懸隔を埋めていくものなのである。つまり実際は合理的に考えれば起こりえないとする判断を押しきってことが起こるのである。その原因は、現実の世界は目に見えない様々な無形の価値が支配しており、これと戦う必要性に迫られること、さらに人間の意思決定は複雑な情動に突き動かされており、それは〝狭い〟合理性を超えてなされているのである。

歴史を視るときもう一つ重要なことは、実際世界にある人間の前には多くの選択可能性があって、そのなかからある方向、政策を選択していく。このような選択可能性をもちつつ歴史はつくられているので、実践世界はつねに幅をもっている、さまざまな可能性を秘めている、と理解しなければならない。いわゆる「不確実性」の世界であり同時に日々変化していく「動的世界」であることを常に認識しておかねばならない。もし木戸幸一内大臣が近衛首相の後任に東条陸相を推挙しなければ事態はどう展開していたか。現に鈴木貫太郎侍従長はその人事に反対であったから、別のコースも充分ありえた。天皇側近の間にあった僅かな意見の違いが歴史を大きく変えていくのであった。

第八。最後に歴史を振りかえってどうしても述べておきたいことは、日本の存在のあり様を文明類型から明らかにしておくことである。これは第五点をさらに敷衍するものでもある。

一体、日本は近代世界像のなかでどのように位置づけられるか。明治以降の位置を明らかにしよう。(5)

その第一の分類基準は、人種や宗教という軸で「西洋－東洋」であるが、日本はここでは東洋であることは間違いない。そのため西洋からはアジア侵略の対象にされる危険性をもち、西洋との間に明らかに対立軸が存在する。第二の分類軸は「文明－非文明」であり、日本は文明国に入り、この点では欧米に属する。それでは中国はどういう位置づけか。それは「東洋」であることは間違いなく、そしてここでの図式では「非文明」に入り、それは侵略の対象となる。

そこで明治以降の日本の行動をみると、基本的には英米支配の傘の下に入って近代化を推進したから、それは西洋文明の一員であることを証明している。ところが、日本が独自に大きく発展し始めると今度は最初の「西洋―東洋」の対立軸が復活するのである。欧米と協調するときは、対立軸が本来存在するにかかわらずそれを忘れたかのように同調するが、独自性を発揮しだすと、それは破調に向かう。それが旗幟鮮明になったのが対英米蘭戦の開始であった。

一方、対中国ではどうであったか。それは〝理念〟と実際の衝突に終始して最終的には破綻した。その原因は複雑だが、そもそものあり方に無理があったとしか言いようがない。

確かに歴史的にみても日本は一貫して中国の朝貢冊封体制の外にあって自立を保持してきたし、それは近代になって西洋の主権外交を学びとったことにより一層明確な行動をとることになった。日本は福沢諭吉の説く「脱亜論」（一八八五〔明治一八〕年）によって、アジアに対し、いわば「告別の辞」を発し、このころからアジアと対峙する姿勢を取りだしたのである。それは直ちに中国と朝鮮の位置づけをめぐって対立し、清朝との戦争に勝利して、朝鮮からその影響力を駆逐した。その後は中国の統一が進まないうちに、日本は中国への支配を進めたのである。もちろん同じ東洋文明にあるという共通性に依拠して西洋に抗するためアジアの連帯を唱える声も高かったが、両国がパートナーとなる努力は実らず、反対に日中対立は日増しに激化していった。これは「西洋―東洋」という対立軸の再現であった。

そこで、日本が中国とアジアのため犠牲的精神で満州の発展につくした、中国において戦争（対蔣介石）をするのは東亜の平和増進のために大同団結するためである、かくて日満支の必然的結合はアジア民族の団結の礎石を建設するためである、といくら説いても、[6]それは結局は日本の発展のために利用しているにすぎない、とみられ「信」は得られない。アジア民族の発展のため中国に深入りすればするほど、その展開は日本自身に重くのしかかり、放置すれば自己自身を否定せざるをえない状況に追いつめるものであった。

このように、近現代の日本を文明論の俎上にのせてみると、一体、日本はどういう顔をもっているのか、その顔はどちらの方向に向いているのか分らなくなってしまうのだ。その行動をみると、それは錯綜しており、明確に一つの顔で説明することはできないのだ。
大東亜戦争の中心となった中国進出＝侵略について、その収拾ができなかったのは、ここに原因がある。日本は何度も打開に動いたが、結局、自らのイニシァティブによる解決はできず壁にぶつかり、立ち往生したままであった。これは日本の発展の土台が前述のごとく二層になっており（東洋にあって文明国ということ）、その日本が中国を支配下に収めようとするとき、日本が拠って立つ土台が出来ていないのである。

ここで参考までに東南アジアにおける占領の場合をみておくと、それは日本にとって異質の文明であり、かつ宗主国権力が存在したのでそれらの国の人びとにとって支配・被支配の対立構図が鮮明であった。それが日本の独立支援活動が比較的にスンナリと受け入れられた背景になっているのであり、中国における場合のような複雑な二層性に悩まされなかったためとも言いうる。

そしてこの自縄自縛のなかにあった日本をともかく解き放ったのが日米開戦であった。しかしながら、実は日本の開戦決定が日本自身の自己否定を内蔵していたのではなかったか。それは敗戦の結果、日本国の範囲は幕末の状態に戻ってしまった、近現代の発展そのものが完全否定されたことによって証明できよう。もちろん、中国支配は終幕したのであるが、それも皮肉なことに上記に示したような〝自縄自縛〟から解放されたことを意味する。

もちろん巨視的には、他国を支配下におさめようとすること、そのためには軍事的の行使も辞せずということは、それがある時期成功したとしても、最終的には〝否定〟されるものである、ということである。これは欧米の場合でも同じである。彼らが〝先進〟文明の後進地域への伝播と普及、それによる〝野蛮〟からの解放、それを推進する使命観の存在、をいくら謳っても、それは結局は支配と搾取の正当化のための美辞麗句におわる。[7] これはいずれの国にとっても変わりない真実であるが、そこには国際的正義・公道が貫かれるからである。わが国の場合も、結局敗戦によってすべての占領地域から撤退し、あらゆる資産を放棄した。自己がおこなった行為をすべて〝否定〟せざるをえなかったのである。

ただし、〝否定〟にクオーテーション・マークを付したのは意味がある。それは一つは東南アジアにおいてそれら諸国が植民地化状態から独立を果すのに貢献したことである。否定さるべき行為が新しい世界を切りひらくことにつながったのである。歴史の不思議な側面の一つであろう。

歴史がこのような多面的な起承転結をもっていることを深く理解しておかねばならない。

注：

（1）義井博『昭和外交史』、南窓社、一九七五年、二三四頁。

（2）この点で筆者にとって活目しえたのは、タラクナス・ダス（林正義訳）『極東における列国の外交戦』、第一出版社、一九三九年（原著は一九三五年刊）であった。出身がインドであるから、列強とは距離をおいてみられるのか記述は客観的であり、英・仏・露・米の対アジア政策の裏も表も知ることができ、そのなかでの日本の対外関係を的確に照射できたのである。なお著者は若いとき一年間だけ日本の大学に在学したとのことである。

（3）実はイギリス自身がこの点についてもっと早くに注意を喚起している。シーリー（古田保訳）『英国発展史論』、第一書房、一九四二年、原著は一八八三（明治一六）年をみよ。

シーリー教授は、大英帝国の研究のためにはまず「民主政」の発達に焦点をあてればよいが、今日ではこの国の膨張を主題にしなければならず、とくに近時はインド問題を正面から採りあげるべきだとし、その著を二部に分けて第二部を独立したインド論に当てている。このことは我々にとってきわめて暗示的だ。その一つは単純に研究視点の重点移動だが、われわれにとっては先進的な民主政の賛美から帝国主義の実情を直視せよ、という意味に取れる。こうして世界を視るとき、英国「近代」に範型を求めるだけでは駄目で、世界に支配を広げている西洋列強の姿を直視するほうが決定的に重要であることを教えてくれるものではないか。しかもそれがなんと明治一〇年代半ばの時代のことであった。その後の日本の西洋研究がいかに歪んでいたかを思い知らされる。

なお、大川周明が『印度における国民運動の現状及び其の将来』において、英国支配下のインドの惨状を明らかにしたのは一九一五（大正四）年であり（シーリー教授の指摘の三〇年後）、それはまさに画期的なことであった。A級戦犯として起訴されたので今日では顧みる人は少ないが、そういったレッテルを貼るのではなく、歴史の真実を解剖しているかどうかで何よりも評価されるべきである。

（4）堀田善衛（『日本の知識人——民衆と知識人——』堀田善衛全集15、筑摩書房、一九七五年、一二三～一二四・一二六頁。初出は一九五七年）。

（5）坂野潤治「「東洋盟主論」と「脱亜入欧論」」、佐藤誠三郎／R・ディングマン編『近代日本の対外態度』、東京大学出版会、一九七四年、三九～四〇頁。ただし叙述は少し変えた。

（6）この文言は、河相達夫「発展日本の外交」、『改造』、一九三八（昭和一三）年四月号、より。なお筆者は当時の外務省情報局長である。

（7）ホブスン（矢内原忠雄訳）『帝国主義論』、岩波文庫、一九五一年。とくに第二編第二、三、四章参照。帝国主義の弁護論を逐一反論している。

あとがき

本書刊行の準備をしている間に、東アジア情勢は激変した。中国の南太平洋における海上権益の設定は七〇年前の日本の「南進政策」を想起させる、と当初は苦笑いしていたが、尖閣諸島をめぐる情勢の緊迫化（戦闘機によるレーダー照射あり）は慄然とするものだった。このような中国の西南太平洋における軍事的台頭をみていると歴史は繰り返されるのか、日本にとっての新事態――「チャイナ・アゲイン」はアジアにある日本の宿命なのであろうか。

とはいえ、七〇年前は「東から西へ」歴史の歯車は回っていたが、今度は反対に「西から東へ」逆歯車が回転する勢いであり、これは世界政治の上で史上初めてのことであろう。この事態にわれわれはいかに対処しようとするのか。それは最早筆者世代の出番ではなく現・次世代の総力を挙げて取り組まねばならぬ課題となった。大東亜戦争にもし日本側において深甚な反省が必要とすれば、それは西洋の「後追い」でない日本独自の発展方策を創造しえなかったことであった。しかし反省点は得た。日本は一九四五年八月一五日「近代主権国家」のパワー・ゲームから下りることを宣言した国となったのである。

ところが今起きている新事態は、再びパワー・ゲームを展開しようとする新興大国と向き合うことになったのである。そこにおいていかなる新方策がありうるか。大東亜戦争からの教訓の上に立って、この二十一世紀においてまさに新しい国家的叡智が創造されなくてはならない。それは深く近現代史を反芻することを通じて揺るぎない大局観を確立することである。そのため本書が少しでもお役に立つことができればというのが筆者のひそかな願いである。

実は本書の草稿は二〇一一年にほぼ出来上がっていたのだが、その直後に体調を崩し、そのまま〝塩漬け〟にしていた。この間筆者を支えてくれたのは結局最も身近な家族であり、兄弟姉妹だった。また若狭高校ＯＢの同窓生たちはこまかい生活指導まで教示され、そのお陰でほぼ一年で回復できた。また筆者が臥っている間に、同じ高校の卆業者である、㈲デジプロの斉藤安弘社長は筆者のワープロ入力稿を整序し、一応形のある「冊子」（といってもＡ４版三二〇頁）にして下さった。これを若干改稿したのが本著である。

このように卆業後四〇年近くも会っていないのに、急にお互い顔を合わせる次第となり、その支援を受けることとなったのは不思議な縁としか言いようがない。本当に人は一人で生きていけないものである。

最後になってしまったが筆者は現職を離れて数年経っており、出版にこぎつけるまでにはとまどうことが多かった。そのため菊池敏夫教授（日本大学名誉教授・東京福祉大学教授）には種々のご配慮を頂いた。また同教授とともに、出版事情の厳しいなか、本書出版に充分に意義あり、としてこのような〝異端〟の書をお引き受け下さった文眞堂の前野弘氏、前野隆氏には心から御礼を申し上げる次第である。両氏のほか社員の皆様の心暖まるはげましも忘れることができない。こうして船は港を出ることができたのである。

二〇一四年二月二〇日

著　者

著者紹介

吹田尚一（すいた・しょういち）

昭和八年、福井県小浜市に生まれる。早稲田大学第一政治経済学部経済学科卒業。三〇年四月、㈶三菱経済研究所入所。四五年九月、㈱三菱総合研究所へ移籍。研究開発部・主任研究員、応用経済部長を経て、取締役となり、政治経済部門長兼応用経済部長、産業戦略部門長などを歴任。六三年一二月、常務取締役。退任後、平成一〇年四月、敬愛大学国際学部教授となり、一四年三月、退職。

現在、㈳日本経済復興協会理事を歴任後、実証エコノミストとして、また近現代史研究家として執筆・講演活動を続けている。

〈著書〉

『企業の成長と収益性』（共著、東洋経済新報社、昭和三六年、日経図書文化賞受賞）

『事業創造の経営』（日本経済新聞社、昭和六一年）

『大転換期の企業経営』（学文社、平成九年）

『日本経済の転換と再生』（日本地域社会研究所、平成一七年）

『西洋近代の「普遍性」を問う――開かれた歴史主義のための研究ノート』（新評論、平成一八年）

近現代日本の興隆と大東亜戦争

――戦争を無くすことができるのか――

二〇一四年六月一〇日　第一版第一刷発行

検印省略

著　者　吹田尚一

発行者　前野　弘

東京都新宿区早稲田鶴巻町五三三

発行所　株式会社　文眞堂

〒一六二―〇〇四一

電　話　〇三―三二〇二―八四八〇

FAX　〇三―三二〇三―二六三八

振　替　〇〇一二〇―二―九六四三七番

印刷　モリモト印刷

製本　イマキ製本所

http://www.bunshin-do.co.jp/

落丁・乱丁本はおとりかえいたします

ISBN978-4-8309-4818-3　C0031